JUSTO L. GONZÁLEZ

ECONOMIA e FÉ
no início da era cristã

© 2015 por Justo L. González.

Tradução
Lena Aranha

Revisão
Priscila Porcher
Raquel Soares

Capa
Maquinaria Studio

Diagramação
Catia Soderi

1ª edição — Janeiro de 2015

Editor
Juan Carlos Martinez

Coordenador de produção
Mauro W. Terrengui

Impressão e acabamento
Imprensa da Fé

Todos os direitos desta edição reservados para:
Editora Hagnos
Av. Jacinto Júlio, 27
04815-160 - São Paulo - SP - Tel.: (11) 5668-5668
hagnos@hagnos.com.br - www.hagnos.com.br

Dados Internacionais de Catalogação na Publicação (CIP)
Angélica Ilacqua CRB-8/7057

González, Justo L.
　　Economia e fé no início da era cristã / Justo L. González; tradução de Lena Aranha. – São Paulo : Hagnos, 2015.
　　352 p.

ISBN 978-85-7742-152-7
Título original: *Faith and wealth*

1. Riqueza – aspectos religiosos 2. Cristianismo – História das doutrinas 3. Economia 4. Igreja primitiva, ca. 30–600 5. Fé I. Título II. Aranha, Lena

14-0871　　　　　　　　　　　　　　　　　　　　　　　　　　CDD-261.8

Índices para catálogo sistemático:
1. Riqueza – aspectos religiosos

Editora associada à:

Sumário

Prefácio 7

Lista de abreviações 9

I — Introdução 11

PARTE UM: HISTÓRICO

II — A sabedoria dos antigos 21
    Os gregos 21
    Os romanos 41
    Os judeus 51

III — A economia romana 59
    Agricultura 59
    Indústria 69
    Comércio 71
    Impostos 73
    Uma perspectiva do alto 78
    Uma perspectiva diferente 83
    As crises do século III 97
    As reformas de Diocleciano 107
    Constantino e depois dele 113

PARTE DOIS: ANTES DE CONSTANTINO

IV — A *koinonia* do Novo Testamento 121
    O cenário 122
    Do movimento de Jesus às primeiras igrejas urbanas 128
    O crescimento das comunidades urbanas 134

    O sentido de *koinonia* 135
    Os livros tardios do Novo Testamento 147

V — A igreja subapostólica 150
    A *Didaquê* 150
    Pseudobarnabé 155
    A *Epístola a Diogneto* 156
    Hermas 157
    Outros pais apostólicos 164
    Os apologistas 167

VI — A antiga igreja católica 169
    Ireneu 172
    Clemente de Alexandria 178
    Orígenes 189
    Tertuliano 191
    Hipólito 196
    Cipriano 198

VII — Preparando o caminho para Constantino 206
    Uma situação em evolução 206
    Lactâncio 209
    Outras correntes 222

PARTE TRÊS: CONSTANTINO E APÓS SEU PERÍODO

VIII — A igreja sob uma nova ordem 227
    A nova ordem 227
    A resistência donatista 240
    A fuga para o deserto 248
    A desilusão de Atanásio 257

IX — Os capadócios 261

X — Ambrósio e Jerônimo 282
    Ambrósio 282
    Jerônimo 293
    Outros teólogos ocidentais 298

XI — João Crisóstomo 302

XII — Agostinho 323

RETROSPECTO

XIII — Retrospecto 339
    Perspectivas comuns 339
    Desenvolvimento relevante 345
    Questões adicionais 347

Prefácio

Este livro, de alguma forma, é uma surpresa para mim. Conforme afirmo na Introdução, alguns anos atrás jamais pensaria em escrever um livro como este. Todavia, agora estou convencido de que as questões tratadas aqui não só são fundamentais para uma compreensão da teologia cristã primitiva, mas também estão entre as questões teológicas mais prementes de nossa época. É para aqueles que me levaram a essa convicção que dirijo minhas primeiras palavras de gratidão. Infelizmente, na maioria dos casos, não sei o nome dessas pessoas, pois são uma legião: uma mulher mexicana que compartilhou sua dor e esperança com outros cristãos em um prédio destruído; um jovem colombiano que arrisca a vida diariamente ao falar a verdade no rádio; o aluno afro-americano que contestou a relevância de meu campo de estudos, e muitas e muitas outras pessoas. Para elas dirijo minhas primeiras palavras de gratidão e meu sincero apelo por ajuda, uma vez que todos nós procuramos ser fiéis.

No universo mais acadêmico, aproveito a oportunidade para agradecer ao pessoal da biblioteca do *Columbia Theological Seminary* e, em particular, à diretora da biblioteca, Dra. Christine Wenderoth, pela assistência alegre e paciente em muitas difíceis pesquisas bibliográficas.

Por fim, é costume agradecer ao cônjuge pela inspiração, pelo apoio, paciência e outras atitudes semelhantes. No meu caso, entretanto, tenho de agradecer à Catherine por tudo isso e muito mais. A história das doutrinas também é o campo de especialização de minha esposa e, portanto, sua leitura cuidadosa de meu manuscrito nos vários estágios de desenvolvimento salvou-me de cometer muitos erros ou omitir dados relevantes.

J. L. G.

Lista de abreviações

AmJPhil	American Journal of Philosophy
AngTheolRev	Anglican Theological Review
ANF	The Ante-Nicene Fathers (Edição estado-unidense)
Ant	Antonianum
Aug	Augustiniana
BAC	Biblioteca de Autores Católicos
CH	Church History
CInscLat	Corpus Inscriptionum Latinarum
CQR	Church Quarterly Review
CSEL	Corpus Scriptorum Ecclesiasticorum Latinorum
EuA	Erbe und Auftrag
FOTC	The Fathers of the Church (Os pais da igreja)
JQR	Jewish Quarterly Review
JRH	Journal of Religious History
JRomSt	Journal of Roman Studies
JStNT	Journal for the Study of the New Testament
JTS	Journal of Theological Studies
LCL	Loeb Classical Library
NPNF	The Nicene and Post-Nicene Fathers (Pais nicenos e pós-nicenos)
PG	Patrologiae cursus completus... series Graeca (ed. Migne)
PL	Patrologiae cursus completus... series Latina (ed. Migne)
RevBened	Revue Bénédictine
RIntDrAnt	Revue internationale des droits de l'antiquité
RScRel	Recherches de Science Religieuse
TheolQuar	Theologische Quartalschrift

ZntW   Zeitschrift für die neutestamentliche Wissenshaft
ZKgesch   Zeitschrift für Kirchengeschichte

    Sempre que possível, citei traduções já disponíveis, como as encontradas em ANF, NPNF e FOTC. Como os parênteses e colchetes aparecem com frequência nessas traduções, marquei meus acréscimos e comentários com chaves, e não com colchetes, como é o costume. A versão Almeida século 21 (A21) foi seguida nas citações da Bíblia, exceto quando outras versões foram usadas.

    É lamentável que a maioria das traduções dos escritores cristãos da Antiguidade esteja repleta de linguagem sexista. Usei essas traduções a fim de facilitar o trabalho dos leitores que desejam ler as citações apresentadas em seu contexto maior. O leitor deve observar, entretanto, que, com frequência, essa linguagem sexista se deve ao uso da língua pelos tradutores, e não aparece no original em grego ou latim.

I
Introdução

O estudo da história sempre envolve um relacionamento bipolar entre o passado e os interesses e perspectivas do historiador. O mesmo é verdade para a história do pensamento cristão. Durante os debates após a Reforma, um grupo de teólogos protestantes em Magdeburg começou a publicar a história da igreja (conhecida como os *Séculos* de Magdeburg), em que tentava mostrar que o luteranismo era mais fiel tanto à proclamação cristã original quanto à melhor tradição cristã. Esse estudo resultou em várias refutações, das quais o trabalho mais relevante foi *Ecclesiastical Annals* [Anais eclesiásticos], do cardeal César Barônio. Tanto na obra *Séculos* de Magdeburg quanto nos *Anais* de Barônio, os assuntos levantados e as perguntas feitas aos textos antigos foram determinados pelas polêmicas em torno da Reforma Protestante. Os dois trabalhos, no entanto, abriram campos inexplorados de estudos e, portanto, deram origem à disciplina moderna da história da igreja. A polaridade entre as preocupações dos polemistas do século XVI — quer protestantes quer católicos —, por um lado, e os textos antigos dos primórdios da igreja, por outro lado, levou a uma nova leitura desses antigos textos e, por meio dela, a uma melhor compreensão dos mesmos.

Os historiadores do século XX não estão isentos dessa polaridade. Nossa perspectiva favorável pode limitar nossa compreensão dos textos antigos — e, nesse caso, parte de nossa tarefa é nos certificarmos de que não deixamos de lado as percepções das gerações de historiadores que nos precederam. Por outro lado, essa perspectiva favorável pode também enriquecer nossa compreensão desses textos ao nos estimular a propor novas perguntas em relação a eles.

Em nenhum aspecto isso fica mais claro do que em assuntos que têm a ver com as perspectivas econômicas dos cristãos primitivos. Estudiosos, até tempos relativamente recentes, dedicaram pouca atenção aos ensinamentos econômicos da igreja primitiva (ou, de fato, aos ensinamentos sobre economia de qualquer cristão, exceto dos mais recentes). Quando comecei a ler as cartas de Ignácio de Antioquia, cerca de 35 anos atrás, fiquei fascinado por tudo o que ele tinha a dizer sobre o sentido da comunhão e união na igreja — fiquei tão fascinado desde aquela época que passei a maior parte de minha carreira profissional estudando a história do pensamento cristão.[1] Nos primeiros vinte anos daquele estudo, prestei muita atenção ao desenvolvimento da doutrina da Trindade, à cristologia, à escatologia, etc., mas pouca ou nenhuma atenção aos assuntos relacionados à riqueza e a seu uso.

Foi apenas nos últimos dez anos que, estimulado pelos novos desenvolvimentos na teologia e na vida da igreja, comecei a fazer perguntas diferentes em relação a esses mesmos textos e a prestar mais atenção aos textos que lidavam especificamente com a ordem econômica e social. À medida que passei a fazer isso, fiquei cada vez mais convencido de que esses assuntos estavam longe de ser tangenciais à vida da igreja primitiva, mas eram centrais a ela, e de que, sem a compreensão apropriada deles, temos apenas uma visão truncada daquela vida.

O fator mais importante levando a essa compreensão — pelo menos, em meu caso — foi o desenvolvimento da teologia da libertação. Na América Latina e em outras partes do que é comumente conhecido como o Terceiro Mundo, os cristãos envolvidos na luta por justiça social afirmam que os assuntos com os quais estão envolvidos são questões teológicas, profundamente enraizadas na doutrina e tradição cristãs. Com argumentos acadêmicos e convincentes, eles afirmam que a melhor forma de compreender o Deus das Escrituras é fazendo justiça — e não por meio do discurso filosófico —, e que essa justiça inclui assuntos tais como posse permanente da terra, distribuição e administração da riqueza e de alimentos para os famintos. Não estão apenas afirmando o que é lugar comum: que os cristãos devem se preocupar a respeito desses assuntos. Estão, na verdade, dizendo isso, mas muito mais que isso. Estão dizendo que a fé cristã e o Deus cristão são muitíssimo mal compreendidos

---

[1] Resumi os resultados desses estudos em *Uma história do pensamento cristão*, 3 volumes, São Paulo: Cultura Cristã, 2004.

quando a teologia não põe essas preocupações em seu cerne. E também estão dizendo que as realidades e agendas econômicas influenciam e são influenciadas por um discurso teológico aparentemente abstrato.

Nesse ponto, as teologias da libertação apoiam-se em outro desenvolvimento que as levou — não só elas, mas também toda iniciativa teológica — a fazer novas perguntas e desenvolver novas metodologias. Isso representa o crescimento das disciplinas sociais, em particular da sociologia e da economia. Essas disciplinas relativamente novas causaram grande impacto na forma como lemos a história. Portanto, por exemplo, a história do império romano escrita hoje não pode mais lidar exclusivamente com assuntos culturais e militares, sem dedicar a devida atenção ao comércio, à propriedade da terra, aos sistemas de produção, às finanças, etc. O mesmo é verdade com a história do cristianismo, a qual, cada vez mais, leva em consideração a pesquisa e o debate sobre a composição social da igreja nos vários estágios da história.[2]

Há muitas razões por que essas tentativas de pesquisa sócio-histórica são problemáticas. A mais importante dentre elas é a natureza mesma da evidência. Os materiais escritos, por sua própria natureza, refletem uma determinada camada social e cultural, e aqueles mencionados — o nome, a ocupação e a condição econômica —, em geral, não são representantes de toda a comunidade. O material arqueológico é fragmentado, escasso e dificilmente representativo de uma comunidade existente em todo o Império, como era o caso da igreja. Descrições amplas da realidade social da igreja em qualquer ponto durante os primeiros séculos estão propensas a ser supersimplificações falaciosas.

---

[2] A bibliografia sobre esse assunto é extensa. Veja BENIGNI, U. *Storia sociale della Chiesa.* Milano: Francesco Vallardi, 1906; JUDGE, E. A. *The Social Pattern of Christian Groups in the First Century.* London: Tyndale, 1960; HINCHCLIFF, P. "Church and Society before Nicea", *CQR*, 165, 1964, p. 39-50; KOWALANSKI, P. "The Genesis of Christianity in the Views of Contemporary Marxist Specialists of Religion", *Ant*, 47, 1972, p. 541-75; MALHERBE, A. J. *Social Aspects of Early Christianity.* Baton Rouge: Louisiana State University Press, 1977; GRANT, R. M. *Early Christianity and Society: Seven Studies.* New York: Harper & Row, 1977; BARRACLOUGH, G., ed. *The Christian World: A Social and Cultural History.* New York: Harry N. Abrams, 1980; JUDGE, E. A. "The Social Identity of the First Christians: A Question of Method in Religious History", *JRH*, 11, 1980, p. 201-17; MEEKS, W. A. *The First Urban Christians: The Social World of the Apostle Paul.* New Haven: Yale, 1983.

Há ainda muita pesquisa a ser feita nesse campo antes que seja possível apresentar um retrato mais abrangente. Esse tipo de pesquisa, todavia, chegou a algumas conclusões preciosas, embora fragmentadas, e procurei levá-las em consideração nesta obra.

Este trabalho, de qualquer modo, não é uma tentativa de acrescentar algo ao corpo da literatura, que cresce de forma rápida, sobre o perfil sociológico e econômico da igreja primitiva. Não é uma "história social" nem uma "história econômica" do cristianismo durante os primeiros quatro séculos de sua existência. É, antes, uma história das perspectivas que os cristãos defenderam em relação aos assuntos econômicos, em particular à origem, ao sentido e ao uso da riqueza. A questão central nas páginas a seguir não é o quão ricos ou quão pobres os cristãos eram em um determinado tempo e lugar, mas, antes, o que os cristãos pensavam e ensinavam com relação aos direitos e às responsabilidades dos ricos e dos pobres. As duas questões, de forma bem clara, estão entrelaçadas e não podem ser inteiramente separadas, pois os cristãos, quaisquer que tenham sido os ensinamentos em relação a esses assuntos, tinham algo a ver com as condições sociais e econômicas de suas comunidades. O foco aqui, no entanto, está na história das ideias cristãs sobre as relações econômicas e sociais, e não sobre a história dessas relações em si mesmas. É possível dizer que o que estou tentando fazer nestas páginas pertence ao campo da história das doutrinas, há muito tempo meu próprio campo de interesse, mas a diferença é que agora estou investigando o que os cristãos têm a dizer sobre a origem e o uso da riqueza, e não o que têm a dizer sobre a Trindade ou a eucaristia.

Infelizmente, esse aspecto da doutrina cristã, em geral, tem sido ignorado pelos historiadores da teologia e é muito menos conhecido pela igreja em geral. Essa pode ser uma das razões por que tantos cristãos, quer católicos quer protestantes — quando os bispos católicos dos Estados Unidos publicaram a *Carta Pastoral* sobre a economia daquele país ou quando o papa João Paulo II publicou a encíclica *Solicitudo rei socialis* —, questionaram a sabedoria dos líderes da igreja do campo da teologia para fazer afirmações sobre a economia. A verdade é que, conforme as páginas a seguir mostrarão de forma ampla, a economia era uma questão teológica desde os primórdios; e ainda o é. Portanto, parte de meu propósito no presente estudo é tornar conhecido o material patrístico sobre algumas questões como a distribuição e o uso adequados da riqueza, a posse permanente da terra, os direitos dos pobres, etc.[3]

Decidi, depois de alguma deliberação, não tratar diretamente da questão das atitudes dos cristãos em relação à escravidão. Não resta a menor dúvida de que a escravidão é também uma questão econômica e de que é impossível entender o sistema romano de produção, pelo menos em algumas seções do Império, sem levar em consideração o sistema escravagista desse Império. Todavia, no período que mais nos interessa aqui, a importância da escravidão como meio de produção estava em declínio, e os trabalhadores que eram tecnicamente livres, mas cuja liberdade real era cada vez mais limitada, passaram a ocupar o lugar dos escravos. Foi nesse contexto que discuti a escravidão. Procurei clarificar a natureza da antiga escravidão e seu lugar na economia do império romano. O que não procuro fazer é uma revisão da legislação, quer civil quer eclesiástica, concernente à escravidão nem pesquisar as atitudes cristãs em relação ao sistema escravagista do império romano.[4] Por causa do papel cada vez menor da escravidão como meio de produção nos primeiros séculos da era cristã, tal discussão teria a tendência de desviar-se dos assuntos econômicos. Os escravos no império romano, contrariamente ao nosso pressuposto comum, nem sempre eram pobres ou destituídos de poder. Os escravos, conforme afirmou M. I. Finley, "faziam o mesmo tipo de trabalho civil que seus semelhantes livres, da mesma forma e sob as mesmas condições, apesar da diferença formal na posição legal".[5]

Por fim, uma palavra sobre o subtítulo de nosso presente trabalho. No início, pensei neste subtítulo: "Cristianismo e economia nos primeiros quatro séculos da era cristã", mas, por fim,

---

[3] Três antologias dos textos patrísticos sobre esses assuntos são as seguintes: SHEWRING, W. *Rich and Poor in Christian Tradition*. London: Burns Oates & Washbourne, 1948, que inclui apenas seis seleções do período que estamos estudando; HAMMAN, A. *Riches et pauvres dans l'église ancienne*. Paris: Grasset, 1962; e SIERRA BRAVO, R. *Doctrina social y económica de los padres de la Iglesia*. Madrid: COMPI, 1976. Este último estudo tem seleções abundantes, embora, algumas vezes, sem contexto suficiente.

[4] Uma tarefa bem feita foi a de GÜLZOW, H. *Christentum und Sklaverei in den ersten drei Jahrhunderten*. Bonn: R. Habelt, 1969.

[5] FINLEY, M. I. *The Ancient Economy*, 2ª ed. Berkeley: University of California Press, 1985, p. 65.

desisti desse subtítulo porque o uso da palavra "economia" representaria um anacronismo e, portanto, seria um tanto confuso. Quando os anciãos falavam de *oikonomía*, eles compreendiam algo muito diferente do que compreendemos hoje com nosso termo derivado dessa palavra grega, "economia". Quando Xenofonte escreveu sua obra *Oikonomikos*, ele produziu um tratado com conselhos práticos e éticos sobre a administração de uma propriedade rural — com terras, escravos, etc. A palavra, por fim, passou a significar apenas "organização" ou "administração", e foi nesse sentido que Demóstenes aplicou o termo para a administração de uma cidade; Quintiliano usou-o para se referir à organização de um poema; e Tertuliano, à "autoadministração" do Deus Trino.

Se os antigos não tinham palavra para nosso conceito moderno de "economia", isso era porque também não tinham esse conceito. Conforme veremos, eles tinham ideias definidas sobre como a sociedade deveria ser ordenada — por exemplo, se deveria haver propriedade privada ou não. Também compreendiam as conexões entre a disponibilidade das mercadorias e a flutuação dos preços. Especulavam sobre as razões por que o dinheiro era valioso e sobre as conexões existentes entre valor monetário e as convenções sociais. O que eles não fizeram foi reunir tudo isso em uma perspectiva coerente do fenômeno econômico e do seu comportamento. E, muito menos, viam qualquer conexão — exceto as mais óbvias — entre a política do governo e a ordem econômica. Foi só na época de Diocleciano que o império romano teve algo que, só de forma bem remota, se assemelhava a um orçamento. Mesmo nessa época, parecia haver pouca compreensão da conexão entre inflação e suprimento de dinheiro. Portanto, embora governantes, com frequência, se preocupassem com a condição dos pobres — por causa da ameaça que eles representavam —, as únicas soluções eram as medidas quebra-galhos, como as doações.

Os cristãos primitivos não tinham melhor entendimento do funcionamento da economia que o restante de seus contemporâneos. Conheciam — e, com frequência, experimentavam — o fosso que separava o rico do pobre e viam esse fosso se aprofundar à medida que o tempo passava. Eles, porém, não tinham os instrumentos da análise social e econômica que, em geral, associamos ao termo "economia".

É por essa razão que prefiro falar da perspectiva de "fé e riqueza", e não de "economia". Falando de forma estrita, os cristãos da Antiguidade, como os romanos, não tinham economia. Tinham, entretanto, um senso muito forte de riqueza e do quanto a sua distribuição — ou ausência dela — afetava as pessoas. Também tinham um senso muito forte de fé e uma convicção igualmente forte de que, de alguma maneira, esses dois assuntos cruciais — fé e riqueza — tinham de estar relacionados.

Foi com essa convicção que este livro foi escrito. À medida que lemos o que as pessoas da Antiguidade tinham a dizer sobre fé e riqueza, podemos discordar da sua compreensão a respeito do funcionamento da economia. Podemos ser capazes — e devemos sê-lo — de melhorar sua perspectiva com nossa compreensão das forças — e das forças contrárias — atuantes no sistema econômico, até mesmo no deles. Não podemos permitir, no entanto, que isso obscureça o principal ímpeto do que eles têm a dizer: que as questões de fé e riqueza não podem ser separadas; que não podemos nos esconder atrás de nosso conhecimento técnico do funcionamento da economia a fim de evitar as questões cruciais; e que, no final das contas, as questões cruciais sobre a economia dizem respeito à ética e à fé.

Como este estudo foca os principais teólogos da igreja nos primeiros quatro séculos de sua existência, temos de examinar primeiro — a fim de entender a sua visão — o histórico em que trabalhavam. Este é o propósito dos dois capítulos que se seguem a esta Introdução — e que estão agrupados na "Parte um: Histórico". Na tentativa de compreender esse histórico, devemos primeiro examinar as três principais correntes que influenciaram a igreja nascente: grega, romana e judaica. Esse será o assunto do Capítulo II, "A sabedoria dos antigos". No Capítulo III, "A economia romana", devemos esboçar a maneira como a vida econômica do império romano era organizada e como ela se desenvolveu dos primórdios da igreja até o século IV. A ordem desses dois capítulos, entretanto, é ditada pela cronologia, e não por razões metodológicas — seria estranho retornar aos gregos da Antiguidade e à lei judaica depois de examinar o desenvolvimento do império romano até o século IV —, mas não se deve entender que isso deixa implícito que a reflexão teológica é fundamentada em ideias e, apenas secundariamente, nas realidades concretas da vida econômica.

Nas Partes dois e três, tentei seguir o desenvolvimento cronológico da perspectiva cristã sobre fé e riqueza. O ponto óbvio e necessário da divisão entre essas duas partes é a mudança radical da política que aconteceu sob Constantino. Por fim, em uma breve conclusão, intitulada "Retrospecto" — Capítulo XIII —, busquei resumir as principais descobertas de todo o ensaio e sugerir alguns temas para outros questionamentos e reflexões.

PARTE UM:

Histórico

II

A SABEDORIA DOS ANTIGOS

Muito antes do advento do cristianismo, houve na bacia do Mediterrâneo quem refletisse sobre o sentido da riqueza e a maneira como ela deveria ser adquirida, empregada e distribuída.

Os gregos, romanos e judeus, todos eles consideraram e debateram esses temas, e os escritores cristãos retiraram elementos dessas fontes para suas próprias reflexões.

OS GREGOS

Desde a Antiguidade, havia na Grécia uma corrente de pensamento que favorecia a propriedade comum. Os pitagóricos — pelo menos, os mais avançados nesse grupo — tinham os bens em comum. De acordo com Aristóteles, Faleas da Calcedônia foi o primeiro a propor a redistribuição da terra a fim de que se alcançasse a igualdade, e havia uma série de constituições antigas — as mais notáveis são as de Esparta e Creta — com provisões similares.[6]

Em 392 a.C., Aristófanes escreveu a comédia *Ecclesiazusae* ou *A assembleia de mulheres*, em que zomba de tais propostas. Na comédia, um grupo de mulheres, vestidas de homens, aparece na Assembleia, e elas conseguem conquistar o poder com a promessa de salvar Atenas. A proposta delas, a qual Aristófanes considera ridícula, é explicada pela líder do grupo, Proxágora:

> Quero que todos compartilhem de tudo e que toda propriedade seja em comum; não haverá mais rico nem pobre; não veremos mais um homem plantando em grandes porções de terra enquanto outros não têm nem terra suficiente para ser enterrados, ou,

---
[6] Aristófanes. *Polit.* 1264-72.

> tampouco, um homem ficar rodeado por um exército de escravos, enquanto outro não tem sequer um serviçal; pretendo que haja uma e a mesma condição de vida para todos. [...]
>
> Começarei tornando a terra, o dinheiro, tudo que é propriedade privada, comum para todos. Depois, viveremos com essa riqueza comum e cuidaremos para administrá-la com sábia parcimônia...[7]

A falta de sentido dessa proposta, de acordo com a perspectiva de Aristófanes, fica clara quando Proxágora explica os supostos benefícios dessa medida: "O pobre não mais será obrigado a trabalhar; cada um terá tudo que precisa — pão, peixe salgado, bolos, túnicas, vinho, guirlandas e grão de bico".[8] E, então, essa falta de sentido se manifesta no restante da comédia, que se prolonga em algumas das consequências libidinosas da vida comunal de homens e mulheres, parte da proposta.

A primeira grande utopia social no mundo greco-romano é *A República*, de Platão. É relevante que Platão, embora tenha escrito cerca de vinte anos após a comédia de Aristófanes, tenha proposto em essência o que Aristófanes ridicularizou. Seria possível que, esse tempo todo antes da publicação dos pontos de vista do filósofo, o comediante já os conhecesse? Ou será que tais ideias eram relativamente comuns na Grécia antiga? Não é possível responder a tais perguntas.

De qualquer maneira, o diálogo de Platão se inicia com uma discussão entre Sócrates e dois jovens sobre se a felicidade é, de fato, o quinhão do justo. Os dois desafiam Sócrates a esse respeito, argumentando que o justo é mal interpretado e maltratado por aqueles que não compreendem ou invejam a virtude. Em contraste, os injustos sagazes — os não descobertos — desfrutam de todos os benefícios negados aos justos.

— Qual é, portanto, a recompensa do justo? - perguntam os dois jovens. Sabem que Sócrates acredita na vida após a morte; mas essa não é uma resposta que consideram aceitável. E quanto à felicidade aqui, nesta vida?

---

[7] OATES, W. J. e O'NEILL, Jr. E., eds. *The Complete Greek Drama.* New York: Random House, 1938, p. 1027-28.

[8] OATES, W. J. e O'NEILL, Jr. E., eds. *The Complete Greek Drama*, p. 1028.

Sócrates jamais responde à pergunta deles. Antes, ele a expande ao perguntar sobre o Estado justo. Tal Estado é mais feliz que o injusto. A implicação é que o indivíduo justo, como o Estado justo, extrai a felicidade da harmonia interna. O ponto que Sócrates apresenta de forma explícita, no entanto, é que, embora tal Estado não exista em lugar nenhum — exceto talvez no reino das ideias puras —, é possível que o indivíduo viva de acordo com esses princípios. O assunto do diálogo de Platão, portanto, é o Estado justo.

Ao lidar com esse Estado, o indivíduo percebe que nem todas as pessoas são igualmente aptas para as várias posições e funções no Estado. Basicamente, há três ordens de pessoas: os governantes, os defensores (chamados de "auxiliares" na citação a seguir) e os que fazem os trabalhos manuais — lavradores e artesãos.[9] Essas diferenças são congênitas e não podem ser mudadas.

> "Cidadãos", lhe diremos prosseguindo com a fábula, "sois todos irmãos, porém os deuses vos formaram de maneira diversa. Alguns dentre vós têm o poder do mando, e em sua composição fizeram eles entrar o ouro, motivo pelo qual valem mais que ninguém; a outros fizeram de prata, para serem auxiliares; outros ainda, que se destinam a ser lavradores e artesãos, foram compostos de ferro e bronze".[10]

O fato de essas diferenças serem congênitas não quer dizer que, necessariamente, são hereditárias. O oposto é verdade e, portanto, os governantes não podem se permitir ser levados por considerações familiares quando designando vários lugares para a geração seguinte.

---

[9] Em *A República* (455-457), homens e mulheres são incluídos em cada uma dessas categorias, embora nos digam que os homens são superiores em toda atividade humana. Mais tarde, Platão, em *As leis* (759a e 828b), declararia que as mulheres não se adaptavam às funções masculinas na sociedade – exceto pelo sacerdócio.

[10] Todas as citações de *A República*, de Platão, foram tiradas desta fonte com tradução de Paul Shorey: HAMILTON, E. e CAIRNS, H., eds. *The Collected Dialogues of Plato*. Princeton: Princeton University Press, 1961. Aqui, nesta citação, PLATÃO. *A República*, em *Diálogos III*, Biblioteca dos Séculos. Trad. de Leonel Vallandro, Editora Globo, 1964, p. 98.

Como procedeis todos da mesma origem, embora a composição paterna seja geralmente conservada nos filhos, pode suceder que nasça um filho de prata de um pai de ouro, ou um filho de ouro de um pai de prata, e da mesma forma nas demais classes. E esta é a primeira e principal regra que a divindade impõe aos magistrados: que, de todas as coisas das quais devem ser bons guardiães, a nenhuma dediquem maior zelo que às combinações de metais de que estão compostas as almas das crianças. E se uma destas, ainda que seja seu próprio filho, tiver uma mistura de bronze ou ferro, o governante deve estimar-lhe a natureza pelo que realmente vale e relegá-la, sem nenhuma contemplação, à classe dos artesãos e lavradores. E por outro lado, se destes nascer um rebento que contenha ouro ou prata, deve também apreciar-lhe o valor e educá-lo como guardião no primeiro caso e como auxiliar no segundo.[11]

Essa distinção é crucial para entender os bens comunais que Platão descreve em *A República*. Isto não inclui todos os cidadãos, mas apenas aqueles das duas classes superiores — os governantes e os soldados ou "guardiões". Platão, em outras passagens, deixa implícito que a distinção entre guardiões e governantes não é de imediato aparente, e que só quando amadurecem é que alguns guardiões provarão que são verdadeiramente aptos para governar.[12]

A declaração de que alguns são aptos para ser guardiões ou até mesmo governantes não tem a intenção de lhes fornecer os confortos e as recompensas. Os membros das duas ordens superiores serão alimentados pelo Estado,[13] mas a sua recompensa não consistirá nem em dinheiro nem em elogios. Ao contrário, eles governam porque, ao fazer isso, evitam a dor de ser governados

---

[11] PLATÃO. *A República*, p. 98.
[12] PLATÃO. *A República*, p. 231: " [...] e quando chegarem a quinquagenários {os guardiões}, os sobreviventes que se houverem distinguido em todos os atos de sua vida e em todos os ramos de conhecimento serão levados à consumação final, pois é preciso obrigá-los a alçar os olhos da alma [...]; pois embora dediquem a maior parte de seu tempo à Filosofia, terão de carregar aos ombros, quando chegue a sua vez, o peso dos assuntos públicos e governar um depois do outro para o bem da cidade".
[13] PLATÃO. *Republic*, p. 420a.

por aqueles com qualidades inferiores.[14] Em consequência disso, aqueles que apenas desejam governar são os menos qualificados para desempenhar essa função.

O Estado origina-se da necessidade de se juntar aos outros para suprir várias necessidades.[15] Isto, entretanto, não quer dizer que aqueles que suprem as necessidades materiais devem ser mais valorizados que os outros. Ao contrário, das três recompensas que podem ser almejadas — lucro, vitória e sabedoria —, o lucro é o menos digno.[16] Enquanto Platão, em várias passagens, reconhece que o aspecto material é importante e que até mesmo aqueles que estão destinados a ser filósofos precisam sentir o gosto das recompensas do lucro e da vitória, ele, em muitos outros trechos, ataca a busca pelo lucro como algo que corrompe o indivíduo e a sociedade:

> Palpita-me, com efeito, que muitos não se contentarão com esse gênero de vida simples. Importarão leitos, mesas, mobiliário de toda espécie, manjares, perfumes, incenso, cortesãs, guloseimas, e tudo isso de muitas espécies distintas. Então, já não se contará entre as coisas necessárias apenas o que indiquei anteriormente: casas, roupas e calçados; entrarão em jogo as artes do bordado e da pintura, e será preciso obter ouro, marfim e muitos outros materiais. [...] Nesse caso, temos de alargar nossas fronteiras; pois a cidade original e sadia já não é suficiente. Será necessário que aumente de extensão para abrigar uma multidão de novos habitantes, que já não estarão ali para desempenhar ofícios indispensáveis [...].[17]

> A partir de então tornam-se cada vez mais ricos, e quanto mais pensam em fazer fortuna, menos se lembram da virtude; pois, se colocarmos a riqueza e a virtude nos pratos de uma balança, uma sempre sobe à medida que a outra baixa.[18]

---

[14] PLATÃO. *Republic,* p. 347c.
[15] PLATÃO. *Republic,* p. 396c.
[16] PLATÃO. *Republic,* p. 582b-c.
[17] PLATÃO. *A República,* p. 49-50.
[18] PLATÃO. *A República,* p. 240-241.

O poder da corrupção na busca por bens materiais é a razão por trás da insistência de Platão nos bens comunitários entre as classes dominantes.[19] Ao ter todos os bens em comum e todas as necessidades básicas supridas, elas ficarão livres desse poder da corrupção.

Essa é também a razão daquilo que foi apontado como a instância mais extrema do comunismo de Platão: que todas as mulheres deveriam ser comuns a todos os homens, e vice-versa. O objetivo do filósofo não era a promiscuidade nem o motivo subjacente àquilo que a sociedade moderna chama de "amor livre". O objetivo era o bem do Estado. Ao eliminar as uniões monogâmicas, buscava prevenir os pais de tratar os próprios filhos com consideração especial e de tentar passar para os descendentes a riqueza ou autoridade conquistada. As uniões com a finalidade de procriação deveriam ser estritamente reguladas, e apenas os filhos dos "melhores" deveriam ter permissão para viver — e aqui Platão usou o exemplo da criação de cães de caça e galos de briga. Como isso deveria ser feito — ou mesmo se seria feito — devia ser um segredo dos governantes. Uma forma seria determinar as uniões por lotes, certificando-se de que os lotes resultassem no que os governantes planejaram — em outras palavras, trapaceando.[20]

Mais tarde, em *As leis*, escrito cerca de quarenta anos depois de *A República*, Platão passou a ser mais moderado em relação a essas perspectivas extremadas, permitindo casamentos no sentido mais tradicional.[21] O objetivo, no entanto, tanto em *A República* quanto em *As leis*, é o bem do Estado.

Platão, pela mesma razão, não demonstra paciência com o doente crônico. Os recursos da medicina deveriam ser empregados apenas com aqueles que podem voltar a ser produtivos. Os que não podem ser curados não devem ser aliviados, para que não prolonguem uma existência miserável e gerem filhos

---

[19] PLATÃO. *A República*, p. 100: "[...] mas se {os guardiões} adquirirem casas, terras e dinheiro, deixarão de ser guardiões para se tornarem proprietários e agricultores, e de amigos de seus concidadãos se transformarão em detestáveis tiranos. Passarão a vida inteira odiando e sendo odiados, conspirando e sendo alvo de conspirações — temendo, numa palavra, mais aos inimigos de dentro que aos de fora; e não virá longe a hora da derrocada final, tanto para eles quanto para a cidade."

[20] PLATÃO. *Republic*, p. 459-61.

[21] PLATÃO. *Laws*, p. 773.

igualmente miseráveis. "[...] por ser uma pessoa inútil a si mesma e à sociedade."²²

Platão, em *As leis*, fornece detalhes adicionais sobre a ordem desse Estado ideal. Ali, ele parte do pressuposto de que nesse Estado haverá, além das várias classes de cidadãos já mencionadas, os escravos e os mercadores estrangeiros. Os bens comunitários, como em *A República*, limitam-se às classes governantes. Aqueles que trabalham a terra não farão isso em comum, pois isso estaria "além de seu nascimento, geração e educação".²³ A terra como um todo é realmente a "propriedade comum de toda a sociedade",²⁴ e "aquele que vender a casa ou terra designada para ele, ou comprar a mesma, deverá sofrer as penalidades justas por seus atos".²⁵

Para administrar esse Estado, será prescrita uma série de círculos familiares. Todo homem terá apenas um herdeiro homem. A fim de manter esse número fixo, os filhos adicionais devem ser distribuídos entre os que não têm nenhum; e, se houver muitos filhos homens, eles devem ser enviados para outros lugares para estabelecer uma nova colônia. Não deve haver igualdade absoluta entre os proprietários de um círculo familiar; mas o Estado determinará o lote mínimo de cada pessoa, e algumas delas terão até quatro vezes mais que isso. Os cidadãos terão permissão de subir ou descer nessa escala de riqueza; mas não se permitirá que nenhum deles fique abaixo do nível de pobreza; e se qualquer um deles conseguir ultrapassar esse limite, o excedente será propriedade do Estado.²⁶ A razão para isso é que tanto a penúria quanto a riqueza excessiva acabam por corromper o Estado, uma incitando o crime, e a outra promovendo a preguiça e o luxo.²⁷

Haverá divisão de trabalho, sempre regulada pelo Estado; mas os cidadãos não terão permissão para se envolver com o comércio ou com ofícios, quer de forma direta quer por intermédio de seus escravos.²⁸ Os estrangeiros, a fim de fazer essas coisas, serão encorajados a vir para a cidade, com a condição de que

---

[22] PLATÃO. *A República*, p. 89.
[23] PLATÃO. *Republic*, p. 740a.
[24] PLATÃO. *Republic*, p. 740a.
[25] PLATÃO. *Republic*, p.741c.
[26] PLATÃO. *Laws*, p. 744-45.
[27] PLATÃO. *Laws*, p. 919b-c.
[28] PLATÃO. *Laws*, p. 864-67, 919-20.

— exceto em circunstâncias extraordinárias — não poderão ficar mais que vinte anos no local. A razão para isso é que Platão compartilhava a visão negativa do comércio e dos ofícios, bastante comum na Antiguidade. Considerava esses aspectos da vida necessários, mas também responsáveis por corromper aqueles que os praticavam:

> A finalidade natural da existência no Estado de todo comércio a varejo não é a perda, mas precisamente o contrário, pois, como poderá um homem deixar de ser um benfeitor, se o que faz é tornar igual e proporcional a distribuição de qualquer tipo de mercadoria que antes era desigual e desproporcional? E este é, temos de admiti-lo, o efeito produzido pelo poder do dinheiro, e temos que declarar que é ao mesmo tempo a função que cabe ao mercador. O trabalho mercenário, dos hoteleiros e o resto — alguns mais e alguns menos respeitáveis —, todos preenchem essa função, a saber, satisfazer plenamente as necessidades de todas as pessoas e restabelecer o equilíbrio dos seus bens. Vejamos então em que se reputa o comércio como algo destituído de nobreza ou mesmo respeitabilidade e o que o tem tornado depreciado a fim de que possamos remediar legalmente tal situação, se não total, ao menos parcialmente.

> [...] bem limitada em seu número e rara como espécie também é essa classe de pessoas que, tendo recebido uma educação requintada, quando se vê às voltas com diversas necessidades e desejos, se mostra capaz de apegar-se firmemente à moderação e que, quando detém o poder de adquirir muita riqueza, se revela sóbria e escolhe o que é de boa medida de preferência à grande quantidade. A disposição da massa da humanidade é exatamente o contrário disso; quando desejam, desejam ilimitadamente, e quando podem obter ganhos moderados, preferem se empenhar insaciavelmente em obter ganhos enormes; e é devido a isso que todas as classes envolvidas no comércio varejista, em transações

comerciais em geral e em estalagens são alvo da depreciação e submetidas até ao opróbrio. [...] Mas como são [de fato] as coisas agora, quando alguém estabelece uma casa visando a praticar o comércio varejista num sítio deserto, do qual distam todas as estradas, se nesse lugar de boa acolhida ele recebe viajantes aflitos, proporcionando repouso e tranquilidade aos fustigados por duras tempestades ou repouso refrescante àqueles que suportaram um calor tórrido — o que faz a seguir, em lugar de tratá-los como camaradas e lhes proporcionar presentes de amigo e entretenimento, é os manter como reféns, como se fossem inimigos prisioneiros que caíssem em suas mãos, exigindo altíssimas somas para o resgate iníquo e inexpiável.[29]

A compra e venda a crédito têm de ser cabalmente proibidas.[30] A única exceção é aquela de um artesão que trabalha para ser pago quando terminar a tarefa. Isto, em si mesmo, pode ser considerado uma forma de crédito. Se, no entanto, a pessoa que pediu o trabalho não pagar imediatamente, haverá uma sobretaxa de 100%; e, depois de um ano, essa quantia aumentará 16,16% ao mês! Obviamente, essa taxa exorbitante é compreendida como uma penalidade, e não como juros de um empréstimo.[31] Outros empréstimos, de amigos e sem juros, são permitidos; eles, porém, não têm a força de um contrato, e a execução do pagamento não é imposta pela lei.[32]

Por fim, no Estado ideal de Platão, apenas o governo teria metais preciosos ou moedas que pudessem circular além de suas fronteiras. Aqueles que residissem no Estado usariam a moeda local para as transações normais. Se alguém tivesse necessidade de viajar para o exterior ou de importar algo necessário para o Estado, o governo emitiria a quantia suficiente na

---

[29] PLATÃO. *As leis,* trad. Edson Bini. São Paulo: EDIPRO – Edições Profissionais Ltda, 1999, p. 444-445.

[30] A proibição da cobrança de juros: PLATÃO. *Republic,* p. 556b; PLATÃO. *Laws,* p. 742c-743d. A proibição de qualquer tipo de venda a crédito: PLATÃO. *Laws,* p. 849e, 915e.

[31] PLATÃO. *Laws,* p. 921 b-c. Compare com TOZZI, Glauco. *Economistas gregos e latinos.* México: Fondo de Cultura Económica, 1968, p. 91-92.

[32] PLATÃO. *Laws,* p. 915e.

moeda grega comum, com a condição de que os viajantes, assim que retornassem ao Estado, trocassem a quantia não utilizada nessa moeda pela moeda local.[33]

Fica muito claro que tudo isso quer dizer que o Estado ideal de Platão é um modelo de gestão de controle em que o bem comum, conforme determinado pela elite intelectual, tem precedência aos desejos ou inclinações individuais. O propósito da insistência de Platão nos bens comunitários — limitados às classes governantes — não é a justiça distributiva, mas a organização mesma do Estado. A pobreza extrema tem de ser banida dessa sociedade ideal, nem tanto porque é, em si mesma, maligna, mas porque ameaça a estabilidade do Estado. As classes governantes têm de ter coisas em comum por duas razões: a primeira, porque, ao fazer isso, evitarão inveja e brigas, que também ameaçam a estabilidade e impossibilitam um bom governo; a segunda, porque os governantes têm de ser filósofos, e a verdadeira filosofia só pode brotar quando as pessoas não têm preocupações com as necessidades materiais da vida.

Aristóteles, em uma série de assuntos relacionados com a organização da sociedade — dentre muitos outros —, discorda de Platão. Ele concorda com a perspectiva elitista do Estado e de seu governo, excluindo prontamente da cidadania não só escravos e estrangeiros, mas também os artesãos, pessoas que ele compara a crianças em sua habilidade para assumir as tarefas da cidadania.[34] Contudo, ele discorda com veemência das questões relacionadas à propriedade comum, aspecto que rejeita.[35]

Aristóteles apresenta uma série de razões por que a propriedade não deve ser comunitária. A primeira é o argumento conservador de que o sistema presente, testado pela experiência, não deve ser abandonado de forma leviana. "Não podemos, igualmente, deixar de ter em conta a experiência do

---

[33] PLATÃO. *Laws*, p. 742a-b.

[34] ARISTÓTELES. *Politics*, 1261a, em McKEON, R., ed. *The Basic Works of Aristotle*. New York: Random House, 1941, p. 1277b-1278a.

[35] Ao mesmo tempo, ele concorda que, para um Estado existir, seus membros têm de ter algo em comum — pelo menos, um lugar comum. Seu ponto, no entanto, é que "nossa presente condição" é melhor que "a nova ordem proposta para a sociedade". ARISTÓTELES. *Politics*, 1261a, p. 1146.

tempo; neste longo decurso de tempo, se esse sistema fosse bom, não teria ficado desconhecido".[36] Isto não quer dizer que as pessoas não devem buscar melhorar a organização da sociedade, mas apenas que isso deve ser feito a partir da estrutura da ordem existente. "O atual sistema, se for aperfeiçoado por bons hábitos e leis, seria muito melhor. Ele tem a vantagem de ambos os sistemas".[37] Isso também não impede que alguém ponha seus bens à disposição dos amigos, exatamente como faziam os espartanos: embora tivessem seus próprios escravos, usavam os escravos, cavalos e cães uns dos outros como se fossem os seus.[38]

Ademais, a propriedade comunitária destruiria a possibilidade de liberalidade, que exige que aqueles que compartilham com amigos ou hóspedes compartilhem o que é realmente seu.[39] O prazer de ter algo desapareceria, as pessoas passariam o tempo reclamando sobre aqueles que, aparentemente, trabalham menos e recebem mais recompensas, e esse tempo e esforço perdidos obstruiriam o progresso.[40]

> E, deste outro ponto de vista, aquela aspiração à unificação extrema da Cidade[41] claramente não é benéfica [...]. Há ainda uma outra objeção a essa proposição, a saber, a de que se dá pouca atenção ao que é de propriedade comum; cada qual se concentra em seus interesses privados e dificilmente se ocupa dos interesses comuns, salvo quando isso lhe concerne pessoalmente. Isso ocorre porque, entre outras razões, os homens têm uma tendência a negligenciar a obrigação que eles esperam que outro execute.[42]

---

[36] ARISTÓTELES. *Política*, trad. Pedro Constantin Toles. São Paulo: Martin Claret, 2007, p. 86.
[37] ARISTÓTELES. *Política*, p. 84.
[38] ARISTÓTELES. *Politics*, p. 1263a, p.1151.
[39] ARISTÓTELES. *Politics*, p. 163b.
[40] ARISTÓTELES. *Politics*, p. 1263a.
[41] [NT] Cidade, com inicial maiúscula na tradução de Pedro Constantin Toles, seria o mesmo que Estado, termo encontrado em outras traduções.
[42] ARISTÓTELES. *Política*, p. 80-81.

Entretanto, a principal objeção de Aristóteles é sua concepção de Estado e da função deste, em que o Estado, ao exceder nos regulamentos, ultrapassa suas fronteiras:

> O erro de Sócrates tem de ser atribuído à falsa noção de unidade da qual ele parte. Sem dúvida, tanto a Cidade quanto a família devem ter unidade, mas não de modo absoluto. Se a unidade fosse levada ao grau ilimitado, a Cidade deixaria de existir enquanto Cidade, tornando-se inferior, como a harmonia de um só som ou o ritmo de uma só batida. A Cidade, conforme dissemos, é uma pluralidade.[43]

Assim, como acontece em muitos debates sobre assuntos similares desde aquela época, a questão dividindo Platão e Aristóteles é a do funcionamento apropriado do Estado. Platão apoia o ideal da propriedade comum porque acredita que isso produzirá um Estado melhor. Aristóteles rejeita essa noção porque acredita que um Estado, por sua própria natureza, tem de ter uma variedade que o plano de Platão tende a destruir.

Isto não quer dizer, entretanto, que Aristóteles favorece o acúmulo ilimitado de riqueza. Ele espera que cada Estado tenha "três classes de cidadãos: uma classe de cidadãos é muito rica, outra é muito pobre, e uma terceira é o meio".[44] Dessas três, os dois extremos produzem efeitos negativos tanto no indivíduo quanto no Estado. A riqueza excessiva, portanto, deve ser evitada tanto quanto a pobreza extrema, e a classe média é a força real de uma cidade.

> E aqueles que têm em excesso as dádivas da fortuna — força, riqueza, amigos e coisas assim — não se submetem à autoridade. Esse mal tem início em casa, pois na infância viviam na incontinência e jamais aprenderam, mesmo na escola, a obedecer. Por outro lado, os muito pobres acabam se degradando; e, então, enquanto uma classe não sabe obedecer e governa despoticamente, a outra não sabe comandar e submete-se como escrava

---

[43] ARISTÓTELES. *Política*, p. 86.
[44] ARISTÓTELES. *Política*, p. 164.

aos primeiros. Assim, surge uma Cidade, não de homens livres, mas de senhores e escravos, uns são invejosos, outros prepotentes [...]. Mas uma cidade deve ser composta, tanto quanto possível, de iguais e similares, e isso se dá sobretudo na classe média; desse modo, a Cidade que é composta por cidadãos da classe média é necessariamente mais bem constituída [...].[45]

Assim, embora Aristóteles rejeite o esboço de um Estado comunitário, também rejeita a noção de que a aquisição ilimitada de bens é algo bom. Ao contrário, ele distingue entre a administração apropriada dos dons da natureza (economia) e a arte de ficar rico (crematística[46]). Apesar de Aristóteles usar este último termo em mais de um sentido, ele, em geral, condena aqueles que praticam essa arte. Uma coisa é administrar o patrimônio presente de forma que produza o máximo possível, e outra bem diferente é envolver-se no comércio e empréstimo de dinheiro a fim de acumular riqueza.

> Há, pois, duas maneiras de obter riqueza: uma, pelo governo doméstico; outra, pelo comércio. A primeira é indispensável e merece elogios; enquanto a segunda merece censura, pois não é conforme a natureza e é um modo pelo qual um homem lucra sobre outro. É com muita razão que se tem aversão pela usura, pois, com isso, desvia-se a moeda do fim para o qual foi criada. Foi inventada para facilitar trocas; enquanto a usura faz que o dinheiro sirva para aumentar-se a si mesmo; por isso recebeu o nome de *tokos* ["progenitura"], por causa da semelhança que as coisas produzidas ou engendradas guardam com aqueles que as geraram. Ora, no caso da usura,

---

[45] ARISTÓTELES. *Política*, p. 164-165.
[46] [NT] Crematística, um conceito aristotélico que advém das ideias de *khréma* e *atos* — busca incessante da produção e do açambarcamento de riquezas por prazer. A prática crematística consiste em colocar a procura pela maximização da rentabilidade financeira (acumulação de numerário) antes de qualquer outra coisa, em detrimento, se necessário, dos seres humanos e do meio ambiente. É da natureza da prática crematística recorrer a diversas estratégias de ação nocivas, como especulação financeira, degradação socioambiental, etc., sem qualquer preocupação com as consequências desses atos.

é a moeda que torna a trazer moeda, sendo o meio de obter riqueza que é mais contrário à natureza.[47]

A justiça distributiva, argumenta Aristóteles, não consiste de igualdade uniforme, mas da distribuição de acordo com o mérito. Dar às pessoas com méritos desiguais uma parte igual nos bens ou na honra seria injusto, assim como seria injusto dar partes desiguais sem fundamento no mérito. "O justo, portanto, é isto — o proporcional; o injusto é o que viola a proporção". Quando há injustiça, "o homem que age injustamente tem muito do que é bom, e o homem tratado injustamente tem muito pouco".[48]

Poderíamos dizer muito mais sobre as perspectivas de Aristóteles em relação aos problemas que se tornaram o assunto da teoria econômica e a discussão em um período posterior — como as práticas monopolistas, a flutuação dos preços e a forma como eles podem ser controlados e manipulados, e várias teorias referentes ao dinheiro. Em relação a esses assuntos, porém, Aristóteles oferece um pouco mais que pequenas histórias ou referências superficiais cuja interpretação varia muitíssimo — e uma variedade delas aparece em *Economia*, uma obra pseudoaristotélica que pode ou não relatar fielmente o que o mestre de fato ensinou.

Os cínicos, quanto às questões básicas da organização mesma do Estado, parecem concordar com Platão — pelo menos, os cínicos posteriores, pois é difícil avaliar as doutrinas dos

---

[47] ARISTÓTELES. *Política*, trad. Pedro Constantin Toles, p. 71. A fim de entender o comentário de Aristóteles a respeito do termo "usura", ou juros, é preciso lembrar que, em grego, o termo *tokos* significa progenitura. Em *Nicomachean Ethics*, p. 1121b, em MCKEON, R. *The Basic Works of Aristotle*, p. 988, Aristóteles condenou aqueles que pegam "qualquer coisa de qualquer fonte, como, por exemplo, aqueles que se ocupam com negócios sórdidos, cáftens e todo esse tipo de pessoas e aqueles que emprestam pequenas somas com taxas altíssimas". Aqui, em contraste com *Política*, o que se rejeita não é o juro como o conhecemos, mas apenas a usura. Também sobre o assunto do comércio, observe as nuanças apresentadas em *Nicomachean Ethics* sobre o que Aristóteles disse em *Política*. Por exemplo, em *Nic. Eth.* 5. 5, há uma discussão sobre os resultados positivos do comércio. Aqui, o exemplo é o do sapateiro que precisa construir uma casa. Ele tem de encontrar uma maneira, por intermédio do comércio, de pagar pelos serviços dos construtores com os resultados de seu próprio trabalho como sapateiro. O que Aristóteles parece rejeitar é o comércio como uma ocupação.

[48] *Nic. Eth.*, p. 1131b, MCKEON, R. *The Basic Works of Aristotle*, p. 1007.

fundadores dessa escola —, mas, na realidade, estavam muito distantes dele. Eles, como Platão, realmente acreditavam que a noção da propriedade privada deveria ser abolida. Também declaravam que a família e o casamento não tinham lugar na sociedade ideal, conforme Platão declarara em *A República* — mas não em *As leis*. Eles, porém, levavam seu iconoclasmo pelos valores apreciados pela sociedade muito mais adiante do que Platão o fizera, advogando a abolição do Estado. Em contraste com Platão, cujo objetivo era a criação de um Estado organizado, a visão dos cínicos era a da ordem primitiva, "natural", da simplicidade, com o retorno ao estágio primal em que não havia Estado nem lei.

Sobre as questões com as quais nos ocupamos aqui, a doutrina de Epicuro — como a dos cínicos, tão difamada pelos desenvolvimentos posteriores dessas ideias — tem pouco a acrescentar às tradicionais palavras de sabedoria. Ele rejeitou a luta sem fim para a aquisição de mais riqueza, como também os extremos da pobreza, pois "a pobreza, quando mensurada pelo propósito natural da vida, representa grande riqueza, mas a riqueza ilimitada representa imensa pobreza".[49]

O desejo por algo que não se tem destrói a alegria quanto ao que se tem.[50] Há três categorias de desejo: o natural e necessário, o natural e desnecessário e o contrário à natureza e desnecessário.[51] Presumivelmente, a pessoa deve buscar satisfazer apenas a primeira categoria; e a segunda em certas circunstâncias; todavia, a grande riqueza pertence à terceira categoria e, portanto, deve ser evitada. Por fim, Epicuro rejeitou a noção de que é necessário que as coisas sejam propriedade comum de todos. Entretanto, a razão para rejeitar isso não foi — como no caso de Aristóteles e Aristófanes — que a propriedade comum não é boa para o Estado ou a economia em geral. O motivo apresentado tinha mais a ver com o fato de que a propriedade comum é sinal de desconfiança. A amizade e a confiança, argumentava Epicuro, devem ser de tal natureza que os bens em comum não são necessários.[52]

---

[49] Vat. fragm. 25, em OATES, W. J. ed. *The Stoic and Epicurean Philosophers*. New York: Random House, 1940, p. 41.

[50] Vat. fragm. 25, em OATES, W. J., ed., *The Stoic and Epicurean Philosophers*, p. 35.

[51] Frag. 29, em OATES, W. J., ed., *The Stoic and Epicurean Philosophers*, p. 37.

[52] DIÓGENES LAÉRCIO. *Lives* 10. 11.

É difícil averiguar as doutrinas de alguns mestres estoicos das primeiras gerações, uma vez que tudo o que restou são fragmentos, e vários deles são atribuídos a mais de um filósofo. Zenão de Cítio, aparentemente, idealizava um Estado muito similar ao apresentado por Platão em *A República*, com o acréscimo, bastante relevante, de que ele não mais falava de uma cidade grega, mas de um Estado universal, em que "todos os povos formam um só rebanho em um único pasto".[53] Nessa *República* universal — também o nome de sua obra, agora perdida —, as pessoas teriam as roupas em comum, uma mesa em comum e um casamento em comum.[54] Nesse Estado, não seria emitida nenhuma moeda, presumivelmente porque, visto que todas as coisas seriam propriedade de todos, não haveria espaço para o comércio no sentido tradicional do termo.[55] Outros fragmentos, no entanto, partem do pressuposto de que o filósofo possuiria algumas coisas e seria o cidadão de uma pólis em particular. Alguns interpretaram essa aparente discrepância como uma indicação de que Zenão mudou a forma de conceber essa questão em particular.[56] Parece mais provável que Zenão esteja falando sobre um aspecto desse Estado ideal e sobre outro aspecto concernente à vida do filósofo na sociedade presente — assim como Sócrates pode falar de um Estado em que propriedade comum seria a regra, mas, ainda assim, um pouco antes de sua morte, também se lembrou de que devia a alguém um galo.[57]

Zenão também insistiu no lugar-comum da filosofia grega de que a riqueza pode ser um obstáculo — mais que uma ajuda — à sabedoria. Citou, com aprovação, o episódio de Crates e o sapateiro. (Crates, de acordo com essa história, estava lendo em voz alta a dedicatória de um livro de Aristóteles para o rei de Chipre, em que o filósofo diz ao rei que, por causa de sua grande fortuna, este devia se dedicar à filosofia. Percebendo que o sapateiro ouvia com atenção essas palavras, Crates disse que esse homem era mais inclinado à filosofia que o rei de Chipre.)[58] Ele também concordou

---

[53] Plutarco. *De Alex. virt.* 329.

[54] Entretanto, em outra referência, afirma-se que ele sustentava que "as mulheres deveriam ser propriedade do sábio". (Diógenes Laércio, *Lives*, 7. 131). Cf. Diógenes Laércio, *Lives*, 7. 121.

[55] Diógenes Laércio. *Lives* , *Lives* vii. 33.

[56] Também Tozzi. *Economistas griegos e latinos*, p. 182.

[57] Sobre essa cidade ideal, de acordo com Zenão, veja Diogenes Laertius. *Lives*, 6. 85.

[58] Citado pelo antologista do século V, Estobeu, Joannes. *Flor*, 95. 21.

com o comentário de Crates no mercado, de que compradores e vendedores invejavam uns aos outros, uma vez que cada um deles desejava o que o outro tinha. Crates, em contrapartida, não vendia nem comprava e, portanto, era livre.[59]

Na ordem presente, em que não existe a propriedade comunitária, o sábio tem de descobrir princípios por meio dos quais organizar sua vida. Alguns dos estoicos — Aristo de Chios entre eles — parecem sustentar que a virtude é o único bem, e que tudo o mais ou é ruim ou indiferente.[60] Naturalmente, tal visão tornaria muito difícil organizar nossa vida diária, em que há escolhas constantes entre coisas que, nesse caso, seriam indiferentes. Outros estoicos — provavelmente Zenão entre eles e, com certeza, os estoicos posteriores — introduziram uma distinção entre as coisas que devem ser preferidas e as que devem ser rejeitadas.[61] Portanto, os estoicos, enquanto declararam a saúde e os bens materiais como absolutamente indiferentes, foram capazes de estabelecer uma escala de valores entre esses bens. Nessa escala, a riqueza está entre aqueles bens que devem ser buscados, embora não estejam necessariamente ligados à virtude. Tal riqueza, no entanto, tem de ser limitada, pois a riqueza excessiva — e, em particular, a busca por ela — é contra a natureza. O sábio também deve se abster de todos esses meios para a obtenção de tal riqueza, exceto os três apropriados ao filósofo: governar, ensinar e escrever bons livros.[62] De qualquer forma, na busca pelos bens materiais, como em todos os aspectos da vida, é preciso tomar cuidado para não pegar o que pertence aos outros, assim como um corredor no estádio tem de se esforçar ao máximo para vencer, sem trapaças, como, por exemplo, fazer com que os outros tropecem ou empurrar os adversários.[63]

Os platônicos posteriores tinham pouco a acrescentar. Em geral, prestavam menos atenção à visão de Platão de um Estado ideal e examinavam com maiores minúcias a moralidade

---

[59] Estobeu, Joannes. *Flor* v. 52.

[60] Sexto Empírico. *Adv. math.* 11. 64-67.

[61] Estobeu. *Ecl.* 2. 84. 18; Cícero. *De fin.* 3. 50-54.

[62] Festa, N. *I frammenti degli Stoici Antichi*. Bari: Laterza, 1932-35, 1:23-24. Essas ações são opostas à demagogia, ou seja, ensinar por dinheiro, como os sofistas fazem — em contraste com aceitar a quantia que o aluno paga por gratidão –, e escrever livros perniciosos.

[63] Um tema retomado mais tarde por Cícero, em *De off.* 3. 10. 42.

econômica pessoal na ordem estabelecida. Também, à medida que o médio platonismo, ou platonismo eclético, e o neoplatonismo passaram a abraçar cada vez mais o misticismo, houve um crescente desprezo por aqueles que prestam muita atenção ao mundo da realidade material.

Plutarco repetiu as afirmações comuns sobre a vaidade e o poder de corrupção da riqueza — embora com maior eloquência que outros. A busca constante e sem fim pela riqueza é uma doença que brota não de uma necessidade real por dinheiro, mas de uma desordem interna.

> Certamente, no caso dos sedentos, você esperaria que aquele que não bebeu nada saciasse a sede depois de beber, ao passo que pressupomos que aquele que bebe seguidamente, sem interrupção, precisa aliviar a si mesmo, não empanturrar-se mais ainda, e dizemos a ele para vomitar, assumindo que seu problema é causado não só pela falta de algo, mas pela presença nele de alguma opressão ou calor nada natural. É isso também que acontece com os que correm atrás de dinheiro.[64]

No que diz respeito à vida feliz, o rico não está em situação melhor que os que vivem de forma modesta, pois até os mais ricos não podem comprar mais que as necessidades reais.[65] Na verdade, eles estão em situação pior, pois o poder da corrupção atua na riqueza excessiva. Esta, Plutarco afirma, é a razão por que Licurgo ordenou que nenhuma outra ferramenta, além do serrote e do machado, fosse usada nas portas e nos telhados das casas. Licurgo não estava legislando contra outras ferramentas; ordenou isso "porque ele sabia que, por meio desse trabalho talhado de forma tosca ninguém introduziria ali um sofá dourado". Nessa casa, a mobília simples e o aparelho de jantar forçarão o proprietário a servir refeições despretensiosas, e isso é importante porque "toda forma de luxo e extravagância segue a liderança de um estilo perverso de vida".[66] O avarento é moralmente repulsivo, pois...

---

[64] PLUTARCO. *De cupid. divit.* 3. *LCL*, volume 7, p. 13.
[65] PLUTARCO. *De cupid. divit.* 8.
[66] PLUTARCO. *De esu car.* 2. 2. *LCL*, volume 12, p. 567-69.

> como as víboras, as cantáridas e as aranhas venenosas nos prejudicam e nos desagradam mais que os ursos, porque elas matam e destroem os homens sem usar o que destroem, também os homens cuja avidez de lucro brota do egoísmo e da avareza nos causam repugnância mais que aqueles em quem isso brota da prodigalidade, uma vez que os avaros pegam dos outros o que não têm poder nem capacidade de usar eles mesmos.[67]

Plutarco, como muitos outros antes dele, condena o empréstimo de dinheiro com juros. O empréstimo de dinheiro é contra os princípios fundamentais da natureza, "como nada surge do nada; pois, com esses homens, o juro surge daquilo que ainda não tem ser ou existência".[68] Mas, principalmente, aqueles que são tentados a pedir emprestado devem perceber a falta de sentido dessa ação:

> [...] pedir emprestado é um ato de extrema loucura e fraqueza. Você tem dinheiro? Não peça emprestado, porque não passa necessidade. Você não tem dinheiro? Não peça emprestado, porque não será capaz de pagá-lo. [...] Ao ser incapaz de carregar o fardo da pobreza, você põe aquele que lhe empresta dinheiro nas suas costas, um fardo difícil até mesmo para o rico carregar. [...] Ganhe a vida com o ensinar as letras, o levar as crianças à escola, o ser porteiro, o trabalhar como marinheiro ou barqueiro; nada disso é tão vergonhoso ou desagradável quanto ouvir a ordem: "Pague".[69]

Em tudo isso, não há uma palavra sequer do grande projeto de Platão para um Estado que regularia a vida econômica de seu povo. Ao contrário, Plutarco, em geral, fala em termos individualistas e tem muito pouco ou nada a dizer sobre o papel do governo na economia. Em seu *Precepts of Statecraft* [Preceitos da arte de governar] é que chega mais perto disso,

---

[67] PLUTARCO. *De cupid. divit.* 6. *LCL*, volume 7, p. 23.
[68] PLUTARCO. *De vitando aere alien.* 4. *LCL*, volume 10, p. 325.
[69] PLUTARCO. *De vitando aere alien*, *LCL*, volume 10, p. 327-29.

declarando que "há também, na vida pública, caminhos que não são desonrosos para ajudar amigos que precisam de dinheiro a consegui-lo".[70]

O caso de Filo de Alexandria, o judeu contemporâneo de Jesus que, com zelo, buscou reconciliar o melhor das tradições judaica e platônica, representa um estágio além no desenvolvimento do platonismo com respeito às questões que nos interessam aqui. Encontramos nele — com um grau que talvez só seja igualado por Sêneca, a quem nos voltaremos logo mais — uma surpreendente combinação de grande riqueza pessoal com passagens eloquentes depreciando as riquezas.[71] Filo era um rico membro de uma família de prestígio na comunidade judaica de Jerusalém. Seu irmão era cobrador de impostos, ou publicano, cuja riqueza era tal que pôde cobrir nove portas do templo em Jerusalém com metais preciosos e emprestar somas exorbitantes para Herodes Agripa. Filo preocupava-se bastante com a riqueza de seus correligionários, de forma que, quando eram despojados dos bens, ele ia em missão diplomática a Roma para tentar remediar a situação.

E, todavia, encontramos em seus escritos passagens que advogam a renúncia à riqueza, como quando ele elogia os essênios porque "eles — por decisão própria, e não por falta de sorte — não têm dinheiro nem terras".[72] Ou quando ele chama "à mente [...] aqueles que não proveem para si propriedades que têm seu lugar em meio às coisas criadas, mas renunciam a tudo isso fundamentados na associação suprema com o Incriado, pois tê-la, assim creem, é a única riqueza".[73]

---

[70] Plutarco. *Praec. ger. reimpressão* 13. LCL, volume 10, p. 213. Isto, depois de ele declarar que os governantes não devem favorecer os amigos. O contexto mostra que Plutarco, enquanto faz objeção aos governantes por aplicarem a lei de formas que beneficiam os amigos, não faz a mesma restrição aos assuntos econômicos.

[71] Um assunto discutido por Mealand, D. L. "Philo of Alexandria's Attitude to Riches", *ZntW*, 68, 1978, p. 258-264. Esse artigo produziu uma acalorada discussão: Schmidt, T. E. "Hostility to Wealth in Philo of Alexandria", *JStNT*, 19, 1983, p. 85-97; Mealand, D. L. "The Paradox of Philo's Views on Wealth", *JStNT*, 24 (1985), 111-15; Downing, F. G. "Philo on Wealth and the Rights of the Poor", *JStNT*, 116-18.

[72] *Quod omnis probus* 77. LCL, volume 9, p. 55.

[73] *De plant.* 66. LCL, volume 3, p. 247.

As razões para essa discrepância podem ser debatidas. É verdade que houve uma longa tradição na região leste da bacia do Mediterrâneo de trabalhos em que os aristocratas falavam sobre os infortúnios da riqueza, e Filo, com certeza, era herdeiro dessa tradição. Há, no entanto, uma razão adicional que torna mais fácil para Filo combinar sua riqueza pessoal com sua declaração de desprezo pelas riquezas. Esse era o rumo que o platonismo estava seguindo em sua época. Platão contrastou o corpo mortal com a alma imortal. Agora, esse contraste se tornou mais nítido. A alma é responsável pela felicidade e virtude. O corpo e seu bem-estar podem contribuir para esses objetivos. Contudo, o que realmente importa na vida é a alma e sua vida. Nesse contexto, a questão principal concernente à riqueza não diz respeito a se alguém a tem ou não, mas ao papel da vontade. É uma questão de atitude interna, mais que de riqueza externa. Os essênios têm de ser aplaudidos, não porque são pobres, mas porque fizeram isso de livre e espontânea vontade. Aqueles que renunciam a todas as propriedades têm de ser enaltecidos, não tanto pela renúncia, mas pela mente que leva a essa renúncia. A verdadeira sabedoria e a verdadeira virtude são questões internas. O problema com a riqueza não é a riqueza em si, mas a tendência de ela fazer com que as pessoas se distanciem da sabedoria e se aproximem das coisas efêmeras.

Portanto, o que temos em Filo é um desenvolvimento em que, embora se repitam os costumeiros lugares-comuns e palavras duras sobre a riqueza e a avareza, elas não mais têm o mesmo sentido, porque o que agora é importante é a vida interna da alma. É possível ser virtuoso e rico e, ao mesmo tempo, falar com sabedoria sobre os infortúnios da riqueza, porque se internalizou a vida de sabedoria e de virtude.

Quando chegamos a Plotino, esse desenvolvimento na direção do individualismo e da internalização alcança tal importância que esse filósofo dificilmente lida com questões econômicas — nem mesmo da forma ambivalente como Filo o faz.

OS ROMANOS

À medida que voltamos nossa atenção para os escritores latinos, descobrimos neles também a noção de uma ordem ideal em que todos os bens são comuns. Essa ordem, no entanto, existiu apenas em uma era dourada de simplicidade, tempo esse passado e irrecuperável, e os mesmos autores que lamentam seu fim[74] têm pouco a dizer sobre a restauração dessa magnífica era.[75]

Os escritores romanos mais influentes realmente olham para o passado em busca de orientação. Esse passado, entretanto, não é a remota era dourada da simplicidade e das propriedades em comum. Antes, é o tempo do início da República, que se estruturara, conforme acreditavam, por meio da honestidade e do trabalho árduo. Nesse sentido, todos os grandes escritores romanos da Antiguidade são conservadores. Olham em retrospectiva para um tempo em que a agricultura era a principal fonte de riqueza, e em que a terra era cultivada por cidadãos que também eram os seus proprietários. Em muitos de seus escritos, há um tom moralizante em que se lamenta a erosão dos valores tradicionais.

A abertura do tratado sobre agricultura, escrito por Cato, é típica:

> É verdade que obter dinheiro por meio do comércio é algumas vezes mais lucrativo, se não fosse tão arriscado; e, da mesma forma, por intermédio do empréstimo de dinheiro, se isso fosse digno. Nossos ancestrais sustentavam essa visão e a incorporaram em suas leis, nas quais se exigia que o ladrão fosse multado no dobro do valor; e o usurário, em quatro vezes; consideravam o cidadão usurário muito mais indesejável que o ladrão, e isso é possível concluir desse detalhe. [...] O comerciante, a quem considero um homem cheio de energia com inclinação para ganhar dinheiro — no entanto, conforme afirmei acima — segue uma carreira perigosa e sujeita ao

---

[74] Um tema que já aparece em PINDAR. *Ol.* 2.70, mas que os poetas latinos desenvolveram. VERGÍLIO. *Georg.* 1.126; *Aen.* 9. 569; OVÍDIO. *Met.* 1. 132; HORÁCIO. *Epod.* 16.49. Compare com SÊNECA. *Ep.* 90.41.

[75] Há, em alguns momentos, a esperança de que a era dourada — em geral, associada com Saturno e com a agricultura — retornará. Como em OVÍDIO. *Ecl.* 4. 6. Os epicureus, em contraste com a teoria da era dourada primal, sustentavam a teoria da ascensão progressiva, de forma que a era dourada pertenceria ao futuro. Sobre todo este assunto, veja SMITH, K. F. "Ages of the World (Greek and Roman)", em HASTINGS, J., ed. *Encyclopaedia of Religion and Ethics*. New York: Charles Scribner's Sons, 1931, volume 1, p. 192-200.

desastre. Por outro lado, os homens mais corajosos e mais robustos são provenientes da classe dos fazendeiros, e o chamado deles é extremamente respeitado.[76]

Ainda assim, embora a agricultura seja uma fonte de riqueza moralmente preferível e uma das mais nobres atividades, e apesar de eles alegarem que o abandono da terra foi uma das causas dos males de Roma, Cato e muitos outros com visão teórica similar preferiam viver na cidade. Dentre os grandes autores que devotaram sua obra ao louvor da prática da agricultura — os escritores de De re rústica —, apenas Columela de fato viveu no campo. E nem ele trabalhou na terra com as próprias mãos.

E, apesar de haver um tom moralizante em suas obras, essa moralidade é compreendida no sentido das virtudes romanas tradicionais. Isso não impede Cato, por exemplo, de recomendar que escravos idosos, como os bois velhos, fossem vendidos quando não mais fossem úteis.[77]

Em geral, entre os autores latinos, poucos são a favor da propriedade comum. Ao contrário, é possível argumentar que uma das principais contribuições de Roma para o mundo ocidental foi sua compreensão da propriedade privada. Nas constituições gregas antigas, atribuídas a Sólon e Licurgo, por exemplo, a propriedade da terra não era absoluta. Na Roma antiga, onde cada pequena casa era rodeada pelas terras de sua fazenda, e isso incluía os altares para os ancestrais, a noção de propriedade desenvolveu uma qualidade sagrada, ausente na Grécia antiga. Para os romanos, a posse plena incluía o direito de usar, desfrutar e, até mesmo, abusar da própria propriedade. Essa era a principal razão por que, conforme vimos no capítulo anterior, os romanos sentiam que qualquer imposto sobre suas terras era inapropriado — e também por que todos esses impostos foram considerados sinais de conquista. Por razões similares, o direito de deixar a propriedade para os herdeiros era também fundamental nos sistemas econômico e legal do império romano.

---

[76] De agri cult. 1. LCL, p. 3.

[77] De agri cult. 2: "Venda bois cansados e velhos, gado defeituoso, ovelhas defeituosas, lã, couro e uma velha carroça, velhas ferramentas, um velho escravo, escravo doente e o que mais que seja supérfluo. O senhor deve ter o hábito de vender, não o de comprar". LCC, p. 9.

Cícero, o mais romano dos romanos, certamente foi o expoente mais articulado e típico dessas ideias. A questão da inviolabilidade da propriedade da terra – em contraste com a reforma agrária e a redistribuição da terra entre a coletividade de cidadãos da Itália – era um dos principais pontos de atrito na confrontação de Cícero com Catilina. Cícero considerava a proposta de reforma agrária, feita por Catilina, uma ameaça para o Estado. Opondo-se à proposta de Catilina, ele sustentou com firmeza que a principal função do Estado era precisamente a preservação da propriedade privada. A importância da propriedade privada é tal que a soma de toda riqueza privada é a riqueza do Estado.[78] Justamente a noção de "igualdade de bens" — *aequitatio bonorum* — denota a ruína da nação, argumentava Cícero, e a principal responsabilidade dos governantes é proteger os direitos da propriedade privada.

> O homem em um cargo administrativo, no entanto, tem de ter como sua primeira tarefa garantir que cada um terá o que lhe pertence e que os cidadãos não sofram invasão em seu direito de propriedade pelo Estado [...]. Pois o propósito supremo no estabelecimento do Estado constitucional e dos governos municipais é que os direitos da propriedade individual devem ser assegurados [...].
>
> A administração também deve apresentar todo esforço para prevenir a arrecadação de imposto sobre a propriedade e, para isso, precauções devem ser tomadas de antemão. [...]
>
> Aqueles, porém, que se apresentam como amigos das pessoas e que, por essa razão, ou tentam passar leis agrárias a fim de que seus ocupantes sejam retirados de suas casas ou propõem que o dinheiro emprestado deva ser remido aos que pediram o empréstimo, estão minando as fundações do Estado democrático: primeiro, destroem a harmonia, o que não pode existir quando o dinheiro é pego de uma pessoa ou grupo e entregue a outro; e segundo, acabam com a

---
[78] CÍCERO. *De off.*, 3. 15.

igualdade, a qual é extremamente subvertida se os direitos da propriedade não forem respeitados. Pois como disse antes, é a função específica do Estado e da cidade garantir a todo homem o controle livre e imperturbado de sua propriedade particular.[79]

Embora Cícero tenha repetido o lugar-comum sobre a felicidade estar fundamentada na virtude, e não nas riquezas, ele também sentiu que aqueles que decidem buscar grandes riquezas devem ter o direito de fazer isso, desde que não firam ninguém no processo.[80] E até mesmo esta última injunção não é definitiva, pois o sábio e virtuoso pode desapropriar o inútil ou improdutivo, alegando que isso é o melhor para o bem comum.[81] Portanto, fica claro que a defesa da propriedade, conforme feita por Cícero, representa mais a defesa das classes proprietárias — ele mesmo tinha, pelo menos, quatorze grandes fazendas — do que de um princípio legal ou moral.

Por fim, ainda sobre Cícero, pode ser esclarecedor citar a maneira pela qual ele classifica e avalia as várias ocupações:

> Bem, em relação ao comércio e a outros meios de sustento, quais deles devem ser considerados apropriados a um cavalheiro e quais são vulgares, como fomos ensinados, em geral, seguem a seguinte ordem. Primeiro, rejeitam-se como indesejáveis aqueles meios de sustento que incidem na malevolência das pessoas, como aqueles dos cobradores de impostos e usurários. Impróprios e vulgares também, para um cavalheiro, são os meios de sustento de todo trabalhador contratado a quem pagamos para a realização de trabalhos braçais, não os que requerem habilidade artística; pois, no caso deles, o salário mesmo que recebem é um penhor de sua escravidão. Devemos considerar vulgares aqueles que compram de mercadores de atacado para revender imediatamente; pois eles não conseguirão lucro sem uma grande quantidade de mentiras evidentes; e, verdadeiramente, não

---

[79] CÍCERO. *De off.*, 2. 21-22 (LCL, p. 249-55).
[80] CÍCERO. *De off.*, 1. 20-21.
[81] CÍCERO. *De off.*, 3. 6.

há ação que seja mais vil que a deturpação. E todos os mecânicos {artesãos} estão envolvidos em negócios vulgares; pois não há nada liberal em qualquer oficina. Os menos respeitáveis de todos são aqueles cujos negócios fornecem prazeres sensuais: "peixeiros, açougueiros, cozinheiros, vendedores de aves domésticas e pescadores", conforme afirma Terence.[82]

Essa passagem e as que se seguem são relevantes, pois resumem a perspectiva da aristocracia romana em relação à ordem social. O trabalho servil — na realidade, a necessidade mesma de ter de trabalhar para viver — era considerado degradante. Cícero, o que é bastante significativo, não menciona a agricultura entre as ocupações "vulgares" ou "sórdidas", pois ainda havia um eco da antiga tradição dos cidadãos romanos como fazendeiros livres.[83] Cícero era fazendeiro apenas no sentido de que tinha vastas propriedades e de que, aparentemente, investia a maior parte de sua riqueza na agricultura. Ainda assim, não conseguia chegar a declarar que o trabalho na agricultura exigia muito esforço — exceto se fosse trabalho assalariado, o qual, de acordo com sua perspectiva, estava muito próximo da escravidão. O comércio por atacado era respeitável, mas o varejo não.[84] A ocupação daqueles que proviam para as necessidades físicas da sociedade — peixeiros, açougueiros, etc. — era considerada sórdida. A seguir, o texto prossegue e relata-nos que as ocupações que exigem o uso da mente — artistas, arquitetos, advogados, etc. — são mais respeitáveis que o mero trabalho assalariado. Neste ponto, é relevante lembrar que Cícero, embora a maioria de seus proventos fosse proveniente de seus investimentos, era advogado.

Cícero é o conservador por excelência. Seus modos são apropriados; e sua fala, cortês. Ele defende a ordem do Estado,

---

[82] Cícero. *De off.*, 1. 42. LCL, p. 153-55.

[83] Cícero. *De off.*, LCL, p. 155: "Todavia, de todas as ocupações por meio das quais se assegura o ganho, nenhuma é melhor que a agricultura; nenhuma, mais útil; nenhuma, mais agradável; nenhuma, mais apropriada para um homem livre".

[84] Cícero. *De off.*, LCL, p. 155: "O comércio, se for em escala pequena, deve ser considerado vulgar; mas se for no atacado e em grande escala, importando grandes quantidades de todas as partes do mundo e distribuindo a mercadoria para muitos sem distorções, não é para ser grandemente depreciado. Não mesmo, ele até parece merecer o mais alto respeito".

em particular por acreditar que a principal função do Estado é proteger a propriedade privada, e ele tinha muito desse tipo de riqueza.

Sêneca faz parte da mesma tradição. Ele também é rico, embora fale com eloquência sobre os infortúnios da riqueza e a loucura de buscá-la. Há duas razões por que o sábio deve evitar a busca da riqueza: essa busca produz ansiedade e acarreta um tipo de escravidão. Ele, aprobativamente, cita Epicuro: "Aquele que menos precisa das riquezas é o que mais desfruta das riquezas" e, a seguir, comenta:

> Aquele que anseia as riquezas teme por causa dessas mesmas riquezas. Nenhum homem, entretanto, desfruta uma bênção que traz ansiedade; sempre tenta adicionar um pouco mais. Enquanto se enreda sobre como aumentar sua riqueza, esquece-se de como usá-la. Ele recolhe suas contas, gasta o piso do fórum, revolve o livro contábil — em suma, deixa de ser senhor e passa a ser administrador.[85]

Essas palavras são de um homem extremamente rico que não tinha nenhuma preocupação financeira e que, portanto, podia falar da loucura daqueles que correm atrás do dinheiro. As fortunas, conforme declara em outro texto, "são as grandes fontes dos infortúnios humanos", e isto a tal ponto que "devemos refletir sobre o quanto o infortúnio de não ter dinheiro é mais leve que o de perdê-lo". A pobreza, argumenta ele, deve ser bem-vinda, pois "quanto menos a pobreza tem a perder, menor a chance de nos atormentar". É mais doloroso para um homem com muito cabelo ter seu cabelo arrancado do que para um homem careca. Da mesma forma, tanto o rico quanto o pobre sofrem a perda igualmente; e como é provável que o rico perca mais dinheiro que o pobre, este último é mais afortunado.[86]

Isto pode soar como um bom conselho moral para aqueles cujos recursos financeiros são bastante adequados e que correm o perigo de ser escravizados pela busca de mais riqueza. No entanto, deixa muito a desejar como uma visão geral da comparação dos lotes dos ricos e dos pobres ou como uma diretriz moral para a forma como a sociedade deve ser organizada. É literatura

---
[85] SÊNECA. *Ep*,14. LCL, p. 95.
[86] SÊNECA. *De tranq. anim.* 8. LCL, p. 241.

escrita pelo rico para ser lida pelo rico. Portanto, embora o autor fale de forma eloquente sobre os infortúnios da riqueza, esses infortúnios acometem os que têm riquezas, e não os que são privados delas. Em razão disso, oportunamente a pobreza é louvada como uma bênção — embora ninguém a busque de forma intencional!

Plínio, o Velho, deplorava o crescimento dos *latifundia* [latifúndios][87], pois causavam grandes malefícios para o Estado,[88] e falava a respeito da loucura de obter riqueza apenas para exibi-la. De acordo com ele, o primeiro crime foi cometido por quem quer que seja que usava o primeiro anel,[89] e não fazia o menor sentido que muitas mãos fossem gastas no cultivo da terra a fim de que só um dedo fosse adornado.[90] Contudo, ele mesmo tinha grande riqueza e terras e, na sua época, esforços para limitar o crescimento dos latifúndios ou a riqueza do rico eram coisas do passado.

Tais esforços e tentativas de reforma agrária foram assunto de discussão e, até mesmo, de guerra civil nos primórdios dos tempos. Rômulo, de acordo com a tradição, alocara duas *jugera* [jeiras] para cada cidadão — ou seja, a quantidade de terra que poderia ser arada em dois dias com uma junta de bois. No início da República, a alocação de terras para os cidadãos plebeus fora estabelecida em sete *jugera*. Posteriormente, foi decretado que 500 *jugera* eram o limite de terra que um senador poderia ter. Todas essas leis, entretanto, logo foram esquecidas, para desapontamento de autores como Plínio e Columela,[91] que consideravam os latifúndios como a principal razão para o declínio da produção agrícola.

Nesses assuntos, como em todos os outros, a evolução e a prática da lei romana caminhavam na direção da proteção dos direitos de propriedade. É importante notar que até mesmo as tentativas de regulamentações econômicas estritas sob Diocleciano e Constantino lidaram principalmente com o mercado, e não

---

[87] [NT] Todos os termos em latim foram traduzidos de acordo com o *Dicionário de latim-português*, 3ª edição, Porto Editora, 2008, salvo quando outra fonte for mencionada.
[88] Plínio, o Velho. *Nat. hist.* 1. 18.
[89] Plínio, o Velho. *Nat. hist.* 1. 33. 8.
[90] Plínio, o Velho. *Nat. hist.* 1. 2. 158.
[91] Columela. *De re rust.* 1. 3.

procuraram limitar o crescimento dos latifúndios. No século II, o jurista Marciano afirmara que, por natureza, certas coisas são propriedade de todos e, portanto, não são suscetíveis a ser propriedade privada. Essas coisas comuns, todavia, são apenas o ar, as águas correntes, o mar e o litoral.[92] Portanto, não se podia erguer um prédio que cortasse o vento e impedisse um vizinho de joeirar o grão,[93] nem usar luzes para pescar que pudessem confundir os marinheiros à noite,[94] ou sonegar alimentos para serem vendidos em tempo de fome.[95] Também, de modo geral, aceitava-se o princípio de que ninguém deveria ferir outra pessoa a fim de obter mais riqueza.[96]

À parte de tais limitações, no entanto, os direitos dos donos de propriedades eram a espinha dorsal da lei romana. Não havia praticamente nenhum limite sobre os contratos privados.[97] Havia poucas restrições quanto ao direito de dispor da propriedade conforme a vontade do proprietário, e até mesmo o moderado imposto de 5%, já mencionado, encontrou dura resistência,[98] até que, por fim, foi abolido por Justiniano em 531 d.C.[99] Nas transações de vendas, considerava-se de acordo com a lei a atitude tanto do vendedor quanto do comprador de enganarem um ao outro.[100] O direito de um proprietário não só de usar, mas também de abusar ou destruir a propriedade — com algumas limitações no caso de escravos — era garantido tanto pela lei quanto pela tradição. Na realidade, a propriedade era tradicionalmente definida como o direito de usar, desfrutar e abusar — *jus utendi, jus fruendi, jus abutendi.*

O único ponto em que a lei realmente limitava os direitos de propriedade era em relação aos juros de empréstimos. Embora os moralistas romanos, de forma reiterada, condenassem a prática de empréstimos com juros, esse tipo de transação foi estabelecido e regulado pela lei. Na Antiguidade, a taxa

---

[92] Marciano. *Dig.* 1. 8. 2.

[93] *Código de Teodósio*, 3. 14.

[94] *Código de Teodósio*, 47. 9.

[95] *Código de Teodósio*, 10. 27.

[96] Marciano. *Dig.* 2. 15. 8; 12. 6. 14.

[97] Paulus. *Sent.* 1. 1. 1-4.

[98] Plínio, o Jovem. *Paneg.* 37.

[99] *Código de Teodósio*, 2. 33.

[100] Marciano. *Dig.* 4. 4. 16. 4

máxima fora fixada em 1% de juros ao mês, e, depois, esse limite foi considerado legal ao longo da história da legislação romana. Os juros compostos eram proibidos, embora houvesse sempre uma maneira de contornar essa lei, como também a limitação na taxa de juros.[101] Em especial, dependendo de quanto de risco considerável envolvido na transação o concessor de empréstimo pudesse reivindicar, como em empresas de remessa de mercadorias ou na agricultura, as taxas de juros poderiam exceder o limite estabelecido — algumas vezes chegando até a taxa astronômica de 50%.[102]

Em suma, os direitos da propriedade privada e os direitos de uso da terra por parte do proprietário conforme lhe agradasse eram a espinha dorsal do sistema legal romano. Não encontramos nem na lei nem na filosofia romanas a exploração da propriedade comunitária, como encontramos nas constituições gregas antigas e também em Platão e outros filósofos gregos. Os escritores romanos, de fato, continuaram com a tradição do lugar-comum ao declarar que as riquezas eram uma fonte de ansiedade e que, portanto, as pessoas não deviam buscá-las. Todavia, os mesmos autores que escreveram essas linhas acumulavam riquezas em quantidades que os gregos que vieram antes deles jamais sonhariam ser possível, e alguns, como Cícero, estavam convencidos de que a proteção da propriedade privada era a principal função e o mais elevado interesse do Estado. A cobrança de impostos dos cidadãos livres era tradicionalmente considerada uma tirania e, por fim, passou a ser aceita como um mal necessário. Jamais teria passado pela mente de um romano que os impostos poderiam ou deveriam ser usados como um meio de redistribuir a riqueza ou de promover as políticas sociais — embora fique claro para nós que o sistema romano de cobrança de impostos realmente promovia a concentração de riqueza em um número cada vez menor de mãos. Quanto ao pobre, não dizia respeito ao Estado preocupar-se em demasia com as necessidades dessa fatia da população, exceto em cidades como Roma ou Constantinopla, ou em tempos de carestia, quando o número de pobres e seu desespero poderiam resultar em agitação civil.

---

[101] MARCIANO. *Dig*. 3. 5. 37; 12. 6. 26. 1; 26. 7. 7. 8.
[102] *Código de Teodósio*, 2. 33.

OS JUDEUS

A terceira tradição, além da grega e da romana, na qual o cristianismo primitivo fundamentou suas perspectivas sobre a ordem econômica da sociedade foi o judaísmo. Os israelitas, como os antigos romanos e a maioria dos povos da Antiguidade, davam grande importância à terra na qual seus ancestrais eram enterrados. Essa é a razão por que, em Gênesis 23, é tão importante para Abraão ser proprietário da terra onde Sara deveria ser enterrada. Por essa mesma razão é que José, quando percebe a morte se avizinhando, pede que seu corpo seja enterrado com seus ancestrais.[103] Jacó, seu pai, de igual forma pede aos filhos:

> *Aproximando-se o dia de sua morte, Israel chamou seu filho José e disse-lhe: Se posso achar misericórdia diante de ti, põe a mão debaixo da minha coxa e usa de bondade e de fidelidade para comigo; peço-te que não me sepultes no Egito; mas, quando eu adormecer com os meus pais, tu me levarás do Egito e me sepultarás junto à sepultura deles. José respondeu: Farei conforme a tua palavra. E Jacó disse: Jura-me; e ele jurou. Então Israel inclinou-se sobre a cabeceira da cama.*[104]

Com este fundamento, a terra e a posse da mesma tinham extrema relevância, indo além dos meros aspectos econômicos. Os antigos israelitas, como no caso dos antigos romanos, sentiam uma ligação especial com a terra porque era ali que seus ancestrais estavam enterrados. Isto, entretanto, não levou à doutrina dos direitos absolutos da propriedade, conforme vimos na tradição e jurisprudência romanas. A terra era sagrada, não só porque os sepulcros dos patriarcas de Israel estavam ali, mas também porque era a terra de Deus. Essa era a terra de Deus que lhes fora dada na época da conquista, quando Deus disse a Josué: *Meu servo Moisés está morto; prepara-te agora, atravessa este Jordão, tu e todo este povo, para a terra que estou dando aos israelitas.*[105] E continuou sendo a terra de Deus enquanto Israel teve a posse da mesma: *Não se venderão*

---
[103] Gênesis 27.30.
[104] Gênesis 47.29-31.
[105] Josué 1.2.

terras em definitivo, porque a terra é minha. Estais comigo como estrangeiros e peregrinos.[106]

A lei hebraica, portanto, em contraste com a lei romana, estabelecia limites claros sobre como agir com a propriedade. Uma distinção marcante era que a lei judaica não permitia o abuso da propriedade, independentemente de qual fosse ela — terra, animais ou escravos. Assim como o descanso era ordenado para os seres humanos e os animais no sétimo dia, também a terra deveria descansar, ficando sem cultivo no sétimo ano.[107] Isto incluía não só as colheitas anuais, como a do trigo, mas também as vinhas e oliveiras. De acordo com a interpretação rabínica, esse preceito, como o ano do jubileu, servia para lembrar a Israel que a terra pertence a Deus.[108] Tudo o que a terra não cuidada produzisse por conta própria, o pobre poderia recolher para se alimentar; e tudo o que o pobre não pegasse tinha de ser deixado para os animais. Embora não esteja claro com que regularidade isso era praticado, tal preceito é novamente mencionado na aliança de Neemias.[109] Era claramente praticado durante o período dos Macabeus,[110] e havia indícios de que era praticado, se não de modo geral, pelo menos ocasionalmente, até o século II d.C.[111]

O fato de a propriedade soberana da terra ser de Deus também queria dizer que parte de sua produção tinha de ser reservada para Deus, tanto de forma direta, por meio dos dízimos e de outras obrigações similares, quanto de forma indireta, com a

---

[106] Levítico 25.23.

[107] *Êxodo* 23.10,11; Levítico 25.2-4. Também, a cada sétimo ano, os israelitas escravizados por outros israelitas por causa de dívidas deviam ser libertados.

[108] *Sanh.*, p. 250, afirma que Deus disse: "Semeie por seis anos e deixe a terra sem cultivo no sétimo ano, para que a terra possa saber que o solo é meu".

[109] Neemias 10.31.

[110] 1Macabeus 6.49,53 (*Entrementes, fez tratativas de paz com os habitantes de Betsur, os quais saíram da cidade porque não tinham mais víveres para ali sustentarem um cerco: era o ano sabático para a terra. [...] Entretanto, esgotaram-se as provisões nos depósitos. Era o sétimo ano [...].* BJ).

[111] DEVAUX, R. *Ancient Israel*, vol. I. New York: McGraw-Hill, 1965, p. 174-175. Se essa lei deve ou não ser aplicada no Estado de Israel moderno, e como aplicá-la, tem sido assunto de discussão entre rabinos desde o início do movimento sionista. Veja a introdução de M. Simon ao *Berakoth*, em EPSTEIN, I., ed. *The Babylonian Talmud*. London: Soncino Press, 1948, *Seder Zera'im*, p. xxi. Todas as referências ao Talmude são dessa edição.

disponibilização dos produtos para os necessitados. Um viajante com fome ou com sede podia entrar em qualquer campo e comer grãos e uvas, desde que não tirasse nada além do que necessitava.[112] Da mesma forma, o pobre, o órfão, a viúva e o viajante tinham direito sobre uma porção de toda colheita. Isto incluía os *cantos* de uma plantação de grãos, qualquer fruta que caísse no chão e tudo o que os trabalhadores da colheita deixassem para trás depois de passar uma vez através do campo.[113] Esse mandamento tinha tal importância e levantava tantas questões que um tratado inteiro do Talmude *Pe'ah* — literalmente, *canto* — foi dedicado para elucidar a abrangência e aplicação dessa ordem divina.[114] De acordo com o Talmude, embora a quantidade de *Pe'ah* deixado para os pobres dependesse do tamanho da plantação, do número de pobres na comunidade e do tamanho da colheita, jamais deveria ser deixado menos que um sexto de toda a colheita.[115] Também ficou claro que não só as plantações foram especificamente mencionadas nas Escrituras, mas todo produto da terra estava sujeito ao *Pe'ah*.[116] No caso das plantações que necessitavam de conhecimento especial para seu cultivo ou equipamentos específicos para a colheita, como a plantação de tamareiras, o proprietário era responsável pela colheita do *Pe'ah* e, depois, por sua distribuição aos pobres.[117]

Embora todas essas leis fossem fundamentadas na propriedade da terra por Deus, os rabinos constantemente mantinham

---

[112] Deuteronômio 23.24,25: *Quando entrares na vinha do teu próximo, poderás comer uvas à vontade, até te fartares, mas não as colocarás na tua sacola. Quando entrares na plantação do teu próximo, poderás colher espigas com a mão, mas não usarás a foice na plantação do teu próximo.*

[113] Levítico 19.9,10; 23.22; Deuteronômio 24.19-21.

[114] Embora a maior parte da legislação rabínica sobre a porção da colheita pertencente ao pobre esteja sob o título *Pe'ah*, os rabinos enumeraram várias categorias de produtos que tinham de ser deixados para os pobres. Além dos *cantos* (*pe'ah*), havia as *espigas* (*leqet*) e tudo que fosse deixado ou esquecido pelos trabalhadores responsáveis pela colheita (*shikhhah*) — as uvas que caíam no solo (*peret*) e pequenos cachos de uvas que não foram colhidos ('*olelot*).

[115] *Pe'ah*, 5-6. Nesse caso, como na maioria das outras referências à tradição rabínica, é difícil ou impossível determinar a data exata dessas disposições e interpretações da lei. Muitas delas são pós-cristãs e deveriam ser lidas como uma ilustração da visão dos judeus durante os primeiros séculos da era cristã e, talvez, como um reflexo das perspectivas existentes em um período anterior.

[116] *Pe'ah*, 6-7.

[117] *Pe'ah*, 18.

em mente a preocupação especial de Deus pelo pobre. Por exemplo, era verdade que qualquer viajante, quer fosse rico quer fosse pobre, poderia pegar produtos do campo ou do pomar e comê-los; mas os rabinos debatiam se, caso o viajante em questão tivesse propriedades e pegasse aquela porção do produto reservado ao pobre (por exemplo, se já se tivesse feito a colheita no campo, e tudo o que restasse fossem as espigas), seria necessário fazer restituição ao pobre. Alguns argumentavam que o viajante estava pobre na ocasião, no sentido de ter necessidade de comer as espigas. Outros insistiam que a restituição tinha de ser feita, pois, de outra maneira, o verdadeiramente pobre seria defraudado de sua justa porção.[118] Por fim, tais questões levavam ao debate sobre todo e qualquer detalhe concebível: se a mão do fazendeiro fosse ferida com um espinho, e um punhado de grãos caísse no chão, esses grãos podiam ser recolhidos ou pertenceriam aos pobres?[119] Seria fácil ridicularizar tais discussões como legalismo imperdoável; mas o ponto principal não deve ser obscurecido, ou seja, de que todos esses debates e regulamentos representavam uma tentativa de proteger os direitos dos pobres, e a premissa fundamental deles era que o pobre, de fato, tinha de ter direitos — direitos esses que limitavam o poder e a autoridade daqueles que eram os proprietários da terra.

Outra fonte de apoio para o pobre era o dízimo especial recolhido no terceiro e no sexto anos de cada ciclo de sete anos.[120] Essa tarefa era religiosa, ilustrando mais uma vez a preocupação particular de Deus pelos pobres. Na verdade, no judaísmo posterior, quando o templo já não mais existia, o termo *hekdesh*, que originalmente se referia à propriedade consagrada a Deus ou dedicada às necessidades do templo, passou a significar propriedade consagrada às sinagogas ou aos pobres. E *zedakah*, cujo sentido original era "justiça", passou a significar caridade.

Outra limitação drástica imposta aos direitos de propriedade era o ano do jubileu. A legislação hebraica preocupava-se com a inevitável perda das terras de seus ancestrais e buscava formas de remediar aquela situação. Essa era a razão por trás da

---

[118] *Pe'ah*, 25-26.

[119] *Pe'ah*, 22-23.

[120] Os estudiosos discordam quanto a se isso era uma prática de fato ou um mero princípio jamais aplicado. Veja GNUSE, R. *You Shall Not Steal: Community and Property in the Biblical Tradition*. Maryknoll, N.Y.: Orbis, 1985, p. 129, n. 51.

proibição de vender terra em perpetuidade.[121] Para os campos e as casas nos vilarejos, no entanto, oferecia-se uma série de procedimentos de tal forma que o título poderia reverter ao dono original ou ao parente mais próximo. E se tudo isso falhasse, havia a lei a respeito do ano do jubileu. O jubileu, a cada cinquenta anos (ou depois de sete períodos de sete anos cada), era um tempo em que toda terra revertia aos donos originais; os débitos eram cancelados; e os escravos israelitas, libertados. Naturalmente, isso queria dizer que o valor de uma propriedade deveria ser calculado de acordo com o tempo que faltava para o jubileu seguinte.[122] Não fica claro se isso era de fato praticado.[123] Entretanto, esse continuava a ser realmente um ideal ao qual os profetas podiam apontar e que Jesus, ao que tudo indica, aplicou em sua missão.[124]

Em suma, a compreensão judaica quanto à propriedade diferia radicalmente daquela da lei romana. Embora esta última tendesse a ser absoluta, com pouquíssimas limitações, os direitos da propriedade judaica eram limitados pelos direitos de Deus, pelos direitos da propriedade em si, que não deveria ser mal utilizada, e pelos direitos dos necessitados — o pobre, o viajante, o órfão e a viúva. É nesta perspectiva que o mandamento contra roubar deve ser entendido: não como uma proteção dos direitos da propriedade privada, mas, antes, como proteção contra o mau uso da terra, que destruiria a vida.[125]

Ao mesmo tempo, entretanto, uma vez que essas perspectivas se fundamentavam na propriedade direta de Deus da Terra Prometida, alguns rabinos chegaram à conclusão de que a maioria das leis relacionadas à agricultura e aos limites da propriedade e do seu uso era apenas aplicável na Terra Santa. Os

---

[121] Embora, até mesmo nesse caso, o vendedor tivesse oportunidade de comprar a casa de volta durante o primeiro ano após a venda. Levítico 25.29,30.

[122] Levítico 25.8-55 (vv. 19-22, entretanto, referem-se ao ano sabático, em que a terra fica sem cultivo); 27.16-25; Números 36.4.

[123] Veja Ezequiel 46.17, que parece tomar por certo que haverá um ano do jubileu.

[124] Isaías 61.2,3; Lucas 4.18,19.

[125] Essa é a tese de GNUSE, R. *You Shall Not Steal: Community and Property in the Biblical Tradition*, p. 85, em que conclui que "o *ethos* — ou seja, as disposições morais — de Israel pedia o compartilhar a propriedade de acordo com a necessidade humana. O roubo era resultante da privação das coisas necessárias para uma vida com sentido — era o modo cananeu de fazer negócios".

judeus que estavam fora de suas fronteiras não eram afetados por elas.[126] Essa pode ser uma das razões por que Filo — sobre quem já discutimos junto com os gregos, pois pertence a ambas as tradições — conseguia demonstrar grande respeito pela lei e, ainda assim, organizar sua vida econômica de acordo com princípios bastante distintos.

Contudo, a lei de Israel em relação à usura evidenciava a mesma condenação que encontramos na tradição greco-romana, acrescentando-se um chamado para a compaixão pelo pobre que tem de pedir emprestado:

> *Se emprestares dinheiro a alguém do meu povo, ao pobre que vive perto de ti, não agirás com ele como credor, cobrando juros. Se tomares como penhor o manto do teu próximo, tu o restituirás a ele antes do pôr do sol, pois é a única coberta que tem, é a roupa do seu corpo. Em que ele se deitaria? Portanto, quando clamar a mim, eu o ouvirei, pois sou misericordioso.*[127]

À medida que o tempo foi passando, encontraram-se meios de contornar essa proibição, e, portanto, os juristas judaicos posteriores esforçaram-se para esclarecer seu sentido e abrangência. A *Mishnah*, por exemplo, declara que é permitido alguém alugar um quintal a outra pessoa oferecendo ao locatário um preço menor se pagar adiantado; no entanto, não é legal fazer o mesmo no caso de venda de propriedade.[128] Da mesma forma, afirmam os rabinos, é proibido comprar a preço fixo produtos para serem entregues em uma determinada data, antes que se conheça o preço de mercado. Tais compras daquilo que hoje chamamos de "mercado futuro" arriscariam tornar-se usura se o preço de mercado dos bens aumentasse, uma vez que, nesse caso, o resultado bruto seria aquele que o comprador pagou adiantado ao vendedor, lucrando apenas por ter feito o pagamento adiantado.[129]

---

[126] *Kid.*, p. 180.

[127] Êxodo 22.25-27. Compare com Levítico 25.37; Deuteronômio 23.19,20. Neste último texto, faz-se a distinção entre empréstimo para outro israelita (que deveria ser feito sem juros) e empréstimo para o estrangeiro (nesse caso, a cobrança de juros estaria de acordo com a lei).

[128] *Mishnah. Baba Mezja* 5. 2. GOLDIN, H. E. (trad.). New York: Hebrew Publishing Co., 1933, p. 102-3.

[129] *Mishnah. Baba Mezja* 5. 7. GOLDIN, H. E. (trad.), p. 112-13.

Por fim, é preciso mencionar duas facções do judaísmo cujo uso da riqueza diferia do de seus correligionários: os essênios e os *therapeutae*, que querem dizer, segundo Filo, "curandeiros". Os essênios passaram a ser mais conhecidos depois da descoberta dos rolos do mar Morto; eles praticavam a propriedade em comum. Filo fala de um espírito de compartilhar (*koinonía*) impossível de descrever e, a seguir, retrata a vida dessa facção da seguinte maneira:

> Primeiro, ninguém tem uma casa só sua no sentido de que não a compartilha com todos, pois, além do fato de que habitam juntos em comunidades, a porta fica aberta aos visitantes de qualquer lugar, desde que compartilhem de suas convicções. Mais uma vez, todos têm um único tesouro e despesas comuns; as roupas são comunitárias e também os alimentos, por intermédio da instituição das refeições públicas. Em nenhuma outra comunidade encontramos a instituição do teto, vida e conselho compartilhados de forma tão bem estabelecida na prática. E isso não é mais do que alguém espera. Pois todos os salários que ganham em um dia de trabalho não guardam como se fosse propriedade privada deles, mas lançam-nos no estoque comum e permitem, portanto, que o benefício resultante seja compartilhado por aqueles que desejam usar esse dinheiro.[130]

Aparentemente, aqueles que se juntavam a essa facção renunciavam a porções cada vez maiores em favor da comunidade até que tivessem renunciado a tudo.[131] Os essênios — em contraste com outros judeus que insistiam na caridade não apenas em relação aos judeus, mas também em relação aos gentios — tinham regras estritas proibindo a sua associação até mesmo com outros judeus, sendo excluídas da comunidade quaisquer pessoas que sofressem de uma série de distúrbios físicos ou mentais, como, por exemplo, cegos, coxos e deficientes mentais. Os *therapeutae* também renunciavam às suas posses, embora, neste caso, o propósito principal não fosse a vida comunitária, mas,

---

[130] Filo. *Quod omnis probus* 85-87. *LCL*, 9:59-61. Cf. Josefo. *De bel. Iud.* 2. 7.
[131] Mullin, R. *The Wealth of Christians*. Maryknoll, N.Y.: Orbis, 1983, p. 37-38.

antes, a contemplação ascética.[132] Apesar da presença de tais grupos, entretanto, a tradição judaica predominante insistia em que, embora a caridade devesse ser um aspecto relevante da vida, a pessoa não deveria se despojar de seus bens para esse fim.[133]

Muito naturalmente, o movimento cristão, à medida que surgiu em cena, foi influenciado primeiro pelo ambiente judaico imediato. Portanto, muito do que veremos nos primeiros capítulos desta investigação será, sem sombra de dúvida, derivado da tradição judaica. Entretanto, com o passar do tempo e com a expansão da igreja entre as comunidades gentias, a influência de autores gregos e romanos torna-se mais marcante. Veremos indícios disso também nos capítulos a seguir.

---

[132] Filo. *De vit. cont.* 1. 1; 2. 13, 18.
[133] Uma medida proposta era doar um quinto da propriedade para o pobre, e havia a tendência de desaprovar os grandes presentes. Cf. Polano, H. *The Talmud*. London: Frederick Warne, 1978, p. 298.

III

A ECONOMIA ROMANA

Os primeiros séculos depois do advento do cristianismo coincidem com o ápice do império romano. Augusto, o primeiro imperador, morreu em 14 d.C. Nessa época, toda a costa do Mediterrâneo estava sob o governo ou controle dos romanos, como também toda a Europa a oeste do Reno e a sul do Danúbio. O império romano, na região leste, estendia-se ao longo da costa sul do mar Negro e continente adentro, tendo a Síria e a Palestina ao norte, alcançando o Eufrates e a borda do deserto da Arábia. No século e meio seguinte, o poder romano também alcançou a Bretanha, no norte, chegando à Armênia, ao interior da Síria e da Mesopotâmia, a leste, e, em algum ponto, também ao outro lado do Reno e do Danúbio. Portanto, por volta do século II, o império romano alcançara sua maior extensão. Embora, após esse período, o declínio tenha sido a realidade enfrentada, o prestígio desse Império duraria por séculos.

Esse Império herdou de seus predecessores helenistas a noção de que a existência humana, em seu melhor desempenho, é "civilizada" — ou seja, de forma bastante literal, "citadina". A maior invenção da Antiguidade, tanto da perspectiva dos gregos quanto dos romanos, foi a cidade. Quando Aristóteles descreveu os seres humanos como "animais políticos", não quis dizer meramente, como interpretaríamos suas palavras hoje, que os seres humanos, por natureza, envolvem-se com a política; ele também quis dizer que a essência dos seres humanos é mais bem vista na mais sublime das criações humanas, a pólis.

AGRICULTURA

Apesar dessas perspectivas, permanece o fato de que a espinha dorsal da vida econômica do império romano era a agricultura. Nesse campo, poucos avanços técnicos foram feitos. As plantações, as ferramentas e as técnicas continuaram a ser praticamente as mesmas. O que mudou foi a propriedade da terra, a distribuição das plantações e a natureza da força de trabalho.[134]

Muito tempo antes da era de Augusto, algumas dessas mudanças começaram a acontecer, em grande parte como resultado das conquistas da República Romana. As legiões romanas, na época dessas conquistas, eram compostas exclusivamente de cidadãos romanos, a maioria dos quais eram fazendeiros. Os oficiais, membros das ordens superiores de senadores e cavaleiros, em geral, conseguiam deixar suas terras sob a responsabilidade de outros, que as administravam durante sua ausência. Os soldados rasos do exército, no entanto, eram pequenos proprietários de terra, com cerca de cinco a oito acres, e essas fazendas ficavam sem administrador quando esses cidadãos iam para a guerra. Assim que retornavam, muitos encontravam a terra em tal estado que apenas a vendiam ou a abandonavam, passando a morar nas cidades. Como as conquistas também estavam saturando os mercados com escravos, os proprietários de terra mais ricos conseguiam, sem muita dificuldade, comprar essas terras abandonadas, juntando-as a outras terras e criando propriedades rurais maiores, as quais eram exploradas com o trabalho escravo.

Por intermédio de obras de dois autores do século I, Columela e Plínio, o Jovem, podemos ter um vislumbre da forma como se administravam essas propriedades. Esses dois autores censuram o crescimento dos *latifundia* [latifúndios] e o uso do trabalho escravo.[135] As razões apresentadas por eles, entretanto, têm menos a ver com a injustiça feita aos escravos que com a decadência moral e econômica que os latifúndios produziam na agricultura. Plínio olha em retrospectiva para o passado, quando a terra era cultivada por cidadãos livres e

---

[134] Veja HEITLAND, W. E. *Agricola: A Study of Agriculture and Rustic Life in the Graeco-Roman World from the Point of View of Labour*. Cambridge: University Press, 1927.

[135] COLUMELA. *De re rust*. 1. 7; PLÍNIO. *Nat. hist*. 1. 18. 21. Uma obra recente sobre os latifúndios romanos, com informações detalhadas sobre seu desenvolvimento na Itália, é KUZISCIN, V. I. *La grande proprietà agraria nell'Italia romana*. Rome: Riuniti, 1984.

quando o trabalho na agricultura era sinal de honra.[136] Columela exorta seus leitores a serem gentis com os escravos, para que estes, por sua vez, sejam mais produtivos.[137] Todavia, fica claro que, na época de Columela, este não fala sobre os proprietários fazendo o trabalho físico. As terras não cultivadas por escravos eram normalmente arrendadas para os que as cultivavam. Contratavam-se trabalhadores livres quando o trabalho era intenso, como na colheita das uvas. Ademais, apesar do fascínio romântico que esses autores encontram na terra, Columela pressupõe que uma propriedade bem administrada estaria sob a supervisão de um administrador, provavelmente um escravo confiável. Isso quer dizer que o proprietário ou morava fora da propriedade ou se ausentava por longos períodos. Plínio deplorava a mudança de valores que isso representava, com pessoas preferindo a vida fácil da cidade ao trabalho duro do campo.

A população escrava estava concentrada na Itália, onde pode ter chegado a um número volumoso, cerca de um quarto de toda a população. Isso, principalmente, porque era para a Itália que se trazia a maioria dos escravos feitos durante as primeiras guerras da conquista. Nas províncias, os escravos chegaram a representar apenas um décimo de toda a população. Depois do término ou com a diminuição no ritmo de expansão militar, as principais fontes de escravos eram os mercados estrangeiros, crianças abandonadas — "exibidas" — pelos pais que não as queriam ou que não tinham como criá-las, e os pobres que tinham de vender a si mesmos ou a seus filhos para a escravidão. Também, como punição por revoltas maciças como a dos judeus em 66-70 d.C. e 132 d.C, milhares de rebeldes e suas respectivas famílias eram deportados e vendidos como escravos.

O lote de escravos variava muitíssimo. Os membros das classes altas, em geral, empregavam os escravos confiáveis para administrar suas propriedades rurais. Seguindo esse mesmo padrão, alguns escravos imperiais eram empregados com gerentes e burocratas com altas patentes. Muitos eram artesãos trabalhando em lojas lado a lado com trabalhadores livres e em condições similares de trabalho. Alguns escravos recebiam um

---

[136] Plínio. *Nat. hist.* 1. 18. 13.
[137] Columela. *De re rust.* 1. 8.

peculium [pecúlio] de seus mestres.[138] Em alguns casos, isso representava uma quantia pequena, permitindo que o escravo iniciasse um comércio. Em outros casos, o *peculium* era maior e, para a sua manutenção, havia escravos que, por sua vez, tinham outros escravos. Portanto, havia também escravos a quem eram designadas tarefas que exigiam confiança especial, como o cuidado e a educação dos filhos ou várias formas de serviço doméstico.

Isto, no entanto, não deve obscurecer a dura realidade da escravidão. Os escravos — sob a antiga lei romana, e essa prática começou a mudar por volta do ano 200 — não tinham permissão para casar nem ter família, pois a sua procriação era um assunto regulado pelo senhor. Havia latifúndios em que uma parte relevante do trabalho braçal era realizada por grupos de escravos acorrentados. O trabalho nas minas e pedreiras, sabidamente duro e insalubre, era realizado em grande parte por escravos. Se um escravo matasse seu senhor, todos os escravos desse senhor morto eram executados, quer estivessem presentes no momento em que se praticou o ato quer não.

Por outro lado, exceto em algumas áreas no Norte da África, onde havia um considerável número de escravos negros, a escravidão não era normalmente associada a uma raça ou origem — a principal exceção acontecia logo depois de uma conquista ou

---

[138] Na lei romana, o mestre de uma casa ou *pater familias* [NT: Ou seja, a pessoa que tinha o *dominium in domo*, a *potestas*; era o *dominus*, o senhor, a quem estava confiada a *domus*, a casa. O papel do *dominus* tinha tríplice aspecto: religioso, o de sacerdote; econômico, o de dirigente; e jurídico-político, o de magistrado. Informação em *Apostila sobre direito romano: pessoas e direito de família*, professor Moacyr Sergio Martins Machado, no *site* da ubm.br] era o proprietário por direito de todos os ganhos da família — *familia* que incluía tanto os escravos quanto os membros livres. Um filho sob *patria potestas* [NT: A *patria potestas* não se extinguia pelo casamento dos filhos, que, tendo a idade que tivessem, sendo casados ou não, continuavam a pertencer à família do chefe. Informação em *Apostila sobre direito romano: pessoas e direito de família*, professor Moacyr Sergio Martins Machado, no *site* da ubm.br], independentemente de sua idade, não podia ter propriedade própria, mas apenas um *peculium* [NT: Bens próprios da *mater familias* — mulher casada colocada sob o poder do marido, *manus*, em contraposição à mulher casada ainda sob o poder de seu *pater* de origem, casamento *sine manus* — e dos *filii familias* — nascidos do casamento do *pater* ou por este adotados]. O mesmo era verdade em relação a um escravo. Um *peculium* [NT: Pecúlio, pequenas economias ajuntadas pelos escravos, como gratificações, etc.] só podia ser empregado dentro dos limites definidos pelo *pater familias* e não podia ser transmitido por testamento a ninguém.

revolta sangrenta, quando o mercado ficava saturado de escravos de uma região em particular. Os escravos que compravam ou recebiam sua liberdade tinham a posição social de um homem ou mulher liberto, embora ainda estivessem sujeitos a algum tipo de aliança com os antigos senhores. Isso, contudo, era verdade apenas para uma geração, pois o filho de um homem liberto era cidadão pleno.

Alguns antigos escravos acumulavam grandes fortunas. Um exemplo típico, embora fictício, é Trimalchio, o rico homem liberto descrito de forma magistral em *Satíricon*. Ele é quinta-essência do novo-rico que ostenta riqueza e conquistas de forma tosca, talvez em sinal de rebelião e ódio pelo muro intransponível que o separa de seus superiores na escala social. Se o autor de *Satíricon* é mesmo Petrônio, como muitos acreditam, o contraste é ainda mais notável entre Trimalchio e seu criador, alcunhado de "o árbitro da elegância". Trimalchio, conforme descrito nessa sátira, pode ser tão rico quanto Petrônio, mas os dois jamais pertencerão ao mesmo nível social.

A razão para isso é evidente. A escravidão, em geral, busca justificar a si mesma com base na suposta inferioridade do escravo. Se essa justificação não se fundamentar em raça, tem de se basear em um defeito pessoal. Na Antiguidade, era possível para qualquer pessoa se tornar escrava em razão de alguma guinada na sorte — como, por exemplo, ser derrotada e capturada em batalha. Era, todavia, indecente falar dessas possibilidades em companhia educada, assim como seria indecente para Petrônio descrever Trimalchio como sábio, educado e moderado, pois isso poria em xeque as pressuposições mesmas sobre as quais se sustentava a escravidão.[139]

As reservas de Columela e de Plínio em relação à escravidão não tinham nada a ver com considerações morais. Eles estavam apenas afirmando que havia outras e melhores maneiras de garantir o trabalho na agricultura. Uma das razões para isso era que, na época deles, as coisas estavam mudando mais uma vez. O império romano já quase alcançara sua extensão máxima. Nos primórdios, as conquistas territoriais rápidas também proveram

---

[139] Sobre a conexão entre a suposta inferioridade dos escravos e a justificação da própria escravidão, e como isso funcionava na prática do dia-a-dia, veja VEYNE, P., ed. *A History of Private Life: From Pagan Rome to Byzantium*. Cambridge, Massachusetts: Belknap Press, 1987, p. 59-63.

grande número de escravos, muitos dos quais eram habilidosos trabalhadores na agricultura. Agora que tais conquistas tinham quase cessado, o preço dos escravos começou a subir. O resultado foi que a agricultura em larga escala tornou-se menos produtiva na Itália. Enquanto as fazendas médias e pequenas subsistiam, muita terra pertencente aos ricos ficava sem cultivo. Outros transformaram seus latifúndios em pastos, porque o carreto era tão caro que ficava mais barato trazer para Roma o trigo do Egito ou da Sicília do que transportá-lo em grandes distâncias dentro da própria Itália, enquanto os animais poderiam ser levados até bem perto do mercado antes de serem abatidos.

A Itália, a terra que originalmente se tornou rica por meio da agricultura, encontrava-se agora incapaz de sustentar sua própria população. Columela protestou:

> Nesse Lácio, terra de Saturno, onde os deuses ensinaram a seus próprios descendentes a arte da agricultura; nós, agora, temos de fazer leilões para o transporte do trigo das províncias além-mar.[140]

As províncias não cultivavam apenas trigo. Como o vinho e o azeite produziam maiores receitas que o grão — cerca de cinco vezes mais para o vinho, quando comparado com o trigo —, as grandes vinhas e os bosques de oliveiras suplantaram os campos de trigo em todas as províncias recém-conquistadas.[141] Embora as oliveiras demorassem muito mais para produzir frutos, exigindo, portanto, investimento de longo prazo, assim que começavam a produzir passavam a ser muito valiosas. Os bosques de oliveiras em produção, em certo momento, pelo menos na Síria, pagavam impostos quase cinco vezes mais altos que os da vinha.[142] Em algumas áreas, o trigo tornou-se simplesmente

---

[140] COLUMELA. *De re rust. 1, praef.*

[141] CATO. *De agric.* 1. 7, enumera nove plantações por ordem de lucratividade. As vinhas ocupavam o primeiro lugar em sua lista; e as oliveiras, o quarto. Os grãos ficavam em sexto. Deve-se observar, entretanto, que aqui Cato se refere às vinhas cultivadas em seus próprios suportes ou grades e como a única plantação no campo — *vinea*. As vinhas com outras plantações, usando árvores como suporte — *arbustum* —, eram muito menos lucrativas. Veja DUNCAN-JONES, Richard. *The Economy of the Roman Empire: Quantitative Studies*. Cambridge: University Press, 1974, p. 34-38.

[142] RICCOBONO, Salvator, ed. *Fontes Iuris Rom. Antejustiniani*. Florentiae: G. Barbèra, 1988, vol. 2, p. 795-96.

uma plantação suplementar entremeada entre as oliveiras. Essa forma de plantio tinha a vantagem de que, enquanto as árvores fossem pequenas, a terra podia ser mantida em produção quase total. Por fim, o vinho e o azeite das províncias competiam de forma acirrada com produtos similares da Itália, onde a mão de obra era mais cara.

Uma ameaça ainda mais séria era o desabastecimento de trigo para o exército e as cidades, e ambos, se não fossem apropriadamente alimentados, poderiam ser fontes de tumultos. Várias medidas foram tomadas a fim de promover a produção de trigo. Na Sicília e no Egito, os principais supridores de trigo para Roma, a produção agrícola passou a ficar cada vez mais sob a supervisão do governo. Em 92 d.C., Domiciano publicou um édito ordenando que metade das vinhas nas províncias fosse destruída, e novas plantações não as substituíssem nem fossem cultivadas na Itália.[143] Aparentemente, o propósito era promover a produção de grão. O protesto da aristocracia proprietária de terras foi tal que o imperador revogou seu decreto. Esses eventos podem estar por trás das palavras indignadas de Apocalipse 6.6: *Uma medida de trigo por um denário, três medidas de cevada por um denário, e não danifiques o azeite e o vinho.* Desse ponto em diante, vários imperadores tentaram promover a produção de grão, em geral sem muito êxito. Logo, importou-se com regularidade, da região hoje situada no Sul da Rússia, uma grande quantidade de trigo para os exércitos no Leste. Ainda assim, como as necessidades do império romano tinham precedência sobre as exigências locais, com frequência havia fome naquelas províncias — principalmente na Grécia, Ásia Menor, Síria e Palestina —, cujo excedente de produtos agrícolas era escasso ou inexistente.

O maior proprietário de terras no império romano era, sem sombra de dúvida, o imperador. De início, havia distinção entre o que pertencia ao imperador como cidadão — seu patrimônio — e o que pertencia ao Estado — o *aerarium* [erário] e o *fiscus* [fisco, tesouro público]. Essa distinção, no entanto, foi se tornando cada vez mais turva e, por fim, desapareceu de vez, exceto na teoria.[144] As terras imperiais incluíam aquelas que antes pertenciam

---

[143] SUETÔNIO. *Dom.* 7.2; ESTÁCIO, Públio Papínio. *Silv.* 4. 3. 11-12; EUSÉBIO. *Chron.* 2. 160.

[144] BRUNT, P. A. "The Fiscus and Its Development," *JRomSt*, 56 (1966) 88. CÁSSIO, Dion. *Hist.* 53. 16, 22.

aos reis conquistados ou às cidades cuja resistência ao avanço romano foi punida com a confiscação das propriedades.[145] No Egito, o imperador, como o sucessor do faraó, tornou-se o proprietário das terras mais produtivas. As terras imperiais também incluíam a propriedade confiscada dos inimigos ricos do imperador. Embora parte dessa terra tenha sido vendida para outros abastados proprietários de terras, e algumas porções — em geral, não as melhores — fossem doadas aos veteranos quando se aposentavam, não havia proprietário de terras cujas propriedades rurais chegassem a se equiparar, um pouquinho que fosse, às do imperador.

Essas terras imperiais, em geral, eram administradas por *procuratores* [procuradores, administradores], que, normalmente, não supervisionavam o trabalho da agricultura, mas arrendavam a terra ou grandes porções dela para *conductores* [locatários].[146] Estes, por sua vez, faziam contratos com os reais trabalhadores da terra, os *coloni* [camponeses]. Embora houvesse muito debate sobre o sentido exato desse termo, fica claro que o *status* dos camponeses evoluiu, pois, ao que parece, estes eram homens livres, com frequência os habitantes do território conquistado, que recebiam a concessão do uso da terra em troca de parte da colheita e de uma certa quantia de trabalho não remunerado.[147] Isso permitia que o locatário cultivasse uma porção de terra sob sua supervisão direta, usando o trabalho dos camponeses. Aparentemente, vários imperadores — Adriano, em particular

---

[145] Não era o costume de Roma, ao expandir seu poder político, expropriar seus novos sujeitos. Em geral, continuava-se a seguir o antigo sistema de direito de posse da terra. O lucro de Roma era proveniente dos impostos, do aumento no comércio e daquelas terras e outras propriedades que, por alguma razão ou outra, eram confiscadas.

[146] Veja Crawford, D. "Imperial Estates", em Finley, M., ed. *Studies in Roman Property*. Cambridge: University Press, 1976, p. 45-54.

[147] O estudo clássico dessa questão é o de Rostovtzef, M. *Studien zur Geschichte der römischen Kolonates*. Leipzig-Berlin: B. G. Tuebner, 1910. Veja também Clausing, R. *The Roman Colonate: The Theories of Its Origin*. New York: Columbia University, 1925; Eibach, D. *Untersuchungen zur spätantiken Kolonat in der kaiserlichen Gesetzgebung unter besonderer Berücksichtigugng der Terminologie*. Köln: n.p., 1980; Giliberti, G. *Servis quasi colonus*. Napoli: E. Jovene, 1981; de Neeve, P. W. *Colonus: Private Farm-tenancy in Roman Italy during the republic and the Early Principate*. Amsterdam: Gieben, 1984. A expressão *servus quasi colonus* [servo quase camponês] é tirada da lei romana tardia: *Dig.* 15. 3. 16; 40. 7. 14.

— buscaram proteger os camponeses da exploração excessiva.[148] Ainda assim, com o passar do tempo, eles passaram a ser, cada vez mais, escravos. Isso era possível, em parte, porque a tradição romana considerava a liberdade incompatível com o trabalho assalariado. Portanto, da perspectiva da tradição, havia pouca diferença entre um *colonus* [camponês] e um escravo, e, se um deles passasse de uma categoria para a outra, isso não era uma grande tragédia.[149]

Os grandes latifúndios, em geral, eram propriedades de famílias aristocráticas de Roma, embora, de alguma forma, propriedades rurais menores também estivessem nas mãos dos cidadãos ricos de outras cidades. Esses latifúndios, algumas vezes, eram administrados diretamente por seus proprietários. O tio de Columela, proprietário de grandes extensões de terra na Espanha, estava pessoalmente envolvido no cruzamento de raças de carneiros.[150] Por outro lado, ouvimos de numerosos proprietários de terras que preferiam morar nas cidades e que só visitavam o campo quando o clima era favorável. Nesses casos, a administração da propriedade era entregue a um servo de confiança, em geral um escravo, como é possível observar na obra de Columela. No século II, Plínio, o Jovem — sobrinho do Velho —, tinha várias propriedades na Itália e confiava suas terras a um *procuratores* [procurador, administrador]. Mais uma vez, embora de início grande parte do trabalho nesses latifúndios fosse realizada por escravos, com o passar do tempo porções cada vez maiores dessas responsabilidades caíram sobre os ombros dos camponeses. E, também com o passar do tempo, a diferença entre o camponês livre e um escravo tornou-se obscura.

Por fim, em especial durante os primeiros dois séculos do império romano, ainda havia muitas pequenas fazendas nas mãos dos camponeses livres, tanto na Itália quanto no resto do Império. Se essas terras ficavam próximas da cidade, os proprietários podiam ter uma vida decente com a produção de vegetais, comercializando-os nos mercados. Caso contrário, lutavam para

---

[148] *CInscLat.* 8:25943, 26416.

[149] Por exemplo, no *Código de Teodósio* 5. 17. 1, decreta-se que os *coloni* [camponeses] fugitivos têm de ser "acorrentados como escravos", para que sejam forçados a fazer, como escravos, as mesmas tarefas que não fariam como pessoas livres.

[150] BLÁZQUEZ, J. M. *Historia económica de la Hispania romana.* Madrid: Cristiandad, 1978, p. 138.

sobreviver até que a terra, por ter se tornado mais valiosa com a abertura de novas estradas ou com a fundação de novas cidades, fosse engolida por um dos latifúndios em expansão.

A terra que era posse absoluta de seu dono — o que se chamava propriedade *quiritarian*[151] — não estava sujeita ao pagamento de impostos. Originalmente, era apenas o *ager romanus* — o solo romano — que era isento do pagamento de impostos. Entretanto, durante o último século da República, esse privilégio se estendeu para toda a Itália — *ager italicus* [solo itálico]. Durante o início do império romano, tornou-se costumeira a concessão de terras e territórios, a *jus italicum* — a lei itálica —, o que queria dizer, entre outras coisas, que a terra era isenta do pagamento de impostos. Uma vez que esse privilégio, com frequência, era concedido à terra dos ricos, isso fazia com que o fardo dos impostos recaísse sobre os pequenos proprietários, medida essa que favorecia o crescimento dos latifúndios.

Esse processo, parcialmente contrabalanceado pela prática da concessão de pequenas fazendas para legionários aposentados, levou séculos. Embora, por volta do fim da República, os latifúndios já tivessem se espalhado por toda a Itália, e houvesse uma preocupação crescente em relação a isso, ainda existiam muitas fazendas pequenas e médias, até mesmo na Itália. Nas províncias, o processo levou ainda mais tempo e, pelo menos até a segunda metade do século II, ainda havia muita terra nas mãos de pequenos fazendeiros. Até mesmo naquela época, entretanto, a crise da agricultura não se devia à falta de terras, mas ao fato de que grande parte delas não era cultivada. Em 193 d.C., o imperador Públio Hélvio Pertinax emitiu um decreto concedendo

---

[151] [NT] Em MOREIRA ALVES, José Carlos. *Direito Romano*. Rio de Janeiro: Editora Forense, 11ª edição, 1999, p. 282-383. Propriedade quiritária: "Seu titular era um cidadão romano, ou, então, um latino ou peregrino que tivesse o *ius commercii* [faculdade de praticar atos jurídicos intervivos]. Seu objeto, coisa móvel ou imóvel; mas, em se tratando de imóveis, só eram suscetíveis de propriedade quiritária os situados na Itália, ou nas províncias aonde se estendera o *ius italicum*. [...] A proteção judicial da propriedade quiritária se obtinha, principalmente, como a *rei vindicatio* [o poder que tem o proprietário de reivindicar ou reaver o bem de quem injustamente o detenha, utilizando-se de esforços necessários para tal, isto é, movendo ação pertinente para tal]", conforme definição encontrada em *Termos jurídicos online*, [http://webcache.googleusercontent.com/search?q=cache:K_ZN1ssD6Y0J:humbertonovaes.blogspot.com/2011/03/conceito-de-propriedade.html+%22rei+vindicatio%22+defini%C3%A7%C3%A3o&cd=4&hl=pt-BR&ct=clnk&gl=br].

direitos de propriedade e isenção do pagamento de impostos por dez anos para qualquer pessoa que ocupasse e cultivasse as terras improdutivas, incluindo as terras imperiais.[152]

INDÚSTRIA

A segunda fonte de riqueza do império romano era a indústria. Muito dessa atividade continuou, como já acontecia havia gerações, com a indústria em pequena escala, em que um dono de loja, talvez com a ajuda de sua família e de alguns poucos escravos, produzia bens que, depois, ele vendia. Muitas das lojas escavadas em Pompeia parecem ser desse tipo, em que se combinavam produção, venda a varejo e moradia.

Ao mesmo tempo, no entanto, houve relevante crescimento industrial durante os primeiros séculos do império romano. Isso se deveu tanto à expansão dos mercados quanto à política imperial de criar novas cidades e de embelezar as antigas. A expansão dos mercados favoreceu a especialização e, portanto, as oficinas maiores, chegando até mesmo ao que poderia ser considerado produção em massa. Os estudiosos, rastreando os selos nas cerâmicas, determinaram que houve lojas que devem ter empregado centenas de trabalhadores e cujos mercados se estendiam por centenas de quilômetros. Na Gália, um certo Pistillus tinha uma produção em massa de figuras em terracota, e Frontinus, produtor de vidro, administrava um negócio que deve ter empregado centenas de trabalhadores, além de possuir uma vasta rede de lojas e representantes comerciais. Os potes e panelas manufaturados na Itália por P. Cipius Polybus podiam ser encontrados na região do Reno, chegando até a Bélgica, enquanto os alfinetes e pinos de bronze feitos pelo belga Aucissa viajaram distância tão grande quanto essa, mas no sentido contrário.[153] Deve-se supor que outras indústrias cujos produtos não eram tão duráveis — como a indústria têxtil — também tinham tamanho similar, sempre expandindo seus mercados. Sabe-se, por exemplo, que Malta produzia um tipo particular de tecido conhecido como *othonia* [otoniano], tendo ampla circulação no império romano.

---

[152] HERODIANO. *Hist*. 2. 4. 6.

[153] TOUTAIN, J. *La economía antigua*. Mexico: UTEHA, 1959, p. 278; JULLIAN, C. *Histoire de la Gaule*, vol. 5. Paris: Hachette, 1908, p. 310.

Foi, no entanto, o número cada vez maior de cidades, além do crescimento das cidades já existentes, que mais contribuiu para a expansão da indústria. Na realidade, muito da atividade do império romano dizia respeito às construções. À medida que evoluiu a noção de que as cidades representavam a forma mais elevada de vida humana, o governo imperial favoreceu a fundação de novas cidades, e os governos municipais das cidades mais antigas tomaram atitudes para promover os trabalhos públicos e privados. A pedra, ao longo das províncias do Oeste, tornou-se, entre as pessoas prósperas, o material preferido para a construção, e isso, por sua vez, resultou em grandes atividades nas pedreiras, como também ao longo das estradas e dos rios pelos quais as pedras cortadas tinham de viajar a fim de chegar a seu destino. Além disso, nem todas as pedras eram iguais. Se alguém quisesse mármore amarelo, tinha de procurar as pedreiras de Simittu, no Norte da África; se preferisse o vermelho, as de Aïn Smara. Se o que se precisava era o pórfiro verde, essa pedra poderia ser encontrada em algumas localidades gregas. O Egito, por sua vez, fornecia o pórfiro vermelho, como também o granito vermelho. E Felsberg era o melhor lugar para o granito violeta azulado. Grandes blocos dessas e de outras pedras eram usados nas fachadas e colunas, enquanto as pequenas peças eram procuradas para mosaicos mais coloridos.

Enquanto os mais ricos buscavam essas fontes distantes para os materiais de suas construções, outros se contentavam com o que quer que estivesse disponível na vizinhança. Portanto, as famosas pedreiras nomeadas acima, como também centenas de outras — as produtoras de mármore, granito e pedra calcária —, atraíam multidões de cortadores de pedra, engenheiros e outros profissionais.[154]

A maioria dessas pedreiras, como também as minas das quais se extraíam ouro, prata, ferro, bronze, chumbo e estanho, pertencia ao Estado. Havia exceções, no entanto, como a do orador Herodes Ático, que tinha pedreiras de mármore no monte Pentélico.[155] À parte de tais exceções, os recursos minerais eram administrados pelo *procurator patrimonii* — o administrador dos

---

[154] DUBOIS, C. *Etude sur l'administration et l'explotation des carrières dans le monde romain*. Paris: Hachette, 1908.

[155] Para outros casos sobre a propriedade privada de tais recursos minerais, veja *Digest*. 27. 9. 3. 6.

patrimônios do imperador, como se fossem propriedade particular deste. Outros funcionários, sob comando desse administrador, ficavam responsáveis por uma mina ou pedreira em particular, ou grupos delas. Em alguns casos, a real extração da pedra ou do metal era feita sob a supervisão direta de tais funcionários imperiais. Em outros casos, a mina ou parte dela era arrendada para um empresário, que, por sua vez, supervisionava a extração. De qualquer modo, a maioria do trabalho braçal era feita por escravos. Nas minas sob administração direta do império, os condenados — alguns deles cristãos que não negaram a fé — também eram empregados como parte da mão de obra. Os camponeses — trabalhadores que tecnicamente eram livres, mas tinham pouca liberdade pessoal — suplantaram de forma gradual o trabalho escravo nas minas, assim como estava acontecendo na agricultura.

COMÉRCIO

O comércio exterior não era uma fonte de riqueza para o império romano, embora, de fato, contribuísse para o luxo das classes mais altas. A maior parte do comércio além das fronteiras do Império era de itens de luxo. A seda era importada da China; o marfim, da África; e as madeiras preciosas, da Etiópia e da Índia.[156] Provavelmente, o mais importante comércio exterior para prover as necessidades do povo era o do trigo, importado do Sul da Rússia e também, mas em menor quantidade, do Irã. A maior dificuldade era que o império romano tinha poucos produtos que esses parceiros comerciais quisessem e, portanto, a maioria desses itens tinha de ser paga com metais preciosos. As principais exportações para a Índia, além dos metais preciosos, eram o bronze, o estanho, o chumbo e os vinhos. Isto não era o suficiente para produzir uma balança de comércio favorável.

Ainda muito mais importante e produtivo era o comércio na própria Europa. De início, a maior parte desse comércio passava por Roma, cidade com possibilidades de pagar por esses produtos das províncias com os impostos e outros recursos que, anteriormente, foram tirados delas. Aos poucos, todavia, o comércio começou a crescer entre as províncias. Algumas dessas

---

[156] A riqueza que se esperava em tais comércios era relevante. De acordo com Plínio, no comércio com a Índia, a quantia chegava a 50 milhões de sestércios por ano. *Nat. hist.* 6. 101. Cf. 12. 84.

atividades foram restringidas a fim de favorecer Roma. O Egito, por exemplo, estava proibido de exportar trigo para qualquer outro lugar que não Roma. Em geral, no entanto, o movimento livre dos bens promovia o comércio entre as províncias e, por fim, Roma e a Itália foram suplantadas em muito desse comércio. A África produzia trigo, azeite, linho, lã e madeira. O Egito exportava trigo apenas para Roma, mas também produzia linho, papiro, tecidos e vidro. A Síria era famosa por sua madeira, seus vinhos e tecidos. A Ásia Menor produzia vinho, peles, tecidos e o famoso pergaminho de Pérgamo. A Grécia, embora empobrecida, ainda era famosa por seus mármores. A Gália vendia vinho, couro, salsichas e tecidos. A Espanha produzia azeite, carnes preservadas em sal, couro e tecidos. Os escravos — alguns do próprio Império e outros de além de suas fronteiras — eram levados para outras províncias da Ásia Menor, da Síria, do Egito e da África.

Muito dessa atividade era possível porque o império romano construíra uma extensa rede de estradas. Uma delas começava no Egito e percorria o Norte da África. Outras três atravessavam os Pireneus, passando da Espanha para a Gália e, depois, diversificando em várias rotas para o Reno, através do Sul da Gália, ou para Roma. As estradas que iam para o Norte, saindo de Roma, atravessavam todas as principais passagens através dos Alpes. Algumas delas iam para o Leste em direção às províncias do Danúbio e dos Bálcãs. Dali, era possível continuar viagem até o estreito de Bósforo. Após cruzar esse estreito, era possível prosseguir viagem através da Ásia Menor e ainda mais a Leste, em direção ao Eufrates e à Babilônia. Outra estrada ia para o Sul, partindo da Ásia Menor e seguindo ao longo da costa até o Egito. Centenas de outras estradas foram acrescentadas a essas rotas principais, conectando-se umas com as outras e também com cidades, rios e portos.

Essas famosas estradas, entretanto, não eram tão importantes quanto as vias fluviais. As estradas foram construídas basicamente para o movimento dos exércitos e de parte de seus suprimentos. Também serviam para conectar áreas onde o transporte por curso de água era difícil ou impossível. No Leste, elas eram usadas por caravanas carregando itens luxuosos do Oriente. Contudo, a maior parte do comércio era feita por transporte em cursos de água. Na verdade, era muito mais caro carregar um fardo pesado em um carro de boi por centenas de quilômetros ao longo das montanhas do que transportar a mercadoria por navio de um extremo a outro do Império.

Naturalmente, o mais importante curso de água era o próprio Mediterrâneo.[157] Essa região, pela ação de Pompeu, ficou livre dos piratas um pouco antes do fim da República; e, assim, o mar Mediterrâneo passou a ser um meio relativamente seguro de viagem e transporte. O clima e o litoral eram bem conhecidos. Os marinheiros velejavam tendo a costa litorânea à vista sempre durante o dia. Durante o outono e o inverno, a possibilidade de clima ruim impedia grande parte das viagens por mar. Uma viagem de Roma para Alexandria, contornando a costa apenas durante o dia, podia facilmente levar até seis meses. O viajante, assim que chegasse a Alexandria, tinha de esperar outros seis meses para o mau tempo passar e ele poder voltar a viajar. A viagem de volta levaria outros seis meses. Ainda assim, esse era o meio mais barato para viajar longas distâncias de uma vez, em especial para o transporte de materiais volumosos ou pesados, como o trigo e a madeira.

Onde o mar acabava, os rios davam continuidade à viagem. Não apenas o Nilo, o Reno e o Danúbio, mas também rios menores, como o rio Rhône, também chamado de Ródano, o Pó e o Sena — estas eram as principais rotas do comércio. A maioria das novas cidades era fundada às margens desses rios. Com o advento da *pax romana* [paz romana], muitas cidades — que antes, por razões de segurança, ficavam no alto de montanhas — mudaram-se para as margens de um rio próximo. O comércio com a Bretanha acontecia ao longo dos sistemas fluviais da Gália.

IMPOSTOS

Embora esse comércio não fosse restrito, ele era sujeito a uma série de impostos conhecidos como *portoria* [imposto de alfândega]. Quando um item de comércio atravessava a fronteira provincial, os impostos alfandegários tinham de ser pagos. Eles não eram exorbitantes, variando de 1 a 5%. No entanto, a esse percentual, deveriam ser acrescentadas taxas similares recolhidas

---

[157] Veja Rougé, J. *Recherches sur l'organisation du commerce maritime en Méditerranée sous l'empire romain*. Paris: Ecole pratique des hautes études, 1966. Crisóstomo louva a Deus por ter criado "a rota mais curta do mar". *Ad Dem*. 2. 5.

por algumas cidades ao longo do caminho e também os pedágios de pontes e de passagens pelas montanhas. Tudo isso, mais o custo adicional do transporte por terra, induzia os mercadores a usar, sempre que possível, os portos do Mediterrâneo.

Os impostos sempre foram um problema no império romano, pois a antiga noção persistia — de que a liberdade era incompatível com a tributação direta. No início do período republicano, quando uma emergência — como, por exemplo, uma guerra — assim o exigia, os cidadãos romanos tinham de pagar impostos; mas essa quantia lhes era restaurada se o espólio da guerra o permitisse. No século I a.C., a riqueza fluindo das províncias era tal que até mesmo os impostos não eram mais recolhidos.[158]

Os ricos demonstravam seu apoio ao Estado ao fazer contribuições voluntárias, e não por intermédio do pagamento de impostos. Embora, algumas vezes, tais contribuições respondessem às necessidades reais do Estado, elas, em geral, eram determinadas pelos caprichos dos doadores. As pessoas — tanto em Roma quanto em outras cidades — davam de presente um monumento ou um prédio público em honra a seu próprio nome. Financiavam, com frequência, pródigos banquetes ou espetáculos.[159] Essa tradição de contribuições voluntárias para o Estado, conhecidas como "evergetismo", se tornou cada vez mais um fardo para os imperadores. Como o primeiro cidadão de Roma, esperava-se que o imperador desse presentes mais pródigos que os outros cidadãos. Também se esperava que fizesse o mesmo para outras cidades e, acima de tudo, para o exército. Isso, por sua vez, exigia novos recursos de receita para o Estado.

A necessidade de um exército permanente e uma crescente burocracia exigiam novos meios de receita, e Augusto, de fato, determinou uma série de impostos sobre as transações envolvendo os cidadãos romanos. Assim, passaram a existir um imposto de 5% sobre as heranças, um imposto de vendas cuja proporção variava e um imposto de 4% na venda de escravos.

---

[158] WEBBER, C., e WILDAVSKY, A. *A History of Taxation and Expenditure in the Western World*. New York: Simon and Schuster, 1986, p. 109.

[159] Plínio, o Jovem, comentando sobre seus presentes para a cidade de Como, compara seu propósito com o de outros doadores: "Não estava me envolvendo nisso para promover os jogos públicos ou as tropas de gladiadores, mas para custear os gastos anuais da manutenção de jovens bem-nascidos" (*Ep.* 1. 8; *LCL*, p. 27).

Tudo isso, entretanto, não seria o suficiente para cobrir as despesas do Estado. Sem dúvida, as maiores fontes de renda eram as propriedades rurais e os monopólios, aos quais já nos referimos — terras, minas, pedreiras —, e os impostos arrecadados nas províncias. Estes variavam de província para província, mas, em geral, envolviam tanto o imposto sobre propriedade — *tributum soli* — quanto o imposto pago por pessoa — *tributum capitis*. O nome mesmo desses impostos indica como deviam ser entendidos. Eles eram as recompensas pelas vitórias por parte dos romanos. As terras e os povos conquistados tinham de pagar tributos. Embora houvesse um esforço moderado para a uniformidade, o que os romanos faziam na maioria dos casos era apenas manter o sistema de tributação já existente nos territórios conquistados, algumas vezes com certos ajustes. Por exemplo, na Judeia, onde os selêucidas coletavam um terço de toda colheita de grãos, essa proporção foi reduzida para um quarto por Júlio César.[160] Aos impostos sobre a terra, acrescentavam-se impostos pagos por pessoa, impostos sobre a criação de animais e outras propriedades, taxas alfandegárias e quaisquer outras tributações cobradas pelos governos locais ou municipais e pelas autoridades religiosas. No caso da Judeia, isso incluía o imposto de meio siclo do templo que todos os judeus tinham de pagar anualmente.[161] Roma, como acontece com frequência em relação a impostos, estava sempre pronta a continuar coletando impostos, mesmo quando o propósito original já não era mais válido. O principal exemplo disso foi a insistência de Vespasiano em que os judeus, mesmo depois da destruição do templo de Jerusalém, continuassem pagando meio siclo, mas agora para Roma.[162]

Durante a República e os primeiros anos do Império, a maioria dos impostos era coletada por fazendeiros conhecidos como "publicanos".[163] Uma vez que era necessário capital substancial para a função, grande parte dos empresários publicanos eram ricos membros da classe de cavaleiros, que, com frequência,

---

[160] CHAPOT, V. *El mundo romano*. Mexico: UTEHA, 1957, p. 75.

[161] No Novo Testamento, essa tributação é chamada de "imposto de duas dracmas". Veja Mt 17.24. Para esse pano de fundo sobre Israel na Antiguidade, veja Êx 30.11-16 e Ne 10.32,33. Josefo, em *Ant*. 18. 9. 1, refere-se ao recolhimento desse imposto entre todos os judeus, independentemente de onde residissem.

[162] JOSEFO. *De bel. Iud*. 7. 6. 6.

[163] Veja BADIAN, E. *Publicans and Sinners*. Oxford: Blackwell, 1972.

se uniam em verdadeiras empresas *holdings*. Faziam um acordo com o governo para subir os impostos de uma área em particular e recolhiam uma taxa por esse serviço. Essa taxa, no entanto, era apenas parte do seu lucro. Como muitas taxas sobre produtos agrícolas eram recolhidas em espécie, os publicanos ganhavam grandes margens de lucros na revenda dos bens recolhidos ou no seu armazenamento até que os preços subissem.[164] Eles também serviam vários governos centrais como seus agentes financeiros nas províncias, empregando os bens e fundos que tinham para cobrir despesas como salários e suprimentos para as legiões. Como tudo isso era feito por intermédio de transações em papel, economizava-se muito com o transporte caro e perigoso de bens e dinheiro. Havia pouca burocracia governamental, e os publicanos, portanto, também serviam como agentes do governo na administração de trabalhos públicos, no fornecimento de serviço postal, etc. Naturalmente, eles também cobravam uma taxa para fazer isso. Quando um fazendeiro não conseguia pagar seus impostos, os publicanos, com frequência, emprestavam-lhe o dinheiro com taxas anuais que variavam entre 12 e 48%. Esses empréstimos cresciam rapidamente à medida que os juros e as novas dívidas com impostos se acumulavam, e a terra, por fim, era confiscada pelos publicanos. Além desses vários meios legais de lucrar, alguns publicanos também se aproveitavam da ignorância e impotência dos pagadores de impostos, estimando-os em valores maiores do que deviam ou desvalorizando as contribuições em espécie. Desse modo, a imagem negativa dos publicanos que encontramos nos Evangelhos, provavelmente, era compartilhada pela maioria do populacho das províncias romanas.

Na época republicana, o Senado emitiu uma série de leis tentando prevenir os abusos dos coletores de impostos. Tais leis, todavia, tinham efeito limitado, uma vez que o governo dependia dos publicanos para garantir grande parte de sua arrecadação, e também porque os publicanos em muitas províncias dividiam os lucros com os governantes e outros altos oficiais.

Augusto e os primeiros imperadores tomaram algumas medidas para regularizar a coleta de impostos. No Egito, que veio para Augusto como uma província imperial, ele apontou agentes

---

[164] Varro. *De re rust.* 1. 57. 2, fala do armazenamento de latas onde o trigo poderia ser guardado por até 50 anos.

do governo para fazer um escrutínio no trabalho dos fazendeiros coletores de impostos. Em outras áreas, ele começou criando uma burocracia, sob a supervisão do governo, para arrecadar grande parte dos impostos diretos. Na Ásia, essa medida resultou em uma efetiva redução de um terço nos impostos, sem afetar a receita do governo. À medida que se aprimorou a habilidade do governo para recolher impostos, o papel dos fazendeiros coletores de impostos foi reduzido a ponto de eles desaparecerem em todas as províncias, exceto no Norte da África.[165] Augusto começou esse processo sob sua supervisão direta, com muito pouco pessoal; mas, cinquenta anos mais tarde, Cláudio estabeleceu um escritório para administrar as finanças do Estado e, por volta da segunda metade do século II, já existia a burocracia governamental, com trabalhadores classificados em uma hierarquia muitíssimo semelhante ao nosso funcionalismo público contemporâneo.[166] Desse ponto em diante, a burocracia jamais parou de crescer, porque, com frequência, a corrupção dos burocratas exigia mais burocratas para controlá-los. Estima-se que, entre o tempo de Marco Aurélio Antônio, conhecido como Caracala, e o século V, a burocracia cresceu cem vezes, a ponto de chegar a empregar de 30 mil a 35 mil funcionários.[167]

Para conhecer os recursos que poderiam ser taxados, era necessário ter os registros da população, dos animais e das propriedades rurais. Portanto, um censo periódico era necessário — de início, a cada cinco anos e, depois, a cada quinze anos. Júlio César começou um vasto projeto para medir, avaliar e registrar todos os bens imóveis e outros ativos. Foram necessários mais de 25 anos para completar esse processo, e, depois, ele tinha de ser revisto constantemente. Incluía todas as terras, classificadas de acordo com seu uso (pastos, florestas, vinhas, plantações de cereais, etc.), como também todos os prédios do país e das cidades (incluindo o valor de seu mobiliário), os escravos, os bens em dinheiro vivo e todos os outros ativos. A fim de chegar a esses números, os pagadores de impostos tinham a responsabilidade de declarar e estimar o valor de sua propriedade rural, embora, naturalmente, sob a supervisão de agentes do governo.

---

[165] WEBBER e WILDAVSKY. *A History of Taxation*, p. 119.
[166] WEBBER e WILDAVSKY. *A History of Taxation*, p. 135.
[167] MACMULLEN, R. *Corruption and the Decline of Rome*. New Haven: Yale, 1988, p. 144.

O império romano, apesar dessas medidas elaboradas, jamais teve um orçamento. Durante o início do Império, era costumeiro manter vários tesouros separados, de acordo com as várias fontes de renda e o propósito para o qual os fundos tinham de ser gastos. Ao *aerarium* [erário] no qual o Senado guardava e administrava os recibos das províncias senatoriais,[168] Augusto acrescentou o *aerarium militare,* para o exército. O termo *fiscus* [fisco] — literalmente, "cesto de vime ou junco" — foi empregado para uma série de fundos separados sob a administração do governo. Durante o século I, havia *fisci* [fiscos] para as províncias, como também itens como os impostos judaicos pagos por pessoa.[169] O *patrimonium* [patrimônio] pessoal do imperador era considerado parte do fisco, e ele, por sua vez, tinha absoluto controle sobre a riqueza do Estado, como se fosse sua riqueza pessoal.

UMA PERSPECTIVA DO ALTO

Como era a vida no império romano? Quem se beneficiava da ordem existente, e quem sofria sob seu peso? Havia necessidade ou abundância? Como os bens e o poder eram distribuídos? Como a máquina do Estado era mantida financeiramente? Quanto de mobilidade social existia no Império?

É quando alguém faz essas perguntas que os relatos conflitantes começam a aparecer. Por um lado, alguns nos levariam a acreditar que essa foi uma era de ouro da história humana, uma era de abundância em que a maioria das necessidades materiais eram supridas, e em que os povos dominados louvavam e amavam seus governantes. Na realidade, muito tempo depois do fim desse Império, Edward Gibbon, o mais famoso historiador do período final do império romano, escreveria palavras de louvor entusiástico em favor desse Império, conforme este se estruturara em meados do século II:

> Se um homem fosse chamado para determinar
> o período da história do mundo durante o qual a
> condição da raça humana foi a mais feliz e próspera,

---

[168] Até que Cláudio, como parte do processo de centrar toda autoridade na pessoa do imperador, retirou esse privilégio do Senado.

[169] JONES, A. H. M. *Studies in Roman Government and Law*. Oxford: Basil Blackwell, 1960, p. 110.

ele, sem qualquer hesitação, mencionaria o período entre a morte de Domiciano e a ascensão de Cômodo. A vasta extensão do império romano era governada pelo poder absoluto, sob a orientação da virtude e da sabedoria. Os exércitos foram controlados pela mão firme, mas gentil, de quatro imperadores sucessivos, cujo caráter e cuja autoridade ordenavam respeito involuntário. As formas da administração civil foram cuidadosamente preservadas por Nerva, Trajano, Adriano e os Antoninos, os quais se deleitavam na imagem de liberdade e ficavam satisfeitos em considerar a si mesmos como os ministros responsáveis pelas leis.[170]

Esse retrato positivo de Roma e de seu governo era compartilhado por muitos que viveram naquela época e foi demonstrado de forma mais eloquente por Élio Aristides em seu *Oration to the Romans* [Discurso aos romanos]. Esse retórico grego, quando fez esse discurso, tinha cerca de 25 anos e já conhecia o caminho da fama. Discursou em uma ocasião solene, na celebração do 896° aniversário de Roma. O lugar, provavelmente, foi o Ateneu, construído pelo imperador Adriano, à época já falecido.[171] Pessoas ricas e poderosas estavam presentes, como os ex-professores do orador, Alexandre de Cotyaeum e Herodes

---

[170] GIBBON, Edward. *The History of the Decline and Fall of the Roman Empire*, 2ª ed. New York: Harper & Brothers, 1850, vol. 1, p. 95-96. Pontos de vista similares podem ser encontrados em uma série de autores modernos. Veja, por exemplo, RÉMENDON, R. *La crise de l'empire romain de Marc-Aurèle à Anastase*. Paris: Presses Universitaires de France, 1964, p. 71; WELLS, C. *The Roman Empire*. London: Fontana, 1984, p. 239-40.

[171] Há discrepâncias entre os estudiosos sobre a cronologia de Élio Aristides, pois alguns consideram que nasceu em data tão remota quanto 117 d.C., e outros, em data tão tardia quanto 129 d.C. A *Roman Oration* deve ser datada em 143 ou 144. Veja BOULANGER, A. *Aelius Aristide et la sophistique dans la province d'Asie au IIe siècle de notre ère*. Paris: Boccard, 1923, p. 461-95. Embora não exista nenhum documento contemporâneo que indique que a *Roman Oration* foi feita no Ateneu, os historiadores mais modernos acreditam que esse local é o mais provável. OLIVER, J. H. *The Ruling Power: A Study of the Roman Empire in the Second Century after Christ Through the Roman Oration of Aelius Aristides*. Philadelphia: The American Philosophical Society, 1953, p. 887, sugere que o Ateneu, do qual pouco se sabe, pode ter feito parte do complexo em torno do *templum Urbis*, que acabara de ser terminado e onde se faziam as cerimônias para celebrar o aniversário da cidade.

Ático. Alexandre era um membro influente na casa do imperador. Já nos deparamos com Herodes Ático, o rico proprietário das pedreiras de mármore do monte Pentélico. Nesse ano em particular, recebeu o elevado título de *consul ordinarius* [cônsul ordinário, isto é, que entrou em função no princípio do ano]. É impossível dizer quem mais estava presente — provavelmente, o imperador Antonino Pio compareceu. De qualquer modo, era um grupo seleto em uma era em que discursos como esse de Élio Aristides representavam o passatempo favorito das elites cultas, e os oradores recebiam muitos honorários e honras.

Esse orador, nativo de Esmirna, não tinha intenção de contar à audiência nada que já não soubessem. Diversão — e não instrução — era a função básica da retórica naquela época. A audiência esperava que discursos como o dele imitassem e revivessem o estilo dos famosos oradores gregos que viveram cinco ou seis séculos antes. Eles eram feitos em grego — até nessa época, a língua usada em Roma para o ensino — e seguiam regras complexas que a audiência conhecia muito bem, mas que desconcertam os estudiosos modernos. Élio Aristides começou, como de costume, com um *proemium* [preâmbulo], em que demonstrava tanto sua devoção aos deuses quanto sua humildade. A tarefa de exaltar Roma, declarou ele, estava muito além do que poderia ser feito com palavras:

> Louvem sua cidade, cantem todos os homens e continuarão a cantar. As palavras, todavia, realizam menos do que se nunca tivessem sido proferidas. O silêncio delas não a engrandeceria nem a diminuiria e, tampouco, mudaria seu conhecimento sobre ela. O louvor das palavras, porém, alcança o oposto do que pretendem, pois elas não demonstram com precisão o que realmente é admirável. [...] Pois é ela [Roma] que primeiro provou que a oratória não pode alcançar todo objetivo. Sobre ela, não apenas é impossível falar de forma apropriada, mas também é impossível vê-la apropriadamente.[172]

Todos os bens do mundo fluem para Roma, como os rios fluem para o mar, pois "em volta dela estão os majestosos

---

[172] ARISTIDES, Élio. *Roman Oration* 4, 6. Esta e todas as outras citações dessa obra foram tiradas da tradução de OLIVER, J. H. *The Ruling Power*, p. 895-907.

continentes se inclinando grandemente, sempre oferecendo para vocês a maior medida possível de algo que lhes é próprio".[173] Da terra dos gregos, da Arábia, da Índia e dos cantos mais afastados da Terra, todos os bens fluem para Roma, "e todos se encontram aqui, comércio, transporte, agricultura, metalurgia, todas as artes e artesanatos que existem ou já existiram, onde todas as coisas são engendradas ou crescem da terra. E o que quer que alguém não veja aqui, ninguém fez nem existe".[174]

A seguir, inicia uma discussão sobre os grandes poderes que precederam Roma e a razão por que não foram capazes de produzir a abundância e felicidade universal que ele creditava a Roma. A tirania da Pérsia era tal que as pessoas tinham medo de prosperar, pois não queriam atrair a atenção do tirano. "A beleza de uma criança era um terror para os pais; a beleza da esposa, um terror para o marido. Não era o que cometia os maiores crimes, mas o que ganhava mais propriedade, quem estava fadado à destruição".[175] Alexandre não se saía melhor, pois era conquistador, e não governante, "alguém que conquistava um reino {em vez de} alguém que demonstrava ser um rei".[176]

O império romano, por contraste, é aquele em que uma ordem distinta governa. Élio Aristides realmente expressou sua reverência com a vastidão do Império: "O mar Vermelho e as cataratas do Nilo e o lago Maeotis [o mar de Azov], os quais, conforme se dizia antigamente, eram as fronteiras da Terra, são como os muros do quintal da casa que é esta cidade de vocês".[177] Todavia, o que ele mais admirava era a ordem que existia nessas vastas propriedades rurais, pois "seu Império é muito maior por sua perfeição que pela área que suas fronteiras circundam".[178]

A grande diferença que Élio Aristides via entre esse Império e os anteriores era que, nesse caso, os governados não eram escravizados, "pois, de todos os que já ganharam Império, só vocês governam sobre homens livres".[179] A razão para isso era a grande ordem que existia no Império, de tal forma que os governadores

---

[173] ARISTIDES, Élio. *Roman Oration*, 11.
[174] ARISTIDES, Élio. *Roman Oration*, 13.
[175] ARISTIDES, Élio. *Roman Oration*, 21.
[176] ARISTIDES, Élio. *Roman Oration*, 24.
[177] ARISTIDES, Élio. *Roman Oration*, 28.
[178] ARISTIDES, Élio. *Roman Oration*, 29.
[179] ARISTIDES, Élio. *Roman Oration*, 36.

— sabendo que eles, por sua vez, eram governados por outros — não ousavam explorar suas províncias, como os sátrapas persas faziam. O resultado foi a era dourada da justiça:

> Há uma abundante e bela igualdade do humilde com os notáveis e do obscuro com os ilustres, e, acima de tudo, do pobre com o rico e do comum com o nobre. [...] {O imperador}, conforme a justiça da afirmação pode prover, como a brisa nas velas do navio, favorecendo e acompanhando, não o homem rico mais, e o pobre menos, mas beneficiando igualmente a quem quer que seja que encontre.[180]

Ademais, essa era dourada beneficia não só os da linhagem romana, mas toda a humanidade, pois a cidadania romana está disponível a qualquer pessoa digna dela:

> Vocês, em todos os locais, nomeiam para sua cidadania, ou até para similaridade com vocês, a melhor parte do talento, da coragem e da liderança do mundo, enquanto o restante de vocês é reconhecido como uma liga sob sua hegemonia. [...] E, como o mar, que recebe de seus golfos muitos rios, esconde-os e encerra-os todos e ainda, com o que entra e sai, é e parece ser o mesmo, também, na verdade, esta cidade recebe aqueles que fluem de todos os cantos da Terra e tem essa similaridade com o mar.[181]

Portanto, a maravilha da cidadania romana não se deve ao fato de ser altamente valorizada; antes, deve-se à característica de ser tão liberalmente compartilhada. Em razão disso, há cidadãos romanos em todas as cidades, os ricos e os pobres são servidos por esse sistema benéfico,[182] e há prosperidade sem precedentes em todo o Império:

> A costa e o interior foram preenchidos com cidades, algumas recém-fundadas, outras cresceram sob seu domínio e por seu intermédio. [...] Todas

---

[180] ARISTIDES, Élio. *Roman Oration*, 39.
[181] ARISTIDES, Élio. *Roman Oration*, 59, 62.
[182] ARISTIDES, Élio. *Roman Oration*, 63, 64, 66.

as localidades estão cheias de ginásios de esportes, fontes, monumentais acessos, templos, oficinas, escolas, e uma pessoa pode dizer que o mundo civilizado, que fora doentio desde o início, por assim dizer, veio, pelo conhecimento correto, a usufruir de saúde. [...] Assim, como um fogo sagrado inextinguível, a celebração nunca acaba, mas move-se ao redor, de tempo para tempo e de povo para povo, sempre em algum lugar, uma justa demonstração da forma como todos os homens passam bem. Portanto, é direito lamentar aqueles fora de sua hegemonia, se realmente existe alguém, porque eles perdem tal bênção.[183]

Não há registro da resposta da audiência — exceto de que esse discurso foi preservado para a posteridade, e seu autor desfrutou de grande popularidade e prestígio. De qualquer modo, não contava aos romanos nada que já não soubessem — ou acreditassem —, uma vez que não era nada além da exposição elegante da ideologia pela qual vivia o império romano.

UMA PERSPECTIVA DIFERENTE

Isto, entretanto, é apenas parte da história. Élio Aristides parece expressar a visão de muitos de seus contemporâneos. Sabemos, por intermédio de seus próprios escritos, que ele era hipocondríaco; porém, não temos nenhuma indicação de que era bajulador. Ele, de fato, era um verdadeiro admirador do sistema de governo romano, e o que ele disse, por mais exagerado que possa parecer para nós no início do século XXI, é notavelmente sincero. Na verdade, ele teve a boa fortuna de viver no apogeu econômico e político do império romano. Ainda assim, declarou corretamente que Roma era tão complexa que "quem poderia examiná-la com propriedade?"[184] Não é necessário dizer que ele examinou Roma do ponto de observação da elite que lucrava com o governo romano — aquela "melhor parte do talento do mundo", como ele mesmo disse, a quem Roma abraçara com sua cidadania. As fontes de Edward Gibbon, da mesma forma, representavam uma perspectiva semelhante. A maior parte da

---

[183] ARISTIDES, Élio. *Roman Oration*, 94, 97, 99.

[184] ARISTIDES, Élio. *Roman Oration*, 6.

literatura da época do Império à qual ele teve acesso foi escrita do ponto de vista daqueles que, como Élio Aristides, tinham toda razão do mundo para ser gratos pela generosidade e segurança de Roma. As únicas exceções eram algumas peças, em geral de natureza religiosa, que poderiam ser ignoradas por serem provenientes de cristãos radicais e outros grupos descontentes.

Um exame mais minucioso, entretanto, revelará a incompletude das descrições de Élio Aristides e da avaliação de Edward Gibbon sobre a vida no império romano, mesmo no seu auge, em meados do século II. Em tempos relativamente recentes, muito material veio à luz, apresentando um retrato diferente da vida sob o governo romano. Muito desse material veio do Egito, onde as condições climáticas tornaram possível a sobrevivência de papiros e óstracos — fragmentos de cerâmicas usados no lugar de papel. Muitos desses registros são impostos, recibos e outras notas ilustrando a vida das classes baixas no Egito rural. Conforme um estudante desse material declarou, "tal 'perspectiva de baixo' é um prazer que nenhuma outra parte do mundo grego ou romano pode nos oferecer".[185]

Sabemos, por essas fontes, que o retrato do governo romano que Élio Aristides nos apresentou e que Edward Gibbon aceitou está longe de ser toda a verdade. A sociedade egípcia era estratificada de forma rígida ao longo de linhas étnicas e sociais; havia alguma mobilidade nas esferas mais altas, mas nenhuma nas mais baixas.

Os altos escalões da estrutura social no Egito — como em todo o Império — eram ocupados por cidadãos romanos. No topo, estavam os cidadãos italianos que vieram para o Egito por razões particulares ou governamentais, os quais permaneceram na região. Em um nível similar, estavam os membros da velha aristocracia dos ptolomeus — a maioria, pessoas de descendência e cultura grega a quem foi concedida a cidadania romana.

Aparentemente, a massa dos cidadãos romanos no Egito era formada por soldados ou veteranos — e seus descendentes. Uma vez que a política de Roma era alistar apenas cidadãos romanos em suas legiões, os membros das duas legiões normalmente estacionadas no Egito já eram cidadãos romanos. Como tais, e

---

[185] LEWIS, Naphtali. *Life in Egypt under Roman Rule*. Oxford: Clarendon, 1983, p. 1-2. Esse excelente relato, de leitura bastante agradável, é o fundamento para muito do que se segue sobre o Egito.

como soldados no que, de fato, era um exército de ocupação, desfrutavam de uma série de privilégios. Quando se aposentavam, depois de 25 anos de serviço, muitos deles continuavam no Egito, onde, com frequência, compravam terras. Esses veteranos, em geral, não se tornavam parte da alta aristocracia, mas eram riquíssimos pelos padrões de muitos vilarejos onde tinham suas terras.

Além das legiões normalmente estacionadas no Egito, havia tropas auxiliares. Os soldados rasos dessas tropas não eram cidadãos comuns, mas recebiam tal cidadania quando se aposentavam, depois de 26 anos de serviço. Eram, em geral, de uma região do Império distinta daquela em que serviam. Embora os soldados não tivessem permissão para casar, quando se aposentavam, depois de longos anos de serviço, já tinham formado famílias no sistema de concubinato, e, portanto, muitos continuavam na terra onde serviram nos últimos anos na ativa. Assim, havia no Egito, como em outras províncias do Império, muitos cidadãos romanos veteranos de tropas auxiliares, nativos de outras províncias. Todos esses cidadãos romanos, independentemente de sua riqueza ou falta dela, desfrutavam de uma série de privilégios — entre eles, a isenção do imposto por pessoa recolhido nos escalões mais baixos da população.

Depois dos romanos, os gregos eram os seguintes na escala da posição social. Mais uma vez, a maioria deles jamais vira a Grécia, mas, antes, eram descendentes daqueles que vieram para o país com as tropas de Alexandre ou, mais tarde, sob o comando dos ptolomeus. A maioria deles morava em uma destas três cidades em estilo grego, Naucratis — datada da época dos faraós —, Alexandria e Ptomelais. Mais tarde, em 130 d.C., Adriano fundou a quarta dessas cidades, Antinoópolis — nomeada em homenagem a um favorito seu que morrera nesse lugar. Aqueles que tinham a cidadania em um desses centros urbanos desfrutavam da isenção do imposto por pessoa e também de outros tratamentos preferenciais — por exemplo, parece que a propriedade de certas terras era um privilégio limitado a eles e aos cidadãos romanos. Muitos desses gregos eram ricos, tendo empresas comerciais e também vastas extensões de terra, tanto dentro dos limites municipais quanto além deles. A cidadania romana estava aberta e, em geral, era concedida aos altos escalões da aristocracia grega. Os gregos mais pobres podiam conseguir essa cidadania ao se alistar no exército — em especial, graças à necessidade de atrair mais recrutas, tornou-se costumeiro abrir as legiões para os filhos da aristocracia provincial, aos quais era concedida a cidadania assim que se alistavam.

Havia também no Egito muitos judeus. Seu número e sua posição social não são totalmente claros. Não resta a menor dúvida de que alguns eram bastante ricos. Um, por exemplo, foi capaz de cobrir com chapas de prata e ouro nove portas do templo de Jerusalém e de emprestar uma soma substancial para Herodes Agripa.[186] Todavia, até que ponto isso era refletido nas posições sociais ou legais mais altas é um fato aberto para discussão. De qualquer modo, parecia haver uma inimizade ferrenha entre gregos e judeus no Egito. Mais ou menos no mesmo período do advento do cristianismo, houve um massacre de judeus em Alexandria. Um pouco mais tarde, o imperador Cláudio chamou os dois lados para preservar a paz. O tumulto dos judeus, presente durante o século I em todo o Império e que culminou com a destruição do templo em 70 d.C., também se refletiu nas revoltas no Egito. Em 115 d.C., houve uma derradeira rebelião judaica. Dessa vez, a revolta durou dois anos, depois dos quais os judeus foram esmagados e perderam a maioria de seus antigos privilégios. Durante esses dois anos, a rebelião espalhou-se por quase todo o Egito, tomando a forma de guerrilha — um indício de que a população judaica na província era muito grande e não se limitava a Alexandria e outras importantes cidades.

Os escalões mais baixos da sociedade no Egito eram ocupados pelos "egípcios" — uma categoria que compreendia os descendentes dos antigos egípcios bem como quaisquer outros que eram tecnicamente livres, mas que não tinham outra cidadania. Os camponeses que cultivavam a terra eram egípcios. Então, eram a maioria dos pobres urbanos e daqueles — exceto os escravos — que realizavam as tarefas menos remuneradas. Eram sujeitos ao imposto por cabeça, do qual os romanos e gregos estavam isentos — depois da época de Vespasiano, os judeus tinham de pagar o imposto por cabeça a Roma, valor que antes pagavam para o templo de Jerusalém. Também sobre os egípcios caíam os mais pesados fardos da maioria dos outros impostos, além de várias formas de trabalho que tinham de oferecer para pagar impostos adicionais. Portanto, apesar de alguns esforços

---

[186] JOSEFO. *Ant.*, 18. 6. 3.

imperiais para garantir que a arrecadação de impostos fosse mais justa, o peso dos impostos era tão grande que muitos camponeses simplesmente fugiam, abandonando a terra. O mesmo era verdade a respeito das várias tarefas que tinham de realizar para o Estado, cujo fardo, com frequência, era insuportável. Um grande número de homens de um vilarejo, muitas vezes, era transportado em massa para trabalhar em outras terras imperiais. Estes podiam ser todos egípcios, camponeses cuja pobreza se tornava cada vez maior, pois eles não podiam cultivar suas terras.

A mobilidade de um desses grupos para outro era quase impossível — exceto que, conforme observado anteriormente, havia uma série de maneiras pelas quais a aristocracia local podia obter a cidadania romana. Os gregos não podiam herdar dos romanos, nem vice-versa. Se duas pessoas provenientes de posições sociais distintas se casassem, os filhos pertenceriam à posição mais baixa. Os egípcios que declaravam que o pai era romano eram punidos com o confisco de um quarto de sua propriedade; e aqueles que alistavam os filhos como tendo direito à cidadania em uma cidade grega eram multados em uma quantia equivalente a um sexto de sua propriedade. Da mesma forma, os soldados que diziam que eram cidadãos romanos antes de realmente adquirirem a cidadania perdiam um quarto de sua propriedade.[187]

Uma comparação dos dados sobre os preços de alimentos e os soldos no Egito romano mostra que, enquanto os soldos pagos na agricultura permaneceram bastante constantes do século I até o século II, o preço do trigo quase dobrou. À época em que Élio Aristides proferiu seu discurso em Roma, os trabalhadores com as mais baixas remunerações no Egito — sem contar as crianças, cujos soldos eram ainda menores — ganhavam dois óbolos por dia. Quando os preços estavam baixos, essa quantia conseguia comprar aproximadamente 2,5 litros de trigo com casca; mas, quando os preços estavam altos, comprava sete décimos de um litro — o bastante para fazer um pequeníssimo filão de pão. Muitos desses trabalhadores conseguiam sobreviver porque recebiam suplementos de alimentos enquanto trabalhavam.

---

[187] Todas essas disposições são provenientes de um édito de Augusto, parcialmente citado por LEWIS, Naphtali. *Life in Egypt under Roman Rule*, p. 32-33. Lewis, comentando sobre essas e outras regras, chega à conclusão de que o sistema social no Egito romano era "um verdadeiro *apartheid* da Antiguidade", p. 34.

Os soldos baixos, no entanto, eram apenas um dos muitos fardos sobre as classes baixas egípcias. Todos os camponeses do sexo masculino entre 14 e 60 anos tinham de pagar um imposto por pessoa que variava de 15 a 40 dracmas por ano, e um imposto para barragem de 6,6 dracmas. Para um agricultor ganhando dois óbolos por dia (sabendo-se que seis óbolos correspondiam a uma dracma), isso seria equivalente a 67 dias dos 140 dias de trabalho. Enquanto isso, o imposto por pessoa era consideravelmente mais baixo para os descendentes urbanos dos colonos gregos, e não existente para os romanos.

Era difícil para um egípcio nativo ser dono da terra. Quando certas terras públicas eram postas à venda, apenas os cidadãos romanos e os gregos urbanos tinham o direito de comprá-las. A maior parte das terras de propriedade dos romanos e dos gregos urbanos era isenta de impostos. Normalmente, um camponês ou fazendeiro que cultivasse trigo tinha de pagar o imposto em espécie de 2,5 a 5 alqueires por acre, variando de acordo com a natureza da terra. Esse imposto só era considerado quitado quando o fazendeiro fazia os arranjos para o transporte do depósito do governo para um porto. Depois, havia outros impostos sobre a terra que tinham de ser pagos em dinheiro vivo, além de um imposto por cabeça de animal doméstico.

Dadas essas circunstâncias, muitos egípcios simplesmente abandonavam a terra. Alguns se mudavam para a cidade a fim de, ali, juntar-se a uma massa de pobres desempregados. Outros se voltavam para o banditismo, em especial nas montanhas e florestas, enquanto muitos simplesmente fugiam para lugares desertos ou descampados, onde poderiam ganhar um sustento da terra.[188]

Apesar dos esforços do governo para manter os camponeses na terra, muita terra produtiva não era cultivada. Os registros remanescentes do vilarejo de Filadélfia, aparentemente típico da região, indicam que, na época do reinado de Nero, mais de um décimo dos homens na área apelou para a fuga, e que, um século mais tarde, duas das aldeias na jurisdição do vilarejo tinham perdido toda a população de homens.[189]

---

[188] Esse tipo de fuga, conhecido em grego como *anachoresis*, foi o precursor do monasticismo cristão.

[189] Lewis, Naphtali. *Life in Egypt under Roman Rule*, p. 164-65.

Como Roma dependia do Egito para um terço do seu consumo de trigo, essa situação não podia ser tolerada. A única solução que as autoridades poderiam encontrar era distribuir a responsabilidade pelo trabalho na terra entre os que ainda permaneciam na vizinhança. Isto, por sua vez, ocasionava mais lutas, criando, portanto, um círculo vicioso que só poderia ser quebrado por leis ainda mais duras vinculando o camponês à terra.

Essas medidas, reiteradas vezes, levavam a mais resistência, lutas maciças e rebeliões. Embora não existam registros detalhados, há indícios de que dezenas de revoltas locais tiveram de ser sufocadas pelo exército. Um motim entre os egípcios em Alexandria, em 122 d.C., pode ter estimulado algumas das pequenas reformas propostas por Adriano.[190] Em 152 d.C. — apenas cerca de nove anos após o registro glamoroso de Élio Aristides sobre o feliz estado do mundo —, houve uma rebelião que as autoridades só conseguiram suprimir depois de mais de um ano. Eventos similares se repetiram nos vinte anos seguintes e, daí em diante, durante a maior parte da história do Egito romano.

Seria possível argumentar que o caso do Egito é único, uma vez que, quando os romanos o conquistaram dos últimos descendentes dos ptolomeus, eles simplesmente continuaram seguindo o antigo sistema que existia sob o comando dos faraós. Isto é verdade até certo ponto. Também é verdade, no entanto, que o Egito é único na quantidade de material preservado para ilustrar a vida das classes mais baixas. A pouca informação disponível de outras províncias, em geral, indica que a situação do grupo de camponeses nativos não era melhor que a de suas contrapartes no Egito.

Como Élio Aristides admitiu em seu discurso, os romanos, nas várias áreas conquistadas, reconheceram e acolheram "a melhor parte dos talentos, da coragem e da liderança do mundo". O que isso significava era que eles aceitavam as elites existentes — naturalmente, desde que apoiassem o governo romano — e, em geral, lhes concediam a possibilidade de continuar a ter todos os seus privilégios. A compreensão romana de que a vida humana em seu ápice é a vida da cidade acarretou a visão do Império como um conglomerado de cidades, cada qual

---
[190] *Scrip. Hist. Aug.*, Adr., 12. 1.

com seus territórios adjacentes. Cada uma dessas cidades tinha seu próprio Senado municipal, cujos membros — os *decurions* [decuriões] — eram da aristocracia local. Durante o início do Império, antes da crise do século III, os decuriões podiam transferir a maior parte do fardo dos impostos em suas municipalidades para as classes mais baixas. Portanto, a perda de camponeses e do pobre urbano em todas as províncias do Império era muito similar ao que acontecia no Egito.

Assim como as camadas sociais e econômicas do Egito refletiam as ondas de conquista — primeiro grega e, depois, romana —, também as estruturas sociais e econômicas em outras províncias refletiam ondas similares. No Norte da África, Júlio César e Augusto promoveram o projeto de repovoar Cartago com cidadãos romanos. À medida que a cidade cresceu, e as terras no interior e em regiões distantes foram abertas para o comércio com o restante do Império, desenvolveu-se uma hierarquia em que as famílias romanas ricas, proprietárias de vastos latifúndios, ocuparam posições mais altas. Abaixo delas, estavam os cidadãos romanos — os descendentes dos romanos empobrecidos a quem César e Augusto enviaram para Cartago, burocratas, legionários na ativa ou aposentados, auxiliares aposentados, etc. A seguir, vieram os púnicos — os antigos cartagineses — que haviam se romanizado. E, por fim, havia a massa dos berberes, cujas terras foram ocupadas para a agricultura comercial e se tornaram mais e mais rentáveis, e o Império expandiu para a Numídia e Mauritânia.

Esse processo e seus resultados foram resumidos por Rostovtzeff da seguinte forma:

> O processo era o mesmo em todos os lugares. As tribos não eram exterminadas nem expulsas do país. [...] Elas, antes de mais nada, eram todas fixadas em seus países de origem ou transferidas para outras partes. Uma determinada porção de terra era-lhes designada, e o restante era dado para a cidade habitada por imigrantes romanos (veteranos e civis) e pela aristocracia nativa; ou transformado em propriedades rurais, vendidas para os membros ricos da aristocracia imperial; ou ainda reservado [...] para o imperador e os membros da família imperial. Como a quantidade de terra concedida às tribos não

era grande o suficiente para sustentar a população cada vez maior, inúmeros membros das tribos eram forçados ou a alugar terras de estrangeiros ou de proprietários rurais nativos ou a trabalhar em sua própria propriedade rural como trabalhadores assalariados.[191]

A mobilidade social dessas classes mais baixas que cultivavam a terra, como acontecia no Egito, era praticamente inexistente. Embora houvesse exceções,[192] a maioria daqueles nascidos na terra continuava cultivando a terra. A distância social e econômica entre as classes também aumentava devido à distância cultural entre a cidade e o campo. Enquanto em Cartago as pessoas com maior nível educacional falavam grego e latim, sendo o latim a língua adotada pelo governo e comércio em toda a África, as línguas antigas continuavam a ser faladas no campo, cujos habitantes eram considerados inferiores pela população urbana mais sofisticada.

Se fôssemos continuar dando a volta no Mediterrâneo, ainda em um *tour* no sentido horário, atravessando do Norte da África para a Espanha, descobriríamos que, em grande parte da região Oeste do império romano, o fenômeno se repetia. Cidades antigas eram restauradas; e novas, fundadas, como parte do processo de civilização — ou seja, urbanização da população — das províncias. Essas políticas foram mais bem-sucedidas no Sul da Espanha e Gália, e algumas dessas cidades chegaram a ter grande esplendor. Em cada uma dessas cidades, havia uma aristocracia composta de romanos e uma elite nativa romanizada, seguida por outros com menos meios que desfrutavam da cidadania

---

[191] ROSTOVTZEFF, M. *The Social and Economic History of the Roman Empire*, 2ª ed. Oxford: Clarendon, 1957, vol. 1, p. 323.

[192] Um caso notável, em especial por ser proveniente do que, em geral, foi considerado um tempo ruim no império romano (a segunda metade do século III), é um epitáfio de Mactar, na África: "[...] nascido pobre, família pequena, [...] desde o dia do meu nascimento, passei minha vida trabalhando nos campos. [...] Ceifei doze colheitas sob o sol escaldante e, depois, de trabalhador tornei-me empreiteiro e, por onze anos, comandei a equipe de colhedores. [...] Esse trabalho, e uma vida contente com pouco, serviram para me tornar mestre de uma fazenda com a casa e todas as dependências necessárias para o serviço na terra — uma casa sem riquezas. Nossa vida ganhou o fruto do ofício também: eu, até mesmo, fui arrolado entre os senadores da cidade [...]". Citado por MACMULLEN, R. *Roman Social Relations: 50 B.C. to A.D. 286*. New Haven: Yale University Press, 1974, p. 43.

local. No Norte, o império romano alcançou a Espanha, Gália, Bretanha e Germânia, e, nesses locais, o processo de urbanização e romanização não avançou tão rapidamente. Em todas essas áreas, entretanto, e tão a leste quanto a Panônia — hoje, parte da Hungria e da Iugoslávia —, a política de Roma era criar tantas municipalidades quanto possível. Isto, por sua vez, significava que o controle de relevante parte da terra era arrancado das mãos dos habitantes nativos, muitos dos quais eram classificados como *peregrini* — viajantes, não cidadãos — na própria terra de seus ancestrais.[193]

A Grécia, até mesmo nos períodos mais prósperos do império romano, era um país empobrecido. Sua hegemonia política e comercial no Leste do Mediterrâneo era coisa do passado distante, e a Grécia não mais poderia lucrar com seu antigo controle do comércio. Sua terra, que jamais fora muito fértil, estava cansada e, em algumas áreas, consumida pela erosão. Outras áreas podiam produzir vinho e azeite a preços baixos. Grande parte de sua antiga população estava, agora, dispersa por todo o império romano e muito além, em direção ao leste. Portanto, exceto por cidades como Corinto e Atenas, a atividade econômica na Grécia era limitada. Ao mesmo tempo, isto tinha a tendência a desencorajar o crescimento dos latifúndios, tão comuns em outras partes do Império, sendo relevante o fato de que ouvimos menos ecos de penúria, miséria e tumultos entre as classes baixas da Grécia que de outras áreas supostamente mais ricas.

O regime municipal, que observamos em outro trecho, também existia na Ásia Menor, de forma que extensas faixas de terras pertenciam a cidades antigas com uma série de cidades-satélites. Nas cidades, havia uma aristocracia altamente helenizada que possuía, com frequência, tanto a cidadania romana quanto a municipal. Élio Aristides pertencia a essa classe social, e os pontos de vista que apresentou em seu famoso discurso eram os dessa camada social em particular, que tinha todos os motivos do mundo para louvar o governo romano. Concedia-se o privilégio da cidadania municipal a alguns dos mais notáveis habitantes das cidades-satélites, mas, nos vilarejos e aldeias onde os camponeses viviam, a cultura greco-romana dificilmente chegava a

---

[193] Para mais detalhes, bem como qualificações relacionadas a variações regionais sobre essa política, veja ROSTOVTZEFF. *Social and Economic History*, vol. 2, p. 192-254.

A ECONOMIA ROMANA

se embrenhar na vida dos habitantes. Até mesmo nas cidades, as quais apresentavam um verniz da civilização cosmopolita, as classes mais baixas continuavam a usar as línguas e as culturas ancestrais.[194]

Condições similares existiam na Síria e nas províncias vizinhas, onde a grande cidade de Antioquia, a terceira maior do Império, dava a impressão de uma ampla helenização, mas onde o campo continuava com muito de sua estrutura cultural e social. Edessa, por exemplo, mudara muito pouco desde épocas passadas, quando era a sede de um rei local. Esses reis, mesmo sob o governo romano, desfrutavam de muito de seu antigo poder e de uma veneração quase divina por parte dos camponeses, sujeitos desses reinos. Grande parte da terra pertencia aos reis, e estes serviam como mediadores entre seus sujeitos e o império romano. Os romanos punham no controle de muitos desses antigos reinos e principados pessoas nativas, que governavam tanto em nome do império romano quanto em nome das antigas tradições. Assim, existia uma estratificação social similar àquela que encontramos em outras partes do Império: os romanos nos altos escalões, seguidos pela aristocracia local; depois, os gregos, os judeus e outros povos cuja ocupação era, em grande parte, o comércio, como os pequenos artesãos e os donos de lojas; por fim, os camponeses que cultivavam a terra.

O caso da Judeia, bem conhecido em razão de suas conexões com a história judaica e cristã, era típico. Essa região, mesmo antes de Pompeu, o Grande, anexá-la aos territórios sob o controle de Roma, fora o cenário de conflitos intensos entre o judaísmo tradicional e os estrangeiros, ou seja, as influências da helenização. Nesses conflitos, as questões religiosas e teológicas misturavam-se a outras de natureza econômica e social. Em geral, eram as classes altas que lucravam sob o regime helenista, cuja capital ficava em Antioquia, e as classes mais baixas que clamavam pela restauração do Estado judaico — e estas, temporariamente, ganharam com o estabelecimento da dinastia asmoniana, fundada pelos macabeus.

Com o advento de Roma, os conflitos continuaram. Herodes, o Grande, tornou-se rei da Judeia pelo Senado romano, em um

---

[194] Neste ponto, vem à lembrança a experiência de Paulo e Barnabé em Listra, em que ficamos sabendo que as multidões ficaram maravilhadas com um milagre de cura e "começaram a gritar em língua licaônica" (At 14.11).

esforço de apaziguar uma província assolada por constantes revoltas. Ele tentou afirmar alguma conexão com a amada dinastia asmoniana ao casar-se com alguém proveniente desse grupo. O que os historiadores da Judeia chamam de "sua paixão por construir" nada mais era que um traço comum do governo romano. Seguindo a política romana, ele reconstruiu a cidade de Samaria, à qual deu um novo nome: Sebaste — uma tradução grega de "Augusta". Na costa, ele fundou uma nova cidade chamada Cesareia, também em honra a Augusto. Em outras cidades, erigiu prédios públicos seguindo os moldes gregos e romanos. Em Jerusalém, reconstruiu o templo. Trouxe, para todas essas cidades, habitantes romanos e helenistas, muitos dos quais desfrutavam de posições privilegiadas. Coroou a porta do templo em Jerusalém com a águia romana — um ato que lhe custou o ódio cada vez maior de seus sujeitos, mas que fazia parte de sua política de trazer seu reino sob a égide do que, para muitos, era considerado "civilização".

O resultado dessas políticas foi uma estrutura social muito parecida com aquela que já encontramos em outras províncias. Os governantes de fato eram os romanos. Abaixo deles, havia os governantes locais e os aristocratas. Alguns desses assumiam as altas posições pelas mãos de Roma — como foi o caso de Herodes. Outros representavam as elites judaicas e tinham permissão de manter essa posição desde que colaborassem com o governo romano. Aqui, incluía-se a maioria dos sacerdotes ligados ao templo e, em geral, associados ao grupo dos saduceus. Depois, havia aqueles que não se beneficiavam diretamente da ordem existente, mas que sentiam que, dadas as circunstâncias, o melhor curso de ação era manter-se afastados de quaisquer confrontos com a ordem estabelecida. Essa posição, em geral apoiada pelos fariseus, era provavelmente típica dos pequenos fazendeiros e artesãos.

Nos escalões mais baixos da sociedade estavam as massas, em grande parte rurais, mas também urbanas. Elas eram formadas por camponeses que pagavam altos impostos tanto para Roma quanto para o templo e sua hierarquia. Enquanto o latim era falado pelos governantes civis, o grego era a língua do povo culto na cidade, e o hebraico era usado em cerimônias no templo e em discussões de estudiosos religiosos, muitos provenientes das classes mais baixas falavam o aramaico — conforme atestado pelo uso disseminado do targum na Palestina.

Era em meio a essas massas que o espírito de revolta fervilhava. Os camponeses, sobrevivendo nos limiares da subsistência, quando atingidos por uma colheita pobre ou por impostos que não conseguiam pagar, fugiam para as montanhas a fim de se juntar às fileiras dos zelotes — exatamente como faziam os camponeses egípcios, em condições similares, quando fugiam para o deserto. Bandoleiros ou patriotas, dependendo de quem se referia a eles, esses fugitivos não davam paz às autoridades romanas. Outros que permaneciam em seus vilarejos, em geral, sentiam simpatia por esses homens e estavam sempre prontos a se revoltar quando qualquer incidente ou nova regulamentação punha fim à moderação que decidiram abraçar. Outros ainda, desesperados com esse mundo, recolhiam-se em comunidades como as de Cunrã — onde os manuscritos do mar Morto foram encontrados.

As autoridades romanas estavam sempre vigilantes para evitar qualquer sedição ou rebelião. Aparentemente, percebiam que a religião desempenhava um papel importante na reputação de intratabilidade por parte dos judeus, e, portanto, os mais sensíveis deles se abstinham de ostentar seus ídolos diante de judeus. Os *procurators* [procuradores, administradores], por razões similares, normalmente moravam em Cesareia, e não em Jerusalém. No entanto, havia também aqueles que aquartelavam suas legiões, com as ofensivas águias, em Jerusalém, e os que saqueavam os tesouros do templo. Em razão dessas ações, mas também da estrutura social subjacente, os tumultos e as revoltas eram frequentes.

Houve várias revoltas judaicas no século I, mesmo antes da grande rebelião de 66-70 d.C. Ouçamos algumas destas palavras de Gamaliel, proferidas diante do Sinédrio:

> Porque, há algum tempo, surgiu Teudas, dizendo ser alguém; a ele se ajuntaram uns quatrocentos homens; mas ele foi morto, e todos os que lhe obedeciam foram dispersos e reduzidos a nada. Depois dele, nos dias do recenseamento, surgiu Judas, o galileu, e desencaminhou muitos que o seguiram. Mas ele também morreu, e todos os que lhe obedeciam foram dispersos.[195]

---

[195] Atos dos Apóstolos 5.36,37.

Essa passagem é relevante não apenas porque atesta essas revoltas, mas também porque descreve um líder judeu sábio e respeitável da época interpretando a pregação dos cristãos primitivos da perspectiva desses eventos. "Agora vos digo", continua Gamaliel com seu discurso. Naturalmente, essas palavras poderiam ser as que o autor de Atos dos Apóstolos pôs na boca de Gamaliel; mas, pelo menos, elas indicam a forma como os cristãos primitivos sentiam que seu movimento era visto nesse contexto.

Se os judeus tinham consciência de tais revoltas e se tendiam a interpretar o cristianismo da perspectiva dessas experiências, então não é de surpreender que os romanos fizessem o mesmo. No julgamento de Jesus, conforme relatado nos Evangelhos, a preocupação principal de Pôncio Pilatos em relação a Jesus é expressa nesta pergunta: "Tu és o rei dos judeus?" (Mt 27.11). Mais tarde, é como um pretenso rei dos judeus que os soldados zombam dele, dando-lhe uma coroa e um cetro.

Nessa situação, não é de surpreender que os Evangelhos também forneçam indícios de que pelo menos alguns dos que ouviram e testemunharam os ensinamentos de Jesus tinham medo de serem acusados de sedição. Na história da paixão, os principais sacerdotes e outros líderes religiosos tentam se desembaraçar de qualquer noção de que apoiavam essa sedição ao se juntarem aos que zombavam de sua declaração de que era rei de Israel. Além disso, é relevante que, quando o Evangelho de João foi escrito, claramente depois da rebelião de 70 d.C., ainda havia um senso de que essas questões desempenharam um importante papel nos eventos em torno da vida de Jesus. Naquele Evangelho, ficamos sabendo que os principais sacerdotes e os fariseus, depois que Lázaro foi ressuscitado dos mortos, comentaram: "Se o deixarmos em paz, todos crerão nele; então os romanos virão e tirarão tanto o nosso lugar como a nossa nação". [196]

---

[196] João 11.48. Uma preocupação similar quanto à opinião das autoridades romanas, em um contexto totalmente distinto, aparece em Atos 19. Nesse texto, não há uma questão referente ao relacionamento entre judeus e cristãos. Ao contrário, os seguidores de Ártemis ficam transtornados por causa de Paulo e seus companheiros, mas também com quaisquer outros judeus (At 19.34). Por fim, o escrivão apazigua a assembleia, lembrando-os de que estavam em perigo de ser condenados por agitação. Aparentemente, tal temor basta para pôr fim ao assunto.

AS CRISES DO SÉCULO III

Élio Aristides provavelmente fez seu discurso no ápice da história do império romano. Esse foi o tempo em que, como Edward Gibbon diria mais tarde, "a condição da raça humana era mais feliz e próspera". E, contudo, o império romano, ao longo de toda a sua história, foi assolado por tensões que levavam a frequentes revoltas — além das já mencionadas, houve outras em todas as áreas do Império. Enquanto o Império estava com boa saúde e era capaz de conter seus inimigos internos e externos, essas revoltas podiam ser tratadas como levantes locais ou provinciais que o Estado podia sufocar ao usar seus vastos recursos. Foi assim que as revoltas judaicas e egípcias foram esmagadas. Entretanto, logo depois da época de Élio Aristides, outras preocupações — em especial, os inimigos estrangeiros e as invasões — exigiriam a atenção do Império e, naquele ponto, a rebelião e dissensão ameaçariam a própria vida do império romano. Essa foi uma das causas subjacentes à grande crise do século III — a qual, na realidade, teve início no século II.

Havia outra fonte relevante para a crise. O império romano sempre mantivera a ficção de que representava uma continuidade da antiga República. Em teoria, o governo ainda estava nas mãos do Senado e do povo romanos. Isto se tornou ficção durante as guerras civis do século I a.C. e durante as guerras para a sucessão de Júlio César. Quando Augusto emergiu como o único mestre do Império, ele afirmou que seu poder era proveniente do Senado, quando, de fato, esse poder viera do exército. Não foi como *princeps* [primeiro] do Senado, mas, antes, como *imperador* — general — do exército que Augusto conquistou o poder. O Senado concordou, e, por gerações, a ficção foi mantida. A verdade, no entanto, era que — como a antiga prática de levantar milícias de cidadãos para responder a uma emergência deu lugar a um exército de prontidão — quem quer que controlasse o exército também controlava o Estado.

Em geral, os exércitos do século I ainda estavam fortemente comprometidos com Roma e com o bem-estar do Estado. Assim, obedeciam aos mandatos não só dos imperadores, mas também do Senado, a quem ainda respeitavam como a autoridade do povo romano. Os eventos de 69 d.C., o "ano dos quatro imperadores",[197] representaram um sinal do que estava por vir. Naquela época, na confusão que se seguiu à queda de Nero, os exércitos, em várias áreas do Império, escolheram seus próprios imperadores, e o Senado estava bastante propenso a confirmar essas escolhas. Quando a poeira baixou, e Vespasiano emergiu como o único mestre do Império, estabelecera-se um sério precedente — o de que a escolha final dependia quase que inteiramente das legiões, e o Senado desempenhava apenas um papel menor nessa transição. Ainda assim, deve-se lembrar que, nessa época, as legiões eram compostas exclusivamente de cidadãos romanos, homens orgulhosos de sua herança. Na visão deles, eram privilegiados não porque eram soldados, mas porque eram cidadãos romanos.

Isto começou a mudar à medida que mais e mais cidadãos romanos da antiga linhagem decidiram evitar o serviço militar a fim de desfrutar dos privilégios de sua cidadania e riqueza. Havia também indicações de que a população estava diminuindo na Itália, em particular as famílias mais tradicionais — e mais ricas —, que desejavam concentrar sua herança nas mãos de poucos herdeiros. Assim, tornou-se cada vez mais necessário estender a cidadania romana para um número maior de pessoas, a fim de ter homens em número suficiente que pudessem ser alistados como legionários. Por fim, a ficção de que apenas os cidadãos romanos podiam ser legionários foi mantida ao garantir a cidadania aos recrutas no momento do alistamento — e, em 212 d.C., Marco Aurélio Antonino, conhecido como Caracala, estendeu a cidadania a praticamente todos os habitantes livres do império romano. Para as legiões, esse processo significava que, agora, elas tendiam a fundamentar seu orgulho e identidade na profissão militar, e não mais na cidadania romana, algo que se tornara bastante comum. O que mais valorizavam não era a tradição romana e o Estado que a representava, mas as próprias realizações militares e os generais que lideravam essas façanhas. As legiões, com esse tipo de concepção sobre si mesmas, estavam sempre prontas a assumir a responsabilidade, a proclamar seus generais como imperadores e a resolver as disputas políticas com o poderio militar e a guerra civil.

---

[197] Veja a excelente narrativa dos eventos daquele ano, corrigindo algumas perspectivas tradicionais, em WELLESLEY, K. *The Long Year: A.D. 69*. Boulder: Westview Press, 1976.

Outra causa de inquietação foi o fim da expansão romana. Durante o período em que Roma, de forma constante, acrescentava novas províncias a seu Império, tais conquistas também traziam riquezas adicionais. Essa nova riqueza, desfrutada primariamente pelas classes mais altas da sociedade, criou a ilusão de que o sistema romano de governo tornava seus sujeitos mais ricos. Na realidade, pouco depois que a Itália foi conquistada por Roma, a riqueza da Gália começou a fluir para a Itália. Depois, a Gália e a Espanha, por sua vez, lucraram com a riqueza de outras recém-conquistadas províncias. O processo, no entanto, não poderia continuar *ad infinitum*. Assim que parasse, porque o Império tinha estendido suas fronteiras aos limites mais distantes possíveis, o declínio muito provavelmente se iniciaria naquelas áreas que prosperaram mais com a expansão anterior — a Itália primeiro, mas também o Sul da Gália e a Espanha, além das cidades que o Império construíra e embelezara. Portanto, até certo ponto, a crise foi causada pela expansão econômica anterior, que tinha pouca ou nenhuma base para a melhoria dos meios de produção e distribuição e, basicamente, se fundamentava em uma política expansionista. Uma vez que essa política chegou a seus limites, os pontos fracos desse sistema econômico começaram a vir à tona.

A combinação dessas novas circunstâncias com o tipo de exército que acabamos de descrever poderia ser muitíssimo destrutiva. Os soldados que serviam nas legiões por 25 anos esperavam poder se aposentar para uma vida de lazer, como outros antes deles o fizeram. Por volta do século II, isto estava se tornando cada vez mais difícil, e esse fato, por sua vez, produzia insatisfação entre as legiões, visto que as novas contribuições eram compreendidas em termos de um fracasso das lideranças.

O imperador do Estado feliz que Élio Aristides descreveu em seu discurso era Antonino Pio. Este morreu em 161 d.C., e os problemas começaram a se tornar evidentes sob o governo de seu sucessor e filho adotivo, Marco Aurélio. Enquanto uma significativa parte do exército estava na fronteira leste, várias formações militares dos "bárbaros" germânicos atravessaram o Danúbio e invadiram o Império. Uma coluna invadiu os Balcãs e devastou aquela península até Atenas. Outra foi ainda mais ousada, pois atravessou os Alpes e invadiu a Itália. O colapso foi evitado porque as legiões vitoriosas retornaram do leste a tempo.

Mesmo assim, foi preciso uma campanha custosa e longa para ganhar novamente o controle do território e empurrar a maioria dos invasores de volta para suas terras tradicionais, para além do Danúbio. Marco Aurélio, para conseguir esse feito, apelou para duas políticas que se tornariam práticas cada vez mais correntes nos anos seguintes: a primeira, ele foi forçado a devotar mais dos recursos financeiros do Império para a defesa de suas fronteiras; a segunda, autorizou o repovoamento em larga escala dos germanos dentro das fronteiras do Império. Essas duas medidas tinham precedentes desde o tempo de Augusto; mas, com Marco Aurélio, ganharam novo ímpeto.

Cômodo, o filho e herdeiro de Marco Aurélio, foi assassinado em 192, e, a seguir, houve um longo período de desordem política e guerras civis. Pertinax, seu sucessor, também foi morto depois de reinar por três meses; e o imperador seguinte, Dídio Juliano, foi assassinado após nove semanas no poder. Em 197, Septímio Severo, por fim, conseguiu ganhar sozinho e de forma incontestável a posse do trono. Nessa época, o Senado havia sido dizimado, e ficou claro que quem quer que governasse o exército governaria o Estado. Septímio Severo, é óbvio, sabia disso. Ele aumentou o exército de 30 para 33 legiões e acrescentou a elas grandes contingentes de auxiliares. Aumentou o soldo das legiões, promoveu a oficiais mais pessoas das fileiras dos soldados profissionais, em detrimento da tradicional aristocracia, e posicionou uma legião nas cercanias de Roma — um movimento sem precedentes, pois, até aquele momento, nenhuma legião havia sido posicionada na Itália. Essas medidas, por exigirem aumentos nos impostos, cujo fardo continuava sobre as classes baixa e média, resultaram em mais desgastes dessas classes, incluindo a dos fazendeiros livres.

Essa política continuou com os sucessores de Septímio Severo. Seu filho, Caracala, concedeu cidadania romana a praticamente todos os habitantes livres do Império. O que essa medida, de fato, representou foi que tal cidadania não era mais uma grande honra e distinção, e que as legiões estavam abertas para qualquer um que tivesse as exigências físicas necessárias para servir. Na sociedade, daí em diante, o grupo privilegiado depois da aristocracia seria o dos militares, e não mais o dos cidadãos romanos. O que estava acontecendo era que um império fora capaz de enriquecer seus cidadãos por meio da conquista e, tendo chegado ao limite dessa conquista, era agora forçado a devotar parte cada vez maior dessa riqueza para sua própria defesa. O exército, que nos anos anteriores pagara a si mesmo com as pilhagens das terras conquistadas, tornava-se agora um peso para a sociedade, que fizera pouco para aumentar sua própria produtividade.

A militarização do Império ajudou, temporariamente, a bloquear as invasões germânicas, mas não pôs um fim à desordem interna. O último imperador da dinastia Severo, Alexandre Severo, foi morto por suas próprias tropas em 235. Os soldados, a seguir, proclamaram um imperador de suas próprias fileiras, um camponês trácio, Máximo, e, três anos mais tarde, também o mataram. Nesse ínterim, dentre os pretendentes ao trono, o Senado, que se recusara a reconhecer Máximo, apresentou o sucessor escolhido pelos senadores. As legiões africanas fizeram o mesmo. Portanto, nesse ano em particular, 238 d.C., sete imperadores distintos ocuparam o trono. Desse ponto em diante, pouquíssimos imperadores foram governantes incontestados do Império, e apenas por alguns anos, até a ascensão de Diocleciano em 284.

Nesse meio-tempo, grandes porções do Império já não estavam sob o controle efetivo de Roma. No oeste, sob Póstumo e seus sucessores, a maior parte da região da Gália, como também a Espanha e a Bretanha, formaram um Estado separado — o *Imperium Gallicarum* —, que, por quatorze anos (259-273), recusou render-se à autoridade dos imperadores de Roma. No leste, a rainha Zenóbia, do oásis de Palmira, proclamou a si mesma independente e, por fim, expandiu seus domínios para incluir o Egito e também regiões substanciais da Síria, Mesopotâmia e Ásia Menor. Sob Aureliano (270-275), esses dois Estados dissidentes foram subjugados — um feito pelo qual Aureliano recebeu o título de *restitutor orbis*, ou restaurador do mundo. O Império, no entanto, foi forçado a abandonar um vasto território além do Danúbio e entrincheirar-se em fronteiras mais defensáveis.

Em suma, o império romano, desde a morte de Cômodo até Diocleciano, passou por uma longa crise que só foi detida temporariamente — primeiro, sob a dinastia dos Severos e, depois, sob o poder de Aureliano. O Império foi militarizado para impedir as incursões dos bárbaros através do Reno e do Danúbio e para pôr um fim à dissensão interna. No início desse período — quando

Élio Aristides proferiu seu discurso e por algum tempo depois disso —, a cidadania romana era algo a ser cobiçado, e o Senado ainda — em teoria, pelo menos — representava a elite governante. Os generais e as legiões, como também os imperadores, eram provenientes de suas fileiras, e ainda se cultivava a ficção de que ele elegia o imperador. No final da crise, o Senado fora dizimado; e seus poderes, tanto os reais quanto os simbólicos, muitíssimo reduzidos. Agora eram os militares que governavam o Império. Tradicionalmente, os altos escalões do exército eram reservados para os membros do Senado. No entanto, por volta de 260 d.C., isso também havia mudado. Os oficiais agora emergiam das próprias fileiras do exército, e as legiões — quando o trono estava vazio ou mesmo quando não era esse o caso — elevavam seus generais favoritos ao posto de imperador.

Essas mudanças causaram profundo impacto no Império e em sua população, além da esfera meramente política.[198] Quando a dinastia dos Severos foi capaz de conter temporariamente a crise, os imperadores fizeram isso por meio da reorganização das prioridades da sociedade. Daí em diante, uma porção ainda maior de todos os recursos econômicos foi dedicada à defesa. O aumento no número de legiões e de tropas auxiliares, como também o aumento no soldo de todos os militares foram uma proposta custosa. Foi particularmente onerosa em um momento em que cessara a expansão militar e secara-se a fonte principal de novas riquezas para o Império e sua população. Ademais, à medida que os militares passaram a ter ciência de seu poder recém-conquistado para criar e destruir governantes, suas exigências se tornaram cada vez mais prementes. Os imperadores e generais sempre tiveram o costume de conceder bonificações financeiras às tropas assim que ascendiam ao trono ou por ocasião de uma grande vitória. Agora, o exército encontrava desculpas constantes para exigir tais bonificações, como também aumentos salariais e outros benefícios.

O tesouro imperial tinha necessidade constante de dinheiro para sobreviver. Não havia mais, como nos tempos antigos, vizinhos ricos que poderiam ser facilmente espoliados. Havia,

---

[198] Sobre a reorganização da sociedade durante o século III, veja: LAMBRECHTS, P. *La composition du Sénat romain de Septime Sévère à Dioclétien (183-284)*. Budapest: Magyar Nemzeti Muzeum, 1937; MAZZA, M. *Lotte sociali e restaurazione autoritaria nel III secolo d.C.* Roma-Bari: Laterza, 1973; DIETZ, K. *Senatus contra principem: Untersuchungen zur senatorischen Opposition gegen Kaiser Maximinus Thrax*. München: C. H. Beck, 1980.

portanto, apenas duas soluções, e os imperadores recorreram a ambas: depreciar a moeda e aumentar os impostos.

A depreciação da moeda era um expediente fácil para aumentar a aparente riqueza do Estado e para fazer quaisquer pagamentos necessários. Essa medida funcionava desde que fosse mínima e não fosse detectada. Esse expediente era tão fácil, e os tempos tão difíceis, que a adulteração chegou a níveis escandalosos. Por fim, as pessoas começaram a acumular metais preciosos e a recusar pagamentos nas novas moedas depreciadas. Deve ter havido centenas de éditos como o apresentado a seguir, publicado no Egito no ano 260 pelo governador do distrito de Oxirrinco.

> Como as autoridades públicas reuniram-se e acusaram os banqueiros das casas de câmbio de ter fechado as lojas por se recusarem a aceitar a moeda divina dos imperadores, tornou-se necessário publicar a proclamação para que todos os proprietários de bancos abram seu estabelecimento e troquem todas as moedas, exceto as claramente espúrias ou adulteradas, e não as troquem apenas para eles, mas para todos os envolvidos em negócios de todos os tipos, com pleno conhecimento de que a desobediência a essa proclamação acarretará as penalidades previamente ordenadas para este caso por sua Excelência, o governador.[199]

O próprio fato de esse édito se referir às penalidades "previamente ordenadas" é prova de que a legislação não era suficiente para forçar o povo a aceitar a cunhagem de moedas nas quais não confiasse. Banqueiros, negociantes e outros de menor importância poderiam ser temporariamente forçados a fazer isso, pelo menos até ir à falência ou desistir do negócio, mas os militares eram muito poderosos. Com frequência eles insistiam no pagamento em boa moeda, em especial quando um governante lhes "oferecia" as bonificações que haviam se tornado de praxe. Por fim, até o governo começou a recusar o pagamento em sua própria moeda depreciada, instituindo novos impostos a serem pagos em espécie.

---

[199] Em HUNT, A. S. e EDGAR, C. C., eds. *Select Papyri*. Cambridge, Mass.: Loeb Classical Library, 1934, número 230. Citado por LEWIS, Naphtali. *Greek Historical Documents: The Roman Principate: 27 B.C. - 285 A.D.* Toronto: Hakkert, 1974, p. 47.

Impostos mais altos e mais completos eram o outro recurso que o governo tinha para enfrentar os custos cada vez maiores com os militares. De início, houve esforços rigorosos para recolher o costumeiro imposto por pessoa e os impostos sobre a terra. Também se criou uma série de novos impostos. Estes, no entanto, não bastavam em uma situação de inflação descontrolada em que a moeda conseguia comprar muito pouco. Era necessário vestir, armar e alimentar o exército. Portanto, o governo voltou-se para os impostos em espécie — *annona militaris* [provisões militares]. Sempre se esperou que, em situações de emergência, as pessoas ajudassem com provisões de alimentos e equipamentos militares para o exército. Nos tempos antigos, aqueles que eram forçados a contribuir em tais situações recebiam, com frequência, por suas contribuições — em geral, com o espólio da guerra. Agora, havia pouco ou nenhum espólio, e a emergência tornou-se permanente. Para tornar as coisas ainda piores, esse estado permanente de emergência resultou em quase absoluta imprevisibilidade no pagamento de impostos. Se, por alguma razão, um destacamento militar estava próximo à terra de alguém, os impostos pagos por esse proprietário de terra repentinamente se tornavam mais opressivos. Se, por outro lado, a terra de alguém era inacessível, longe das rotas seguidas pelas legiões, o fardo era muitíssimo menor.

Tributadas além de sua capacidade de pagar, as classes produtivas ressentiam-se da nova ordem, e muitos deixaram de produzir. Isso foi particularmente verdade no caso dos fazendeiros, cuja fuga da terra aumentou com rapidez. Esse processo está bem documentado no Egito, onde a fuga — *anachoresis* — dos fazendeiros e camponeses alcançou novos patamares. Em resposta a isso, o governo publicou uma série de éditos expulsando das cidades os egípcios que não tinham negócios ali.[200] Isto, entretanto, não era o suficiente, pois não

---

[200] Veja, por exemplo, o seguinte édito de Caracala, citado em LEWIS, Naphtali. *Life in Egypt under Roman Rule*, p. 202 (extraído do volume Loeb Classical Library *Select Papyri*, número 215): "Todos os egípcios que estão em Alexandria e, em particular, os camponeses que fugiram do campo e podem ser facilmente identificados têm de ser absolutamente e por todos os meios expulsos. [...] Os que devem ser impedidos de fixar residência na cidade são aqueles que fugiram do campo, ao qual pertencem, a fim de evitar o trabalho da fazenda, não aqueles que vêm à Alexandria pelo desejo de ver a cidade gloriosa ou que vêm para cá em busca de uma existência mais culta ou para negócios ocasionais".

tratava a raiz do problema da fuga da terra. Portanto, muitos dos que foram expulsos da cidade simplesmente foram para outra cidade ou se refugiaram no deserto, além das fronteiras do império romano, onde as autoridades romanas não podiam alcançá-los.

Um fator adicional que contribuiu para o aumento do fardo dos impostos sobre terras cultivadas foram as invasões através do Reno e do Danúbio. O antigo sistema de defesa das fronteiras, concebido por Adriano e outros quando o império romano alcançou sua expansão máxima, não era mais eficaz. Quando esse sistema foi organizado, o propósito era defender o Império contra incursões do relativamente pequeno e desorganizado grupo de "bárbaros" que viviam além das fronteiras romanas. Naquela época, bastava construir muralhas e defendê-las, bem como defender as fronteiras ao longo dos rios, com uma força pequena e igualmente distribuída, apoiada pelas legiões, que ficavam próximas às fronteiras. Se um bando de invasores conseguia atravessar as fronteiras fortificadas, eles, em geral, vinham com um grupo pequeno e podiam ser dispersos antes que fizessem muitos estragos. Durante o tempo das guerras civis do final do século II e grande parte do século III, os vários pretendentes ao trono acharam necessário manter as legiões perto de si, em parte por temerem uma traição. Ao mesmo tempo, os invasores bárbaros estavam agora mais bem organizados, e seus exércitos eram muito maiores que antes. As defesas das fronteiras já não eram suficientes para detê-los. Quando uma invasão ocorria, ela ficava praticamente sem qualquer resistência até que o imperador — ou alguém em quem ele confiava — pudesse movimentar as legiões necessárias para deter o avanço dos invasores. Lutas e pilhagens aconteciam dentro das fronteiras do território romano. As plantações, os rebanhos e os habitantes das regiões de fronteira ficavam praticamente à mercê desses ataques repentinos e sem qualquer resistência. As terras das fronteiras, portanto, foram abandonadas, permitindo-se o retorno de florestas ou pântanos. A retirada desses territórios do conjunto de terras produtivas aumentou ainda mais o fardo dos impostos que deviam ser pagos pelas terras cultivadas.

Não foram apenas os invasores bárbaros que devastaram a terra. As legiões romanas e suas tropas auxiliares, marchando de cá para lá em uma guerra aparentemente sem-fim, ocasionavam um efeito semelhante nas áreas mais centrais do Império.²⁰¹ Assim, as terras — tanto as das províncias das fronteiras quanto todas as outras do Império – estavam sendo abandonadas.

O Império, com o objetivo de trazer essas terras de volta ao cultivo, ofereceu-as a colonizadores que estavam além de suas fronteiras. Em geral, tomava-se o cuidado de não assentar um grupo em particular próximo de seu povo, por medo de que isso pudesse servir de cabeça de ponte para a invasão. Ainda assim, essas podiam ser apenas medidas provisórias, uma vez que as mesmas forças que expulsaram outros dessas terras, por fim, fariam o mesmo com os novos colonizadores.

Havia um ar de calamidade na terra. Até no Norte da África, uma das áreas aparentemente mais bem protegidas das incursões dos germânicos, havia um senso de perigo constante e de ruína iminente. Basta olhar para os escritos existentes de cristãos daquela área, em que buscam responder à acusação de que os males da era resultavam do fato de Roma ter abandonado os antigos deuses. No final do século II, os pagãos de Cartago já estavam acusando os cristãos de terem causado as rupturas e a destruição da antiga ordem. Naquela época, a crise do Império ainda não se tornara aguda, e Tertuliano pôde argumentar que sempre houve tais calamidades, e que o tempo presente não era pior que o passado.²⁰² Em meados do século seguinte, Cipriano, depois de anos de desordens civis e disputas, estava disposto a concordar que as condições estavam realmente piores. Explicou que o mundo estava apenas envelhecendo, e que tudo se devia ao fato de estar enfermo.²⁰³ É relevante que Arnóbio, que escreveu depois da restauração de Diocleciano, tenha retornado à

---

[201] Sinésio de Cirene explica que, até mesmo em tempo de paz, os soldados e seus oficiais, com suas desordens e ganância, guerreavam com a população civil, e que essa "guerra pacífica" era tão ruim quanto as oficiais. Zózimo reclama de uma destruição similar nas cidades. Referências em MacMullen, R. *Corruption and the Decline of Rome*, p. 280, n. 73.

[202] "Por favor, digam-me quantas calamidades assolaram o mundo e algumas cidades em particular antes do reinado de Tibério — antes da vinda, ou seja, de Cristo? [...] Mas onde estavam seus deuses naqueles dias?" Tertuliano. *Apol.* 40. *ANF*, volume 3, p. 47.

[203] "[...] você, em primeiro lugar, tem de saber isto, que o mundo agora está mais velho e não mais subsiste naquela força em que antes se firmava; tampouco tem aquele vigor e força que antigamente tinha". Cipriano. *Ad Demet.* 3, *ANF*, volume 5, p. 458.

perspectiva de Tertuliano, ou seja, de que todas essas calamidades não eram novas.[204]

AS REFORMAS DE DIOCLECIANO

É nesse contexto que precisamos examinar Diocleciano e seu programa para restaurar o Império — o qual Constantino herdaria.[205] Este não é o lugar para contar a história da ascensão de Diocleciano ao poder nem falar sobre seu programa total de restauração.[206] De forma breve, esse programa envolvia os seguintes elementos: primeiro, um sistema para compartilhar o poder com outro imperador — com o título de Augusto, que o próprio Diocleciano tinha — e, mais tarde, com outros dois conhecidos por "césares"; segundo, um novo sistema de defesa que combinava fronteiras altamente fortificadas, cavalaria com muitíssima mobilidade em pontos estratégicos e legiões por trás deles para destruir quaisquer grupos invasores que as fortificações e a cavalaria não conseguissem deter; terceiro, um aumento no número de legiões, chegando a 53; quarto, a reestruturação do governo, criando todo um serviço civil como uma hierarquia paralela àquela dos militares; e, por fim, uma máquina governamental para sustentar essas várias reformas.

Diocleciano abordou a tarefa do governo, assim como seus predecessores imediatos haviam feito, da perspectiva de um militar. Sua primeira prioridade era o exército. Ele o reorganizou a fim de deter as invasões antes que tivessem a oportunidade de devastar o campo.[207] Mas ele também procurou limitar o exér-

---

[204] ARNÓBIO. *Adv. gent.* 1. 4. *ANF*, volume 6, p. 413: "Quando a raça humana foi destruída pelo dilúvio? Não foi antes de nós? Quando o mundo foi consumido pelo fogo, reduzido a carvão e cinzas? Não foi antes de nós? Quando as grandes cidades foram engolfadas pelos vagalhões do mar? Não foi antes de nós?"

[205] Sobre a maneira como o Império evoluiu de Diocleciano até Constantino, e a continuidade entre os dois apesar de suas políticas religiosas contrastantes, veja BARNES, T. D. *The New Empire of Diocletian and Constantine*. Cambridge, Mass.: Harvard University Press, 1982.

[206] Há um excelente estudo sobre essas questões: WILLIAMS, Stephen. *Diocletian and the Roman Recovery*. New York: Methuen, 1985.

[207] GROSSE, R. *Römische Militärgeschichte von Galienus bis zum Beginn der byzantinischen Themerverfassung*. Berlin: Weidmann, 1920; BERCHEM, D. Van. *L'armée de Dioclétien et la réforme constantinienne*. Paris: Imprimerie Nationale et P. Geuthner, 1952.

cito a sua função apropriada, tirando-lhe tanto a autoridade de criar novos governantes quanto a tarefa de cobrar impostos, as quais, cada vez mais, tinham se tornadosua responsabilidade. Para isso, ele planejou um sistema que deveria garantir a sucessão pacífica e organizada ao trono e desenvolveu o funcionalismo público para realizar as tarefas não militares do governo. Ele mais que dobrou o número de províncias em que o Império era dividido, possibilitando, desse modo, que fossem mais fáceis de administrar; depois, agrupou-as em doze "dioceses". As pessoas que administrariam esse sistema eram organizadas em uma hierarquia bastante distinta da militar, embora se esperasse que demonstrassem disciplina e obediência similares. Essa burocracia civil, agora, tinha a tarefa de administrar o Estado em todas as questões — exceto as militares —, incluindo a cobrança de impostos.

Provavelmente, a conquista mais original do governo de Diocleciano não tenha sido, conforme se afirma com frequência, o desenvolvimento da tetrarquia, mas, antes, a forma como ele organizou todo o sistema de impostos. O sistema tradicional estava periclitante. Jamais fora uniforme, uma vez que as práticas existentes antes da conquista romana eram preservadas com apenas pequenas modificações. As elites privilegiadas em toda província e cidade, e em toda a Itália, eram, em geral, isentas da maioria dos impostos. Apesar da complexidade e desigualdade resultantes, o sistema funcionara em períodos anteriores. Agora, no entanto, entrara em colapso. Os impostos pagos em moeda não tinham praticamente nenhum valor, e o esforço e os recursos gastos para recolhê-los, em geral, aproximavam-se ou até excediam o valor recolhido em moeda. Os impostos pagos em espécie eram irregulares, extremamente injustos e, com frequência, destruidores da propriedade produtiva.

Diocleciano e seu governo, em resposta a essa situação, desenvolveram um novo sistema de impostos. Este se fundamentou em um levantamento minucioso de todos os recursos disponíveis. Houve uma tentativa de avaliar esses recursos da maneira mais justa possível, e, para esse fim, empregaram-se as unidades fictícias *iugum* [jugo, juntas de bois] e *caput* [cabeça].[208] Em teoria, um *iugum* era a quantidade de terra necessária para um homem

---

[208] [NT] Os termos *iugum/iuga* e *caput/capita* foram traduzidos com a ajuda da Vulgata, em BibleWorks for Windows, version 4.0.026e (0), 1998.

sustentar a família; e o *caput*, uma pessoa. Diocleciano, ao usar esses termos, estava simplesmente aderindo à antiga tradição de que os principais impostos eram, em geral, sobre a terra ou a pessoa. Essas unidades e o seu uso, todavia, eram muito mais complicados e flexíveis. A quantidade de terra em um *iugum* dependia da natureza da terra — montanha, planície, floresta, solo rochoso, etc. — e das plantações produzidas nela — trigo, olivas, uvas, etc. O mesmo era verdade para a *caput*. Enquanto o chefe do núcleo familiar, em geral, era contado como um *caput*, as mulheres, em alguns lugares, eram consideradas metade de um *caput* e, em outros locais, um *caput*. Os escravos, as crianças em idade de trabalhar e os animais também acrescentavam ao número total de *capita* [cabeças] — em geral, divididos em pequenas e complicadas frações, de forma que vários animais somavam até um único *caput*. Ademais, os impostos *iuga* e *capita*, com frequência, eram intercambiáveis.

De qualquer modo, estas não eram unidades de taxação, mas apenas unidades da riqueza passível de taxação. O índice de taxação dependia das necessidades do Estado. Todos os anos, o governo declarava as necessidades totais para aquele ano, e essa quantia era dividida entre o número total de *iuga* e *capita* do Império. Cada governador provincial era, por sua vez, responsável por recolher os impostos devidos de sua província — mais uma vez, com base nas unidades *iuga* e *capita* ali presentes — e, depois, passava essa responsabilidade para seus subalternos. Se uma região em particular fosse atingida pela seca ou por algum outro desastre, o número de *iuga* podia facilmente ser diminuído, transferindo, portanto, parte do fardo dos impostos para áreas mais prósperas. Isto foi o mais perto que o império romano chegou de ter um orçamento.

Independentemente de quanto isso possa parecer justo aos nossos olhos hoje, esse sistema não foi recebido sem reclamações. Foi experimentado primeiro no Egito, cujo sistema antigo de economia controlada pelo governo pode ter fornecido alguma inspiração para essas medidas. Os camponeses egípcios não entenderam qual era a intenção de Roma e apenas consideraram que não passavam de uma nova forma de extorsão por parte do governo. As elites — em especial os gregos de Alexandria — ressentiram-se do fim de seus antigos privilégios. O resultado foi uma rebelião que exigiu a intervenção pessoal de Diocleciano e um longo sítio de Alexandria para que fosse subjugada. Por fim, no entanto, o sistema comprovou ser bastante adequado e sobreviveu por muito tempo depois da morte de Diocleciano.

Havia, contudo, outra doença econômica com a qual Diocleciano teve de lidar: a inflação. Aparentemente, ele acreditava que a única causa para a inflação era a depreciação da moeda e, portanto, procurou melhorar o conteúdo de prata na cunhagem das moedas. Por decreto, cortou pela metade o valor das antigas moedas, feitas com cobre e uma fina camada de prata.

Essa medida, no entanto, não foi suficiente para pôr um fim à inflação. Diocleciano, aparentemente, esperava que apenas produzindo moedas "melhores" faria com que se aumentasse automaticamente o valor das mesmas. O que não percebeu foi que o aumento de moedas em circulação, qualquer que fosse seu conteúdo em metal, funcionaria na direção oposta. Apenas a diminuição pela metade do valor das antigas moedas e a produção de novas, sem retirar de circulação grandes porções das antigas moedas, eram medidas que não poriam fim à inflação. Além disso, convencido de que suas moedas agora valiam mais, Diocleciano encorajou suas casas da moeda a produzirem um número cada vez maior dessas novas moedas. Com elas, ele financiou aqueles gastos do Estado que os impostos não cobriam. Em suma, o *deficit* nos gastos do governo foi, provavelmente, a principal causa da inflação.

Diocleciano não via a situação dessa forma. Se a moeda era melhor, e os preços continuavam a subir, alguém tinha de estar fazendo fortuna. Talvez tenha ficado sabendo de algumas pessoas que fizeram dinheiro com informações internas sobre a iminente depreciação da antiga moeda.[209] De qualquer modo, observava os mercadores com o tradicional desprezo de um soldado e, em particular, ficou cada vez mais exaltado pelo fato de que eles pareciam tirar vantagem das necessidades do exército. No preâmbulo de um édito publicado em 301, ele declarou:

> Os homens maus envolvidos com negócios,
> na verdade, tentam predizer o vento e o clima ao

---

[209] Há um excelente papiro na Biblioteca Rylands (número 607) em que um homem rico que ouvira sobre a iminente desvalorização das antigas moedas instruiu seu administrador a gastar todo o dinheiro antes que essa desvalorização ocorresse.

observar os movimentos das estrelas; pois eles não podem suportar as chuvas que alimentam os campos férteis e as promissoras e ricas colheitas por vir, uma vez que apenas reconhecem o bom clima e muito das próprias perdas. [...]

Quem não sabe que, onde quer que a segurança pública requeira, que nossos exércitos sejam enviados, os aproveitadores insolentemente e secretamente atacam o bem-estar público, não só nos vilarejos e cidades, mas também em todas as estradas? Eles extorquem os preços por mercadorias, não quatro nem oito vezes mais, mas tanto que a fala humana não poderia descrever. Algumas vezes, um soldado, em uma única compra, é despojado de seu soldo e seus donativos. As contribuições do mundo todo para sustentar os exércitos caem nos lucros de ladrões.[210]

Essas foram as razões apresentadas para a necessidade de regular os preços por todo o Império. O édito enumera centenas de itens e serviços e estabelece um preço máximo para cada um deles. Assim, o salário do trabalhador nas fazendas, além do sustento, foi estabelecido em 25 denários; do carpinteiro, padeiro ou canteiro, o artífice que lavra pedras, em 50 denários; e do construtor naval, em 60 denários. Um professor do ensino fundamental não deveria receber mais que 50 denários mensais por aluno, ao passo que os que ensinavam aritmética poderiam cobrar até 75 denários, e os professores de literatura clássica ou geometria, 200 denários. O transporte de passageiros foi estabelecido a dois denários por milha (ou 1,6 km). O vinho variava, de acordo com a quantidade e a origem, entre oito e trinta denários por quartilho (0,473 L). O preço máximo para o trigo e o painço foi estabelecido em 100 denários por *modius* [módio] — equivalente a dois galões. A cevada e o centeio não poderiam ser vendidos por mais que 60 denários; e a aveia, por 30 denários. O preço pelo par de sandálias para o trabalhador rural foi estabelecido em 80 denários (mais que o salário de três dias de trabalho).

Não é preciso mencionar que o édito não produziu o efeito desejado. Independentemente do que o imperador dissesse, as

---

[210] Édito de Diocleciano, *De pretiis,* citado por WILLIAMS, Stephen. *Diocletian and the Roman Recovery*, p. 129-30.

pessoas não estavam preparadas para vender com perdas ou por valores que os outros não aceitariam. Muitos itens desapareceram do mercado. Exatamente o armazenamento de artigos, que o imperador culpava pela inflação, tornou-se ainda mais marcante. A economia estava se distanciando do dinheiro e adotando o escambo. Como os soldos, em especial nas grandes fazendas, eram um dos itens mais fáceis de regulamentar, os trabalhadores rurais e outros assalariados tendiam a sofrer mais com as disparidades criadas pela lei inexequível. Não demorou muito para que as autoridades locais começassem a ignorar o édito, e, por fim, ele foi totalmente esquecido.

O édito *De pretiis*, entretanto, foi uma indicação do tipo de solução que Diocleciano e seus sucessores encontraram para os muitos males que afligiam a sociedade: a regulamentação. A tentativa de determinar o preço de praticamente todos os itens encontrados no mercado provou ser impraticável; mas outras regulamentações teriam um efeito muito mais duradouro. O sistema de taxação que Diocleciano planejou — e que seus sucessores continuaram e expandiram — exigia severidade.[211] Se um lote de terra era avaliado e taxado de acordo com o número de pessoas vivendo e trabalhando ali, o Estado tinha interesse em manter aqueles trabalhadores naquela porção de terra. Se a lista de impostos da cidade incluía um certo número de curtidores ou de canteiros, a cidade e seu governo tinham interesse em manter esse número, desencorajando as pessoas a mudar de local ou de ocupação. Considerando-se a tendência por parte dos fazendeiros e camponeses de abandonar a terra, isso levava a cada vez mais regulamentações a fim de prender as pessoas e seus descendentes a um lote de terra ou a uma ocupação. O recrutamento de soldados era facilitado ao forçar os filhos de soldados a seguir os passos de seus pais. E, quando havia necessidade de mais pessoas se envolverem com uma ocupação em particular, passos também podiam ser dados para forçar grandes quantidades de pessoas a adotar esse ofício — como, por exemplo, a lei exigindo que qualquer pessoa que se casasse com a filha de um moleiro tinha de se tornar moleiro.

Por muito tempo, houve associações ou corporações espontâneas de pessoas envolvidas com negócios ou ocupações em

---

[211] MAZZARINE, S. *Aspetti sociali del quarto secolo: Ricerche di storia tardoromana*. Roma: L'erma di Bretschneider, 1951; GOFFART, W. *Caput and Colonate: Towards a History of Late Roman Taxation*. Toronto: University of Toronto Press, 1974.

particular. Agora, elas se tornaram instrumentos de controle pelo Estado, amarrando as pessoas a algumas ocupações em particular e permitindo que o Estado determinasse a produção e distribuição de todos os itens que considerasse importantes.

Nessa estrutura cada vez mais rígida, o imperador ocupava uma posição extremamente elevada. Os primeiros imperadores eram aristocratas romanos, a primeira entre as classes sociais a quem supostamente Roma devia seu esplendor. Depois, vieram os imperadores militares, homens que saíram das fileiras de soldados rasos e deviam seu poder à popularidade desfrutada nas legiões. Muitos deles foram declarados divinos, embora, em geral, apenas após a morte. O próprio Diocleciano devia seu poder ao exército. Todavia, ele tinha consciência de que qualquer rival poderia muito facilmente reivindicar o mesmo direito ao poder. Portanto, ele se cercou — e instruiu seus três colegas a fazerem o mesmo — de todos os ornamentos da divindade. Jamais declarou ser deus. Tal reivindicação fora desabonada por seus predecessores. Ao contrário, ele afirmava ser um companheiro dos deuses — de Júpiter, o governante dos deuses — e de personificar "o espírito do povo romano". Foi descrito como reservado, nobre, mais que humano; e o cerimonial da corte foi planejado para transmitir essa impressão. Em suma, Diocleciano salvou o Império ao transformá-lo em uma rígida teocracia militar — uma das razões por que ele sentiu a necessidade de desencadear a pior das perseguições aos cristãos da Antiguidade.

De todas as inovações de Diocleciano, aquela pela qual ele é mais conhecido, a tetrarquia, foi provavelmente a menos importante nas consequências de longo termo. Na realidade, Diocleciano acabara de abdicar, em 305, quando uma guerra civil eclodiu novamente. Por fim, Constantino emergiu como o único imperador e não fez nada para restaurar a tetrarquia. Depois desse período, repetidas vezes o Império foi dividido entre mais de um imperador, e, em algumas ocasiões, invocava-se a tetrarquia de Diocleciano; mas essas divisões territoriais eram distintas daquilo que Diocleciano idealizara.

CONSTANTINO E DEPOIS DELE

Constantino deu continuidade às políticas econômicas e sociais de Diocleciano. Ele tentou restaurar a confiança na moeda

— e foi bem-sucedido até certo ponto — ao instituir um *solidus* [sólido, completo] de ouro.[212] Sem reviver os esforços fracassados de Diocleciano para frear a inflação por meio de um édito, continuou seguindo a tendência de seu predecessor em direção à regulamentação e severidade. A fim de administrar esse vasto Estado, cada vez mais totalitário, expandiu-se constantemente a hierarquia burocrática.[213] Isto, por sua vez, exigia impostos mais altos.[214] E, como apenas os mais ricos conseguiam sobreviver com o fardo desses impostos, a concentração da riqueza e das terras nas mãos de poucas pessoas foi o resultado inevitável dessas políticas. A inflação, no governo de seu filho Constâncio II, ultrapassou mais uma vez todos os limites aceitáveis, e os impostos tinham de acompanhar esse ritmo frenético.

Constantino também seguiu o exemplo de Diocleciano ao dar ao seu governo a sanção de sagrado. Ao longo dos anos, ele mudou gradualmente do Sol Invictus para o Deus dos cristãos; mas, de uma forma ou de outra, sempre alimentou a impressão de que sua função e autoridade eram divinamente sancionadas. A maioria de seus sucessores, cada vez mais durante o século IV, encorajou e ampliou essa ideia.[215] A principal exceção foi Juliano, cuja tentativa de reavivar o paganismo clássico veio acompanhada de uma perspectiva distinta quanto a seu próprio papel, como um dos governantes iluminados da época dos Antoninos. Suas reformas podem ter conquistado algum apoio em meio à antiga aristocracia, agora financeiramente desfavorecida, em especial nas porções a leste do Império; mas jamais se tornaram uma alternativa viável para a ordem que começara a

---

[212] Veja ALFÖLDI, Maria R. *Die Constantinische Goldprägung: Untersuchungen zu ihrer Bedeutung für Kaiserpolitik und Hofkust*. Mainz: Verlag des Römisch-Germanischen Zentralmuseums, 1963. Veja também ALFÖLDI, A. *The Conversion of Constantine and Pagan Rome*. Oxford: Clarendon, 1948, em que a cunhagem de Constantino é empregada como a principal fonte para traçar o desenvolvimento de suas políticas religiosas.

[213] GIARDINA, A. *Aspetti della burocrazia nel basso império*. Roma: Edizioni dell'Ateneo & Bizzarri, 1977. Veja acima, n. 31.

[214] Veja VIGORITA, T. S. "Nuovi indirizzi di politica fiscale nella legislatione di Constantino", em GIARDINA, A., ed. *Società romana e imperio tardantico*. Roma-Bari: Laterza, 1986, volume 2, p. 71-80. Vigorita mostra como as políticas de Constantino tendiam a concentrar a propriedade nas mãos da elite poderosa.

[215] Veja KING, N. Q. *There's such Divinity Doth Hedge a King': Studies in Ruler Cult and the Religion of Sacral Monarchy in Some Late Fourth Century Byzantine Monuments*. Edinburgh: Thomas Nelson and Sons, 1960.

emergir desde a época de Diocleciano. Valentiniano I (364-375) tentou mitigar algumas das piores consequências para o pobre nessa ordem que surgia, mas com pouco sucesso. Na época de Teodósio I (379-395), o Império estava uma vez mais em seu curso para a sujeição do povo por meio da sanção divina.

Diocleciano e Constantino conseguiram salvar o Império, mas a um custo muito alto. A tendência à centralização, militarização e severidade continuou ao longo do século IV. A centralização exigia um descomunal aparato burocrático. Como os burocratas, com frequência, buscavam ganhar por meio de fraude e extorsão, mais burocratas eram necessários para fiscalizá-los, aumentando os custos governamentais e, portanto, o fardo dos impostos pagos.

Uma solução era transformar as antigas autoridades municipais em instrumentos do governo central, particularmente na arrecadação de impostos. No Império centralizado do século IV, as classes dos governantes municipais — os *curiales* [curiais] — perderam muito de sua autoridade local. Em troca, tiveram de assumir a responsabilidade nada invejável de colaborar com a máquina burocrática na arrecadação dos impostos imperiais. Aqueles que tinham de desempenhar essa tarefa passavam a ser responsáveis por quaisquer *deficits*. Os impostos aumentavam, e os mais ricos e mais poderosos tendiam a transferir esse fardo para os ombros daqueles mais limitados financeiramente.[216] Os que eram bem-sucedidos, por fim, chegavam a fazer parte da classe senatorial. Os que fracassavam perdiam a posição social e as propriedades. O sistema provou ser tão opressivo para os escalões mais baixos dos curiais que eles simplesmente abandonavam suas propriedades e suas responsabilidades. Numerosos éditos testificam as tentativas das autoridades de manter os curiais em seus postos, classificando os que evadiam a suas responsabilidades como indivíduos iguais a escravos desertores ou a devedores fugitivos, considerados crimes capitais, e proibindo a fuga para os retiros monásticos ou a sua ordenação sem que se nomeasse alguém para desempenhar suas responsabilidades.[217] Ainda assim, não havia nenhuma lei que pudesse prevenir o empobrecimento de muitos curiais.

---

[216] SALVIANO. *De gub. Dei* 5. 28. As leis decretadas contra essas práticas foram de pouco valor. Compare com o *Código de Teodósio* 11. 1. 26.

[217] *Código de Teodósio* 9. 45. 3; 12. 1. 59, 66, 108, 122.

Aqueles curiais que conseguiam se juntar às fileiras da classe senatorial eram os mais afortunados. Embora alguns senadores estivessem sujeitos a uma série de impostos especiais, o número de senadores isentos era muito maior. Os senadores mais importantes eram isentos do pagamento de impostos para apoiar as despesas municipais ou locais, como também da tarefa cara e fatigante de coletar impostos. As terras que os curiais menores e os fazendeiros mais pobres perdiam eram absorvidas por latifúndios cada vez maiores da classe senatorial e daqueles que ocupavam os altos cargos do governo.[218] Os resultados eram impostos mais altos para os pequenos proprietários de terras e a aceleração do empobrecimento dessa parte da população.

O único recurso do governo era mais regulamentação. As primeiras leis buscaram prevenir a dissipação da classe dos curiais ao proibir sua fuga. No final do século IV e, certamente, no século V, a legislação buscou impedir que os curiais ascendessem à classe senatorial ou que se esquivassem de suas responsabilidades ao se juntar ao exército ou à máquina burocrática.[219] A tendência em direção a uma rigidez social — resultante das medidas tomadas por Diocleciano para a reorganização do Império e da estrutura de impostos — acabou por engolfar todas as esferas da sociedade.

Nesse ínterim, os pobres eram cada vez mais numerosos. Os éditos imperiais da época continham muitas referências aos abusos que tinham de ser estancados e ao sofrimento dos menos afortunados. Havia também protestos, como o de um anônimo que escreveu ao imperador reclamando que cada um dos governadores "enviava coletores de impostos para disseminar a ruína [...], drenando os recursos daqueles que pagavam impostos por meio de vários artifícios de extorsão".[220] No entanto, exceto em locais como Roma e Constantinopla, onde as massas conseguiam ameaçar a estabilidade política, pouco se fazia para aliviar a situação dos necessitados. Não houve nenhuma tentativa de parar ou reverter os processos que causavam a pobreza. Em última análise, o propósito da legislação — como também dos

---

[218] BRISSAUD, J. *Le régime de la terre dans la société étatiste du Bas-Empire*. Paris: E. de Boccard, 1927; VERA, D. "Strutture agrarie e strutture patrimoniali nella tarda antichità", *Opus*, 2, 1983, p. 489-533.

[219] *Código de Teodósio* 12. 1. 171, 183. Nov. 8.

[220] Citado por MACMULLEN, R. *Corruption and the Decline of Rome*, p. 162.

impostos — era proteger o poder dos poucos privilegiados. Isto não quer dizer que os imperadores não tinham consciência das injustiças perpetradas ou que não faziam nada para corrigi-las. Constantino, entre outros, lamentava a facilidade com que os poderosos conseguiam ficar isentos de pagar impostos e o quanto isso onerava o pobre.[221]

Foi no século IV que os *coloni* [camponeses], por fim, foram reduzidos ao que, em essência, era a servidão. Embora conservassem sua posição de homens "livres", não mais podiam deixar as terras às quais eram designados — o seu trabalho nesses lotes de terra era essencial para a economia, e, portanto, esse aspecto econômico acabava por amarrá-los à terra. Quando a propriedade era vendida ou trocada de mãos por alguma outra forma, os camponeses ligados a essa terra ficavam ali. Por fim, leis semelhantes — e por razões similares — foram promulgadas, proibindo os senhores de vender escravos das propriedades rurais separadamente da terra à qual estavam ligados.[222] Mais uma vez, o objetivo era garantir a produção ao impedir a mobilidade social e geográfica dos contingentes de trabalhadores.

O resultado foi uma situação funesta:

> Nas várias promulgações apresentadas por Constantino ao imperador Majoriano {que governou até 461 d.C.}, o estudioso tem diante de si um diagnóstico melancólico dos males que, por um processo lento e inevitável de decadência, estavam exaurindo as forças da sociedade romana. Pode, nesse exame, observar a liberdade municipal e o autogoverno desvanecendo, a classe alta separada das massas por distinções marcantes de riqueza e privilégios, apesar de estar proibida de carregar armas e de ter sido despojada de todo e qualquer interesse nos assuntos públicos. Também descobrirá que um [...] sistema de casta tornou todas as posições sociais e ocupações hereditárias, desde o senador até o barqueiro do Tibre ou a sentinela em um posto de fronteira. [...] Esse estudioso observará que, em uma

---

[221] *Código de Teodósio* 13. 10. 1. Sobre a evasão de impostos pelos poderosos, veja MacMullen, R. *Corruption and the Decline of Rome*, p. 96.

[222] *Cod. Just.* 11. 48. 7.

sociedade em que a pobreza é quase equivalente à infâmia, a pobreza cresce de forma constante, e a riqueza torna-se cada vez mais insolente e agressiva; que os deserdados, em face de um governo onipotente, estão levando o banditismo até as portas de Roma; que os pais estão vendendo os filhos como escravos [...].[223]

No século V, a antiga ordem, por fim, entrou em colapso na região Oeste do império romano. Os imperadores apontados divinamente perderam seu poder e, por fim, deixaram de existir. As regulamentações sociais, no entanto, subsistiram e, pela influência dos invasores germânicos, evoluíram para o sistema que, hoje, chamamos de medieval. Na região Leste do império romano, o processo começou com Diocleciano e Constantino, continuando a evoluir até formar o Império Bizantino.

---

[223] DILL, S. *Roman Society in the Last Century of the Western Empire*. New York: Meridian, 1958, p. 227-28. Embora esse livro tenha sido originalmente publicado no final do século XIX, obras mais recentes fizeram apenas correções em detalhes, confirmando seu perfil geral sobre as condições durante o final do século IV e início do século V.

PARTE DOIS:

ANTES DE CONSTANTINO

IV

A KOINONIA DO NOVO TESTAMENTO

Foi só na segunda metade do século I, cerca de vinte anos após seu princípio, que o cristianismo emergiu das sombras do silêncio literário — primeiro, com as cartas de Paulo; a seguir, com os Evangelhos sinóticos e Atos dos Apóstolos; e, por fim, com o restante dos escritos do Novo Testamento. Portanto, qualquer tentativa de reconstruir a vida econômica da comunidade primitiva tem de se apoiar nessas fontes e depende do grau em que são consideradas historicamente precisas. Apesar de os Evangelhos sinóticos — Marcos, Mateus e Lucas — se apresentarem como a fonte em que encontramos a maior parte das referências às comunidades cristãs primitivas, eles foram escritos anos depois dos eventos que retratamos aqui. As primeiras epístolas de Paulo, todavia, são um pouco anteriores a Marcos — provavelmente o mais antigo dos três Evangelhos sinóticos. Elas, no entanto, refletem um cenário distinto e fornecem pouca ou nenhuma informação sobre a comunidade cristã primitiva. É por essa razão que os estudiosos acham difícil ou, até mesmo, impossível concordar sobre quais das falas ou dos atos atribuídos a Jesus são historicamente verdadeiros e quais não o são.

Independentemente de qual posição alguém assuma com referência a essas questões debatidas, uma coisa é certa: em geral, as primeiras porções dos Evangelhos sinóticos — em especial, os materiais que os estudiosos chamam de fonte "Q" — apresentam-nos um cenário social e condições de vida muito distintos da situação urbana helenista, que logo se transformaria no cenário do cristianismo. Os sinóticos — excetuando-se o material que pode ser atribuído a uma origem cristã helenista[224] — refletem exatamente ou as palavras e ações de Jesus ou as palavras e ações

---

[224] Muito desse material não consiste de longas passagens, mas de cenários distintos ou pequenas variações que induzem a erros a interpretação posterior.

que seus primeiros seguidores atribuíram a ele. Se nosso objetivo é desvelar as percepções dos cristãos primitivos sobre a riqueza e assuntos relacionados — e não necessariamente as próprias palavras de Jesus —, os Evangelhos sinóticos, bem à parte de todos os debates acadêmicos sobre a *ipsissima verba* [as palavras literais] de Jesus, fornecem-nos abundantes materiais.[225]

Por outro lado, há várias outras fontes que fornecem informações — embora não diretamente sobre os primórdios do movimento de Jesus — sobre as condições na Palestina, e em especial na Galileia. Essas fontes são as obras de Josefo, os manuscritos do mar Morto e inúmeros detalhes que podem ser encontrados em outros escritores judeus e romanos. Assim, a partir desses materiais e do material Q encontrado nos Evangelhos sinóticos, podemos retratar uma sociedade quase que exclusivamente rural, com relevantes bolsões urbanos, e cuja liderança tem pouco contato com a classe de camponeses e praticamente nenhum contato com a classe média.

O CENÁRIO

A espinha dorsal da economia na Palestina, como acontecia em todo o império romano, era a agricultura. Aqui também os latifúndios aumentaram tanto em tamanho quanto em número, embora o pequeno proprietário ainda tenha sobrevivido.[226] Aqueles camponeses que não possuíam porções de terra viviam de acordo com um dos seguintes três esquemas: aluguel fixo,

---

[225] THEISSEN, G. *Sociology of Early Palestinian Judaism*. Philadelphia: Fortress, 1978, p. 3-4, expressou esse ponto de forma magistral: "Portanto, podemos deixar em aberto a questão concernente a se as tradições sobre Jesus são verdadeiras ou falsas. Se pressupomos que a tradição é genuína, podemos assumir que aqueles que nos entregaram esses escritos organizavam sua vida em concordância com a tradição. Se pressupomos que ela se originou no seio do movimento de Jesus no período após a Páscoa, podemos pressupor que aqueles que nos forneceram esses escritos modelaram a tradição de acordo com sua vida. Em qualquer um desses casos, o resultado é o mesmo: há correspondência entre os grupos sociais que transmitiram a tradição e a tradição mesma. Desse modo, uma sociologia do movimento de Jesus transcende a discussão dos exegetas, quer 'conservadores' quer 'críticos', quanto à autenticidade e historicidade da tradição. Ela não é afetada pelos dilemas da busca pelo Jesus histórico".

[226] Veja GIL, M. "Land Ownership in Palestine under Roman Rule", <u>RIntDrAnt</u>, 17, 1970, p. 11-53. Veja também GNUSE, R. *You Shall Not Steal: Community and Property in the Biblical Tradition*, p. 87-88.

pagamento de uma porção predeterminada para o proprietário ou a posição de camponês.[227]

O período dos herodianos (37 a.C.-70 d.C.) testemunhou relevantes mudanças na posse permanente da terra, acelerando a expropriação da classe camponesa, bem como de muitos da antiga nobreza asmoniana, fundada pelos macabeus. Herodes executou muitos destes últimos e, a seguir, ou apropriou-se das terras deles ou as redistribuiu entre seus partidários. Quando Samaria foi reconstruída e recebeu o nome de Sebaste, seis mil veteranos romanos foram assentados na área e receberam terras para lavrar.[228] Na Galileia, a maior parte da terra boa para o cultivo estava nas mãos de grandes proprietários, ao passo que as pequenas propriedades, ao que tudo indica, estavam concentradas em terras montanhosas e menos férteis. É também provável que alguns nobres asmonianos executados por Herodes tivessem terras na Galileia, e que, portanto, essas terras tenham passado para as mãos da casa real ou dos seus partidários.[229]

O fardo dos impostos era muito alto, em especial para a população judaica. A conquista estrangeira não resultara em mitigação dos tradicionais dízimos e de outras obrigações semelhantes, apenas acrescentara o peso dos impostos seculares.[230] As classes mais baixas, como em todo o império romano, carregavam o fardo dos impostos seculares, e os que estavam sob a proteção das autoridades pagavam muito menos que a quantia justa que seria devida. Herodes mesmo era um dos vassalos mais ricos de Roma — se não o mais rico — e devia essa posição aos impostos que recolhia dos habitantes locais.[231] A renda anual de Herodes, que representava apenas parte da receita real, foi avaliada em mil talentos.[232] Por fim, suas arrecadações aumentaram de tal forma que uma delegação foi enviada da Palestina

---

[227] FREYNE, S. *Galilee from Alexander the Great to Hadrian (323 B.C.E. to 135 C.E.)*. Wilmington: Michael Glazier, Inc., 1980, p. 202, n. 16.

[228] JOSEFO. *Ant.* 15. 296; *De bel. Jud.* 1. 403.

[229] FREYNE, S. *Galilee from Alexander the Great to Hadrian (323 B.C.E. to 135 C.E.)*, p. 164.

[230] Um ponto enfatizado por GRANT, F. C. *The Economic Background of the Gospels*. Oxford: Clarendon, 1923, p. 89.

[231] JOSEFO. *Ant.*17. 4-5; HORÁCIO. *Epod.* 2. 2. 184; ESTRABÃO. *Geog.* 16. 2. 46.

[232] BARON, S. W. *A Social and Religious History of the Jews*, vol. 1. Philadelphia: The Jewish Publication society of America, 1958, p. 262.

para Augusto.²³³ A delegação reclamou das expropriações feitas por Herodes, deixando implícito que este executava pessoas — incluindo membros de sua própria família — a fim de expropriá-las. A delegação protestou contra os métodos cruéis e corruptos usados por Herodes para recolher impostos. Como essa era uma delegação de judeus notórios que se sentiam muitíssimo oprimidos, imagine como se sentia a classe camponesa. Um indício dessa situação pode ser o fato de que os galileus — quando em meio a uma revolta, assim que tiveram essa oportunidade — mataram muitos dos partidários de Herodes, afogando-os no mar de Genesaré.²³⁴ De qualquer modo, essa delegação, em geral, teve credibilidade em Roma, e afirma-se que Augusto declarou que preferiria ser um porco de Herodes a ser seu filho — presumivelmente porque Herodes, sendo judeu, não mataria um porco. Ainda assim, nada foi feito, e Herodes continuou com suas extorsões.

Depois da morte de Herodes, o Grande, em 4 a.C., a Judeia foi formalmente incorporada ao Império, mas a situação não melhorou. Os procuradores e outros administradores provinciais, esperando que a duração de seus mandatos fosse curta, buscavam enriquecer-se o mais rápido possível. Encontravam novas e engenhosas formas de recolher mais receitas. A isso, acrescentava-se a corrupção dos coletores de impostos, cuja principal fonte de lucro era exatamente o recolhimento de mais impostos do que, de fato, pagavam ao tesouro. Por volta do século II, afirma-se que um oficial romano respondeu à delegação de palestinos que protestava sobre o aumento dos impostos: "Verdadeiramente, se fosse possível, cobraria impostos do ar que vocês respiram".²³⁵ Houve repetidos apelos para a diminuição dos impostos, argumentando-se algumas vezes que esses impostos pesados simplesmente forçavam as pessoas a abandonar a terra e a recorrer ao banditismo.²³⁶

A classe camponesa também sofria com as dificuldades de ter de competir com os grandes proprietários de terra. Com o passar do tempo, as flutuações de mercado favoreceriam o rico, que poderia se dar ao luxo de uma margem de lucro menor ou, até

---

[233] Josefo. *Ant.*,17. 4. 204; 11. 2. 306-7.
[234] Josefo. *Ant.*, 14. 450.
[235] Citado em Baron, S. W. *A Social and Religious History of the Jews*, vol. 1, p. 63.
[236] Josefo. *Ant.*, 18. 274. Compare com Tácito. *Ann.* ii.42.

mesmo, de pequenas perdas.[237] Os camponeses, por outro lado, frequentemente sofriam com a queda dos preços de seus produtos, que os forçava a vender a terra a fim de pagar as despesas — e, em especial, os impostos. Em tais casos, a terra era vendida para um grande proprietário de terra, e o camponês continuava a cultivá-la, embora sob novas condições. Para piorar a situação, os três principais produtos da região — trigo, vinho e azeite — estavam sob controle rigoroso do governo, o que, para os camponeses, dificultava ainda mais a busca por melhores preços.

A guerra, a agitação social e o desastre natural também cobraram seu preço. Josefo, repetidas vezes, fala da fome causada pela seca, por terremotos ou doenças. Conforme veremos mais adiante, um desses momentos de carestia ocorreu um pouco depois do Pentecostes e pode estar relacionado à coleta feita por Paulo para os pobres de Jerusalém. Assim, quando Marcos 13.8 afirma que *haverá terremotos e fome*, não está falando de um fenômeno desconhecido.[238]

Um bom número de galileus, habitantes das margens do mar, vivia da pesca. Em relação a essa atividade, havia uma pequena indústria para salgar e preservar o peixe para o mercado. Mais uma vez, ao que parece, essa atividade era controlada pelos mercadores ricos, e os pescadores, ao que tudo indica, tinham uma margem mínima de lucro.[239]

O resultado dessas condições era uma estratificação social em que prevaleciam estes dois extremos: o da riqueza e o da pobreza. Já mencionamos que nas parábolas de Jesus havia basicamente duas classes, o proprietário rico e o camponês ou trabalhador pobre.[240] Na realidade, o tópico de muitas

---

[237] Está aberta para o debate a questão sobre se os mercados eram de fato controlados e manipulados pelos ricos ou não. Compare com Kreissig, H. *Die Sozialen Zusammenhänge des jüdaischen Krieges*. Berlin: Akademie-Verlag, 1970, p. 36-51 e Applebaum, M. "Economic Life in Palestine", em Stern, M. e Safrai, S., eds. *Compendia Rerum Judaicarum ad Novum Testamentum*, 2ª ed. Assen: Van Gorcum & Comp., 1974, vol. 2, p. 662-66.

[238] Theissen, G. *Sociology of Early Palestinian Judaism*, p. 40. Compare com Josefo. *Ant.*, 14. 28; 15. 299-300, 365; 16. 64; 18. 8; 20. 101.

[239] Freyne, S. *Galilee from Alexander the Great to Hadrian (323 B.C.E. to 135 C.E.)*, p. 173-74. É preciso lembrar, no entanto, que Zebedeu, o pai de Tiago e João, era suficientemente rico para ter "empregados" em seu barco (Mc 1.20).

[240] Sherwin-White, A. N. *Roman Society and Roman Law in the New Testament*. Oxford: University Press, 1963, p. 134-36.

parábolas é o relacionamento entre o credor e o devedor, entre o empregador e o trabalhador por dia ou entre o senhor rico e o servo humilde.

Isto, por sua vez, deve ter sido um fator importante nas reações das pessoas à pregação nos primórdios do cristianismo. Não é difícil imaginar como a classe camponesa da Galileia responderia a uma parábola que descrevia de forma tão aproximada sua situação de vida e seus sentimentos em relação às autoridades governantes em Jerusalém e Roma, como aquela que aparece em Mateus 18, em que o rico pode chegar a negociar somas altíssimas, como a de dez mil talentos, enquanto o pobre vai para a cadeia pela mera quantia de cem denários:

> *Por isso o reino do céu é comparado a um rei que quis acertar contas com seus servos. E, quando começou, foi-lhe apresentado um deles que lhe devia dez mil talentos. Mas, não tendo com que pagar, seu senhor ordenou que ele, sua mulher, seus filhos e todos os seus bens fossem vendidos para que a dívida fosse paga. Então aquele servo, prostrado diante dele, rogava-lhe: Senhor, tem paciência comigo, que te pagarei tudo. Comovido, o senhor daquele servo soltou-o e perdoou-lhe a dívida. Ao sair, porém, aquele servo encontrou um dos seus conservos, que lhe devia cem denários; e agarrando-o, sufocava-o, dizendo: Paga o que me deves. Então, caindo aos seus pés, o seu companheiro lhe suplicava: Tem paciência comigo, que te pagarei. Ele, porém, não quis; antes mandou colocá-lo na prisão, até que pagasse a dívida. Seus conservos, vendo o que acontecera, ficaram muito tristes e foram contar tudo ao seu senhor. Este, então, chamou-o à sua presença e disse-lhe: Servo mau, perdoei-te toda aquela dívida, porque me suplicaste. Tu também não devias ter compaixão do teu companheiro, assim como tive de ti? E, irado, entregou-o aos carrascos, até que ele pagasse tudo o que lhe devia.*[241]

Tal pregação, no entanto, não foi a única resposta às tensões sociais da época. A revolta e a rebelião latentes estavam sempre prestes a irromper. Os zelotes mantinham a chama do nacionalismo viva, e o desejo por reformas sociais devia ser

---
[241] Mateus 18.23-34.

uma de suas cartadas mais contundentes. Há indícios de que, sob o governo romano, a Galileia saiu-se melhor que a Judeia,[242] em especial durante e depois da grande rebelião contra Roma. No entanto, mesmo lá, o espírito de descontentamento e de revolta estava em ebulição. A memória dos macabeus permanecia em todo o território dos judeus, e muito da oposição aos herodianos revolvia-se em torno dessa memória. Na realidade, é possível traçar uma linha ligando tais memórias sobre os macabeus com as revoltas menores no início do governo romano e também com a grande guerra cujo término foi marcado pela queda de Masada em 72 d.C.[243] Independentemente da conexão entre os vários grupos e levantes, não resta a menor dúvida de que o século I d.C. foi um período de instabilidade na Palestina, em razão das condições sociais existentes e do nacionalismo, que culminariam com a grande guerra e suas sequelas (66-135 d.C.).

Na Galileia, Herodes executara um tal Ezequias, a quem acusou de ser salteador. Muito provavelmente, Ezequias apoiava os asmonianos, também chamados de macabeus, que recorriam às táticas de guerrilha.[244] Em 4 a.C., Judas, o filho de Ezequias, liderou uma revolta que se concentrou em Séforis, antes de se espalhar por toda a região.[245] Dez anos mais tarde, Judas, o Galileu, liderou uma revolta similar, e seus filhos e seguidores mantiveram a chama da resistência viva pelo menos até Masada.[246] Se Judas, o Galileu, é de fato o filho de Ezequias, isso significa que havia uma linha direta ligando os líderes da resistência galileia com os asmonianos ou macabeus e também com a grande revolta de 66 d.C.

---

[242] FREYNE, S. *Galilee from Alexander the Great to Hadrian (323 B.C.E. to 135 C.E.)*, p. 57-91.

[243] FARMER, W. R. *Maccabees, Zealots and Josephus: An Enquiry into Jewish Nationalism in the Greco-Roman Period*. New York: Columbia University Press, 1970, argumenta em favor de tal conexão. FREYNE, S. *Galilee from Alexander the Great to Hadrian (323 B.C.E. to 135 C.E.)*, p. 208-47, tende a minimizar sua importância.

[244] JOSEFO. *Ant.*, 14. 159; *De bel. Jud.* 1. 204. Compare com FREYNE, S. *Galilee from Alexander the Great to Hadrian (323 B.C.E. to 135 C.E.)*, p. 63, 67.

[245] JOSEFO. *Ant.*, 17; *De bell. Jud.* 2. 43.

[246] JOSEFO. *Ant.*, 20. 102; *De bell. Jud.* 2. 433, 447; 7. 253. Compare com KENNEARD, J. "Judas of Galilee and His Clan", *JQR*, 36, 1965-46, p. 281-86.

DO MOVIMENTO DE JESUS ÀS PRIMEIRAS IGREJAS URBANAS

Foi nessa atmosfera de inquietação — cheia de medo e ressentimento, de esmagadora pobreza e de expectativas messiânicas — que o movimento de Jesus teve seu início. Não é de surpreender que os líderes judeus, como o famoso rabi Gamaliel, ligassem esse movimento — conforme a compreensão que tinham dele — à longa tradição de revoltas.[247] Tampouco é de surpreender que os Evangelhos descrevam os primeiros discípulos como esperando a restauração iminente de Israel. Embora tais questões e expectativas políticas não sejam nossa preocupação central aqui, é importante tê-las em mente, pois fazem parte do contexto quanto à forma como esse movimento trata a riqueza.

Todas as nossas fontes indicam que o cerne da pregação tanto de Jesus quanto de seus primeiros seguidores era o reino de Deus. Tal pregação tinha implicações políticas e econômicas. Quanto ao aspecto político, fica claro, por inferência, que qualquer pessoa proclamando a vinda do reino de Deus está, pelo menos, criticando o reino presente. Em condições como as prevalentes na Palestina à época, não é de surpreender que muitos — tanto entre os discípulos quanto entre as autoridades — interpretassem a pregação do reino à luz da longa linha de revoltas apocalípticas e anúncios da restauração de Israel. Tampouco é de surpreender que, por fim, Jesus tenha sido crucificado — como muitos o foram antes dele — como um pretenso restaurador do trono de Davi.

É o aspecto econômico da pregação do reino que nos interessa aqui. Nas narrativas dos Evangelhos, a pregação do reino tem, de fato, um forte componente econômico ou socioeconômico. Isto tem a ver tanto com a justiça que o reino exige quanto com a necessidade de ação drástica em vista da iminente realidade. Esses dois temas aparecem na pregação de João Batista — pelo menos, conforme Lucas a relata posteriormente:

> *E o machado já está posto à raiz das árvores; [...] Quem tem duas túnicas, reparta com o que não tem nenhuma, e quem tem alimento, faça o mesmo. Vieram também alguns publicanos para ser batizados e perguntaram-lhe: Mestre, que devemos fazer? Ele lhes respondeu: Não*

---

[247] Atos 5.35-38.

> *cobreis mais do que o prescrito. E também alguns soldados perguntaram: E nós, que devemos fazer? Ele lhes disse: De ninguém tomeis nada à força, nem façais denúncia falsa; e contentai-vos com o vosso salário.*[248]

Temas sobre justiça econômica aparecem repetidamente na pregação de Jesus e dos primórdios do movimento. Surgem, com frequência, no pano de fundo, como também em várias parábolas que têm a ver com assuntos econômicos (os trabalhadores da vinha, o administrador injusto, os talentos, etc.). E aparecem em primeiro plano, em geral em termos mais duros e com exigências mais radicais que aquelas atribuídas a João Batista.

Primeiro, há o tema da "grande inversão", mais bem resumido nestas palavras: *os últimos serão os primeiros, e os primeiros serão os últimos* (Mt 20.16). Os estudiosos, em geral, acreditam que essa afirmação, que aparece em contextos distintos nos Evangelhos (Mt 19.30; Mc 10.31; Lc 13.30), faz parte das primeiras proclamações cristãs e existe à parte dos diferentes contextos em que, agora, aparece. Em alguns desses contextos, parece apontar para o fato de que aqueles que precedem outros em santidade não serão necessariamente os primeiros no reino. Em outros contextos, no entanto, e muito provavelmente no cenário original, quer dizer apenas que os que agora são desprivilegiados e oprimidos serão os primeiros no reino.[249] Tal é também o sentido da parábola do homem rico e de Lázaro, a qual, pelo menos em seu cerne, é considerada mais antiga que o Evangelho de Lucas.[250] Todavia, é provável que a afirmação mais clara se encontre na versão de Lucas das bem-aventuranças, talvez mais próxima da proclamação original do movimento de Jesus que a versão mais conhecida de Mateus:

> *Bem-aventurados sois vós, os pobres, porque o reino de Deus é vosso.*

---

[248] Lucas 3.9-14. Há a possibilidade de que essa passagem em Lucas reflita um período um pouco posterior aos primórdios do movimento de Jesus, um período em que havia publicanos e soldados na igreja. Mesmo que esse seja o caso, o tema da conexão entre justiça e o reino de Deus, claramente, faz parte das primeiras proclamações.

[249] SCHOTTROFF, L. e STEGEMANN, W. *Jesus and the Hope of the Poor.* Maryknoll, N.Y.: Orbis, 1986, p. 24-25.

[250] SCHOTTROFF, L. e STEGEMANN, W. *Jesus and the Hope of the Poor*, p. 25-28.

> *Bem-aventurados sois vós, que agora tendes fome, porque ficareis satisfeitos. Bem-aventurados sois vós, que agora chorais, porque haveis de rir. [...]*
>
> *Mas ai de vós que sois ricos, porque já recebestes a vossa consolação.*
>
> *Ai de vós, os que agora estais satisfeitos, porque passareis fome. Ai de vós, os que agora estais rindo, porque vos lamentareis e chorareis.*[251]

É nessa conexão que outra das "falas duras" de Jesus deve ser considerada: sua resposta ao *jovem rico* e o comentário que se segue referente ao camelo e ao fundo de uma agulha. A história, que aparece em todos os três Evangelhos sinóticos, e que a tradição popular agrupou sob o título de "o jovem rico" (Mt 19.16-29; Mc 10.17-30; Lc 18.18-30), também pode ser considerada um outro exemplo da "grande inversão", além de um chamado para a renúncia. A inversão, de forma óbvia, acontece no fato de que o rico — excetuando-se a ocorrência de um milagre — será excluído do reino. O chamado à renúncia aparece tanto nas instruções de Jesus ao homem rico – *vende tudo o que tens e dá-o aos pobres* (mais tarde, na versão de Lucas, lemos: *Vende tudo quanto tens, reparte com os pobres*) – quanto em sua resposta aos discípulos quando perguntaram sobre a recompensa que eles mesmos teriam:

> *Em verdade vos digo que ninguém há que tenha deixado casa, ou irmãos, ou irmãs, ou mãe, ou pai, ou filhos, ou campos, por causa de mim e do evangelho, que não receba cem vezes mais, agora no presente, em casas, irmãos, irmãs, mães, filhos e campos, com perseguições, e no mundo vindouro, a vida eterna.*[252]

---

[251] Lucas 6.20b,21,24,25. A bênção e o ai em relação à perseguição foram omitidos, pois, provavelmente, são adições à proclamação mais antiga. Compare com SCHOTTROFF, L. e STEGEMANN, W. *Jesus and the Hope of the Poor*, p. 19. Também é possível que todo o lado "negativo" do ai para o rico e próspero reflita o interesse particular de Lucas para chamar essas pessoas ao arrependimento. Nesse caso, esse texto serviria para mostrar que o tema da "grande inversão" ainda era central para a compreensão do cristianismo nas igrejas urbanas de Lucas.

[252] Marcos 10.29,30.

É evidente que essas falas, na época em que foram incorporadas ao Evangelho de Marcos (e, por intermédio desse Evangelho, aos outros dois sinóticos), já representavam algumas dificuldades para o escritor do Evangelho. Essa talvez seja a razão por que, segundo o relato, ficamos sabendo que os discípulos ficaram perplexos e perguntaram quem, portanto, poderia ser salvo (Mc 10.26).[253] De qualquer modo, é relevante o fato de que os outros dois escritores sinóticos não acharam apropriado deixar esse relato de fora.

Na história do jovem rico, outro tema foi acrescentado à "grande inversão": a necessidade de renúncia radical. O que fica implícito é que, se realmente devemos esperar a grande inversão, então o que os primeiros — ou seja, os ricos e poderosos — devem fazer é se juntar às fileiras dos últimos — isto é, os fracos e pobres. No vocabulário do século XXI, falaríamos de "solidariedade com os oprimidos"; mas com a advertência de que, nessas histórias, a solidariedade que se tem em mente é muito mais que apenas simpatia e apoio, pois, na verdade, representa tornar-se pobre.

Em que contexto essas palavras foram realmente ensinadas? Gerd Theissen, em *Sociologia da cristandade primitiva*, retrata um cenário bastante verossímil de um incipiente movimento de Jesus composto de pregadores itinerantes e de uma comunidade relativamente mais estável de "simpatizantes".[254] A forma como ele mesmo percebe a questão: grande parte dos ensinamentos no primeiro material dos sinóticos — os quais chegaram até nós — reflete um tipo de pregação que era possível sob as condições da pregação itinerante desarraigada. Jesus não era o único que não tinha *onde descansar a cabeça* (Mt 8.20). Aqueles dentre seus discípulos que o acompanharam em seu

---

[253] Schottroff, L. e Stegemann, W. *Jesus and the Hope of the Poor*, p. 22-23: "Temos de dar crédito a Marcos por transmitir essa fala, embora nem ele nem sua comunidade pudessem se identificar com essa afirmação e, provavelmente, devem tê-la achado alarmante. Isto, em particular, fica claro em Marcos 10.26, em que se menciona de forma explícita a perplexidade dos discípulos. A situação social da comunidade de Marcos era completamente distinta daquela refletida na tradição de Jesus dos primórdios do cristianismo. Os cristãos ricos também pertenciam a essa comunidade."

[254] Theissen, G. *Sociology of Early Palestinian Judaism*, p. 9-23. Ele chama os pregadores de "carismáticos itinerantes". Uma vez que, hoje, o termo "carismático" tem conotações que Theissen, ao que parece, não tinha em mente, evitei a confusão que o uso desse termo poderia ocasionar.

ministério itinerante e que, conforme Pedro declarara, deixaram tudo para segui-lo continuaram com esse estilo de ministério itinerante depois dos eventos da Páscoa. Tendo aberto mão da casa, da família e dos bens, conseguiram falar e repetir essas falas duras que encontramos nos sinóticos, e devemos a eles a preservação de tais falas.

Os pregadores itinerantes, de acordo com Theissen, não poderiam ter sobrevivido sem o apoio ativo de comunidades relativamente mais bem estabelecidas e de indivíduos que não abriram mão de suas riquezas. Em Lucas 8.1-3, ficamos sabendo de um grupo de mulheres que não acompanharam Jesus — pelo menos em parte de suas caminhadas pela região —, mas que, ao que parece, tinham riqueza suficiente para sustentar Jesus e os que o seguiam. Muitos outros simplesmente permaneceram em seus vilarejos, não se distinguindo muito, de início, do restante da comunidade, mas guarnecendo Jesus e seus pregadores itinerantes com abrigo, alimentos e donativos. Com o passar do tempo, à medida que a distância entre os cristãos e os judeus ortodoxos aumentou, essas comunidades ganharam um senso maior de identidade. A distinção entre tais comunidades e os pregadores não era rígida. Na verdade, um dos temas dos pregadores era precisamente o chamado para que os membros da comunidade assumissem esse estilo de vida itinerante que eles lhes apresentavam. Alguns faziam isso, e, portanto, as fileiras dos pregadores itinerantes eram fortalecidas com esses novos integrantes. Outros não adotavam esse estilo de vida, e os pregadores não os condenavam por isso, pela simples razão de que, sem o apoio daqueles que ficavam em seus vilarejos, os pregadores não poderiam dar continuidade a seu ministério itinerante. Dessa forma, surgiu um tipo ambivalente de pregação em relação às posses e também a outros aspectos nos quais os estilos de vida dos dois grupos diferiam. Enquanto os pregadores itinerantes e mestres recomendavam a total renúncia, também abriam espaço para aqueles que não estavam prontos a dar esse passo.

Em relação a esse ponto, é preciso abrir uma exceção na reconstrução de Theissen, pois ele pode estar exagerando o contraste entre o "desarraigamento social" dos pregadores itinerantes e a vida daqueles que permaneceram em seus vilarejos. Com base em tudo o que já vimos sobre as condições na Galileia, no que diz respeito à riqueza e segurança, havia, ao que parece, pouquíssima diferença entre os pregadores e as comunidades de "simpatizantes". A pobreza dos pregadores, talvez com raras exceções, não era voluntária. Representava apenas a aceitação de uma condição disseminada na sociedade da época, bem como a rejeição da ansiedade e do medo que acompanhavam tal condição. Eles não eram pessoas que escolheram ser pobres e que, por essa razão, tinham autoridade para fazer apelos a seus prósperos simpatizantes — como os franciscanos apelando para os membros da ordem terciária. Essas pessoas nasceram pobres, viviam e perambulavam em meio a outros que nasceram em estado de pobreza semelhante. Proclamavam a mensagem de que há esperança para o pobre, mas que essa esperança tem de começar com a confiança em Deus e com o abrir mão das ansiedades normais e lógicas para quem vivia nesse estado de pobreza.[255] A suposta "ambivalência" ou "ausência de princípio" deles, permitindo a presença no movimento daqueles que não estavam prontos para adotar esse estilo de vida itinerante, não era uma questão que dizia respeito à percepção do que era mais vantajoso, mas era apenas uma questão de compreender as ansiedades dos desesperadamente pobres, sabendo que deveria haver uma resposta a essas aflições — não por intermédio de algum programa dogmático de renúncia, mas sim por meio de uma mensagem de esperança.

Se, portanto, retornarmos à passagem sobre o *jovem rico*, deve ficar óbvio que, de certa forma, essa passagem é uma anomalia. A maioria das declarações encontradas em Marcos e nos materiais Q é, basicamente, dirigida aos pobres. O que elas pedem não é a renúncia dos bens que essas pessoas não tinham, mas a renúncia do medo e da ansiedade; o que se apresenta, na verdade, é uma afirmação de esperança e solidariedade. Significativamente, até mesmo as passagens sobre o *jovem rico* desviam nossa atenção das riquezas, fazendo-a voltar-se para as ansiedades dos seguidores de Jesus. Mais ainda, na maior parte do material Q e do Evangelho de Marcos, o contexto é uma situação em que as pessoas estão verdadeiramente ansiosas e, sem sombra de dúvidas, têm razão para se sentirem ansiosas quanto ao que comer e vestir.

---

[255] Veja a crítica à descrição de Theissen em SCHOTTROFF, L. e STEGEMANN, W. *Jesus and the Hope of the Poor*, p. 48-51.

O CRESCIMENTO DAS COMUNIDADES URBANAS

A situação é diferente quando examinamos o material típico de Lucas. Embora Lucas, com frequência, seja considerado o "Evangelho do pobre", porque há muito nessa narrativa sobre o pobre, ele poderia, de fato, ser chamado de "o Evangelho do próspero", pois seu propósito é precisamente chamar ao arrependimento uma audiência que estivera totalmente ausente das primeiras pregações do movimento de Jesus.[256] O que temos aqui é uma interpretação do evangelho cujo cenário é principalmente urbano,[257] e uma comunidade cristã em que se fala do pobre não como uma realidade presente, mas, antes, como aqueles com quem os cristãos devem se preocupar. É nesse contexto que a pobreza como uma escolha voluntária e a renúncia como uma virtude tornam-se importantes. Os discípulos são descritos como pessoas que deixam *tudo* (Lc 5.11,28), e também o rico — agora que se tornou um governante — deve *vende[r]* ***tudo*** *quanto te[m]* (Lc 18.22; grifo do autor). O discipulado perfeito implica renúncia dos bens que a pessoa normalmente possui. E, desse modo, para os que não estão dispostos a ir tão longe assim, Lucas prossegue para apresentar uma série de exemplos de pessoas prósperas cujo encontro com Jesus resultou no arrependimento e no compartilhamento das posses — como as mulheres ricas que apoiavam Jesus e seus seguidores (Lc 8.2,3) e o *chefe dos publicanos* que, após ter um encontro com Jesus, decide doar metade de sua riqueza para os pobres e devolver o quádruplo da quantia a todos que defraudou (Lc 19.8). É Lucas que, ao relatar a pregação de João Batista, dá instruções detalhadas sobre o que pessoas com ocupações como a de publicano — ou seja, coletor de impostos — e soldado deveriam fazer. Se, como é bem possível, os *ais* referentes aos ricos, em Lucas 6, e os últimos versículos da parábola do homem rico e de Lázaro são acréscimos lucanos ao material anterior, isso pareceria reforçar a tese de que Lucas

---

[256] Essa é a tese de SCHOTTROFF, L. e STEGEMANN, W. *Jesus and the Hope of the Poor*, p. 67-120. Embora tenha achado esse estudo útil, fazendo muito uso dele aqui, discordo desses autores em uma série de pontos. O mais relevante é a interpretação desses estudiosos sobre "os bens em comum", conforme descritos nos capítulos iniciais de Atos.

[257] Para uma descrição de tal cenário social, embora fundamentada nas epístolas paulinas, e não no material de Lucas, veja MEEKS, W. A. *The First Urban Christians: The Social World of the Apostle Paul*, 1983.

está se dirigindo a uma comunidade em que há, agora, pessoas para quem as posses são realmente um problema, e para quem, portanto, a renúncia e a doação tornaram-se um sinal necessário de arrependimento. Em suma, Lucas trata da questão que, mais tarde, se tornará um assunto importantíssimo para Clemente de Alexandria: como o rico pode ser salvo?

Deve-se mencionar de passagem que esse trecho não é o único no Novo Testamento em que a questão é como lidar com uma situação em que há tanto ricos quanto pobres na igreja. Aparentemente, a epístola de Tiago trata de um problema similar, pois fala da possibilidade de alguém vir à assembleia com anéis de ouro e roupas finas e da tentação de dar atenção especial a essa pessoa (Tg 2.1-7).[258] Aqui também nos deparamos com o tema da "grande inversão", com ênfase na necessidade de responder à luz da inversão por vir: *Mas o irmão de condição humilde deve gloriar-se na sua alta posição* (Tg 1.9). *Agora, prestai atenção, vós ricos. Chorai e lamentai, por causa das desgraças que virão sobre vós* (Tg 5.1). Aqui, mais uma vez, embora de forma indireta, apresenta-se a questão da salvação do rico, e a resposta parece ser um chamado (não só para o rico) para praticarmos as obras de misericórdia:

> *Meus irmãos, que vantagem há se alguém disser que tem fé e não tiver obras? Essa fé poderá salvá-lo? Se um irmão ou irmã estiverem necessitados de roupas e do alimento de cada dia, e algum de vós lhes disser: Ide em paz, aquecei-vos e saciai-vos, e não lhes derdes as coisas necessárias para o corpo, que vantagem há nisso? Assim também a fé por si mesma é morta, se não tiver obras* (Tg 2.14-17).

O SENTIDO DE KOINONIA

Retornando a Lucas/Atos, é nesse contexto da comunidade economicamente mista, apresentado nesses dois livros do Novo

---

[258] Sobre o histórico social e os ensinamentos econômicos de Tiago, veja MAYNARD-REID, P. U. *Poverty and Wealth in James*. Maryknoll, N.Y.: Orbis, 1987. Embora Maynard-Reid considere que a epístola foi escrita em data anterior e em um cenário mais primitivo, opinião distinta da minha, seu trabalho realmente apresenta importantes percepções quanto ao sentido dos textos sociais e econômicos encontrados nessa epístola.

Testamento, que temos de interpretar as passagens mais debatidas em Atos dos Apóstolos:

> Todos os que criam estavam unidos e tinham tudo em comum. Vendiam suas propriedades e bens, e os repartiam com todos, segundo a necessidade de cada um (At 2.44,45).

> A multidão dos que criam estava unida de coração e de propósito; ninguém afirmava ser sua alguma coisa que possuísse, mas tudo era compartilhado por todos. [...] Pois não existia nenhum necessitado entre eles; porque todos os que possuíam terras ou casas, vendendo-as, traziam o valor do que vendiam e o depositavam aos pés dos apóstolos. E se repartia a qualquer um que tivesse necessidade (At 4.32-35).

À medida que examinamos essas passagens, a primeira e mais óbvia questão é esta: isso realmente aconteceu? Os cristãos primitivos praticavam o tipo de comunhão de bens descrito aqui, ou isso não passa de uma reconstrução fictícia, uma criação do autor sobre a vida da igreja primitiva? Alguns estudiosos sustentam a última hipótese, argumentando que o que se descreve aqui é muitíssimo semelhante à comunidade ideal das tradições helenistas — em particular, das pitagóricas — e que, portanto, não passa de uma tentativa de descrever a igreja cristã primitiva como uma comunidade ideal. Luke T. Johnson é um autor que segue essa linha de interpretação, ao se referir à passagem de Atos 2 como "idílica", e à de Atos 4 como um artifício literário para simbolizar a autoridade dos apóstolos.[259] No desenvolvimento de seu argumento em outra obra, Johnson aponta para uma série de possíveis fontes helenistas que se tornaram o parâmetro para essa linha de interpretação: Platão, um provérbio citado por Aristides e as vidas de Pitágoras, escrita por Diógenes Laércio, de Porfírio e de Jâmblico.[260] Em suma, o argumento é que o autor de Lucas/Atos, buscando descrever a comunidade cristã primitiva, fundamenta-se em materiais

---

[259] JOHNSON, L. T. *The Literary Function of Possessions in Luke-Acts.* Missoula, Montana: Scholars Press, 1977, p. 189, 198.

[260] JOHNSON, L. T. *Sharing Possessions: Mandate and Symbol of Faith.* Philadelphia: Fortress, 1981, p. 119.

helenistas que exaltam o valor da unidade e amizade, particularmente expressas na posse comum de bens.

A primeira dificuldade com tal interpretação é que ela ignora os contrastes óbvios entre o ideal pitagórico e o que se descreve aqui. Um não passa de uma associação elitista de filósofos que compartilham coisas porque isso lhes permite se devotar à "vida filosófica"; e o outro descreve uma comunidade aberta que se regozija ao acrescentar milhares a seus números, e cuja habilidade para compartilhar é a consequência do derramamento do Espírito e da resultante expectativa escatológica vibrante.

Uma segunda dificuldade seria a necessidade de explicar por que e como o autor foi capaz de projetar em um passado razoavelmente recente uma prática que não existia na época em que Atos dos Apóstolos foi escrito. Na realidade, um dos princípios básicos na interpretação dos textos históricos é que os escritores tendem a projetar no passado as práticas e condições de sua própria época. Se, quando Atos foi escrito — digamos que por volta de 80 d.C. —, a prática dos bens em comum não era uma realidade na igreja, por que o autor diria que essa prática existira antes? Talvez, a fim de apresentar a comunidade cristã primitiva em termos ideais? Essa seria uma possibilidade se pudéssemos acusar Lucas de apresentar, de modo geral, um retrato ideal da igreja primitiva. No entanto, esse certamente não é o caso. Na verdade, imediatamente após a segunda passagem citada acima, o autor desse livro do Novo Testamento relata o caso de Ananias e Safira, um casal que tentou enganar a comunidade precisamente na questão referente ao uso da propriedade. E, logo depois dessa passagem, ficamos sabendo que *houve reclamação dos judeus de cultura grega contra os demais judeus, pois as viúvas daqueles estavam sendo deixadas de lado na distribuição diária de mantimentos* (At 6.1).

Uma terceira objeção à interpretação dessas passagens como uma tentativa, por parte de Lucas, de idealizar a vida da igreja primitiva é que há uma grande probabilidade de que essas mesmas passagens — em geral chamadas de "resumos" em Atos — pertençam a um material pré-lucano que o autor de Atos incorporou em trechos que pareciam ser apropriados na narrativa.[261] Ainda, é possível argumentar que, assim como Lucas apresenta ou, pelo menos, reinterpreta o tema da renúncia nos ensinamentos de Jesus a fim de envergonhar o rico, também o segundo livro da série, Atos dos Apóstolos, apresenta o tema da propriedade em comum com a mesma finalidade.

Por fim, pode-se parar de investigar a questão sobre a historicidade dos dois relatos discutidos aqui se for possível mostrar que, naquela época, quando Atos foi escrito — e, de fato, algum tempo depois disso — o que Lucas descreve aqui ainda era praticado. E esse realmente é o caso, como será possível observar nas páginas a seguir.

Antes de nos voltarmos a tais assuntos, no entanto, há outra interpretação bastante comum dessas passagens de Atos que deve ser mencionada. De acordo com ela, a igreja primitiva tinha, de fato, todas as coisas em comum no início, mas essa prática foi logo abandonada. Essa interpretação, em geral, inclui a noção — sem qualquer fundamento nos próprios textos — de que pelo menos uma das razões por que a comunidade cristã em Jerusalém era pobre — e Paulo despendeu muito esforço para trazer alívio aos membros dessa comunidade — foi precisamente a imprudência implícita nesse experimento comunitário. É muito comum apoiar essa interpretação, a qual, de forma sucinta, é apresentada em um dos comentários bíblicos mais utilizados hoje em dia por pregadores dos Estados Unidos:

> Qualquer que tenha sido a extensão desse experimento "comunitário" em Jerusalém, parece que não demorou muito para a experiência naufragar; primeiro, talvez por causa da dissensão entre os *judeus de cultura grega* e *os demais judeus* (6.1); e segundo, porque os administradores designados em razão dessa disputa foram expulsos da cidade pelos judeus. Provavelmente, também a entusiástica expectativa da *parousia* tenha

---

[261] Veja, por exemplo, Tromcmé, E. *Le "Livre des Actes" et l'histoire*. Paris: Presses Universitaires de France, 1957, p. 195-96. Por outro lado, compare com Benoit, P. "Remarques sur les 'Sommaires' de Actes 2/42 à 5", em *Aux sources de la tradition chrétienne, Mélanges offerts à M. Goguel*. Paris, Delachaux & Niestlé, 1950, p. 1-10. Uma boa discussão a respeito da confiabilidade histórica de Atos dos Apóstolos, embora não trate das questões investigadas aqui, é Hengel, M. *Acts and the History of Earliest Christianity*. Philadelphia: Fortress, 1980.

resultado na imprudência quanto ao futuro, de forma que a comunidade de Jerusalém sempre foi pobre.[262]

É bastante comum a noção de que a pobreza dos cristãos em Jerusalém era o resultado de sua imprudência por compartilharem todos os bens e do fato de usarem todo o capital que tinham à mão. Todavia, não há fundamento algum para uma interpretação como essa nem em Atos nem em outros registros contemporâneos. Ao contrário, Atos relata uma grande fome, razão por que essa ajuda era necessária (At 11.27-30). Josefo menciona um período de carestia na Judeia, cujo ápice ocorreu por volta de 46 d.C.[263] E os historiadores romanos Tácito e Suetônio mencionam vários períodos de grande fome durante o reinado de Cláudio (o período em que se relata em Atos a *grande fome* que resultou na necessidade de coletar esse auxílio para a igreja de Jerusalém).[264]

A fim de responder às duas interpretações — tanto à "ficção idílica" quanto ao "desastre econômico" —, temos de começar com o esclarecimento da natureza da comunhão de bens descrita em Atos. Primeiro, a noção de que as pessoas simples decidiam vender tudo o que tinham para compartilhar com o restante da comunidade é incorreta.[265] Em grego, há duas formas de passado simples. Uma, o imperfeito, indica uma ação passada continuada. A outra, o aoristo, refere-se a uma ação completada definitivamente. Nos textos em discussão aqui, os verbos são imperfeitos. Portanto, o que ficamos sabendo não é exatamente que *Vendiam suas propriedades e bens, e os repartiam com todos, segundo a necessidade de cada um* (At 2.45), mas, antes, que continuavam a fazer isso ou, conforme a ARA afirma, *Vendiam as suas propriedades e bens, distribuindo o produto entre todos, à medida que alguém tinha necessidade,*

---

[262] MACGREGOR, G. H. C., em *The Interpreter's Bible*, volume 9, p. 73. SIDER, R. J. *Rich Christians in an Age of Hunger*. Downers Grove, Illinois: Intervarsity Press, 1977, p. 101, cita uma visão similar de outro autor contemporâneo, ZIESLER, J. A. *Christian Asceticism*. Grand Rapids: Eerdmans, 1973, p. 110: "O problema com Jerusalém foi que eles transformaram o seu capital em renda, passando a não ter reservas para os tempos difíceis, e, portanto, os cristãos gentios tiveram de auxiliá-los."

[263] JOSEFO. *Ant.* 20. 5.

[264] TÁCITO. *Ann.* 12. 43; SUETÔNIO. *Claud.* 18.

[265] É possível encontrar essa noção em um livro que, de modo geral, é bastante cuidadoso, escrito por SCHOTTROFF, L. e STEGEMANN, W. *Jesus and the Hope of the Poor*, p.119: "A venda e a distribuição dos produtos são descritas como ações feitas de uma vez por todas. Portanto, não há razão para pressupor que foram feitas caso a caso, sempre que alguém estava passando necessidade."

ou em uma tradução livre da versão em inglês New American Standard Bible: *Começaram a vender suas propriedades e posses e estavam dividindo-as com todos à medida que alguém tinha necessidade.*

O uso do imperfeito também aponta para a maior diferença entre a comunidade descrita nesses textos e as dos textos helenistas e outras comunas — incluindo a de Cunrã, com a qual foi comparada. Aqui os bens em comum não representam o princípio orientador. Independentemente de quanto o Evangelho de Lucas tenha enfatizado a renúncia, quando chegamos a Atos, o que está descrito é uma comunidade em que as pessoas abriam mão de suas posses não pela renúncia em si, mas para ajudar os necessitados. Nas duas passagens discutidas aqui, a necessidade dos que recebem ajuda desempenha um importante papel. O objetivo não é uma noção abstrata de unidade, nem um princípio de pureza e renúncia, mas o atender às necessidades dos outros.

É por essa razão que a venda das posses é puramente voluntária. É inevitável que, em uma comunidade como a descrita aqui, aqueles que são mais generosos, como Barnabé, despertem o ciúmes de outros, como Ananias e Safira. Ainda assim, o próprio fato de que o livro de Atos relata tanto a história da generosidade de Barnabé quanto a fraude de Ananias e Safira logo depois de descrever as propriedades em comum dessa comunidade da igreja primitiva indica que essa narrativa não é nem uma tentativa de descrever essa comunidade em termos idílicos nem a descrição de vida comunitária dogmática. Pedro, sem meandros, fala para Ananias (At 5.4) que ele não tinha a obrigação de vender sua propriedade, e que, ao vendê-la, não tinha de trazer a quantia arrecadada para a comunidade. Portanto, o que Atos descreve é uma comunidade imperfeita com sua parcela de indivíduos mentirosos e ciumentos. No capítulo 6, o conflito entre os helenistas e os de fala aramaica quanto à distribuição da ajuda às viúvas de cada um desses dois grupos prova ainda mais a natureza imperfeita dessa comunidade. A forma como ela compreendia a si mesma, entretanto, é tal que *ninguém afirmava ser sua alguma coisa que possuísse* (At 4.32). Contudo, a forma como de fato funcionava o compartilhar implícito nessa afirmação dependia tanto da necessidade daqueles que não tinham posses quanto da vontade livre e espontânea de compartilhar por parte dos que eram mais afortunados.

À medida que examinamos mais minuciosamente a descrição dessa comunidade em Atos, temos de prestar atenção à palavra *koinonia*, usada para retratar a comunidade em Atos 2.42. A A21 e a NVI traduzem o termo por *comunhão*, e a Bíblia de Jerusalém, por *comunhão fraterna*. Essa é a compreensão comum dessa palavra, com frequência usada para se referir à disposição da boa vontade — *comunhão* — em relação aos outros membros do grupo. Portanto, o que o texto de Atos 2.42, assim considerado, quer dizer é apenas que havia bom relacionamento entre os membros da comunidade.

O termo *koinonia*, no entanto, quer dizer muito mais que isso. Também significa parceria, como em um empreendimento comercial conjunto. É nesse sentido que Lucas emprega o termo *koinonos*, membro de uma *koinonia*, pois, em Lucas 5.10, ficamos sabendo que os filhos de Zebedeu eram *koinonoi* de Pedro, com o sentido de que eram parceiros comerciais. O mesmo uso aparece em outros textos fora do Novo Testamento, algumas vezes em contextos muitíssimo semelhantes.[266] *Koinonia* quer dizer, acima de tudo, compartilhar, e não *comunhão* no sentido de bons sentimentos de uns para com os outros. Tanto em relação aos bens materiais quanto em outros contextos, o termo é usado com esse sentido em todo o Novo Testamento. Em Filipenses 3.10, que a A21 traduz por *participação nos seus sofrimentos*, quer dizer, na realidade, "conhecer a *koinonia* de seus sofrimentos". Em 1Coríntios 10.16, Paulo diz: *Não é verdade que o cálice da bênção que abençoamos é uma participação no sangue de Cristo, e que o pão que partimos é uma participação no corpo de Cristo?* (NVI). O termo que aqui a NVI traduz por *participação* — traduzido por *comunhão* na A21 — é *koinonia*. A carta de Paulo aos Filipenses, a qual poderia ser chamada de agradecimento pelo presente recebido, começa com palavras em que Paulo agradece aos filipenses por sua parceria e pelo compartilhamento com ele. Em 1.5, ele diz que é grato à *koinonia* dos filipenses e, dois versículos mais tarde, ele declara que *todos* eles são *participantes [koinonoi]* com ele *da graça* — ou seja, são proprietários em comum ou coparticipantes. No final da epístola, ele afirma que participaram da sua aflição (4.14), e o termo que ele usa poderia ser traduzido por "*cokoinonizado*". Tudo isso resulta em uma parceria única *quanto a dar e receber*, algo que ele desfrutou com a igreja dos filipenses (4.15) — e, mais uma vez, a palavra usada significaria literalmente "*koinonizado*". Em suma, *koinonia* é muito mais que um

---

[266] Em GRENFELL, B. P. e HUNT, A. S., eds. *Amherst Papyri*, p. 100, 4, há o caso em que o pescador Hermes recebe outro pescador como seu *koinonós* ou sócio.

sentimento de comunhão. Ela envolve o compartilhamento tanto dos bens quanto dos sentimentos.

Se, portanto, retornarmos para Atos 2.42, fica claro que, nessa passagem, *koinonia* é muito mais que apenas comunhão ou participação: *eles perseveravam no ensino dos apóstolos e na comunhão [koinonia], no partir do pão e nas orações.* As quatro coisas enumeradas aqui — o ensino dos apóstolos, a *koinonia*, o partir do pão e as orações — são apresentadas quase na mesma ordem dos versículos 43 a 47, em que ficamos sabendo (1) que *havia temor* em todas as almas, e sinais e maravilhas eram realizados por intermédio dos apóstolos; (2) que tinham tudo em comum, ou seja, os que criam; (3) que frequentavam o templo e louvavam a Deus; e (4) que partiam o pão em suas casas e partilhavam dos alimentos com coração alegre e generoso. A *koinonia* não é apenas um compartilhar espiritual.[267] É um compartilhamento total que inclui os aspectos materiais da vida, como também os espirituais.

Tendo esclarecido a natureza dos bens em comum que essa passagem e sua contraparte em Atos 4 descrevem, relacionando-os com a ideia de *koinonia*, podemos agora retornar à questão apresentada antes: há indícios de que o compartilhamento dos bens continuou — se é que realmente existiu — depois do tempo descrito nos primeiros capítulos de Atos? Mais uma vez, a questão não é se todos os cristãos venderam tudo de uma vez e puseram o dinheiro arrecadado em uma tesouraria comum. Conforme vimos, essa não é a situação descrita em Atos. A questão é se podemos encontrar indícios de que, em outras épocas — e épocas posteriores —, como também em outros lugares da vida da igreja, de acordo com o relato do Novo Testamento, havia o entendimento de que a comunidade cristã era uma parceria que incluía o compartilhamento tanto material quanto espiritual, o qual devia ser governado pela necessidade dos menos afortunados, e que, embora voluntário, esse compartilhamento e a visão que o norteava representavam uma afronta à compreensão tradicional — e, em particular, à concepção romana — da propriedade privada.

Quando se apresenta essa questão nesses termos, a resposta óbvia deve ser encontrada na coleta para os pobres em Jerusalém, fato que desempenha um importante papel nas epístolas de Paulo. Essa coleta não representa uma responsabilidade adicional ao apostolado de Paulo, mas faz parte e é uma parcela dele. Na realidade,

---

[267] JOHNSON, L. T. *The Literary Function of Possessions in Luke-Acts*, p. 185.

conforme o próprio Paulo descreve sua autenticação pelos líderes em Jerusalém, a coleta para os pobres representa uma importante parte de sua comissão (Gl 2.10).[268] À medida que examinamos essa coleta, e a maneira como Paulo a descreve em suas cartas, fica claro que o que temos aqui é uma extensão da prática de *koinonia*, conforme registrada em Atos 2 e 4.

De todas as igrejas nas quais Paulo trabalhou para coletar a oferta para Jerusalém, a de Corinto é a mais conhecida. Com base na correspondência de Paulo com os coríntios, é possível reunir muitas informações tanto sobre a vida econômica dos cristãos naquela cidade quanto sobre a forma como Paulo entendia e interpretava a coleta na qual estava engajado. A estrutura social da igreja de Corinto foi muitíssimo estudada.[269] Provavelmente, a melhor conclusão é a de Waye Meeks, de que os membros proeminentes das igrejas paulinas, incluindo a de Corinto, eram pessoas com "alta inconsistência de *status*"[270].[271] O que isso quer dizer é

---

[268] É interessante especular sobre a relação entre o "apostolado" de Paulo e seu comissionamento para recolher fundos para Jerusalém. "Apóstolo", em uma série de textos, é o título dado às pessoas a quem os patriarcas judeus e outros líderes enviavam para recolher fundos dos judeus da Diáspora. Eusébio, *In Isa.* 18. 1; Epifânio, *Pan.* 11, 30; *Código de Teodósio*, 16. 8. 14. Essas descrições dos "apóstolos" judeus são muito similares àquilo que Paulo foi comissionado a fazer quando estava a caminho de Damasco, antes de sua conversão. Infelizmente, todos esses textos, bem como outros que falam a respeito dos "apóstolos" judeus, são de datas posteriores. Nesse contexto, é preciso observar que Paulo se refere ao trabalho que desempenha como *este meu serviço em Jerusalém* (Rm 15.31). Ainda, é possível imaginar se isto não faz parte do contexto da insistência de Paulo em seu próprio apostolado. Será que ele está apenas afirmando que foi enviado pelo Senhor ou também está argumentando a favor de seu direito de arrecadar dinheiro para Jerusalém?

[269] Veja especialmente Theissen, G. *The Social Setting of Pauline Christianity: Essays on Corinth*. Philadelphia: Fortress, 1982. Particularmente interessante nesse estudo é a tentativa de Theissen de relatar os conflitos na igreja de Corinto para contrastar os ricos com os pobres nessa comunidade, p. 99-110, 145-74. Compare com Meeks, W. A. *The First Urban Christians: The Social World of the Apostle Paul*, p. 51-73.

[270] [NT] Inconsistência de *status* é uma situação na qual a posição social do indivíduo tem influências tanto positivas quanto negativas sobre seu *status* social. Por exemplo, um professor tem uma imagem social positiva (respeito, prestígio) que incrementa seu *status*, mas recebe um baixo salário, o que simultaneamente deprecia seu *status*. Por outro lado, um criminoso pode ter uma baixa posição social, mas obter altos rendimentos.

[271] Meeks, W. A. *The First Urban Christians: The Social World of the Apostle Paul*, p. 73.

que, enquanto nem todos os membros de uma igreja como a de Corinto eram pobres, os que tinham bons recursos financeiros eram pessoas cujo *status* era limitado por outros fatores. Fica claro, de qualquer modo, que havia notáveis diferenças econômicas na igreja coríntia, e estas criavam dificuldades, pois Paulo diz que alguns, quando se reuniam para a refeição comunitária, ficavam com fome, ao passo que outros se embriagavam (1Co 11.21).

Paulo deixa claro que há uma profunda contradição entre tal comportamento, que humilha o pobre, e a natureza mesma da igreja. Aqueles que têm muito para comer enquanto outros não têm o suficiente não só humilham o pobre, mas também desprezam a igreja (1Co 11.22). E pode-se argumentar que Paulo se refere a eles quando declara que *quem come e bebe sem ter consciência do corpo do Senhor* {ou seja, sem perceber que essa comunidade é o corpo de Cristo}, *come e bebe para sua própria condenação* (1Co 11.29).

Em todo caso, enquanto fala sobre a coleta em Corinto, Paulo instrui seus leitores a separar uma certa quantia no primeiro dia da semana para que as contribuições especiais não tenham de ser feitas quando ele chegar (1Co 16.1-4). A frase *conforme a sua prosperidade*, em 1Coríntios 16.2 (ARC), é difícil de ser traduzida. Certamente, não quer dizer que deveriam contribuir apenas se prosperassem. O mais provável é que deveriam pôr de lado o máximo que pudessem. Essas instruções, que Paulo afirma ter dado também para as igrejas da Galácia, parecem se aplicar a uma comunidade cujos membros não são necessitados nem ricos.[272] Paulo, ao mesmo tempo, espera que a quantia total que está levantando seja copiosa, abundante ou até mesmo opulenta (2Co 8.20).

A compreensão teológica de Paulo em relação à oferta para Jerusalém pode ser vista de forma mais detalhada em 2Coríntios, capítulos 8 e 9. Paulo começa dando aos coríntios a notícia da coleta na Macedônia, onde a resposta foi tal que *a intensidade da alegria e a extrema pobreza deles transbordaram em riqueza de generosidade* (8.2).[273] Nesse contexto, como também ao longo de todo o argumento de Paulo, fica claríssima a natureza livre e voluntária da doação. Os macedônios *deram de livre vontade* (8.3). Paulo também deixa muito

---

[272] MEEKS, W. A. *The First Urban Christians: The Social World of the Apostle Paul*, p. 65.

[273] Meeks sugere a tradução literal "pobreza abismal", mas, a seguir, sugere também que isso pode ser uma hipérbole. MEEKS, W. A. *The First Urban Christians: The Social World of the Apostle Paul*, p. 66.

claro que ele está pedindo aos coríntios para fazerem uma oferta, e isto não é uma ordem (8.8). A oferta deles deveria estar *pronta como contribuição e não como extorsão* (9.5). E prosseguiu, dizendo: *Cada um contribua de acordo com o que decidiu no coração; não com tristeza nem por constrangimento, pois Deus ama a quem dá com alegria* (9.7). Portanto, assim como em Atos a doação era voluntária, e Pedro falou para Ananias que ele não tinha obrigação de doar, também aqui Paulo deixa muito claro que a doação tem de ser de coração, e não em resposta a alguma coação exterior ou compreensão dogmática da prática dos bens em comum.

Há, entretanto, outra dimensão. A natureza voluntária da doação não significa que não existam objetivos ou diretrizes. Nesse texto, o objetivo é a igualdade:

> *Digo isso não para que haja alívio para outros e sofrimento para vós, mas para que haja igualdade. No tempo presente, a necessidade de outros está sendo suprida pelo que excedeu de vós, para que também aquilo que deles exceder venha a suprir a vossa necessidade, e assim haja igualdade. Como está escrito: Ao que muito colheu, nada sobrou; e ao que pouco colheu, nada faltou* (2Co 8.13-15).

O texto não esclarece a forma como a abundância dos que receberão a oferta suprirá a carência dos doadores. É possível interpretá-lo no sentido de que os cristãos de Jerusalém, embora pobres no aspecto material, são ricos espiritualmente, e é dessa abundância que os coríntios se beneficiarão. A ideia é bastante comum no pensamento patrístico posterior, de que as orações do pobre têm grande eficácia, e que quando o rico doa ao pobre, este paga seu benfeitor orando por ele. Pode ser isso que Paulo quis dizer aqui. Outra opção, entretanto, seria seguir o indício da expressão *no tempo presente* e interpretar o texto com o sentido de que, quando os coríntios, em algum momento futuro, tiverem necessidade, os de Jerusalém virão em seu auxílio.

Qualquer que seja o caso, não resta a menor dúvida de que Paulo diz que o propósito da oferta é promover a igualdade. No presente, pelo menos em relação à riqueza material, os coríntios têm relativa abundância. Com base em 1Coríntios 1.26, fica claro que a igreja de Corinto não incluía a aristocracia dessa cidade. Ainda assim, em comparação com aqueles de Jerusalém, tinham abundância. É o contraste entre a necessidade em Jerusalém e a abundância em Corinto que tem de ser superado pela oferta. Os coríntios devem doar porque os de Jerusalém passam necessidade. Portanto, como no caso dos bens em comum apresentado nos capítulos 2 e 4 de Atos, o que determina a doação é a necessidade do pobre.

É nesse contexto que Paulo, a fim de fortalecer seu argumento, cita o milagre da redistribuição do maná. Em Êxodo 16.16-18, relata-se a história de que os israelitas, quando Deus forneceu o maná, receberam a ordem de coletar uma determinada medida (um ômer) para cada membro do núcleo familiar. E, como acontece com muita frequência nas sociedades humanas, *Alguns deles recolheram mais, e outros, menos.* Todavia, quando mediram o que haviam recolhido, descobriram que o maná fora redistribuído, de forma que cada núcleo familiar tinha a quantia que Deus ordenara. Esse é o milagre da igualdade, o qual demonstra a vontade de Deus, e Paulo exorta os coríntios a imitarem esse milagre.

Em tudo isso, há uma notável semelhança com o que o livro de Atos descreve como tendo acontecido na igreja primitiva. Verdade, não encontramos palavras como: "eles tinham todas as coisas em comum". No entanto, certamente encontramos um espírito e uma prática muito similares ao que vemos em Atos, em especial se lermos não apenas o breve relato sobre os bens em comum, mas também os exemplos de como isso efetivamente funcionou — ou não funcionou — em casos como o de Barnabé e o de Ananias e Safira.

Lucas e Atos foram escritos depois das epístolas de Paulo, em um círculo com grande influência paulina. Na realidade, a maior parte do livro de Atos é dedicada ao ministério de Paulo. Portanto, em vez de sugerir que a descrição dos bens em comum em Atos se deve às influências helenistas e à idealização da comunidade primitiva, pareceria possível seguir a direção oposta e argumentar que — embora algumas frases usadas nos capítulos 2 e 4 de Atos possam ter paralelos na antiga literatura grega — o que Lucas estava descrevendo nessas passagens era a concepção da *koinonia* cristã que estivera no cerne do ministério de Paulo. Se esse for o caso, então Atos não fala sobre um breve momento idílico na vida da igreja primitiva, ou de um fato limitado à comunidade de Jerusalém, mas de algo que, plenamente praticado ou não, ainda fazia parte da compreensão que a igreja, de todas as regiões, tinha de si mesma — pelo menos, as igrejas paulinas. Conforme veremos nos capítulos posteriores, essa prática continuou por várias gerações.

OS LIVROS TARDIOS DO NOVO TESTAMENTO

Nos livros tardios do Novo Testamento, encontramos tanto a continuação dos temas já apresentados no movimento cristão primitivo quanto os primeiros prenúncios dos temas e situações que se tornarão mais claros em tempos posteriores.

O tema da *koinonia* está presente nas epístolas joaninas. Na verdade, 1João começa com a declaração de que a própria epístola foi escrita com esta finalidade: *para que também tenhais comunhão {*koinonia*} conosco; e a nossa comunhão {*koinonia*} é com o Pai e com seu Filho Jesus Cristo* (1Jo 1.3). A seguir, prossegue dizendo que só é possível ter *koinonia* com Deus se tivermos comunhão entre nós (1.6,7). E toda a epístola leva à seguinte conclusão: *Quem, pois, tiver bens do mundo e, vendo seu irmão em necessidade, fechar-lhe o coração, como o amor de Deus pode permanecer nele? Filhinhos, não amemos de palavra, nem de boca, mas em ações e em verdade* (3.17,18).[274]

A existência de pregadores itinerantes e a necessidade de apoiá-los são refletidas em 1João 5 a 8. Na literatura deuteropaulina (Tt 1.7-11), aparece um problema que encontraremos de novo

---

[274] Um texto citado com frequência nos tempos modernos, mas muito menos no período patrístico, é João 12.8: *Pois sempre tereis os pobres convosco; mas a mim nem sempre tereis.* Esse texto não deve ser interpretado, como acontece com regularidade, no sentido de que os cristãos devem se conformar com a existência da pobreza, sem buscar aliviá-la. Em seu próprio contexto, esse texto quer dizer exatamente o oposto. Primeiro, é uma citação de Deuteronômio 15.11. Toda a passagem de Deuteronômio afirma que, se o povo de Deus obedecesse à lei do Senhor, não haveria pobres entre eles, mas que, uma vez que isso não acontece, *nunca deixará de haver pobres na terra. Por isso, te ordeno: Livremente abrirás a mão para o teu irmão, para o necessitado e para o pobre na tua terra.* Segundo, na passagem de João, Jesus está respondendo a Judas, o apóstolo que fez o comentário sobre a extravagância de Maria ao ungir os pés de Jesus com unguento caríssimo, que poderia ser melhor empregado com os pobres. Nesse contexto, a resposta de Jesus significa que naquele momento — enquanto está com seus discípulos e está se preparando para a morte — a extravagância de Maria em seu presente para ele é apropriada. Depois que ele tiver partido, haverá ampla oportunidade para praticar a mesma liberalidade com os pobres.

em nosso próximo capítulo, a saber, pregadores que perturbam e exploram a comunidade, pois ensinam *motivados pela ganância*.[275] Há, também nas epístolas deuteropaulinas, uma série de referências à tentação em relação às riquezas. O mal dos *últimos dias* inclui indivíduos que *amarão a si mesmos, serão gananciosos, arrogantes, presunçosos, blasfemos, desobedientes aos pais, ingratos, ímpios* (2Tm 3.1,2). E a seguinte passagem reflete claramente a igreja em que alguns têm — ou, pelo menos, buscam ter — mais do que precisam:

> *De fato, a piedade acompanhada de satisfação é grande fonte de lucro. Porque nada trouxemos para este mundo, e daqui nada podemos levar; por isso, devemos estar satisfeitos se tivermos alimento e roupa. Mas os que querem ficar ricos caem em tentação, em armadilhas e em muitos desejos loucos e nocivos, que afundam os homens na ruína e na desgraça. Porque o amor ao dinheiro é a raiz de todos os males; e por causa dessa cobiça alguns se desviaram da fé e se torturaram com muitas dores* (1Tm 6.6-10).

Hebreus 10.34, no mesmo espírito, louva o cristão que aceitou *com alegria o confisco dos próprios bens, sabendo que te[m] a posse de algo melhor e permanente*. Nessa epístola, ficamos sabendo também que Moisés *considerou a afronta de Cristo como uma riqueza maior do que os tesouros do Egito, pois tinha em vista a recompensa* (Hb 11.26). E os cristãos são exortados desta maneira: *Seja a vossa vida isenta de ganância e contentai-vos com o que tendes* (Hb 13.5).

O tema da recompensa para aqueles que não têm apego a sua riqueza, mas a empregam para as boas ações, é apresentado de forma mais clara em 1Timóteo 6.17-19:

> *Ordena aos ricos deste mundo que não sejam orgulhosos, nem ponham a esperança na incerteza das riquezas, mas em Deus, que nos concede amplamente todas as coisas para delas desfrutarmos; que pratiquem o bem e se enriqueçam com boas obras, sejam solidários e generosos. Com isso acumularão um bom tesouro para si mesmos, um bom fundamento para o futuro, para que possam alcançar a verdadeira vida.*

---

[275] Compare com Filipenses 1.15-18.

Aqui encontramos não só a noção de que ao fazer bom uso das riquezas na terra é possível ganhar tesouros no céu, mas também o contraste entre dois tipos de riquezas. Alguns são *ricos deste mundo*; outros, ricos nas *boas obras*. Os dois não são mutuamente exclusivos, mas são muitíssimo distintos. Nos capítulos que se seguem, descobriremos que um tema bastante comum na literatura cristã dos primórdios do cristianismo é que os aparentemente ricos são, na realidade, pobres, e vice-versa. Esse tema já aparece no livro de Apocalipse, em que as palavras à igreja de Esmirna — *conheço tua tribulação e tua pobreza, apesar de seres rico* (Ap 2.9) — contrastam com a mensagem para a igreja de Laodiceia:

> *Porque tu dizes: Sou rico, tenho prosperado e nada me falta, mas não sabes que és infeliz, miserável, pobre, cego e nu. Eu te aconselho que compres de mim ouro refinado no fogo, para que te enriqueças* (Ap 3.17,18).

Essas passagens são apenas algumas das muitas que devem ser examinadas em uma investigação minuciosa das questões referentes à fé e à riqueza no Novo Testamento. Estão apresentadas aqui apenas para fornecer o pano de fundo necessário para os capítulos que se seguem, e não em uma tentativa de esgotar o assunto. Ainda assim, devem ser suficientes para mostrar que o assunto do relacionamento entre fé e riqueza não é algo estranho ao Novo Testamento.

V

A IGREJA SUBAPOSTÓLICA

A DIDAQUÊ

Uma das descobertas históricas mais maravilhosas do século XIX aconteceu em 1875 em uma das bibliotecas de Istambul, onde se descobriu um antigo manuscrito contendo um documento que, havia muito tempo, se considerava irremediavelmente perdido. A *Instrução dos doze apóstolos*, mais conhecida por *Didaquê*, foi citada repetidas vezes pelos escritores cristãos dos séculos II a V. Depois de algum tempo, a maioria das citações parece ser de segunda mão e, portanto, é possível presumir que o documento foi perdido em algum momento no início da Idade Média para, por fim, reaparecer em 1875 na biblioteca dos Cavaleiros da Ordem dos Hospitalários do Santo Sepulcro, em Istambul. Foi nessa época acrescentado à lista daqueles escritos que, conforme se presume, são datados do período subapostólico, em geral denominado de "Pais Apostólicos".

Não há concordância entre os estudiosos quanto à data da composição do manuscrito *Didaquê*.[276] Embora o autor, ao que parece, tenha lido os sinóticos, o que encontramos no texto da *Didaquê* é um cenário ainda muito similar ao dos primórdios do movimento de Jesus. Por volta dessa época, entretanto, os apóstolos ou pregadores "itinerantes", indo de um lugar ao outro, começaram a apresentar a dificuldade de serem reconhecidos. O

---

[276] Audet, J. P. *La Didachè: Instructions des Apôtres*. Paris: J. Gabalda, 1958, argumenta que é antes da queda de Jerusalém, em 70 d.C., enquanto Colson, J. *L'évêque dans les communautés primitives*. Paris: Editions du Cerf, 1951, argumenta em favor do século III, afirmando que o arcaísmo da Didaquê é forjado. Também é possível que o documento, de fato, inclua estratos de períodos distintos, conforme sugerido por Giet, S. *L'énigme de la Didachè*. Paris: Ophrys, 1970.

mesmo é verdade quanto aos "profetas" — apesar de o relacionamento entre esses dois títulos não ser claro. Como é possível saber se são legítimos? A resposta na *Didaquê* mostra que existe o perigo de que alguns deles possam buscar o lucro com a pregação do evangelho. Um apóstolo ou profeta que pede mais que pão para a viagem — em especial aquele que pede dinheiro — ou o que pede alojamento por mais de dois dias é falso.[277] Tudo isso, além de uma série de outros detalhes, aponta para um período muito remoto no desenvolvimento da estrutura da igreja. Por outro lado, alguns membros das comunidades às quais o texto do manuscrito *Didaquê* é endereçado tinham escravos — um sinal que nos remete para um período em que a igreja apresentava um maior número de membros provenientes dos escalões médios da economia.

Uma vez que há indícios no texto que apontam para condições semidesérticas ou áridas[278], parece seguro assumir que o manuscrito *Didaquê* reflete a vida em uma igreja não paulina, talvez em alguma região semidesértica da Síria ou Palestina, sendo impossível determinar a época, mas que poderia ser datada entre 70 e 140 d.C.[279] As comunidades às quais se dirige o texto, embora não sejam ricas, de fato têm em seu seio alguns donos de escravos, como também donos de rebanhos e, ainda, pessoas com uvas para espremer e trigo para debulhar.[280]

É na *Didaquê* que encontramos a referência mais antiga, fora do Novo Testamento, à comunhão de bens conforme retratada em Atos dos Apóstolos:

> Não seja como os que estendem a mão na hora de receber e a retiram na hora de dar. Se você ganha alguma coisa com o trabalho de suas mãos, ofereça-o como reparação por seus pecados. Não hesite em dar nem dê reclamando, pois você sabe quem é o verdadeiro remunerador da sua recompensa. Não rejeite o necessitado. Divida tudo com o seu irmão e

---

[277] *Didaquê,* 11. 4-6,9,12.

[278] Em especial, as instruções concernentes ao batismo em casos em que a água é escassa. *Didaquê,* 6. 2.

[279] Por volta de meados do século II, Hermas, em Roma, cita a *Didaquê.* HERMAS. *Pastor, mandamento* 2. 4 = *Didaquê,* 1. 5.

[280] *Didaquê,* 13. 3.

não diga que são coisas suas. Se vocês estão unidos nas coisas que não morrem, tanto mais nas coisas perecíveis.[281]

As últimas linhas dessa citação são um paralelo bastante próximo de Atos 4.32, em que também ficamos sabendo que os primeiros cristãos tinham todas as coisas em comum e não reivindicavam o que tinham como posses suas. Aqui, mais uma vez, ordena-se aos leitores que não digam que as coisas são suas. Eles devem compartilhar (*synkoinonein,* ou "*cokoinonizar*") todas as coisas com aqueles que passam necessidade. A fim de apoiar esse ponto de vista, apresenta-se um novo argumento. Os cristãos que compartilham — literalmente, que são proprietários e parceiros em comum, *koinonoi* — as coisas imortais devem estar prontos para compartilhar da mesma forma as coisas menos importantes, as mortais.[282]

A *Didaquê* também concorda com Atos quanto ao fato de que o fundamento para esse compartilhar é a necessidade do outro: "Não rejeite o necessitado". Em outra passagem, enumera entre os que seguem o "caminho da morte" — além dos assassinos, adúlteros e ladrões — os que não respondem ao necessitado,

> não se compadecem do pobre, não se importam com os aflitos, não reconhecem o Criador deles {dos aflitos}. São ainda assassinos de crianças, corruptores da imagem de Deus, desprezam o necessitado, oprimem o aflito, defendem os ricos, são juízes injustos com os pobres e, por fim, são pecadores consumados.[283]

---

[281] *Didaquê*, 4. 5-8, em *ANF*, volume 7, p. 378. A frase aqui traduzida por: "Se você ganha alguma coisa com o trabalho de suas mãos, ofereça-o como reparação por seus pecados" foi muito melhor traduzida que a tradução para o inglês: "If thou hast aught, through thy hands thou shalt give ransom for thy sins" ["Se você tem um pouco, por meio de suas mãos deve dar a redenção por seus pecados"]. Em outras palavras, tudo o que ganhar por meio do trabalho é para ser compartilhado.

[282] Uma passagem reminiscente de Lucas 16.11,12 é esta: "Se, então, você não foi fiel ao indigno Mamom, quem confiará a você as verdadeiras riquezas? E se você não foi fiel naquilo que é de outro, quem lhe dará aquilo que é seu?"

[283] *Didaquê*, 5. 2, em *ANF*, volume 7, p. 379.

Afora essa breve referência aos bens materiais como "mortais", não há na *Didaquê* nenhum indício de que alguém deva se despojar de seus bens com o propósito da renúncia nem que deva doar à comunidade com vistas à propriedade compartilhada. A razão por que alguém não deve reivindicar seu direito à propriedade privada é a necessidade do outro. O princípio que governa a doação não é nem o ideal da vida comunitária nem a renúncia ascética, mas a necessidade do outro. Aparentemente, esse é o sentido do dito que a *Didaquê* apresenta: "Que a sua esmola fique suando nas mãos, até que você saiba para quem a está dando".[284] Isto, mais uma vez, é bastante similar ao que encontramos nas duas passagens de Atos em que há referência aos bens em comum.

O que se tem em mente aqui, como em Atos, não é a abolição da propriedade, mas sua subordinação às reivindicações daqueles que passam necessidades. O manuscrito *Didaquê* fornece instruções sobre o que se deve fazer com "os primeiros frutos" para sustentar os profetas locais — ou, se não houver profetas, para sustentar o pobre.[285] Obviamente, tais instruções deixam implícito que aqueles que têm terras ou rebanhos não devem necessariamente abrir mão desses bens, mas pô-los à disposição dos necessitados.

Por fim, também como Atos, a *Didaquê* não se refere a uma comunidade ideal, em que o amor e o compartilhamento são de tal natureza que todas as dificuldades são suplantadas. Assim como Atos toma conhecimento da atitude de Ananias e Safira e das murmurações com relação à distribuição do sustento das viúvas, a *Didaquê* reconhece que alguns tentarão se aproveitar da comunidade e de sua *koinonia*. Após citar as palavras de Jesus, a fim de demonstrar que é preciso doar a qualquer pessoa que lhe pedir algo, a *Didaquê* prossegue:

> Feliz aquele que dá conforme o mandamento, porque será considerado inocente. Ai de quem

---

[284] *Didaquê*, 1. 6, em *ANF*, volume 7, p. 377.

[285] *Didaquê*, 13. 1-4, em *ANF*, volume 7, p. 381: "Todo verdadeiro profeta que queira se estabelecer em seu meio é digno do alimento. Assim também o verdadeiro mestre é digno do seu alimento, como qualquer operário. Assim, tome os primeiros frutos de todos os produtos da vinha e da eira, dos bois e das ovelhas, e os dê aos profetas, pois são eles os seus sumos-sacerdotes. Porém, se você não tiver profetas, dê aos pobres."

> recebe: se recebe por estar necessitado, será considerado inocente; mas se recebe sem ter necessidade, deverá prestar contas do motivo e da finalidade pelos quais recebeu. Será posto na prisão e interrogado sobre o que fez; e daí não sairá até que tenha devolvido o último centavo.[286]

O texto citado anteriormente (*Didaquê* 4.5), "Não seja como os que estendem a mão na hora de receber e a retiram na hora de dar", refere-se aos que procuram se aproveitar da comunidade. A *Didaquê*, da mesma forma, alerta contra os recém-chegados que buscam tirar proveito da hospitalidade do grupo e dá instruções para lidar com os apóstatas que desejam se fixar na comunidade.

> Se o hóspede estiver de passagem, deem-lhe ajuda no que puderem; entretanto, ele não permanecerá com vocês a não ser por dois dias, ou três, se for necessário. Se quiser estabelecer-se com vocês e tiver uma profissão, então trabalhe para se sustentar. Se ele, porém, não tiver profissão, procedam conforme a prudência, para que um cristão não viva ociosamente entre vocês. Se ele não quiser aceitar isso, é um comerciante de Cristo. Tenham cuidado com essa gente.[287]

Em conclusão, independentemente da época em que a *Didaquê* foi escrita, a compreensão que a *koinonia* cristã tinha de si mesma, conforme vemos ali retratada, é muitíssimo semelhante àquela que encontramos em Atos, capítulos 2 e 4. O único elemento acrescentado — o qual vemos esboçado no Novo Testamento — é que o que se doa também serve como reparação dos pecados do doador.[288] O uso da promessa da recompensa como motivação para ajudar o pobre, conforme veremos, se tornará cada vez mais comum durante o período patrístico.

---

[286] *Didaquê*, 1.5, em *ANF*, volume 7, p. 377.

[287] *Didaquê*, 12.2-5, em *ANF*, volume 7, p. 381.

[288] *Didaquê*, 4.6-7, citado anteriormente: "ofereça-o como reparação por seus pecados" e "pois você sabe quem é o verdadeiro remunerador da sua recompensa".

PSEUDOBARNABÉ

O manuscrito descoberto em Istambul em 1875 continha também outro documento que estivera perdido até o século XIX, a chamada *Epístola de Barnabé*. Ela já era conhecida, pois em 1859, na biblioteca do monastério de Santa Catarina, no monte Sinai, Konstantin Von Tischendorf descobrira outro manuscrito, agora conhecido como *Códice Sinaítico*, que incluía essa epístola, além do Antigo e Novo Testamentos e de parte de *O pastor*, de Hermas. Como a *Didaquê*, a *Epístola de Barnabé*, provavelmente escrita em Alexandria ou em suas proximidades por volta do ano 135,[289] foi citada com frequência na Antiguidade, mas, ao que parece, foi perdida na Idade Média, provavelmente no século IX.

A *Epístola de Barnabé* nos interessa porque mostra uma ampla disseminação da compreensão de *koinonia* dos bens que encontramos na *Didaquê*. Os últimos capítulos da *Epístola* são um paralelo tão próximo dos primeiros capítulos da *Didaquê* que não resta a menor dúvida de que há uma conexão entre os dois textos. O material comum é chamado de "Documento dos dois caminhos", conforme apelidado pelos estudiosos. Não nos interessa aqui se tal documento de fato existiu independentemente da *Didaquê* ou se o autor da *Epístola de Barnabé* retirou esse material da *Didaquê*. O ponto importante é que a *Epístola de Barnabé*, quer esteja citando uma fonte comum quer esteja apenas repetindo as palavras da *Didaquê*, inclui o texto crucial da *Didaquê* quanto aos bens em comum:

> Compartilha {pratica a *koinonia*} tudo com o teu próximo, e não digas que são coisas tuas. Se estais

---

[289] Esse é um tópico de conjetura. Há muita incerteza sobre a data da composição da *Epístola de Barnabé*. A data de 135 fundamenta-se na passagem do capítulo 16 que parece se referir ao projeto de Adriano da construção do templo a Júpiter no local onde estivera o templo de Jerusalém. HARNACK, A. *Die Chronologie der altchristlicher Literatur bis Strom.* 4. 13 em *ANF*, volume 2, p. 426. Leipzig: J. C. Hinrichs, 1897, p. 423-27. Outros, com base nas referências crípticas no capítulo 4, datam essa epístola no período do imperador Nerva, em 98 d.C.

unidos {*koinonoi*} nas coisas incorruptíveis, tanto mais nas coisas corruptíveis!²⁹⁰

Embora esse texto – e muitos outros da *Epístola de Barnabé* que apresentam paralelos com o texto da *Didaquê* – acrescentem pouco no que diz respeito ao conteúdo, eles servem para comprovar que a perspectiva da *koinonia* — compartilhar os bens — que aparece em Atos dos Apóstolos e na *Didaquê* foi praticada por outros cristãos, talvez em terras tão distantes quanto a Alexandria e em datas tão tardias quanto 135 d.C.

A EPÍSTOLA A DIOGNETO

Por fim, ainda tratando dos bens em comum na época dos pais apostólicos, a *Epístola a Diogneto* merece nossa atenção. Esse documento — que deveria ser listado junto com os apologistas do século II, e não com os pais apostólicos — data provavelmente da época do imperador Adriano (117-138 d.C.).²⁹¹ A *Epístola a Diogneto*, descrevendo a vida dos cristãos para alguém de fora da comunidade, declara que eles "põem a mesa em comum, mas não o leito".²⁹² É bem possível que essa seja uma maneira breve de contrastar a vida em comum dos cristãos com aquela defendida por Platão e outros. Familiarizados com as utopias de bens em comum da Antiguidade e tendo ouvido rumores sobre imoralidade entre os cristãos, os de fora podiam confundir a comunhão de bens dos cristãos com o comportamento sexual promíscuo defendido por algumas das antigas utopias. Portanto, é importante para o autor da *Epístola a Diogneto* estabelecer a diferença entre os bens em comum e

---

²⁹⁰ *Barn.* 19. 8 em *ANF*, volume 1, p. 148. Outras seções da *Didaquê* que citamos também aparecem, com pequenas variações, na *Epístola de Barnabé*. "Não sejas como os que estendem a mão na hora de receber e a retiram na hora de dar. [...] Não hesites em dar nem dês reclamando, pois sabes quem é o verdadeiro remunerador da tua recompensa. [...] {Há} os que perseguem os bons, odeiam a verdade, amam a mentira, ignoram a recompensa da justiça, não se ligam ao bem nem ao julgamento justo, não cuidam da viúva e do órfão, [...] não têm misericórdia para com o pobre, recusam ajudar o oprimido, difamam facilmente, [...] não se compadecem do necessitado, não se importam com os atribulados, defendem os ricos, são juízes injustos com os pobres [...]. (19. 9, 11; 20. 2; *ANF*, volume 1, p. 148-49).

²⁹¹ Há, no entanto, muita controvérsia quanto a sua data. Veja GONZÁLEZ, J. *Uma história do pensamento cristão*, volume 1, p. 116, n.83.

²⁹² *Epístola a Diogneto*, 5. 7.

a promiscuidade sexual. Mais tarde, e pelas mesmas razões, veremos uma afirmação similar em Tertuliano. De qualquer modo, aqui encontramos mais uma vez a prática da *koinonia*, embora não de forma tão explícita quanto em outros textos que já estudamos.

Um relevante detalhe é que o autor desse tratado fundamenta a *koinonia* na imitação da bondade de Deus — um tema que aparecerá repetidas vezes em escritos cristãos posteriores. A majestade de Deus, de acordo com esse tratado, não consiste tanto em poder e riquezas, como consiste em amor e doação, e é essa atitude que os cristãos são chamados a imitar:

> Não te maravilhes de que um homem possa se tornar imitador de Deus. Se Deus quiser, o homem poderá. A felicidade não está em oprimir o próximo, ou em querer estar por cima dos mais fracos, ou enriquecer-se e praticar violência contra os inferiores. Deste modo, ninguém pode imitar a Deus, pois tudo isto está longe de sua grandeza. Todavia, quem toma para si o peso do próximo, e naquilo que é superior procura beneficiar o inferior; aquele que dá aos necessitados o que recebeu de Deus é como Deus para os que receberam de sua mão, é imitador de Deus.[293]

HERMAS

Com *O pastor* de Hermas, aproximamo-nos de meados do século II. Hermas era irmão de Pio, bispo de Roma de 141 a 155, e, provavelmente, foi durante esse período que escreveu *O pastor*.[294] Portanto, enquanto Élio Aristides fazia seu famoso discurso

---

[293] *Epístola a Diogneto*, 10. 4-6 em *ANF*, volume 1, p. 29.

[294] A unidade de *O Pastor* de Hermas tem sido muito debatida, e uma série de teorias engenhosas foi proposta quanto ao número dos possíveis autores e às respectivas datas em que estes escreveram. Estou inclinado a pensar que o livro contém várias visões e outros elementos de épocas distintas e, talvez, de fontes diversas, e que tudo isso foi reunido aproximadamente na forma presente nas datas fornecidas. Quanto ao papel de Hermas nesse processo, não há razão para duvidar de que, quando o livro foi publicado, foi considerado de sua autoria, e de que ele, com muita probabilidade, é o autor de grande parte desse material e o compilador do restante que não é de sua autoria.

Oration to the Romans [Discurso aos romanos] (em 143 ou 144 d.C.), Hermas, talvez, estivesse escrevendo *O pastor*. Enquanto Élio Aristides falava sobre um mundo próspero ao qual Roma trouxera paz e riqueza, Hermas via o mundo dividido entre ricos e pobres:

> Não vos aposseis, somente para vós, dos bens que Deus criou em abundância, mas reparti também com os necessitados. Alguns, de fato, pelo excesso no comer, acabam por enfraquecer o corpo e minar a saúde. Outros, que não têm o que comer, veem a saúde arruinada pela insuficiência de alimentos, e o corpo se arruína. Essa intemperança é danosa para vós, para vós que possuís e não repartis com os necessitados.[295]

Nenhum dos pais apostólicos devota tanta atenção a esse problema quanto Hermas. Na realidade, enquanto seu tema central é a possibilidade de um *segundo arrependimento* depois do batismo, a questão das riquezas e de seu uso se entrelaça constantemente com esse tópico. Os textos que estudaremos nas páginas a seguir são apenas alguns dos muitos que poderiam ser citados para demonstrar esse interesse e a forma como Hermas lida com ele. Ao mesmo tempo, entretanto, a principal preocupação de *O pastor* não é o bem-estar do pobre, mas a salvação do rico. A questão básica não é esta: como o pobre pode ser ajudado? Mas, antes: como o rico pode ser salvo? Naturalmente, isso representa ajudar o pobre, e o rico recebe algumas orientações de como pode fazer isso. Em geral, no entanto, o livro se dirige ao rico. Frequentemente fala-se do pobre na terceira pessoa.[296] A preocupação com o segundo arrependimento, visto que se relaciona com as riquezas e seus embaraços, é uma preocupação pastoral

---

[295] HERMAS. *O pastor, visão*, 3. 9. 3-4 em *ANF*, volume 2, p. 16.

[296] OSIEK, C. *Rich and Poor in the Shepherd of Hermas: An Exegetical-Social Investigation*. Washington, D.C.: Catholic Biblical Association of America, 1983, p. 47: "Mencionam-se o pobre e o necessitado apenas para contrapô-los ao rico na elaboração das responsabilidades deste último". Embora isso seja verdade, talvez tenha havido exageros na página 133: "a pobreza econômica e a condição difícil do pobre não eram as principais preocupações de Hermas". O estudo de Osiek estabelece o padrão no qual muito do material apresentado nesta seção deste livro se fundamenta.

para a salvação do rico — ou daqueles que desejam ser ricos.[297] O ambiente social em que Hermas escreve é muito diferente daqueles dos primórdios do movimento de Jesus ou, até mesmo, da *Didaquê* e da *Epístola de Barnabé*.[298]

A preocupação pastoral de Hermas com os ricos não significa que ele apenas busca confortá-los pelo fato de terem riquezas e bens. Ao contrário, ele transmite seu sentimento veemente de que as riquezas são um impedimento para a salvação. Em uma das visões que ele registra, a igreja lhe mostra uma grande torre sendo construída — a própria igreja. À medida que multidões de anjos trazem pedras para o local da construção, os seis anjos responsáveis pela construção põem algumas pedras diretamente nas paredes, enquanto outras são lançadas fora — dentre estas, algumas são esmigalhadas, e outras esperam uma nova oportunidade para serem trazidas à torre. No grupo destas últimas, há algumas pedras brancas e redondas que não se ajustam de forma precisa à construção porque são redondas. Hermas pergunta a sua guia:

> Senhora, e quem são as pedras brancas e redondas, que não se adaptam à construção? Ela me respondeu: Até quando serás ignorante e sem bom senso? Perguntarás tudo sem nada compreenderes por ti mesmo? São aqueles que têm fé, mas também conservam as riquezas deste mundo. Quando chega a tribulação, por causa de suas riquezas e negócios, eles renegam seu Senhor. Eu então lhe replico: Senhora, quando é que eles serão úteis para a construção? Ela me diz: Quando for aparada a riqueza que os domina, então serão úteis para Deus. A pedra redonda não pode se tornar quadrada se não for cortada e não perder algo de si. Do mesmo

---

[297] Talvez seja esclarecedor comparar Hermas com Hebreus 10.26-36, em que também há a questão de pecados cometidos após o arrependimento, bem como o tema das posses e da disposição de compartilhá-las.

[298] Não há dúvida de que Hermas conhecia um destes dois documentos: ou a *Didaquê* ou o "Documento dos dois caminhos" (se é que esse documento realmente existiu), pois HERMAS, *O pastor, mandamento* 2.4-5 é uma coleção de frases da *Didaquê* 1.5 e 2.6-7. É significativo o fato de que Hermas não segue adiante para citar a *Didaquê* 2.8, uma afirmação contundente em favor da *koinonia radical*.

modo, os ricos deste mundo não poderão ser úteis ao Senhor se suas riquezas não forem aparadas.[299]

Não há dúvida de que Hermas considera as riquezas — e, em especial, a busca da riqueza — como um impedimento para a salvação. E isto por várias razões. Primeiro, a preocupação com os negócios desvia a atenção da fé, tornando difícil para os que ficam tão ofuscados pelo brilho da riqueza entender os ensinamentos da igreja. Há os que creem e depois "ficam presos em seus negócios, riquezas, amizades pagãs e outras numerosas ocupações deste mundo". Tais pessoas não compreendem os ensinamentos da igreja porque "suas mentes se corrompem e ficam áridas", e elas "extraviam-se do seu bom senso e nada mais compreendem sobre a justiça".[300]

A segunda razão por que as riquezas podem ser um perigo tem a ver com as companhias escolhidas por aqueles que as buscam. A referência às "amizades pagãs" no parágrafo anterior aponta nessa direção. Hermas, em outra passagem, parece distinguir entre os ricos e os que "ficam presos em seus negócios". Aparentemente, a distinção feita é entre os que são confortavelmente ricos e os arrivistas sociais que tentam progredir por intermédio de empreitadas arriscadas. De qualquer modo, o problema com esses dois grupos é que andam com o tipo errado de companhia. Aqueles que ficam presos em seus negócios "não se ligam aos servos de Deus, mas se extraviam, afogados em seus negócios". Os outros, os confortavelmente ricos, "dificilmente se ligam aos servos de Deus porque temem que alguém lhes peça alguma coisa".[301] A tendência daqueles envolvidos com seus negócios de evitar os outros pode ser o que Hermas tinha em mente quando fala daqueles que "agiram hipocritamente pelo desejo do lucro, e cada um ensinou conforme os desejos dos homens pecadores".[302]

Todavia, a razão mais importante por que as riquezas são um obstáculo à fé é que envolvem um compromisso com a ordem presente e, em épocas de perseguição, esse compromisso torna muito difícil permanecer firme.

---

[299] HERMAS. *O pastor, visão* 3. 6. 5 em *ANF*, volume 2, p. 15.

[300] HERMAS. *O pastor, mandamento* 10. 1.4 em *ANF*, volume 2, p. 26.

[301] HERMAS. *O pastor, parábolas* 9. 20. 1-2 em *ANF*, volume 2, p. 50. Também HERMAS. *O pastor, parábolas* 8. 8. 1 em *ANF*, volume 2, p. 42: "[...] os que estavam imersos em seus negócios e não se juntavam aos santos".

[302] HERMAS. *O pastor, parábolas* 9. 19. 3 em *ANF*, volume 2, p. 42.

Ele me disse: "Vós, servos de Deus, sabeis que habitais em terra estrangeira. De fato, vossa cidade acha-se longe desta cidade. Portanto, se conheceis vossa cidade, aquela que deveis habitar, por que correis assim atrás de campos, instalações luxuosas, palácios e mansões inúteis? Quem procura tais coisas nesta cidade não espera retornar à sua própria cidade. [...] Ignoras que tudo isso é estrangeiro e está em poder de outro? De fato, o dono desta cidade dirá: 'Não quero que habites na minha cidade. Vai embora daqui, porque não obedeces às minhas leis'. Então, tu, que possuis campos, casas e muitos bens, ao seres expulso por ele, o que farás com teu campo, tua casa e tudo o que te resta do que acumulaste? Porque o dono desta cidade te diz justamente: 'Ou obedeces às minhas leis ou sais do meu país'. [...] Por causa de teus campos e do resto de teus bens, renegarás tua lei e andarás de acordo com a lei dessa cidade? Atenção! É perigoso renegar tua lei, porque, se queres retornar à tua cidade, temo que não te acolham mais, por teres renegado a lei de tua cidade [...]. Vigia, portanto. Visto que moras em terra estrangeira, não reserves para ti senão o estritamente necessário e estejas pronto. Desse modo, quando o dono dessa cidade quiser te expulsar, porque te opões às suas leis, sairás da sua cidade, chegarás à tua e aí viverás conforme tua lei, sem prejuízo e com alegria". [303]

Fica claro que a principal preocupação de Hermas é o preço que os cristãos pagam pelo arrivismo social. O próprio Hermas era um liberto. Em algum momento de sua vida fora rico, mas, ao que parece, na época em que escrevia seu livro não era mais um homem abonado. Na visão da torre, depois de lhe dizer que a riqueza do rico tem de ser cortada antes que ele possa ser útil a Deus, a igreja relembra Hermas: "Aprende contigo mesmo: enquanto eras rico, eras inútil; agora, porém, és útil e frutuoso para a vida".[304] Não sabemos como ocorreu essa mudança de situação. Naturalmente, é possível que Hermas tenha perdido sua riqueza em função de reviravoltas na situação econômica.

---

[303] HERMAS. *O pastor, parábolas* 1. 1-6 em *ANF*, volume 2, p. 31.
[304] HERMAS. *O pastor, visão* 3. 6. 7 em *ANF*, volume 2, p. 15.

Também é possível que tenha aberto mão de grande parte de sua riqueza por causa do evangelho, da mesma forma que chama outros a fazerem o mesmo. Sabemos que, no império romano, muitos homens e mulheres libertos se tornaram ricos. Trimalchio, o homem livre de *Satíricon*, é, por excelência, o arrivista social bem-sucedido. É bem possível que muitos da audiência de Hermas fossem homens e mulheres libertos, como ele, e que estas sejam as pessoas que considera indevidamente embaraçadas em seus negócios e a quem ele chama ao arrependimento. É possível ouvir uma nota de dor enquanto Hermas apresenta a seguinte situação:

> Aqueles [...] são os que foram fiéis, mas que se enriqueceram e adquiriram honra entre os pagãos. Revestiram-se de grande orgulho, tornaram-se arrogantes, abandonaram a verdade e se separaram dos justos. Ao contrário, conviveram com os pagãos, e esse caminho lhes pareceu mais agradável. Eles não se afastaram de Deus, permaneceram na fé, mas não praticaram as obras da fé.[305]

O conselho de Hermas para essas pessoas é compartilhar com o necessitado: "Não vos aposseis, somente para vós, dos bens que Deus criou em abundância, mas reparti também com os necessitados. [...] Vós, que tendes muito, procurai os que têm fome, enquanto a torre não estiver terminada".[306] A passagem citada anteriormente que compara a vida cristã com a vida em uma cidade estrangeira leva à seguinte exortação: "Em lugar de campos, resgatai os oprimidos, conforme cada um puder; visitai as viúvas e os órfãos e não os desprezeis. Gastai vossas riquezas e todos os vossos bens, que recebestes de Deus, nesses campos e casas. De fato, o Senhor vos enriqueceu para que presteis a ele tais serviços".[307]

Uma sugestão específica sobre como alguém deve compartilhar com o necessitado — e um método que se tornou muitíssimo popular entre os ativistas do combate à fome nos tempos modernos — é que a pessoa, quando jejuar, deve separar a quantia que seria gasta em alimentos e doar a alguém que passa

---
[305] HERMAS. *O pastor, parábolas* 8. 9. 1 em *ANF*, volume 2, p. 42.
[306] HERMAS. *O pastor, visão* 3. 9. 2,5 em *ANF*, volume 2, p. 16.
[307] HERMAS. *O pastor, parábolas* 1. 8-9 em *ANF*, volume 2, p. 31.

necessidade.[308] Ao fazer isso, afirma Hermas, os doadores também receberão um benefício, pois o pobre orará por eles.

Essa simbiose entre o rico e o pobre — de forma que um contribui com os bens materiais, e o outro, com orações e piedade — se tornará um tema bastante comum na literatura cristã posterior sobre doação. Hermas expressa essa ideia usando a imagem de vinhas crescendo em meio a olmos — um método de viticultura que os romanos chamavam de *arbustum* [árvore; ou seja, cacho suspenso em videira presa à árvore]. Isto era muito comum nos campos próximos a Roma e consistia em plantar olmos ou outras árvores semelhantes, deixando-as crescer por três anos; depois, plantar as vinhas em torno dessas árvores, usando-as como suporte. Ele afirma que, certa vez, estava caminhando no campo e pensando sobre como os olmos e as videiras se ajudavam mutuamente, quando o "pastor" — seu guia na parte final do livro — apareceu e lhe disse que havia uma lição a ser aprendida com os olmos e as videiras. A videira não pode produzir muito fruto sem o apoio do olmo, porque simplesmente cairia no chão; e todo fruto que produzisse apodreceria. O rico, da mesma forma, tem muita riqueza material, mas é pobre em assuntos relacionados a Deus, precisamente porque a riqueza o impede de enriquecer espiritualmente.

> Contudo, se o rico se volta para o pobre e atende às suas necessidades, crendo que o bem que ele fez ao pobre poderá encontrar sua retribuição junto a Deus (porque o pobre é rico por sua oração e confissão, e sua oração tem grande poder junto de Deus), então o rico atende sem hesitação às necessidades do pobre. Assim, o pobre, socorrido pelo rico, ora por ele e agradece a Deus pelo seu benfeitor; este, por sua vez, redobra o zelo para com o pobre, para que não lhe falte nada na vida, pois sabe que a oração do pobre é bem acolhida e rica junto a Deus. Desse modo, ambos cumprem sua tarefa: o pobre o faz mediante sua oração, que é sua riqueza recebida do Senhor. [...] E o rico, sem hesitação, dá ao pobre a riqueza que recebeu do Senhor.[309]

---
[308] Hermas. *O pastor, parábolas* 5. 3.7.
[309] Hermas. *O pastor, parábolas* 2. 5-7 em *ANF*, volume 2, p. 32.

Encontramos a noção — entrelaçada aqui com o antigo tema de que o pobre está de alguma forma mais perto de Deus, ou de que Deus ouve as orações dos menos favorecidos de forma preferencial — de que a existência de pobres e ricos produz um equilíbrio ideal. É nesse contexto que Hermas usa a antiga noção de *koinonia*, pois declara que, assim como o olmo e a vinha são parceiros na produção de uvas, também o rico e o pobre são parceiros — *koinonoi* — nas obras de justiça. Não é preciso dizer que essa noção está um pouco afastada da *koinonia* de Atos, cujo resultado — pelo menos da forma como Lucas o descreve — era que *não existia nenhum necessitado entre eles*, ou da *koinonia* que Paulo defende em 2Coríntios 8, cujo resultado é a igualdade.

Todavia, mais uma vez, isso não quer dizer que o rico tem liberdade de continuar desfrutando de sua riqueza em meio aos que passam por privações econômicas, fundamentando-se simplesmente no fato de que o pobre é uma parte necessária do cenário. Ao contrário, a imagem dos olmos e das videiras é dirigida precisamente para os ricos que acreditam que podem ignorar a necessidade do pobre. Talvez deixe algo a desejar como um manifesto de justiça social e, certamente, deixa implícito que a pobreza existe porque Deus assim deseja. Contudo, não é essa perspectiva que Hermas procura nos apresentar. Ele não se dirige ao pobre e lhe diz que sua pobreza é o desejo de Deus. De fato, à medida que conclui seu livro, declara que todos devem ser poupados das privações econômicas. Passar necessidade é uma tortura e, portanto, resgatar as pessoas nessas condições é motivo de grande alegria. Não fazer isso, por outro lado, é um grande crime, pois a dor da pobreza, algumas vezes, leva o pobre a buscar a própria morte. Nesses casos, aqueles que poderiam ter ajudado e não o fizeram são culpados pelo sangue do pobre.[310]

OUTROS PAIS APOSTÓLICOS

Entre os pais apostólicos, Hermas é o que trata de forma mais copiosa das responsabilidades do rico. Entretanto, deve-se notar que outros pais apostólicos, embora não tratem de modo direto ou profuso das questões que nos interessam aqui, acabam por mencioná-las brevemente e não contradizem o que foi extraído dos manuscritos mais explícitos sobre nosso tema. No

---

[310] HERMAS. *O pastor, parábolas* 10. 4. 2-3.

final do século I, Clemente de Roma, escrevendo para defender a ordem e autoridade, aconselha: "O rico preste serviço ao pobre, e o pobre, por sua vez, renda graças a Deus, que lhe deu o suficiente para suprir sua falta".[311] No início do século II, Inácio de Antioquia considera heréticos os que não se importam com "o dever de caridade, nem fazem caso da viúva e do órfão, nem do oprimido, nem do prisioneiro ou do liberto, nem do que padece fome ou sede".[312] Ele também exorta os escravos a não tentar comprar sua liberdade "à custa da comunidade, a fim de não acabarem por escravizar-se à cobiça".[313] Aparentemente, essa é outra referência à *koinonia*, que sofrerá se o desejo de um escravo por liberdade for posto à frente de todas as necessidades do pobre. No entanto, o próprio fato de Inácio mencionar essa possibilidade parece indicar que, pelo menos em alguns casos, a *koinonia* era compreendida em termos da ajuda a alguns de seus membros ainda escravos para comprar sua liberdade. Policarpo, escrevendo pouco depois de Inácio, em um breve comentário, iguala a cobiça à idolatria.[314] Por fim, o manuscrito denominado *Segunda epístola de Clemente* chama os cristãos à prática da mútua compaixão[315] e declara que "A esmola é coisa boa para se arrepender do pecado; o jejum é melhor que a oração, mas a esmola é melhor que estes dois".[316]

Talvez, neste ponto de nossa investigação, caiba uma palavra sobre a doutrina das *Homílias pseudoclemente*. Esse documento, embora de data mais tardia,[317] provavelmente reflete algumas ideias propagadas nos círculos gnósticos judaico-cristãos no início do século II. Aqui, descobrimos uma visão negativa da propriedade fundamentada não nas questões da distribuição justa da riqueza ou das necessidades do pobre, mas num radical dualismo que percebe o mundo presente como pertencente aos poderes malignos. Os verdadeiros cristãos estão em um mundo estrangeiro. Portanto, o que têm não é propriedade deles, e os que lhes tiram algo não estão agindo injustamente.

---

[311] Clemente de Roma. Clem. ad Cor. 37. 2 em ANF, volume 1, p. 15.
[312] Inácio de Antioquia. *Ad Smyr.* 6. 2.
[313] Inácio de Antioquia. *Ad Pol.* 4. 3.
[314] Policarpo. *Pol. ad Philip.* 11. 2.
[315] Clemente. *II Clem.* 4. 3.
[316] Clemente. *II Clem.* 16. 4 em *ANF*, volume 7, p. 522.
[317] Veja González, J. *Uma história do pensamento cristão*, volume 1, p. 62, n. 5.

> E Pedro disse: "Não são aqueles, então, que você disse que sofreram injustiça, eles mesmos transgressores, visto que estão no reino de outro, e não é por enganar que obtiveram tudo que possuem? Enquanto aqueles que são considerados injustos estão concedendo um favor a cada sujeito do reino hostil, uma vez que permitem que tenham propriedade."[318]

O conflito entre esses dois reinos é tal que a pessoa tem de fazer uma escolha entre ter coisas da presente ordem e participar no reino futuro. Assim, ter — ou desejar — qualquer coisa além do mínimo é considerado pecado.

> Aqueles homens que escolhem o presente têm o poder de ser ricos, deleitar-se com o luxo, entregar-se aos prazeres e fazer o que puderem. Pois eles não terão nenhum dos bens futuros. Aqueles, no entanto, que decidiram aceitar as bênçãos do futuro reinado não têm o direito de considerar como propriedades suas as coisas que aqui estão, uma vez que elas pertencem a um rei estrangeiro, com exceção da água e do pão, daquelas coisas procuradas com suor para manter a vida (pois não lhes é permitido cometer suicídio) e também de uma veste, pois não podem andar nus por causa do céu, que tudo vê.[319]

> Para todos nós, as posses são pecados. A privação destas, de qualquer maneira que possa acontecer, representa a remoção dos pecados.[320]

É contra essa perspectiva, fundamentando a pobreza e a renúncia em um dualismo que tende a negar a doutrina da criação, que escritores cristãos posteriores, como Clemente de Alexandria, argumentam que as coisas que constituem a riqueza não são em si mesmas maléficas. Não pertencem a um outro deus ou princípio, dizem esses apologistas, mas pertencem ao mesmo Deus que foi revelado em Jesus Cristo. Se houver algum

---

[318] *Clem. Hom.* 15. 7 em *ANF*, volume 8, p. 310.
[319] *Clem. Hom.* 15. 7 em *ANF*, volume 8, p. 310.
[320] *Clem. Hom.* 15. 9 em *ANF*, volume 8, p. 311.

mal ligado a essas coisas, ele não existe nas coisas em si, mas na ganância que leva alguns a buscá-las com desejo imoderado.

OS APOLOGISTAS

Entre os escritos dos primeiros apologistas, os únicos que tratam de forma relevante do assunto da riqueza e de seu uso são *Apologia*, de Aristides, e a *Primeira apologia*, de Justino.[321] Aristides, escrevendo aproximadamente no mesmo período de Hermas,[322] afirma que, entre os cristãos, "aquele que tem deve doar liberalmente para o que não tem".[323] Também, é interessante observar que o que Hermas orienta quanto ao uso dos recursos provenientes do jejum, Aristides descreve como uma prática usual em sua comunidade (embora, nesse caso, aqueles que jejuam sejam muito pobres para alimentar a si mesmos e aos pobres): "Se um deles é pobre ou passa por alguma necessidade, e eles não têm abundância de recursos, jejuam dois ou três dias a fim de suprir o alimento que o pobre necessita".[324]

Por fim, há três passagens na *Primeira apologia* de Justino que merecem nossa atenção. A mais breve delas é uma introdução ao resumo de alguns dos ensinamentos do Sermão do Monte. As palavras de Justino são estas: "sobre repartir {*koinoneîn*} o que temos com o necessitado".[325] A segunda passagem expressa a mesma ideia de forma mais explícita: "Antes, amávamos, acima de tudo, o dinheiro e as rendas de nossos bens; agora, colocamos em comum o que possuímos, e disso damos uma parte {compartilhar} para todo aquele que está necessitado".[326] Portanto, em Justino, vemos mais uma vez o tema da *koinonia* como

---

[321] Entretanto, sobre o panorama social geral e a relevância dos apologistas, veja WILKEN, R. L. "Toward a Social Interpretation of Early Christian Apologetics", *HC*, 39, 1970, volume 1, p. 1-22.

[322] EUSÉBIO de Cesareia (*H.E.* 4.3.3; *Chron.*, Ol. 226, *Chr.* 125, *Adr.* 8) afirma que a *Apologia* de Aristides foi endereçada a Adriano, que reinou de 117 a 138. J. Geffcken, entretanto, argumenta que, de fato, foi endereçada a Antonino, que reinou de 138 a 161. GEFFCKEN, J. *Zwei griechische Apologeten*. Leipzig: Teubner, 1907, p. 28-31. A maioria dos críticos modernos concorda com Geffcken.

[323] ARISTIDES. *Apol.* 15. 7. A versão siríaca fala não da liberalidade, mas da boa vontade na doação.

[324] ARISTIDES. *Apol.* (*Syr.*) 15. 7.

[325] JUSTINO. *I Apol.* 15. 10 em *ANF*, volume 1, p. 167.

[326] JUSTINO. *I Apol.* 14. 2 em *ANF*, volume 1.

compartilhar, conforme encontramos reiteradas vezes na tradição cristã dos primórdios da igreja. A terceira passagem confirma que essa *koinonia* é voluntária e bastante semelhante àquela descrita em Atos, em que ficamos sabendo que as contribuições voluntárias e espontâneas eram depositadas aos pés dos apóstolos e distribuídas de acordo com a necessidade das pessoas:

> Aqueles de nós que possuem alguma coisa socorrem os necessitados, e sempre nos ajudamos mutuamente. [...] Aqueles que podem e querem, de acordo com sua própria decisão, dão o que lhes parece apropriado, e o que é recolhido se entrega ao presidente. Ele o distribui a órfãos e viúvas, aos que por doença ou outra causa estão necessitados, aos que estão nas prisões, aos forasteiros de passagem, em uma palavra, ele se torna o provedor de todos os que se encontram em necessidade.[327]

Em suma, à medida que examinamos a igreja subapostólica por intermédio dos escritos dos pais apostólicos e dos apologistas gregos, descobrimos inúmeros indícios de que a *koinonia* ou comunhão dos bens ainda era praticada, pelo menos em certa medida. E quanto aos primórdios da igreja, o compartilhar não exigia que fossem vendidos todos os bens para pô-los no tesouro comum; mas exigia-se que se considerassem todos os membros da igreja como parceiros não só das coisas espirituais, mas da totalidade da vida. Por essa razão, enquanto a riqueza assim concebida não era condenada, a riqueza que não estivesse disponível para socorrer o necessitado era considerada um obstáculo para a salvação. Entre todos os manuscritos estudados, *O pastor*, de Hermas, se destaca como aquele que, embora tratando de forma mais copiosa dos assuntos relacionados à riqueza e ao seu uso, é o que menos fala sobre a *koinonia* ou a parceria dos bens terrenos.

---

[327] JUSTINO. *I Apol.* 67. 1,6.

VI

A ANTIGA IGREJA CATÓLICA

À medida que o cristianismo se aproximava do século II e, depois, se movia para o século III, grandes mudanças ocorriam na vida da igreja. Os historiadores, com frequência, referem-se a essas mudanças como o nascimento da "antiga igreja católica". Foi nessa época que se estabeleceram os elementos básicos do cânon do Novo Testamento, quando a sucessão apostólica e a autoridade episcopal foram usadas contra as invasões da heresia, e quando o "Antigo Símbolo Romano" — o cerne de nosso Credo dos Apóstolos — foi formulado pela primeira vez. Em resposta a esse desafio apresentado pelas heresias — em especial o marcionismo e o gnosticismo —, o cristianismo passou a se organizar de forma mais rígida, começando a estabelecer os critérios da ortodoxia. Tais mudanças não devem ser exageradas, pois não passam de um estágio no processo que começou muito antes. As epístolas pastorais — 1 e 2Timóteo e Tito — representam um movimento anterior nessa direção. Por volta da mesma época, Ignácio de Antioquia usaria o termo "igreja católica" pela primeira vez, argumentando em favor da autoridade dos bispos a fim de deter as ondas de heresia e divisão. É verdade, no entanto, que por volta do final do século II e início do século III houve importantes mudanças na direção de uma organização mais rígida e ortodoxia mais rigorosa.

Enquanto essas mudanças são frequentemente estudadas da perspectiva do desenvolvimento da estrutura da igreja e da teologia, o que nos interessa aqui é que elas corresponderam a outras mudanças na composição social da igreja e, portanto, na forma como as questões referentes à fé e à riqueza eram vistas e discutidas. Mais uma vez, como no caso da teologia, não falamos de mudanças radicais ou de um novo processo, mas, antes, da culminação de um processo cujos sinais já eram visíveis em um período anterior.

Em Roma, o processo que já vimos na época de Hermas continuava, com a igreja atraindo um número cada vez maior dos altos escalões da sociedade. Eusébio de Cesareia descreve a mudança da condição social dos cristãos em Roma.

> Por este tempo do reinado de Cômodo {180-192 d.C.}, nossa situação mudou para uma maior suavidade. A paz, com ajuda da graça divina, abarcava todas as igrejas de toda a terra habitada. [...] tanto que inclusive muitos dos que em Roma sobressaíam por sua riqueza e linhagem marchavam ao encontro de sua salvação com toda sua casa e toda sua família.[328]

Desenvolvimentos semelhantes estavam acontecendo em outros lugares. Um pouco antes do início do reinado de Cômodo, vários cristãos de Lião e Viena, na Gália, sofreram martírio. O relato do julgamento desses cristãos nos informa que as autoridades prenderam vários escravos que pertenciam aos cristãos, e esses escravos acusaram seus senhores de flagrante imoralidade.[329] Assim, até mesmo em Lião, onde o cristianismo chegara em data relativamente recente, a comunidade cristã era formada por pessoas ricas o bastante para terem escravos. E, no Norte da África, se pudermos considerar as palavras de Tertuliano de forma literal, o comentário entre os pagãos era de que até aristocratas estavam se tornando cristãos.[330] *O martírio de santas Perpétua e Felicidade*, escrito na mesma época e região, apoia a afirmação de Tertuliano, pois Perpétua era de nascimento nobre.[331] Em Alexandria, o pai de Orígenes tinha propriedades valiosas que foram confiscadas quando morreu como mártir. A família, portanto, ficou financeiramente arruinada, e uma rica senhora

---

[328] Eusébio de Cesareia. *História Eclesiástica* 5. 21. 1, trad. Wolfgang Fischer. São Paulo: Novo Século, 2002, p. 117.

[329] Eusébio de Cesareia. *História Eclesiástica* 5. 1.14, p. 99.

[330] Tertuliano. *Apol.* 1, em *ANF*, volume 3, p. 17: "O clamor é de que o Estado está cheio de cristãos — que estão nos campos, nos vilarejos, nas ilhas; levantam-se lamentações, como se por alguma calamidade, porque pessoas de ambos os sexos, de todas as idades e condições, mesmo de classe alta, estão se convertendo à profissão de fé cristã." *Ad. nat.* 1, em *ANF*, volume 3, p. 109: "Você lamenta isto como uma calamidade, que ambos os sexos, todas as idades — em suma, todas as classes sociais — estão passando de vocês para nós."

[331] Tertuliano. *Passio Perp.* 2: "honeste nata" [filha nobre]. *Acta min. SS. Perp. et Felic.* 1: "de nobili genere" [nobre nascimento].

cristã sustentou Orígenes por algum tempo.[332] Mais tarde, ele recebeu ajuda financeira de um certo Ambrósio, outro cristão rico de Alexandria.[333]

Isto não quer dizer que a maioria dos cristãos estava bem de vida. Ao contrário, o ponto de Tertuliano é que cristãos de todas as camadas da sociedade estavam se juntando à igreja. Também no Norte da África, Minúcio Félix, seu contemporâneo, relata as reclamações de um sofisticado pagão "de que certas pessoas — e aquelas sem aprendizado formal, não familiarizadas com a literatura, sem qualquer conhecimento até mesmo das artes infames — ousam determinar, sem qualquer certeza, preocupações sobre a natureza em geral e a (divina) majestade".[334] Dessa perspectiva, é "algo a ser lamentado" que pessoas "provenientes das camadas mais baixas e mais despreparadas" ousem criticar a religião tradicional.[335] Celso, da Alexandria, apresenta uma contestação similar:

> Eis, nas casas particulares, cardadores, sapateiros, pisoeiros, pessoas das mais incultas e rudes. Diante de mestres cheios de experiência e discernimento, não ousam abrir a boca. Mas é só surpreenderem seus filhos acompanhados de mulheres incultas e idiotas, começam a falar coisas estranhas [...].[336]

Os escritores cristãos que relatam essas afirmações jamais realmente as negam. Provavelmente, não poderiam fazer isso sem faltar à verdade. O que buscam fazer é mostrar que o cristianismo é intelectualmente respeitável e que até mesmo as pessoas mais sofisticadas podem e devem acreditar em suas doutrinas.

Portanto, seria errado descrever a igreja do final do século II e início do século III como composta principalmente por pessoas ricas ou com bom nível de educação formal. Grande parte de suas fileiras ainda era formada pelas pessoas mais pobres das classes urbanas — artesãos, pequenos comerciantes, escravos. Todavia, a igreja também estava se disseminando entre os

---

[332] EUSÉBIO DE CESAREIA. *História Eclesiástica* 6. 2.13, p. 105.
[333] EUSÉBIO DE CESAREIA. *História Eclesiástica* 6. 23. 1, p. 131.
[334] FÉLIX, Minúcio. *Oct*. 5, em *ANF*, volume 4, p. 175.
[335] FÉLIX, Minúcio. *Oct*. 5, em *ANF*, volume 4, p. 177.
[336] *Contra Celso* 3. 55, trad. Orlando dos Reis. São Paulo: Paulus, 2004, p. 253.

escalões mais altos da sociedade e podia contar com um número cada vez maior de membros que conseguiam sustentar um debate intelectual com os pagãos.

No desenvolvimento da "antiga igreja católica" e de sua estrutura de autoridade, essa situação não foi menos importante que o desafio das heresias. O fenômeno é bem conhecido até hoje em grupos acusados de comportamento fora do comum e de origem humilde: quando começa a surgir uma liderança cuja posição social refuta essas acusações, tais líderes logo recebem autoridade cada vez maior no grupo, primeiro como aqueles que falam em nome do grupo todo e, depois, como os responsáveis por mudanças de comportamento dentro do próprio grupo. Tal é o processo que estava acontecendo na igreja no final do século II e início do século III. A grande massa dos cristãos, acostumada não só a ser perseguida, mas também ridicularizada e desprezada, começa a encontrar membros em suas comunidades que podem fornecer à igreja alguma medida de respeitabilidade social e intelectual. Confia-se cada vez mais a tais membros, que tendem a se tornar líderes da igreja, não só a defesa da fé cara a cara com seus adversários, mas também contra as inevitáveis forças centrífugas que se levantam em qualquer comunidade. Portanto, o desenvolvimento da "antiga igreja católica" é o resultado tanto dos desafios propostos pelas heresias quanto da mudança na composição social da própria igreja.

À medida que estudamos a perspectiva cristã sobre a riqueza e o relacionamento entre os bens materiais e a fé durante esse período, temos de centrar nossa atenção em quatro dos grandes teólogos da época cujas obras foram preservadas: Ireneu de Lião, Clemente de Alexandria, Tertuliano e Orígenes.[337]

IRENEU

Os escritos de Ireneu que chegaram até nós lidam basicamente com a refutação das heresias — do gnosticismo em particular — e com as doutrinas básicas da fé cristã. Portanto, há apenas duas passagens em que Ireneu toca no assunto que nos interessa aqui, e apenas brevemente, enquanto trata de outros

---

[337] Recentemente, completei um estudo sobre a teoria geral desses homens e a forma como podem ser vistos como os primeiros expoentes dos desenvolvimentos teológicos posteriores: *Christian Thought Revisited: Three Types of Theology*. Nashville: Abingdon, 1989.

assuntos. Isto é muitíssimo lamentável, pois, nas duas passagens, podemos ter vislumbres das perspectivas e práticas sobre as quais gostaríamos de saber mais.

Na primeira dessas passagens,[338] Ireneu tenta refutar os gnósticos, que negam a continuidade entre a fé de Israel e o evangelho cristão. Como um de seus argumentos, ele salienta a conversa entre Jesus e o jovem rico que perguntou sobre a vida eterna. Primeiro, Jesus respondeu fazendo menção aos mandamentos de Moisés, que o jovem disse que sempre guardara. Jesus sabia que esse não era bem o caso e, a fim de mostrar a ele que quebrara pelo menos o mandamento sobre a cobiça, disse-lhe para vender tudo o que tinha e doar aos pobres. A ordem de Jesus, de acordo com Ireneu, representou apenas mais um esclarecimento do mandamento de Moisés e, portanto, demonstra a continuidade entre a lei de Moisés e os ensinamentos de Jesus.

De nosso ponto de vista, o que é mais interessante sobre essa passagem é que Ireneu comenta que, ao convidar o jovem a segui-lo, Jesus estava prometendo que qualquer pessoa que vendesse todos os seus bens, doasse aos pobres e o seguisse teria "a porção do apóstolo" (*apostolorum partem*) — o que quer que isso signifique — e que os que sentem cobiça podem anular seu pecado ao doar seus bens aos pobres. Considerando-se o contexto, ele parece querer dizer que aqueles que doam suas posses ao pobre desfrutarão da vida eterna com os apóstolos. Se esse for o caso, o que temos aqui é um exemplo de um tema que se tornará muitíssimo comum nas primeiras literaturas cristãs — o de que, em um sentido figurado, os que têm bens materiais podem permutá-los pela vida eterna.

Ireneu, de qualquer forma, continua seu argumento citando uma série de ocasiões em que os ensinamentos de Cristo não revogam os mandamentos da Lei, mas apenas dão continuidade a eles e os expandem. É nesse contexto que ele toca mais uma vez na questão do uso da riqueza.

> […] em vez da lei impondo a doação do dízimo, [o Senhor nos disse] para compartilhar todas as nossas posses com o pobre; […] e para não sermos meros doares complacentes e condescendentes, também

---
[338] IRENEU. *Adv. haer.* 4. 12. 5, 13. 3.

deveríamos dar um presente gratuito para aqueles que tiram nossos bens.[339]

Portanto, os cristãos têm de estar prontos para compartilhar seus bens, primeiro com os pobres, mas também com qualquer pessoa que os tomar pela força. Neste último caso, os cristãos não devem "lamentar como aqueles que não estão dispostos a ser defraudados, mas regozijar-se como aqueles que doaram de bom grado".[340]

A outra passagem em que Ireneu toca em assuntos econômicos é muito mais interessante — em parte, pelas questões que deixa em aberto, sem respostas.[341] Aqui, o assunto mais uma vez é a continuidade entre a fé de Israel e o cristianismo. Nesse ponto, entretanto, Ireneu argumenta contra os marcionistas, que afirmam que o Deus dos hebreus deve ser rejeitado como um ser menor. O ponto em particular que Ireneu está tratando nessa passagem é a alegação dos marcionistas de que o Deus do Antigo Testamento, ao dizer aos filhos de Israel, à véspera de sua saída do Egito, para despojar os egípcios, estava promovendo o roubo.

A resposta de Ireneu é surpreendente. Os egípcios deviam aos israelitas a própria vida, pois fora José que os salvara da fome. Todavia, eles os forçaram a trabalhar como escravos, de forma que "com imenso trabalho construíram para eles cidades muradas, aumentando a substância daqueles homens ao longo de muitos anos e por meio de toda espécie de escravidão".[342] Em troca de tudo que os israelitas fizeram por eles, os egípcios não só não lhes pagaram, mas até planejaram destruir o povo que escravizaram. Quanto aos israelitas, se estivessem trabalhando para si mesmos, já poderiam estar ricos. Em vez disso, eles simplesmente tomaram "uma recompensa insignificante por sua pesada servidão" e saíram pobres do Egito. Não há crime nisso. Se alguém força uma pessoa livre a trabalhar por muitos anos, e o trabalhador, depois, descobre os meios para se libertar, não existe nenhuma injustiça em reclamar a porção de riqueza que o trabalhador escravizado ajudou a criar. Portanto, é possível encontrar fundamentos em Ireneu para a teoria das reparações — embora, muito claramente, Ireneu pressuponha a escravidão

---

[339] IRENEU. *Adv. haer.* 4. 13. 3, em *ANF*, volume 1, p. 477.
[340] IRENEU. *Adv. haer.* 4. 13. 3, em *ANF*, volume 1, p. 477.
[341] IRENEU. *Adv. haer.* 4. 30. 1-3, em *ANF*, volume 1, p. 503.
[342] IRENEU. *Adv. haer.* 4. 30. 2, em *ANF*, volume 1, p. 503.

como algo factível, e, em seu exemplo de injustiça para a qual a reparação é feita, isto acontece apenas quando há a escravização de alguém que não é escravo.

Isto, no entanto, não é tudo que Ireneu tem a dizer sobre a questão de tomar a riqueza de outro. Na verdade, argumenta ele, todos nós usamos a riqueza que tomamos de outra pessoa. Em uma passagem mais extensa que deve ser estudada de forma mais minuciosa, ele argumenta que isso é verdade, em primeiro lugar, em relação aos cristãos:

> Pois, em alguns casos, temos uma pequena quantidade de propriedades e, em outros, uma grande quantidade, que adquirimos com o Mamom, ou dinheiro, da injustiça. Pois, de que fonte obtivemos a casa onde moramos, as vestes com que nos vestimos, as vasilhas que usamos e tudo o mais que utilizamos em nossa vida diária, senão daquelas coisas que, quando éramos gentios, adquirimos pela avareza, ou herdamos de pais, parentes ou amigos pagãos que as obtiveram de forma injusta? — isto para não mencionar que até mesmo agora, quando estamos na fé, adquirimos essas coisas. Pois quem há que vende e não tem vontade de obter lucro daquele que compra? Ou quem compra alguma coisa e não deseja obter uma boa quantia do vendedor? Ou quem tem um negócio e não comercializa de tal maneira que possa obter seu sustento por meio de suas transações? E quanto aos que creem e que vivem no palácio real, não recebem os utensílios que empregam da propriedade que pertence a César, e para os que não têm, cada um desses [cristãos] não doa de acordo com sua possibilidade? Os egípcios eram devedores do povo [judeu], não só quanto à propriedade, mas também quanto à própria vida, por causa da gentileza do patriarca José em tempos anteriores, mas de que forma os pagãos são nossos devedores, aqueles de quem recebemos tanto o ganho quanto o lucro? O que quer que seja que acumulam com o trabalho, dessas coisas fazemos uso sem o trabalho, embora estejamos na fé.[343]

---
[343] IRENEU. *Adv. haer.* 4. 30.1 em *ANF,* volume 1, p. 502-3.

Há uma série de pontos importantes a serem extraídos dessas palavras. Primeiro, Ireneu, ao que parece, acredita que a origem da riqueza é injusta. As coisas que os cristãos tinham antes da conversão, adquiriram ou por meio da injustiça ou por intermédio de seus parentes. Aparentemente, na mente de Ireneu, isso tem pouco ou nada a ver com a quantia de riqueza acumulada, pois se aplica tanto aos que trouxeram grandes propriedades de sua vida anterior quanto aos que tinham pequenas propriedades.

Segundo, o julgamento de Ireneu de que a riqueza é o produto da injustiça, assim parece, estende-se também às atividades comerciais dos cristãos. Comprar, vender e negociar, em geral, são atividades suspeitas. A razão para esse conceito não fica clara. Pode ser um eco da visão negativa do comércio que existia em alguns círculos na Antiguidade, perspectiva essa que encontramos em escritores como Cícero. Também pode refletir o ponto de vista, já apresentado em Apocalipse 13.17, de que comprar e vender em uma ordem injusta é, de alguma maneira, participar dessa ordem. Ou pode ser, apenas, a rejeição do trabalhar em interesse próprio que, inevitavelmente, faz parte dos negócios.

Terceiro, essa citação mostra que, no final do século II, já havia muitos cristãos no núcleo imperial, a ponto de Ireneu poder se referir à existência deles como um fato conhecido por seus leitores e oponentes. Naturalmente, o núcleo de César incluía não só o que hoje chamamos de sua família, mas também todos os escravos e outros dependentes. O ponto de Ireneu não tem nada a ver com a posição social dessas pessoas. Independentemente de quem fossem elas, estavam fazendo uso das propriedades de César — e é sobre isso que ele fala.

Quarto, nesse texto, temos mais uma referência ao costume cristão de compartilhar seus bens com os menos afortunados. Os cristãos devem dar de acordo com sua possibilidade para "os que não têm". O fato de essa ser apenas uma breve menção torna-a ainda mais relevante, pois Ireneu pressupõe que esse é o caso e que seus oponentes também conhecem esse fato.

Por fim, a última sentença da citação é intrigante. O que Ireneu quer dizer com essa declaração: "acumulam com o trabalho" as coisas de que nós, cristãos, "fazemos uso sem o trabalho"? Se considerarmos a citação em seu sentido literal, quer dizer apenas que os cristãos não trabalham. Obviamente, esse não é bem o caso. É mais provável que ele esteja se referindo a todas as facilidades que o Império oferece e das quais os cristãos usufruem, embora não contribuam para elas. Mesmo que seja esse o significado, parece indicar que Ireneu deixa de lado a questão sobre quanto os cristãos tinham de trabalhar para o bem do Império.[344]

De qualquer modo, fica claro o ponto de toda a passagem, particularmente no contexto em que aparece. O que temos não é nosso. Temos ainda menos justificativa para reivindicar nossas posses do que os israelitas para despojar o Egito, pois o Egito lhes devia a própria vida, ao passo que a sociedade em geral não nos deve nada. Isto, entretanto, não quer dizer que não devemos fazer uso dessas coisas. De fato, continua Ireneu depois da passagem citada, o mesmo é verdade de seus oponentes, pois apenas os que renunciam totalmente à sociedade e vivem nas montanhas — nus, descalços e sem-teto — podem alegar que não estão usando nada do que pertence a outra pessoa. Portanto, se o Deus que disse aos israelitas para despojar os egípcios é, por essa razão, um Deus indigno, o mesmo é verdade do Deus que permite que os marcionistas continuem usando os bens deste mundo.

Em suma, a principal impressão que temos ao ler Ireneu é de um pragmático, mas severo realismo. Ele não está disposto a dizer que a propriedade de uma pessoa é realmente dela. Ao contrário, demonstra ter muitas suspeitas em relação à propriedade e parece dizer que ela é o resultado da injustiça. Ao mesmo tempo, espera-se que nós usemos esses bens para a justiça, embora sabendo que não são nossos por direito — e mesmo sabendo que são o resultado da injustiça. Portanto, após uma longa seção em que prossegue com o argumento citado acima, Ireneu conclui:

> [...] o que quer que tenhamos adquirido com a injustiça quando éramos pagãos, comprova-se

---

[344] Em outro contexto, de fato ele afirma que o Estado foi instituído por Deus a fim de refrear a maldade e a injustiça humanas. Com base nisso, tudo o que os magistrados fazem, se for algo justo, é aceitável para Deus. O que quer que façam de injusto, tirânico, contra a lei ou para a destruição dos fiéis lhes servirá para a condenação. No entanto, recolher impostos encontra-se entre as funções apropriadas, e essas pessoas, ao fazerem isso, são ministras de Deus. IRENEU. *Adv. haer.* 5. 24. 2

que somos justos, quando nos tornamos cristãos, aplicando essas coisas para benefício do Senhor.[345]

CLEMENTE DE ALEXANDRIA

Em Clemente de Alexandria, temos a primeira tentativa de apresentar uma discussão sistemática sobre o relacionamento entre fé e riqueza. Alexandria era uma cidade rica, em que um bom número de pessoas ricas se juntou à igreja ou, pelo menos, contemplou essa possibilidade. Como a comunidade cristã deveria lidar com essa situação? Aparentemente, alguns insistiam que não havia lugar para os ricos na igreja daquele que afirmara que era mais difícil um rico entrar no reino que um camelo passar pelo fundo de uma agulha. Outros cortejavam e bajulavam os ricos, como se a prosperidade deles fosse uma prova de sua bondade.

A fim de lidar com essa situação, Clemente escreveu um breve tratado, *Quis dives salvetur? — Quem é o rico que será salvo? —*, que consistia basicamente de uma discussão sobre Mateus 19.16-30. Essa passagem narra o episódio do jovem rico seguido pelo comentário de Jesus sobre o camelo e o fundo da agulha e pelas respostas dos discípulos. O principal ponto de Clemente nesse tratado é que o caminho da salvação não está totalmente fechado aos ricos, e que o que realmente conta, acima de tudo, é o amor a Deus. Por essa razão, com frequência, ele retrata de maneira "suave" o rico ou demonstra uma disposição de deixar de lado as falas mais duras de Jesus, a fim de abraçar o maior número possível de pessoas.

Antes de formularmos um julgamento, no entanto, seria bom relembrar o que o próprio Clemente diz sobre aqueles que bajulam o rico:

> Aqueles que concedem falas elogiosas sobre os ricos parecem-me ser justamente julgados não só como bajuladores e subservientes, quando fingem com veemência que as coisas que são desagradáveis lhes dão prazer, mas também como infiéis e traiçoeiros; [...] porque eles investem homens de honras divinas, chafurdando em uma vida execrável

---

[345] Ireneu. *Adv. haer.* 4. 30. 3, em *ANF,* volume 1, p. 504.

e abominável [...]; e traiçoeiros porque, embora a riqueza seja por si só suficiente para inchar e corromper a alma de quem a possui, e para desviá-lo do caminho pelo qual a salvação deve ser alcançada, eles os entorpecem ainda mais, inflando a mente dos ricos com os prazeres dos elogios extravagantes, e fazendo com que eles desprezem totalmente todas as coisas, exceto a riqueza, por conta da qual são admirados.[346]

Contudo, se a bajulação não é a atitude apropriada dos cristãos em relação à riqueza, a condenação cabal não é melhor. Na realidade, se o rico chegar à conclusão de que não poderá ser salvo, ele se "desesperará não como alguém destinado a viver, [...] e assim se afastará mais da forma de vida por vir".[347]

Portanto, a melhor atitude para aqueles que desejam agir por amor à verdade e a outros membros da comunidade não é insultar nem bajular os ricos, mas buscar a salvação deles ao lhes mostrar, primeiro, que ela é possível e, segundo, que exigirá alguma disciplina por parte deles.[348] Este é o propósito do tratado de Clemente.[349]

O método usual de exegese utilizado por Clemente, bem à parte de qualquer pauta clara sobre assuntos sociais ou econômicos, é alegórico.[350] Portanto, não é de surpreender que ele interprete a ordem de Jesus para o jovem rico de modo similar:

> Ele {Jesus} não propõe, como alguns concebem de imediato, que ele jogue fora a essência do que

---

[346] CLEMENTE de Alexandria. *Quis div. salv.* 1 em *ANF*, volume 2, p. 591.

[347] CLEMENTE. *Quis div. salv.* 2 em *ANF*, volume 2, p. 591.

[348] CLEMENTE. *Quis div. salv.* 3.

[349] Um propósito expresso de forma intencional no título do artigo de WAGNER, Walter H. "Lubricating the Camel: Clement of Alexandria on Wealth and the Wealthy", em FREITAG, W., ed. *Fetschrift: A Tribute to Dr. William Hordern*. Saskatoon: University of Saskatchewan, 1985, p. 64-77. O que Wagner quer dizer não é que Clemente facilitou para o rico passar seus camelos através do fundo da agulha, mas que ele tentou mostrar como os camelos desses homens prósperos poderiam ser "lubrificados" por meio da disciplina de Deus e da confiança na graça do Senhor.

[350] Veja GONZÁLEZ, J. *Uma história do pensamento cristão*, volume 1, p. 194-99.

possui e abandone sua propriedade; mas propõe que ele desarraigue de sua alma as noções que tem sobre a riqueza, sua emoção e seu sentimento mórbido em relação a ela, e também as ansiedades — os espinhos da existência que afogam a semente da vida.[351]

O fato de o jovem rico apenas se livrar de sua propriedade não seria nada especial, pois muitos filósofos da Antiguidade fizeram isso. O que Jesus ordena ao jovem rico "não é o ato exterior que outros fizeram, mas algo mais indicado por esse ato, [...] o desarraigamento das paixões da própria alma".[352] É interessante observar que a compreensão de Clemente sobre o sentido dessa passagem do evangelho — enquanto rejeita a interpretação literal porque isso simplesmente seria dizer ao jovem rico que fizesse o que os filósofos da Antiguidade fizeram anteriormente — deriva claramente dos estoicos e de outras noções sobre a necessidade de a alma se livrar de suas paixões.

Se as palavras de Jesus fossem para ser interpretadas literalmente, argumenta Clemente, então não poderíamos obedecer a seus mandamentos sobre a doação e o compartilhar. Aqueles que não têm nada não podem alimentar os famintos nem vestir os nus. Portanto, no próprio mandamento para alimentar os famintos, Jesus estava dizendo a seus discípulos que deveriam ter os recursos para fazer isso. Nesse ponto, Clemente pode ter em mente uma batalha levemente distinta, pois estava lutando contra o gnosticismo e, em particular, contra os seguidores de Carpócrates. Pouco se sabe sobre essa obscura seita gnóstica[353] que defendia os bens em comum, de forma similar àquela apresentada por Platão em *A república* — incluindo ter as mulheres em comum. Para refutá-los, Clemente, em outra obra, empregou argumentos similares aos que aparecem aqui. Se devemos dar a qualquer pessoa que pedir, conforme ordenado pelo Senhor, como podemos fazer isso se nada for nosso?[354] A

---

[351] CLEMENTE. *Quis div. salv.* 11, em *ANF*, volume 2, p. 594.

[352] CLEMENTE. *Quis div. salv.* 12, em *ANF*, volume 2, p. 594. Compare com CLEMENTE. *Quis div. salv.* 14: "A renúncia e, depois, a venda de todas as posses devem ser entendidas como se falassem das paixões da alma", em *ANF*, volume 2, p. 595.

[353] Veja GONZÁLEZ, J. *Uma história do pensamento cristão*, volume 1, p. 133, n. 33.

[354] CLEMENTE. *Stromata* 3. 6.

koinonia, da mesma forma, só é possível se as pessoas tiverem o que compartilhar.[355]

Os bens e as posses não são em si mesmos maléficos. Tampouco são benéficos. Não passam de uma ferramenta cujo malefício ou benefício depende das mãos que a manuseiam. Uma ferramenta que é utilizada de forma correta não é melhor que outra usada de forma errada. A ferramenta em si "não carrega a culpa. A riqueza é um instrumento desse tipo. Você consegue utilizá-la de forma correta? Então, ela é subserviente à justiça. Alguém faz mau uso dela? Então é um ministro do erro".[356] Aqui, mais uma vez, é provável que Clemente esteja argumentando não só contra os que condenam o rico, mas também contra os gnósticos, muitos dos quais consideram toda matéria como maléfica em si.

Em resumo, o primeiro ponto apresentado por Clemente é que não importa se a pessoa possui bens ou não, mas qual a sua atitude em relação aos bens. É possível livrar-se de tudo o que se tem e ainda continuar cobiçando poder e riquezas. "A salvação não depende das coisas externas, quer sejam muitas quer sejam escassas, quer sejam pequenas quer sejam grandes."[357] E, por fim, é possível que o pobre seja permeado pelos vícios que, caracteristicamente, pertencem ao rico, e que o rico em bens materiais também seja rico em virtude.[358]

Até o momento, parece que Clemente está apenas expandindo o fundo da agulha para que o camelo possa passar por ali. Entretanto, isso não é tudo o que ele tem a dizer sobre o rico e suas posses. Ao contrário, tanto nesse tratado quanto em outras obras, Clemente repete as palavras duras de Jesus e acrescenta detalhes que já vimos em outros materiais sobre a riqueza e o luxo excessivos. Os que são comumente chamados de "ricos"

---

[355] CLEMENTE. *Quis div. salv.* 13. A tradução em *ANF*, volume 2, p. 594 deixa de fora o tema da *koinonia*, parte do texto original grego: "Pois se ninguém tivesse nada, que espaço haveria entre os homens para o doar?" Uma tradução ainda melhor seria: "Como o compartilhar {*koinonia*} poderia ser possível entre os seres humanos se ninguém tivesse nada?"

[356] CLEMENTE. *Quis div. salv.* 14 em *ANF*, volume 2, p. 595.

[357] CLEMENTE. *Quis div. salv.* 17 em *ANF*, volume 2, p. 596.

[358] CLEMENTE. *Quis div. salv.*: "Assim também um homem pobre e destituído pode ficar intoxicado com a cobiça; e um homem rico pode ser temperado quanto aos bens materiais, pobre nas indulgências em relação a si mesmo, digno de confiança, inteligente, puro, passível de ser disciplinado".

podem seguir dois caminhos muitíssimo distintos. Por um lado, há aquele que se aproxima dos bens materiais sabendo que sua posse é mais para o bem dos irmãos e irmãs que para o do proprietário. Essa pessoa também é "capaz de continuar com a mente alegre quando as posses lhe são retiradas, tanto quanto com a abundância".[359] Por outro lado, há aquele que "carrega suas riquezas em sua alma e que, em vez do Espírito de Deus, traz em seu coração ouro ou terras, e está sempre adquirindo mais posses e está perpetuamente na busca por mais".[360] "Um é verdadeiramente rico, e o outro, apenas aparentemente":

> Portanto, é verdadeira e justamente rico quem é rico em virtude e é capaz de fazer uso santo e fiel de qualquer fortuna; enquanto é espuriamente rico quem é rico de acordo com a carne e transforma a vida em posses exteriores.[361]

Os cristãos que são materialmente ricos não podem, portanto, apenas separar a vida financeira de sua fé. Ao contrário, uma vez que o amor de Deus tem de estar no cerne de sua vida, eles precisam estar prontos a renunciar a suas posses caso estas se tornem um obstáculo à vida cristã. O conselho de Clemente para uma pessoa que ama a riqueza a ponto de ela se tornar um obstáculo em sua vida é bastante claro: "Abandone-a, odeie-a, renuncie a ela, fuja".[362]

Esse é o contexto para as fortes palavras de Clemente sobre o luxo e o acúmulo de riqueza. Conforme ele afirmou no início desse breve tratado, deve-se evitar tanto excluir o rico do amor de Deus quanto bajulá-lo. Até aqui, ele disse aos ricos principalmente que, se a atitude deles for correta, não serão barrados do reino. Isto, por si mesmo, daria a impressão de que ele estava sendo condescendente em relação aos ricos a fim de fazer com que se tornassem aceitos na comunidade da fé. Há, no entanto, um outro lado de seu ensinamento em relação à questão. O rico tem a obrigação de usar sua riqueza de uma forma que seja consoante com sua atitude interna de amor a Deus acima de todas as coisas — e de amor ao próximo como a si mesmo. Os ricos são

---

[359] CLEMENTE. *Quis div. salv.* 16 em *ANF*, volume 2, p. 595.
[360] CLEMENTE. *Quis div. salv.* 17 em *ANF*, volume 2, p. 595.
[361] CLEMENTE. *Quis div. salv.* 19 em *ANF*, volume 2, p. 596.
[362] CLEMENTE. *Quis div. salv.* 24 em *ANF*, volume 2, p. 598.

chamados a empregar sua riqueza de tal forma que obtenham vida.[363] Na verdade, o que o rico possui não é dele e, com seus bens, ele deve suprir as necessidades dos outros. Ao fazer isso, não deve esperar que lhe peçam nem deve tentar determinar quem são os pobres merecedores. Deve dar a todos que passam necessidades e deixar a questão de determinar seu mérito para o derradeiro Juiz.[364] Ademais, Clemente está ciente de que os hábitos de uma vida toda não podem ser facilmente modificados, e de que, se o rico tiver de decidir por si mesmo a parte justa que deve doar e o uso apropriado de sua riqueza, terá a tendência de ser muito indulgente consigo mesmo. Portanto, ele conclui seu tratado aconselhando os ricos que realmente querem levar a sério o trabalho de sua salvação a encontrar alguém que os ajude a ver qual é o uso apropriado de sua riqueza:

> Por conseguinte, sem dúvida é necessário para você — que é pomposo, e poderoso, e rico — ter um homem de Deus como treinador e governante. Reverência, embora seja apenas um homem; temor, embora seja apenas um homem. Entregue-se ao ouvir, embora seja apenas um homem falando livremente, usando severidade e, ao mesmo tempo, curando.[365]

Podemos concluir o que esse mentor e guia severo, embora amoroso, diria ao rico a partir do que Clemente diz em várias passagens sobre o luxo, a cobiça e outros assuntos similares. Viver no luxo, diz ele, é um pecado,[366] pois "é monstruoso alguém viver no luxo enquanto muitos passam privações".[367] Também é um ato irracional que deve ser evitado, "para que, por acaso, ninguém diga a nosso respeito: 'Seu cavalo [...] vale quinze talentos; mas o homem mesmo só vale três níqueis' ". [368] Nesse contexto, Clemente se deleita em mostrar a insensatez do luxo e da ostentação. Todos concordariam que seria tolo fazer uma picareta de

---

[363] CLEMENTE. *Quis div. salv.* 27.
[364] CLEMENTE. *Quis div. salv.* 31-33.
[365] CLEMENTE. *Quis div. salv.* 41 em *ANF*, volume 2, p. 602.
[366] CLEMENTE. *Stromata* 2. 15.
[367] CLEMENTE de Alexandria. *Paedagogus* 2. 12 em *ANF*, volume 2, p. 268. Neste ponto, a numeração dos capítulos em *ANF* é distinta da de *PG*. Portanto, em *ANF*, este é o capítulo 13.
[368] CLEMENTE. *Paedagogus* 3. 6 em *ANF*, volume 2, p. 279.

prata ou uma foice de ouro; e, todavia, quando se trata dos bens encontrados em casa, muitos não demonstram a mesma sabedoria que exibem quando fazem as ferramentas agrícolas. Uma faca de cozinha não corta melhor porque tem cabo de marfim, e as lâmpadas não iluminam mais porque são provenientes da loja do ourives, e não da oficina do oleiro. Todavia, a loucura do luxo é tal que alguns têm até urinol de ouro, como se não pudessem deixar de lado seu orgulho mesmo enquanto aliviam a si mesmos![369]

Mais uma vez, isso não quer dizer que as coisas em si mesmas são maléficas. Há, entretanto, uma medida para a posse das coisas, e essa medida é seu uso. O tema sobre o "uso" das coisas aparece reiteradas vezes nos escritos de Clemente, precisamente quando trata da maneira como devemos lidar com os bens materiais. Clemente, na passagem citada acima sobre a estupidez dos utensílios de ouro e prata, também diz que a medida desses utensílios domésticos deve ser "o uso, não o custo". A tigela na qual o Senhor fazia suas refeições era comum. Ele disse para seus discípulos para se reclinarem na grama, não em uma cama de marfim. Jesus lavou os pés dos apóstolos com uma vasilha de cerâmica — pois, certamente, não trouxe uma de ouro do céu. Em suma, "ele usou os utensílios, e a extravagância não era seu objetivo".[370] Não há necessidade de condenar o Criador por ter feito essas coisas. Temos, no entanto, de nos lembrar que, do ponto de vista da utilidade, aquilo que não é ostentação é sempre melhor.

A medida do uso apropriado é a necessidade. Assim como o tamanho do pé determina o tamanho do sapato, também as necessidades do corpo devem determinar nossas posses. "Tudo que possuímos foi-nos dado para ser usado, e usado em quantidade suficiente".[371] Qualquer coisa que vá além disso é supérflua e, portanto, representa um fardo.[372] O que tudo isso quer dizer é que a riqueza em si mesma não é maléfica, mas muito perigosa. Na verdade, é como uma serpente venenosa,

---

[369] CLEMENTE. *Paedagogus* 2. 3.

[370] CLEMENTE. *Paedagogus* 2. 3 em *ANF*, volume 2, p. 247.

[371] CLEMENTE. *Paedagogus* 2. 3 em *ANF*, volume 2, p. 248.

[372] CLEMENTE. *Paedagogus* 3. 7. Compare com CLEMENTE. *Paedagogus* 2. 3: "[...] em geral, o ouro e a prata, tanto públicos quanto particulares, são posses odiosas quando excedem o que é necessário, poucas vezes são adquiridas, difíceis de manter e não adaptadas para o uso", em *ANF*, volume 2, p. 247.

> que se enrola em torno da mão e morde; a menos que alguém saiba como se desvencilhar dela sem correr perigo, ao segurá-la pela ponta do rabo. E as riquezas, insinuando-se para agarrar alguém experiente ou inexperiente, têm destreza em prender-se e morder, a menos que o indivíduo, ao desprezá-las, use-as de forma habilidosa para esmagar a criatura pelo fascínio e beleza da Palavra, e ele possa escapar ileso.[373]

Observe aqui que as riquezas, para serem sobrepujadas, devem ser desprezadas. Não é apenas uma questão de não permitir que alguém seja governado por elas e, depois, continuar ao longo de seu agradável caminho. Clemente, de fato, acreditava que o rico poderia ser salvo; mas apenas se usasse a riqueza de uma determinada forma. Essa é a razão por que sugeriu que os cristãos ricos encontrassem mentores sábios que pudessem guiá-los tanto na administração de suas riquezas quanto na educação de sua alma. Com essa administração sábia da riqueza, a pessoa deve abrir mão de achar que, dessa forma, está comprando a vida eterna.

> Ó excelente negócio! Ó divina mercadoria! Alguém compra a imortalidade com dinheiro; e, ao doar as coisas perecíveis do mundo, recebe em troca por elas uma mansão eterna no céu! Viaje para esse comércio, se for sábio, ó homem rico! Se necessário for, viaje pelo mundo todo.[374]

Naturalmente, Clemente não está dizendo que o rico pode comprar literalmente seu caminho para o céu. Ele deixa claro que apenas abrir mão das riquezas não é suficiente, pois a salvação é uma questão interior. Mas ele está dizendo, com exagero retórico, que a única maneira de o rico entrar no céu é compartilhando suas posses e que, portanto, esse compartilhamento é uma boa troca. O que o rico tem de fazer com o supérfluo — o que está além de suas necessidades e, portanto, é um fardo — é distribuí-lo para os necessitados.[375] "O que vendeu os bens mundanos e doou-os aos pobres

---

[373] CLEMENTE. *Paedagogus* 3. 6 em *ANF*, volume 2, p. 280.
[374] CLEMENTE. *Quis div. salv.* 32 em *ANF*, volume 2, p. 600.
[375] CLEMENTE. *Paedagogus* 3. 7.

encontra o tesouro imperecível", pois "rico não é aquele que tem e guarda, mas o que distribui".[376] Portanto, a resposta completa para a pergunta de Clemente — *Quem é o rico que será salvo?* — é que os ricos que serão salvos são os que medem suas posses por sua necessidade real, consideram todo o resto supérfluo e doam tudo o que realmente não precisam para o necessitado.

Há um panorama teológico subjacente a esse ensinamento ético. Esse panorama, antes de tudo, é antignóstico. Clemente rejeita qualquer noção de que as coisas criadas são em si mesmas maléficas, ou de que são criação de um reino cujo poder é menor que o de Deus, ou de que pertencem a esse reino. A doutrina da criação sugere a bondade da realidade material. Censurar todas as posses, assim considera esse apologista, é uma atitude bastante próxima de rejeitar a bondade daquele que as criou. Por outro lado, Clemente também acredita que os seres humanos são criados para uma ordem superior, e que nossa presença neste mundo é temporária. "As coisas do mundo *não são nossas*, não como se fossem monstruosas, não como se não pertencessem a Deus, o Senhor do universo, mas porque não continuamos entre elas para sempre".[377] Assim, no que diz respeito às "posses", elas não são verdadeiramente nossas, mas foram feitas "para o nosso uso".[378]

Segundo, esse Criador tinha uma ordem particular em mente.

> Deus criou nossa raça para compartilhar {*koinonia*}, começando por dar aquilo que pertence a Deus, a própria Palavra, tornando-a comum {*koinós*} a todos os seres humanos, e criando todas as coisas para todos {*pánta poiésas ypèr pánton*}. Portanto, todas as coisas são comuns {*koinà oûn tà pánta*}; e que o rico não reivindique mais que o restante das pessoas. Dizer, portanto, "Tenho mais do que preciso, por que não desfrutar?" não é humano nem apropriado para o ato de compartilhar {*ouk anthrópinon, oudè koinonikón*} [...] Pois sei muito bem que Deus nos deu o poder para usar, mas apenas até o limite do

---

[376] CLEMENTE. *Paedagogus* 3. 6 em *ANF,* volume 2, p. 280.
[377] CLEMENTE. *Stromata* 4. 13 em *ANF,* volume 2, p. 426.
[378] CLEMENTE. *Stromata* 4. 13 em *ANF,* volume 2, p. 426.

necessário, e que Deus também desejava que o uso fosse comum.[379]

Portanto, de acordo com Clemente, a comunhão dos bens — ou, pelo menos, de seu uso — não é uma noção estranha, conforme ensinada por algumas escolas filosóficas ou grupos fanáticos. Faz parte da criação. À primeira vista, isso parece contradizer as afirmações de Clemente, citadas acima, de que, se ninguém tivesse nada, seria impossível obedecer às ordens de Jesus para alimentar os famintos e vestir os nus. Um conjunto de passagens argumenta em favor da propriedade privada, e outro, em favor dos bens em comum. Expressar o assunto nesses termos, entretanto, não nos permite perceber o ponto central do argumento de Clemente: independentemente do que tenhamos, só devemos ter as posses necessárias para nosso uso; e que qualquer uso além do necessário é supérfluo e um fardo para a vida cristã; e que a única maneira de termos verdadeiramente alguma coisa de que não precisamos é doando-a; e que, portanto, a melhor administração da propriedade privada é torná-la disponível para o uso comum.

A fim de percebermos a importância do que Clemente está dizendo, precisamos entender suas palavras no contexto do que já foi dito em relação à compreensão da propriedade privada que o império romano herdou e expandiu da antiga jurisprudência romana. A compreensão básica dos direitos de propriedade subjacente em todo o sistema legal era a de que a propriedade conferia a seu dono o direito de usar, desfrutar e abusar. Clemente está se opondo a essa noção, estabelecendo dois limites para os direitos de propriedade: a *koinonia* e a suficiência. No texto que acabamos de citar, ele diz literalmente que a noção de propriedade em que se confere ao proprietário o direito de desfrutar da forma como achar apropriado é contra a natureza e também contra a *koinonia*. Conforme um intérprete moderno de Clemente disse: "O chamado claro é para deixar de lado a lei romana — prevalente, absolutista e individualista — de legitimação da propriedade a fim de abraçar uma nova lógica da propriedade, tendo todas as coisas de tal maneira que possam ser comuns a todos".[380]

---

[379] CLEMENTE. *Paedagogus* 2. 13 em *PG*, volume 8, p. 541-44.

[380] AVILA, C. *Ownership: Early Christian Teaching*. Maryknoll, N.Y.: Orbis, 1983, p. 41.

Nessa passagem, o argumento de Clemente, sem sombra de dúvida, tem um tom estoico. Ele fundamenta sua crítica sobre a noção dos direitos absolutos de propriedade na ordem natural criada. Deus criou a humanidade para compartilhar, dando início a esse processo ao compartilhar o logos divino. O que nos torna humanos é o compartilhar nesse logos. Portanto, não compartilhar é desumano e vai contra a própria *koinonia*, a base de nossa criação {*ouk anthrópinon, oudè koinonikón*}.

Por outro lado, temos de nos lembrar que Clemente, quando fala da propriedade pessoal ou do uso comum, não está preocupado com nossos debates atuais em relação à natureza e à extensão dos direitos de propriedade. Sua preocupação não é tanto a ordem econômica da sociedade, mas sim a orientação e salvação das almas. Ele teme as riquezas, não tanto pela injustiça acarretada por elas, mas porque também podem desviar a alma das preocupações eternas. Ele deplora a pobreza, basicamente não pelo sofrimento causado por ela, mas porque ela força o pobre a se afastar da contemplação do eterno por causa das preocupações com as necessidades físicas.[381] Quando cita, com aprovação, a lei mosaica que não só ordena separar para o pobre as espigas da colheita e as beiradas dos campos, como também provê o cancelamento das dívidas no jubileu e proíbe o empréstimo com juros, ele considera essas medidas como uma forma de prover um alívio para o pobre; mas, acima de tudo, ele as considera como uma forma de treinar os que têm posses, forçando-os a praticar o compartilhamento e a generosidade.[382]

---

[381] CLEMENTE. *Stromata* 4. 5: "Pois ela {a pobreza} compele a alma a desistir das coisas necessárias, quero dizer, a contemplação e a pura ausência de pecados, forçando a pessoa que não se dedicou a Deus em amor a ocupar-se com as provisões; enquanto, mais uma vez, a riqueza e abundância do que é necessário deixam a alma livre e desimpedida, possibilitando o bom uso do que está à mão" em *ANF*, volume 2, p. 413.

[382] CLEMENTE. *Stromata* 2. 18. Quanto à questão dos empréstimos com juros, Clemente tem sido interpretado de várias maneiras. Ele cita a antiga proibição judaica contra a usura em relação a um "irmão" e, depois, esclarece que um irmão "não é só aquele que nasceu dos mesmos pais biológicos, mas também aquele da mesma raça e sentimentos, e um participante da mesma palavra" (em *ANF*, volume 2, p. 366). Será que a participação no mesmo "logos" quer dizer um companheiro cristão? Ou significa apenas participação no mesmo princípio de toda racionalidade? Se for o primeiro caso, Clemente rejeita a usura quando um cristão empresta a outro cristão. Se for o último caso, ele sustenta que nenhum cristão deve recolher juros, independentemente de quem pede emprestado.

Por fim, Clemente considerava todo o mundo criado como um campo de treinamento para a alma. Isto era uma parte integral das tradições platônica e estoica, das quais extraiu muitas ideias. De algumas maneiras, isto causaria mais impacto nas perspectivas e atitudes cristãs em relação às questões econômicas do que qualquer outra coisa que Clemente disse diretamente sobre a riqueza. A importância de seu tratado, *Quem é o rico que será salvo?*, não se deve tanto a sua suposta atitude em relação ao rico — a qual, como vimos, é uma falsa interpretação — quanto à mudança de foco observada. Não era novidade o fato de que as pessoas não tinham de vender tudo a fim de seguir a Cristo — Pedro já dissera isso para Ananias em Atos 5.4. A novidade era o foco de Clemente na alma do doador mais que na necessidade de quem receberia a doação — e, quanto a essa perspectiva, até mesmo Hermas pode ser visto como seu precursor.

ORÍGENES

Orígenes, discípulo de Clemente, tem muito a dizer sobre a riqueza e seus usos. Ele acreditava que a ordem para vender as posses e doá-las ao pobre deveria ser compreendida literalmente — embora, em geral, interpretasse a Bíblia de forma alegórica. Sua posse mais valiosa era sua biblioteca, e ele a vendeu. Entretanto, não fez isso para doar a renda aos pobres, mas com a condição de que o comprador lhe garantisse uma quantia diária de quatro óbolos — o mínimo para a sobrevivência. Afirma-se que ele também interpretou literalmente a ordem do Senhor para não ter mais que um casaco e para andar descalço. Ao que parece, fez tudo isso, entretanto, em sua busca da "vida filosófica" conforme a compreendeu, e não em favor do pobre — como é possível observar nos termos de venda de sua biblioteca. A preocupação básica dos escritos de Orígenes — como no caso de Clemente — é a salvação da alma do doador mais que o bem-estar daquele que recebe. As riquezas são um obstáculo para a salvação, uma vez que o rico tem mais dificuldade de controlar suas paixões e não ser arrastado por elas.[383] Por outro lado, ao enumerar sete meios para a remissão dos pecados, Orígenes coloca a doação de dinheiro em terceiro lugar, imediatamente depois do batismo e do martírio.[384]

---

[383] ORÍGENES. *Comm. in Mat.* 15.20.
[384] ORÍGENES. *Hom. in Lev.* 2. 4.

Presumivelmente, para doar algo é preciso ter algo, conforme Clemente já havia salientado.

Há uma passagem em *Contra Celso*, de Orígenes, que merece ser salientada. Orígenes está respondendo às acusações de Celso de que os cristãos são perversos. Depois de concordar que eles não têm educação formal, mas não são perversos, afirma: "Como, por algum motivo perverso, alguém praticaria a temperança e a sobriedade, a liberalidade e a bondade {*koinonikón*}?[385] Essa passagem é relevante porque, apesar de tudo que sabemos sobre as limitações do compartilhar entre cristãos no início do século III, demonstra que, à época, ainda havia suficiente generosidade e compartilhamento para serem usados como prova para refutar os observadores pagãos hostis.[386]

Por fim, há várias passagens nas quais Orígenes trata da questão do tributo.[387] Embora essas passagens não sejam totalmente claras, ele parece acreditar que toda propriedade material pertence, de alguma forma, a César, e que foi isso que Jesus quis dizer com *Dai a César o que é de César* (Mt 22.21). Ter posses é estar em dívida com César — ou, em algumas passagens, com o *príncipe deste mundo* (Jo 14.30; 16.11) — e, portanto, quanto mais perto alguém estiver de se livrar dos bens materiais, menor a influência e o poder que César exerce sobre a pessoa. Os cristãos devem pagar tributo a César porque, de qualquer forma, pagam daquilo que é de César. Nesse ponto, talvez seja bom lembrar que a noção romana legal da propriedade absoluta exclui o pagamento de tributos sobre a propriedade e que, portanto, quando alguém paga tributo sobre uma propriedade está reconhecendo que não tem propriedade plena. Nesse caso, a afirmação de Orígenes de que a propriedade dos cristãos não é deles é bastante similar ao que Ireneu diz a respeito do assunto — embora Ireneu afirme apenas que tal riqueza não é justificadamente nossa, e não que ela pertence a César.

---

[385] ORÍGENES. *Contra Celso* 3. 78.

[386] Por outro lado, há um aspecto negativo nisso, conforme Celso não perde tempo em apontar, de que pessoas com meios limitados podem se tornar cristãs buscando se beneficiar da riqueza de outros que já são membros da igreja. Orígenes admite a possibilidade de que isso seja verdade em sua época, quando "pessoas ricas, educadas com dignidade, mulheres distintas e de alta estirpe" estão se juntando à igreja. ORÍGENES. *Contra Celso* 3. 9, p. 211.

[387] ORÍGENES. *Comm. in Mat.* 17. 28; *Hom. in Luc.* 23; *Comm. in Rom.* 9. 25.

TERTULIANO

Uma das principais preocupações de Tertuliano era a refutação das heresias e, em especial, da doutrina de Marcião, que insistia na descontinuidade radical entre o Antigo e o Novo Testamentos — entre o Jeová do judaísmo e o Pai amoroso do cristianismo. Tertuliano, contra essas perspectivas, enfatizou a continuidade entre os dois Testamentos. É nesse contexto que ele cita uma longa lista de passagens do Antigo Testamento em que o povo de Deus é chamado à compaixão e à justiça em relação aos necessitados e destituídos e, a seguir, afirma que Jesus, desde o início, demonstrou em seu ministério "os mesmos atributos do Criador e que até mesmo com uma linguagem semelhante {como aquela empregada por Jesus nas bem-aventuranças} amou, consolou, protegeu e vingou o pedinte, e o pobre, e o humilde, e a viúva, e o órfão".[388]

Tertuliano também escreve contra os detratores da fé quando descreve as finanças da comunidade:

> Não existe compra e venda de qualquer tipo nas coisas de Deus. Embora tenhamos nosso baú do tesouro, não consiste em dinheiro de compra, como de uma religião que tem seu preço. Em um dia por mês, se assim desejar, cada pessoa põe uma pequena doação, mas apenas se isto lhe agradar, e só se tiver meios para isso; pois não existe obrigação; tudo é voluntário.[389]

Claramente, o que Tertuliano está descrevendo aqui é muito similar àquilo que agora chamamos de "oferta". Ele salienta a natureza voluntária dessas contribuições — "se assim desejar", "se isto lhe agradar", "não existe obrigação", "tudo é voluntário". Não faz isso, entretanto, a fim de rejeitar tudo o que vimos até aqui sobre a compreensão de *koinonia* nos primórdios do cristianismo. Ele enfatiza que seu propósito é mais, conforme demonstra o início da passagem, salientar o contraste entre o cristianismo — em que a doação é voluntária, e os dons de Deus são livres — e a prática pagã de cobrar pela ministração dos deuses. Seu argumento é contra os pagãos, e não contra as

---
[388] TERTULIANO. *Adv. Marc.* 4. 14 em *ANF,* volume 3, p. 365.
[389] TERTULIANO. *Apol.* 39 em *ANF,* volume 3, p. 46.

pessoas que rejeitam as noções da propriedade privada e da doação voluntária.

É importante ter isso em mente a fim de compreender como é possível para Tertuliano, apenas algumas palavras depois dessa citação, prosseguir seu discurso falando sobre as posses em comum. Ele está argumentando que os pagãos fazem objeção ao fato de os cristãos chamarem a si mesmos de irmãos porque, entre os pagãos, esses laços familiares perderam seu sentido, e os cristãos os envergonham por meio do amor mútuo. É nesse ponto que Tertuliano comenta:

> [...] as posses familiares, que, em geral, destroem a irmandade entre vocês, criam laços fraternais entre nós. Uma só mente e uma só alma, não hesitamos em compartilhar nossos bens terrenos uns com os outros. Todas as coisas são comuns entre nós, exceto as esposas.[390]

Esse texto e o outro que acabamos de citar com relação à doação voluntária aparecem praticamente de capa a capa na *Apologia* de Tertuliano. Realmente seria um argumento muito pobre se Tertuliano estivesse contradizendo a si mesmo poucas linhas adiante. Seria também um argumento pobre se estivesse descrevendo práticas que seus oponentes pagãos sabiam não ser verdadeiras. Portanto, as duas passagens têm de ser vistas como um todo e também no contexto de seu polêmico propósito. Tertuliano está refutando aqueles que criticam o estilo de vida dos cristãos. Com base no resto desse capítulo e nos outros que se seguem, fica claro que Tertuliano está respondendo a uma linha de argumento que afirma que os cristãos são um mal social, ou que, pelo menos, são inúteis para a sociedade. Nesse capítulo em particular, o ponto dos oponentes é que o cristianismo é uma influência maligna precisamente porque exige que seus membros formem um grupo fechado e unido. Tertuliano responde afirmando que a proximidade existe entre os cristãos e, ao mesmo tempo, insistindo que ela é voluntária, e não uma obrigação imposta a eles pelos líderes. Essa é a razão para a discussão do sentido do título "irmãos", que aparece entre os dois

---

[390] Tertuliano. *Apol.* 39 em *ANF*, volume 3, p. 46. As duas últimas sentenças são estas: *Itaque qui animo animaque miscemur, nihil de rei communicatione dubitamus. Omnia indiscreta sunt apud nos, praeter uxores.*

textos citados. Essa também é a razão por que Tertuliano tem de enfatizar tanto a natureza voluntária quanto o caráter radical da doação na comunidade cristã. Ninguém força os cristãos a doar. Todavia, estão unidos de mente a tal ponto que não hesitam em compartilhar (*communicatio* = *koinonia*) uns com os outros, e as coisas entre eles são comuns ou indivisas (*indiscretas* [não separadas]).

O argumento de Tertuliano prossegue. A prática cristã do amor não é como a dos pagãos — uma absoluta devassidão. Tertuliano, depois de uma série de exemplos dessa devassidão e de comentários sarcásticos sobre as festas pagãs, compara essas festas com a festa de amor cristã, sobre a qual tantos rumores maldosos circularam. Em sua descrição, ele enfatiza a importância dessas festas para o pobre e, de forma breve, fala daquilo que hoje chamamos de "opção preferencial pelos pobres":

> Nossa festa se explica por seu próprio nome. Os gregos a chamam de *ágape,* isto é, afeição. Qualquer que seja seu custo, nosso gasto em nome da piedade é ganho, uma vez que beneficiamos os necessitados com as coisas boas da festa; [...] mas, conforme acontece com o próprio Deus, demonstra-se um respeito natural e específico pelos menos favorecidos.[391]

Um sentimento similar encontra-se no tratado de Tertuliano *Sobre a paciência*. Ali, ele argumenta que os cristãos devem praticar a paciência em face de uma série de males. Um deles é a perda da propriedade. É nesse contexto que Tertuliano declara: "O Senhor mesmo não foi encontrado em meio às riquezas". Não fica claro se essa afirmação significa que o Jesus histórico era pobre ou que os cristãos não encontram o Senhor em meio às riquezas. A sentença seguinte, entretanto, é bastante clara: "Ele sempre justifica os pobres e condena os ricos".[392]

---

[391] TERTULIANO. *Apol.* 39 em *ANF,* volume 3, p. 47.

[392] TERTULIANO. *De pat.* 7 em *ANF,* volume 3, p. 711. O latim: *Semper pauperes justificat, divites praedamnat.* Sobre a vantagem hermenêutica do pobre, veja FELIX, Minucius. *Oct.* 16 em *ANF,* volume 4, p. 181: "[...] os homens ricos, ligados a seus recursos, acostumaram-se a olhar mais para seus bens que para o céu, ao passo que nosso tipo de pessoa, embora pobre, descobriu a sabedoria e também transmitiu esses ensinamentos para outros".

Esse capítulo, em particular, do tratado *Sobre a paciência* também lança mais luz sobre a questão da propriedade. Obviamente, o fato de que os cristãos devem estar prontos para enfrentar a perda da propriedade indica claramente que a propriedade privada não foi abolida. Ao mesmo tempo, Tertuliano relativiza os direitos da propriedade ao expandir a noção da cobiça:

> Não interpretemos a cobiça como consistindo meramente da concupiscência do que é do outro: pois até mesmo o que parece ser nosso é do outro; pois nada é nosso, uma vez que todas as coisas são de Deus, e também nós mesmos somos dele.[393]

Os cristãos, em todas as épocas, têm de estar prontos para sofrer a perda de todas as posses. Afinal, o que eles têm não é verdadeiramente deles, e, portanto, desejar possuir algo definitivamente é cobiçar. Ademais, esse apego excessivo à propriedade é um obstáculo para compartilhá-la. Na verdade, qualquer pessoa que estiver com medo de perder pelo roubo ou pela força não estará disposta a "lançar mão de sua propriedade para a causa da doação". O amor à propriedade, portanto, causa tanto o temor de perdê-la quanto a má vontade de compartilhá-la. E o contrário também é verdadeiro, pois "quem não teme perder não acha enfadonho doar".[394] Uma pessoa, para ser capaz de dispor de seus bens, tem de estar pronta a abrir mão deles.

Logo antes dessas palavras, Tertuliano declara que "a paciência nas perdas é um exercício para a entrega e o compartilhamento".[395] O uso do termo *communicare* [ter em comum, repartir] nesse contexto é relevante. Tertuliano, o primeiro escritor latino importante, descreve o compartilhar com o sentido literal do termo grego *koinonein*.[396]

Nessas passagens, como em muitas outras similares nos escritos de Tertuliano, duas preocupações são entrelaçadas:

---

[393] Tertuliano. *De pat.* 7 em *ANF*, volume 3, p. 711.

[394] Tertuliano. *De pat.* 7 em *ANF*, volume 3, p. 712; Tertuliano *Apol.* 39 em *ANF*, volume 3, p. 712.

[395] Tertuliano. *De pat.* em *Pl*, volume 1, p. 1372: *Patientia in detrimentis exercitatio est largiendi et communicandi.*

[396] Em outra passagem no mesmo tratado, Tertuliano traduz outro uso do mesmo verbo, "tornar comum" com o sentido de aviltar, usando a mesma palavra latina. Tertuliano. *De pat.* 8 em *PL*, volume 1, p. 1374.

a liberalidade em relação ao pobre e a necessidade de praticar a paciência e firmeza que a perseguição pode, a qualquer momento, exigir. A primeira, a liberalidade em relação ao pobre, é algo de que Tertuliano está pronto para se vangloriar diante de seus oponentes pagãos: "nossa compaixão gasta mais nas ruas que a de vocês nos templos".[397] A segunda é uma preocupação constante de Tertuliano, pois ele teme que a vida muito cheia de conforto represente uma pobre preparação para o martírio:

> Não sei se o punho que foi acostumado a ser rodeado por bracelete semelhante a um ramo de palmeira suportará até que ele cresça na dureza entorpecida de suas próprias cadeias! Não sei se a perna que já se regozijou com a argola em seu tornozelo tolerará ser apertada pelos grilhões! Temo que o pescoço cercado por laços de pérolas e esmeraldas não abrirá espaço para a espada de lâmina larga! Por conseguinte, [...] abandonemos os luxos e não nos arrependeremos disso. Que estejamos prontos a suportar toda violência, não tendo nada que possamos temer deixar para trás. Essas coisas são os vínculos que retardam nossa esperança. Lancemos fora os ornamentos terrestres se desejamos os celestiais.[398]

Que Tertuliano tenha achado necessário escrever tais palavras é uma prova substancial de que havia na igreja aqueles que viviam — ou, pelo menos, eram tentados a viver — no tipo de luxo que ele deplorava. Conforme enfatizou em *Apologia*, a doação era voluntária. Em tal situação, muitos seriam tentados a reter para si o máximo possível. Em certo sentido, isto era direito deles. Tertuliano, contudo, não estava contente com essa situação e, portanto, apresentou três pontos que, assim esperava, levariam os ricos a maior generosidade: primeiro, o de que nada que alguém tenha é seu, e que, portanto, estar abertamente ligado aos bens é tão pecaminoso quanto desejar o que pertence a outra pessoa; segundo, o de que o Senhor demonstrou preferência pelo pobre, e que os cristãos devem fazer o mesmo; terceiro, o de que a facilidade e o conforto excessivos enfraquecem os cristãos para

---

[397] TERTULIANO. *Apol.* 42 em *ANF*, volume 3, p. 49.
[398] TERTULIANO. *De cult. fem.* 2. 13 em *ANF*, volume 4, p. 25.

as muitas tribulações que podem vir a enfrentar — mais particularmente, o martírio.

Claramente, os bens em comum dos quais Tertuliano se vangloria em sua *Apologia* não impediram que alguns retivessem mais do que Tertuliano achava justificável. Todavia, o fato mesmo de que ele podia se vangloriar disso diante de uma audiência hostil, e de que ele também podia se vangloriar da caridade cristã, quando comparada com a pagã, é um indício da extensão em que o compartilhamento e a caridade eram praticados. Mais uma vez, o que temos aqui não é nem uma atitude dogmática quanto aos bens em comum nem uma carta branca para acumular riqueza. Tertuliano e a igreja de seu tempo, como aquela antes deles, não forçavam as pessoas a doar; mas também não aliviavam a consciência daqueles que retinham para si mais do que o necessário. Conforme Tertuliano diria em uma daquelas frases epigramáticas tão típicas dele, "os cristãos sempre, e agora mais que nunca, passam seu tempo não no ouro, mas no ferro".[399]

HIPÓLITO

Hipólito, em sua *Refutação de todas as heresias*, fornece um testemunho involuntário do grau em que o cristianismo, em Roma, fez avanços em meio aos ricos. No nono livro, está atacando seu arquirrival Calisto — bispo de Roma de 217 a 222 — ao expor o que ele afirma ter sido sua carreira anterior. Calisto, de acordo com esse relato, era escravo de um cristão rico, Carpoforus, e este pertencia à "casa de César". Calisto começou atuando como banqueiro para outros cristãos, dizendo-lhes que era agente de Carpoforus. Quando suas transações comerciais falharam, ele tentou escapar, mas Carpoforus o capturou e o forçou a trabalhar em um moinho até que a intercessão de outros cristãos o fez ceder. Quando Calisto foi para a sinagoga e deu início a um tumulto, esperando ser levado diante dos magistrados e morto como mártir, Carpoforus apareceu diante do prefeito romano e o convenceu de que Calisto desejava morrer e, portanto, não deveria ser morto. Calisto, desse modo, foi enviado para as minas na

---
[399] Tertuliano. *De cult. fem.* 2. 13 em *ANF*, volume 4, p. 25. Ou: "Para os cristãos, o tempo é sempre, e particularmente agora, um tempo de ferro, e não de ouro.

Sardenha e serviu ali até que Márcia, uma concubina cristã do imperador Cômodo (que reinou de 180 a 192), obteve com esse imperador a libertação dos cristãos condenados às minas da Sardenha.[400]

Os detalhes dessa história e, certamente, as alusões quanto à motivação de Calisto podem muito bem não ser verdadeiros. A história em si, no entanto, dá-nos um vislumbre quanto à composição social da igreja em Roma perto do final do século II. Ela tinha contatos com a corte tanto por intermédio de Carpoforus quanto por meio de Márcia. Carpoforus pode não ter sido mais que um escravo imperial; tais escravos, todavia, apesar de sua posição servil, eram com frequência administradores poderosos. Carpoforus tinha influência para ser ouvido pelo prefeito da cidade. Depois, inúmeras viúvas e outros membros da igreja depositaram seu dinheiro com Calisto. Não ficamos sabendo o montante desses depósitos, mas devem ter sido consideráveis a ponto de causarem aborrecimento e vergonha para Carpoforus, conforme o relato de Hipólito.

A obra *Tradição apostólica* de Hipólito confirma a presença na igreja de pessoas que tinham escravos.[401] A ordem para que os oficiais militares não executem outros deixa implícito que havia cristãos pertencentes aos altos postos da hierarquia do exército. E a exigência de que governadores ou magistrados abdiquem de seu posto antes de serem aceitos para o batismo indica que pessoas dos altos escalões do governo civil estavam buscando admissão na igreja.[402]

Isto, no entanto, não é todo o quadro da igreja de Roma daquela época. É bem possível supor que para cada pessoa rica ou dos altos escalões havia muitas de posição humilde e com recursos limitados. Hipólito mesmo menciona que "todos os pobres" são enterrados em um cemitério cristão.[403]

Infelizmente, a maioria do material escrito por Hipólito que chegou até nós não diz nada sobre os assuntos que nos interessam aqui. Uma exceção é o fragmento sobre o Pai Nosso em que ele interpreta a petição pelo *pão nosso de cada dia* de uma

---

[400] Hipólito. *Philos.* 9. 7.
[401] Hipólito. *Trad.* 16. 4.
[402] Hipólito. *Trad.* 16. 17-18.
[403] Hipólito. *Trad.* 34. 1.

forma similar àquela que encontramos com maiores detalhes em Cipriano:

> Por essa razão, estamos proibidos de perguntar o que é suficiente para a preservação da substância do corpo: não o luxo, mas o alimento que restaura o que o corpo perde e previne a morte por causa da fome; não mesas para inflamar e estimular os prazeres, nem as coisas que fazem o corpo crescer em desejos contrários à alma; mas o pão, e também não por um grande número de anos, mas o que é suficiente para nós hoje.[404]

Outros textos, fragmentos de seu comentário sobre Daniel, mostram que Hipólito continua a tradição de Apocalipse e a expectativa de que os cristãos fiéis que "não se submetem à obediência servil às pessoas dos governantes"[405] se descobrirão excluídos da ordem econômica: "não poderão mais vender a própria propriedade nem comprar de estranhos, a menos que a pessoa traga com ela a marca da besta ou tenha a marca em sua testa".[406]

CIPRIANO

Com Cipriano, chegamos a meados do século III. Ele se converteu quando já tinha quase 50 anos de idade, provavelmente em 246 d.C. Até aquela época, praticava retórica e tinha recursos suficientes para ter uma casa e jardins. Ficamos sabendo que, à época de sua conversão, vendeu sua propriedade e entregou o dinheiro arrecadado aos pobres;[407] mas também tomamos conhecimento de que, depois de se tornar bispo, ainda administrava parte de seu patrimônio.[408] Ele mesmo declara que uma das dificuldades no caminho de sua conversão foi a dúvida quanto à sua habilidade para levar uma vida humilde de moderação, conforme exigida dos cristãos:

---

[404] *Frag. in Matt.* 2. 13 em *ANF,* volume 5, p. 194.
[405] *Susan.* 41 em *ANF,* volume 5, p. 193.
[406] *Frag. in Dan.* 12. 1 em *ANF,* volume 5, p. 190.
[407] JERÔNIMO. *De vir. ill.* 67.
[408] CIPRIANO. *Ep.* 7. 81.

> Costumava considerar este um assunto difícil e, em especial, ainda mais difícil por causa de meu caráter à época, de que um homem deveria ser capaz de nascer de novo. [...] Quando aquele que estava acostumado a faustos banquetes e festas suntuosas pode aprender a parcimônia? E aquele que brilhava com ouro e púrpura e sempre foi celebrado por suas roupas caras, quando ele pode aprender a se rebaixar para usar roupas simples e comuns?[409]

A carreira de Cipriano como cristão é típica do que foi dito no início deste capítulo sobre o lugar proeminente na igreja dado aos convertidos ricos ou com boa educação formal. Cipriano era cristão havia menos de três anos quando foi eleito bispo de Cartago — em uma eleição que, aparentemente, não ficou sem oposição por parte dos candidatos rivais com experiência mais longa na igreja. Provavelmente, ele não era o único dos bispos do Norte da África proveniente das classes altas, conforme é possível atestar pelo nome latino da maioria de seus colegas — um sinal de que as condições que levariam ao cisma donatista estavam começando a se desenvolver. Quando teve início a perseguição sob o comando de Décio, alguns poucos meses depois de Cipriano se tornar bispo, ele fugiu da cidade. Embora essa atitude não fosse novidade, e muitos a aconselhassem, no caso de Cipriano provocou muitas críticas e, depois de a perseguição arrefecer, o cisma aconteceu. Embora o sínodo tenha sido realizado logo depois da perseguição, sustentando Cipriano em suas decisões, imagina-se até que ponto os bispos reunidos naquele sínodo foram vistos pelas classes mais baixas da igreja — em especial aquelas provenientes dos púnicos e berberes — como aristocratas favorecendo um dos seus. De qualquer modo, quando a perseguição irrompeu novamente, Cipriano permaneceu firme e, em 258 d.C., foi decapitado — uma forma de execução condizente com sua posição. Ele marchou para a morte usando uma túnica de linho, a dalmática e um casaco que o caracterizava como um cavalheiro.[410]

O trabalho mais importante de Cipriano tratando do assunto da riqueza e de seu uso é *De opere e eleemosynis* — *A atividade prática e as esmolas* —, que pode ter sido escrito em 252, na época em que uma

---

[409] CIPRIANO. *Ep.* 1. 3.

[410] *Acta Procons.* 5.

epidemia devastadora varreu a região. O tratado é um eloquente chamado para a doação de esmolas, com base em uma série de argumentos. O primeiro desses argumentos — um ponto nunca afirmado de forma tão explícita — é que a doação de esmolas é uma forma de reparar os pecados cometidos depois do batismo: "com a doação de esmolas, podemos lavar quaisquer impurezas que contrairmos subsequentemente".[411] A pessoa não é salva pela doação de esmolas, pois "o sangue e a santificação de Cristo" são necessários para purgar aqueles pecados praticados antes do batismo. Contudo, uma vez que todos pecam depois do batismo, ninguém deve achar que pode ser salvo sem ele.

> Aquele que é compassivo nos ensina e nos alerta que é necessário demonstrar compaixão; e porque o Senhor busca salvar aqueles que, por um alto preço, ele redimiu, também ensina que aqueles que, depois da graça do batismo, se tornam impuros podem ser limpos uma vez mais.[412]

Um segundo argumento, extremamente próximo do primeiro, é que a doação de esmolas aumenta o poder e a eficácia da oração e do jejum. Essas disciplinas espirituais "não são proveitosas, a menos que sejam auxiliadas pela doação de esmolas".[413] Na realidade, o poder da doação é tal que, por intermédio dela, as pessoas podem ser preservadas não só da morte eterna, mas também da morte física ou "primeira" morte.[414]

Um terceiro ponto — no qual Cipriano se estende — é que aqueles que doam não sofrem carências físicas. Na realidade, esse tratado deixa implícito até mesmo que aqueles que doam de sua riqueza se tornarão ainda mais ricos.

> Se você ficar apreensivo e temer, com medo de que, ao agir desse modo abundante, seu patrimônio

---

[411] CIPRIANO. *De op. et eleem.* 1 em *ANF*, volume 5, p. 476.

[412] CIPRIANO. *De op. et eleem.* 2 em *ANF*, volume 5, p. 476. Em *Christian Thought Revisited: Three Types of Theology*. Já mencionei que essa preocupação com os pecados pós-batismo é característica do tipo de teologia que estava se desenvolvendo no Ocidente, estando intimamente ligada com todo um ponto de vista teológico.

[413] CIPRIANO. *De op. et eleem.* 5 em *ANF*, volume 5, p. 477.

[414] CIPRIANO. *De op. et eleem.* 6.

> possa se esgotar por causa de sua generosidade, e que, por acaso, possa ficar reduzido à pobreza, tenha coragem quanto a esse assunto, não se preocupe: ele não pode ser exaurido quando o serviço de Cristo é suprido. [...] O misericordioso e os que praticam boas obras não têm carência. [...] Pela oração do pobre, a riqueza do doador aumenta por meio da retribuição de Deus.[415]

Negar isso e imaginar que "aquele que alimenta Cristo não é ele mesmo alimentado por Cristo, ou que as coisas terrenas faltarão para aqueles a quem as coisas divinas e celestiais são dadas" é "um pensamento descrente" e "uma consideração sacrílega e ímpia".[416]

Um quarto argumento — e, provavelmente, o fundamento para todo o resto — é que a doação foi ordenada por Cristo, que disse reiteradas vezes a seus seguidores para se devotarem à doação e não dependerem dos bens terrenos, mas, antes, acumularem tesouros para si no céu. Esse mandamento é tão central que apenas "aquele que dá esmolas, de acordo com os preceitos de Deus, acredita em Deus. [...] Além disso, aquele que mantém o temor a Deus demonstra sua consideração por Deus ao demonstrar misericórdia ao pobre".[417]

A seguir, temos os argumentos tradicionais quanto à loucura da riqueza. É loucura preocupar-se com o possível declínio ou falência nas propriedades de alguém quando a própria vida e a salvação estão ausentes: "Enquanto teme, talvez por amor a si mesmo, perder seu patrimônio, você próprio está perecendo por causa de seu patrimônio."[418] "Você é cativo e escravo de seu dinheiro; está amarrado a cadeias e elos de cobiça, e você, a quem Cristo já libertara, está novamente em cadeias."[419] "Você, quem

---

[415] CIPRIANO. *De op. et eleem.* 9 em *ANF*, volume 5, p. 478.

[416] CIPRIANO. *De op. et eleem.* 12 em *ANF*, volume 5, p. 479. É interessante notar que Cipriano não pergunta como, então, havia cristãos que dependiam da caridade de outros.

[417] CIPRIANO. *De op. et eleem.* 7 em *ANF*, volume 5, p. 478. Mais uma vez, o papel central da própria noção de mandamento é uma característica desse tipo particular de teologia desenvolvida no Norte da África e que, por fim, dominaria todo o cristianismo ocidental.

[418] CIPRIANO. *De op. et eleem.* 10 em *ANF*, volume 5, p. 478-79.

[419] CIPRIANO. *De op. et eleem.* 12 em *ANF*, volume 5, p. 479.

quer que seja, que se considera rico neste mundo, está enganado e sendo ludibriado."[420]

Seguindo esse mesmo argumento, a pessoa não pode ser desculpada da doação para terceiros tendo em vista os filhos por cujo patrimônio e cuja herança ela é responsável. Fazer isso seria ignorar a real responsabilidade pelos filhos e, portanto, traí-los:

> Você é um pai injusto e traiçoeiro, a menos que [...] preserve seus filhos na religião e verdadeira piedade. Você, que é cuidadoso com as propriedades terrenas deles, em vez das celestiais, que prefere elogiar seus filhos para o demônio, em vez de para Cristo, peca duas vezes, tanto ao não prover para seus filhos a ajuda de Deus Pai quanto ao ensiná-los a amar mais as propriedades que a Cristo.[421]

Portanto, é um grande pecado preferir a si mesmo e os filhos a Cristo, e não compartilhar o patrimônio com os necessitados — *nec patrimonium cum indigentium paupertate communicat*.[422] Essa passagem em particular é importante porque percebemos por meio dela que, nessa época, Cipriano — embora centre sua atenção na doação de esmolas, e os cristãos, por fim, comecem a fazer uma clara distinção entre a doação de esmolas e a prática dos bens em comum, a *koinonia* — ainda concebe a doação de esmolas em termos de compartilhamento — *communicare* [ter em comum, repartir].

Os outros argumentos de Cipriano para a prática de doação de esmolas não são menos interessantes. Ele declara que os doadores entre os gentios são muito mais generosos quando a doação é testemunhada por imperadores, procônsules e pela nobreza, e que entre os cristãos o mesmo deveria ser verdade. Deus, Cristo e os anjos são testemunhas da doação cristã, e as dádivas devem ser dignas de tal audiência. Por outro lado, o demônio e seus servos se regozijam quando os cristãos são avarentos e eles zombam de Cristo dizendo que essas pessoas estão dispostas a servir ao demônio, embora este não tenha sofrido por elas. Ao recusar doar aos pobres, os cristãos se transformam em

---

[420] CIPRIANO. *De op. et eleem.* 14 em *ANF*, volume 5, p. 479.
[421] CIPRIANO. *De op. et eleem.* 18 em *ANF*, volume 5, p. 481.
[422] CIPRIANO. *De op. et eleem.* 17.

servos do demônio — e não de Cristo —, a quem não devem nada e que não lhes retribuirá com nada.[423]

Por fim, Cipriano fundamenta a doação de esmolas na imitação da bondade de Deus, que divide tudo com todos. Depois de lembrar seus leitores a respeito do compartilhar que aconteceu na primeira comunidade cristã em Jerusalém,[424] Cipriano declara que essa é a verdadeira imitação de Cristo:

> Pois tudo que é de Deus é comum em nosso uso; tampouco, ninguém é excluído de seus benefícios e dádivas, de forma a impedir que toda a raça humana desfrute igualmente da bondade e generosidade divinas. Assim, o dia igualmente ilumina, o sol brilha, a chuva umedece, o vento sopra, e o sono é o mesmo para aquele que dorme, e o esplendor das estrelas e da lua é comum. E com esse exemplo de igualdade, aquele que, como proprietário nesta terra, compartilha seus lucros e frutos com a fraternidade, enquanto ele é comum e justo em sua bondade gratuita, é imitador de Deus Pai.[425]

Esse texto é relevante não só pelo que afirma, mas também pelo que não declara. Encontramos em uma série de escritores cristãos da Antiguidade a noção de que todas as coisas foram criadas para ser propriedade comum de todos, ou que todas as coisas pertencem a Deus, e que os seres humanos devem ter a intenção de compartilhá-las igualmente. O que esse texto diz é diferente. Nenhuma das coisas mencionadas como pertencentes a Deus e, portanto, "comuns em nosso uso" é suscetível à propriedade privada: o dia, o sol, a chuva, o vento, o sono e o esplendor das estrelas e da lua. Por outro lado, aquele que é "proprietário nesta terra" — provavelmente tendo em mente os proprietários de terras — deve compartilhar seus produtos com os outros. De qualquer forma, a terra não é mencionada entre as coisas que pertencem a Deus e, por essa razão, imprópria para a

---

[423] CIPRIANO. *De op. et eleem.* 21-22.

[424] Veja também CIPRIANO. *De unit. ecc.* 26, em que Cipriano compara o compartilhar existente na comunidade primitiva com a realidade de sua época. Tal "lembrança nostálgica" da *koinonia* primitiva tem em Cipriano um de seus primeiros expoentes.

[425] CIPRIANO. *De unit. ecc.* 25 em *ANF,* volume 5, p. 483.

propriedade privada — como as Escrituras hebraicas declaram que é.[426]

É muito difícil avaliar a importância da mudança da ênfase do compartilhar — *koinonia* — para a doação de esmolas — *eleemosyne*. O último termo, originariamente, queria dizer ação misericordiosa ou um presente dado por gentileza. O termo foi usado com esse sentido na Antiguidade clássica, no Novo Testamento e nos primeiros textos dos escritores cristãos. Apenas mais tarde foi que passou a ter a conotação de um trocado entregue ao pedinte. No uso do termo por Cipriano, claramente quer dizer muito mais que isso. A doação de esmolas à qual Cipriano se refere é tal que as pessoas poderiam fazer objeções por ela ameaçar o patrimônio ou a herança dos filhos. Cipriano mesmo dispôs de pelo menos uma relevante porção de suas propriedades para doá-la aos pobres. Portanto, seria provavelmente um equívoco interpretar sua ênfase nas esmolas como uma tentativa de aumentar o fundo da agulha através do qual o rico tem de passar.

Cipriano, como os cristãos anteriores, profere duras palavras para se referir ao rico que não compartilha sua riqueza com o necessitado e, em especial, àqueles que buscam constantemente ganhar mais segurança ao aumentar suas propriedades. Ao comentar sobre a oração do Pai Nosso, ele declara que aqueles que "começaram" a ser discípulos de Cristo devem *só* pedir por suas necessidades diárias, e que isso deveria levar a pessoa a desfazer todos os "embaraços da propriedade mundana".[427] Em sua primeira epístola encontramos as palavras mais duras escritas na Antiguidade por um cristão contra a tendência dos ricos de acumular bens, pois eles "acrescentam florestas a florestas e, ao excluir o pobre de sua vizinhança, estendem seus campos para todos os lugares, em espaços sem quaisquer limites". Todavia, não encontram paz nesses negócios, pois

> o rico não desfruta da segurança quer em seu alimento quer em seu sono. Em meio ao banquete, suspira, embora beba em uma taça incrustada de joias; e quando sua cama luxuosa envolve seu corpo,

---

[426] FOGLIANI, T. G. T. C. *Cipriano: Contributo alla ricerca di referimenti legali in testi extragiuridici del III° sec. d. C.* Modena: E. Brassi e Nipoti, 1928, dedica todo um capítulo (o terceiro) ao tópico referente à compreensão de Cipriano sobre a propriedade e seu uso apropriado.

[427] CIPRIANO. *De dom. orat.* 19-20 em *ANF,* volume 5, p. 453.

lânguido por causa do banquete, fica acordado em meio à prostração; e tampouco percebe, pobre coitado, que essas coisas não passam de meros tormentos dourados, que ele é escravo de seu luxo e riqueza, em vez de ser senhor deles.

Essas pessoas, no entanto, devem ser acusadas por mais que sua loucura, pois a riqueza as transforma em escravas. Também são culpadas da cobiça sem limites, pois suas "posses se resumem apenas nisto: impedir que outros as possuam".[428] Essa é a real motivação por trás das ações daqueles que acumulam grandes fortunas, e isto é o mais próximo que Cipriano chega de questionar a compreensão sem limites dos direitos de propriedade prevalente na lei romana.

---

[428] CIPRIANO. *Ep.* 1. 12 em *ANF,* volume 5, p. 279.

VII

Preparando o caminho para Constantino

UMA SITUAÇÃO EM EVOLUÇÃO

À medida que o cristianismo se aproxima dos fatídicos eventos do século IV, o perfil social e econômico continua a mudar. Nas cidades maiores e até mesmo em uma série de cidades secundárias, percebe-se o avanço das classes médias. Encontramos, cada vez mais ao longo da segunda metade do século III, mais pessoas ricas entre os cristãos ou enterradas em seus cemitérios. Todavia, a alta aristocracia continuava praticamente intocada por essa nova fé. Pouquíssimos senadores — talvez não mais que um — a abraçaram. Os conflitos entre a igreja e o Império, conforme é possível observar em *Tradição apostólica*, de Hipólito, eram tais que era difícil para as altas autoridades do Estado se tornarem cristãs e continuarem ocupando seus postos. O cristianismo, portanto, fez poucos avanços entre os altos escalões do funcionalismo público. Os cristãos mais prósperos tendiam a ser ricas senhoras distantes das funções imperiais e negociantes bem-sucedidos — em geral homens e mulheres libertos ou seus descendentes — que não tinham quaisquer ambições políticas.

As primeiras propriedades que a igreja pôde legalmente ter foram os cemitérios, pois era apenas como associações de funerais que o Estado reconhecia a existência das igrejas. Nos cemitérios da segunda metade do século III, em particular as catacumbas da via Latina, é possível encontrar evidências de uma comunidade que não estava atolada na pobreza, mas era composta em grande parte das classes média e baixa de artesãos e negociantes, com um bom número de membros em circunstâncias relativamente confortáveis. Em Cartago, certamente por volta do início do século IV e provavelmente na segunda metade do século III, a igreja tinha um corpo de *seniores* [anciãos], cujas responsabilidades eram muitíssimo similares às dos curadores de hoje.[429] A própria presença deles e a natureza de sua função são sinais de uma comunidade com certa quantidade de recursos materiais. No Norte da África, até mesmo em Abitine, uma cidade de segunda classe, a comunidade cristã tinha entre seus membros um homem a quem os registros chamam de *senator* [senador] e uma mulher a quem chamam de *clarissima* [ilustríssima].[430]

Naturalmente, essa não é toda a história, pois, em cada uma dessas cidades, havia grande número de cristãos pertencentes às classes mais baixas. Em "atos" dos mártires, para cada cristão cuja alta posição ou ocupação de prestígio é citada, há dezenas sobre quem não se menciona nada, além do nome. Presumivelmente, muitos ou a maioria deles pertenciam às classes baixas. Em 251 d.C., a igreja em Roma sustentava 1.500 viúvas e pobres. Não é preciso mencionar que a comunidade cristã em Roma era grande, pois o bispo Cornélio era auxiliado por 46 presbíteros, sete diáconos, sete subdiáconos e 94 outras pessoas em postos menores — acólitos, exorcistas, leitores e porteiros. A igreja, composta por pessoas de diversos níveis econômicos, estava ganhando reputação por seu trabalho de caridade.

Esse trabalho requeria não apenas massas de pessoas pobres para alimentar e vestir, mas também os recursos dos cristãos mais prósperos. Na maioria das cidades do Império, o número de cristãos já chegava aos milhares. O compartilhamento face a face, que acontecera em períodos anteriores, já não era mais possível. Foi necessário promover a doação por

---

[429] Veja Caron, M. "Les seniores laici de l'église africaine", *RIntDrAnt*, 6, 1951, p. 7-22; Frend, W. H. C. "The Seniores Laici and the Origins of the Church in North Africa", *JTS*, nova série, 12, 1961, p. 280-84.

[430] A *Acta* chama Dativus de "senador", mas não fica claro se ele era um senador romano ou um dos *curiales* [curiais] que formavam parte do senado da cidade. Vitória é chamada de "ilustríssima", de "nascimento nobre". *Acta sanct. Saturn. et al. in Africa*, 1, 3, 7, 16. Publicado em *P.L.* 8:705-15. O fato de que o édito de Valeriano fez referência específica aos senadores e cavaleiros indica que alguns membros dessas classes sociais mais altas, certamente, eram cristãos. Compare com Cipriano, *Ep.* 81.

parte dos que tinham recursos e organizar a distribuição do que era recebido. Isso levou a dois desenvolvimentos paralelos cujos estágios iniciais vimos no último capítulo, e os quais continuariam até muito depois da conversão de Constantino. Por um lado, aumentavam o poder e a autoridade dos bispos, conforme atestado pelos 155 membros do clero de Cornélio. Eram responsabilidades do bispo administrar os fundos e as propriedades da igreja e supervisionar a distribuição justa dos recursos disponíveis entre os necessitados. Em uma operação tão descomunal como essa em Roma — e provavelmente na maioria das grandes cidades do Império —, essa representava uma grande tarefa de administração, exigindo assistentes capazes, com aguçado poder de discernimento e inquestionável autoridade. A autoridade cada vez maior dos bispos, portanto, era o resultado não só de desenvolvimentos teológicos que exigiam cuidados maiores com a ortodoxia, mas também de desenvolvimentos econômicos que demandavam um incrível cuidado com a administração dos recursos da igreja. Bastante relevante era o fato de que — embora um número cada vez maior de bispos fosse proveniente das classes altas, e muitos deles tivessem feito grandes contribuições para a igreja e seus pobres, alguns chegando até mesmo a vender todas as suas posses — os papéis de benfeitor e de líder se mantinham separados, pelo menos até o século IV.[431] Isto, em parte, porque persistia a tradição de que as riquezas não representavam alguma coisa da qual a pessoa deveria se orgulhar, e de que o melhor uso para elas era a doação. Portanto, aqueles que tinham riqueza suficiente para usá-la como fonte de poder na igreja perdiam parte de seu prestígio justamente porque retinham sua riqueza.

Por outro lado, um bom número de líderes intelectuais talentosos produziu os sermões e escritos necessários para promover a doação. Alguns deles eram bispos, outros não. Todos pertenciam à elite intelectual, pois só eles seriam capazes de alcançar e convencer aqueles a quem chamavam para uma maior generosidade. Foi nesse contexto que surgiu

---

[431] COUNTRYMAN, L. W. *The Rich Christian in the Church of the Early Empire*. New York: Edwin Mellen, 1980, p. 162-73. Countryman analisa o conflito que surgiu entre o clero e os cristãos ricos, que esperavam que a igreja tivesse a mesma posição que suas contrapartes pagãs desfrutavam nos clubes e sociedades da época.

a literatura que trata das questões sobre a fé e a riqueza. É literatura produzida por pessoas com bom nível de educação formal e dirigida aos endinheirados. No século II, o tratado *Quem é o rico que será salvo?*, de Clemente de Alexandria, apresenta-nos um dos primeiros exemplos desse tipo de literatura. Em meados do século III, o tratado de Cipriano, *A atividade prática e as esmolas,* ilustra seu desenvolvimento posterior. No período pouco antes de Constantino, o mais notável desses chamados conclamando os cristãos à doação e à compaixão aparece nas *Institutas divinas*, de Lactâncio.

LACTÂNCIO

Lucio Célio Firmiano Lactâncio era nativo do Norte da África e continuou a tradição estabelecida na região por escritores cristãos como Tertuliano, Cipriano e Arnóbio — seu professor de retórica, um estudioso que não tivemos ocasião de discutir aqui. Por algum tempo, aparentemente intimado a comparecer em Nicomédia pelo imperador Diocleciano,[432] Lactâncio ensinou nessa cidade — a residência de verão do imperador e de sua corte. Quando a perseguição irrompeu em 303 d.C., ele renunciou a seu posto e, nos quatorze anos seguintes, passou a viver no anonimato, até que o imperador Constantino o designou como tutor de seu filho Crispus. O trabalho que mais nos interessa aqui, as Institutas divinas — *Divinae institutiones* —, foi escrito, em sua maior parte, antes do fim da perseguição, embora o sétimo livro, ao que parece, tenha sido escrito depois do édito de Milão, em 313 d.C. As Institutas divinas são uma verdadeira suma teológica, em que o autor tenta tanto refutar os filósofos pagãos quanto demonstrar a beleza e racionalidade da fé cristã.

Encontramos muito do que Lactâncio tem a dizer sobre a riqueza e seu uso em seus primeiros escritos. O tradicional tema cristão da compaixão não está ausente de seus argumentos, pois, após desaprovar aqueles que desperdiçam sua riqueza em buscas vãs e aqueles que simplesmente tentam se livrar dela como se fosse algo maléfico, ele explica qual seria o melhor uso para a riqueza e, nesse ponto, introduz o valor de cuidar dos necessitados:

---

[432] JERÔNIMO. *De vir. ill.* 80.

> Se sente tão grande desprezo pelo dinheiro, empregue-o em atos de gentileza e humanidade, entregue-o ao pobre; isto que você está prestes a jogar fora pode socorrer muitos, de forma que não morram de fome, nem de sede, nem por falta de vestimentas. [...] Você tem em seu poder a possibilidade de escapar da posse do dinheiro e, ainda assim, usá-lo de forma vantajosa; pois o que quer que seja aproveitável para muitos é gasto de forma segura.[433]

O sentido exato das últimas palavras dessa citação não está claro. "Usar" o dinheiro de forma vantajosa — bene collocare — sabendo que é seguro — salvus — deixa implícito que o que Lactâncio propõe é um investimento, como se estivesse dizendo: "Você pode escapar do poder do dinheiro e investi-lo seguramente, pois tudo o que beneficia muitos é investido de forma segura". Se esse for o caso, o que temos aqui é outro exemplo de um tema que já encontramos em escritores anteriores e que se tornará comum no século seguinte: que doar ao pobre é um investimento na eternidade. Em um contexto diferente, ele diz que a pessoa, ao doar ao pobre, "faz com que um bem frágil e perecível seja eterno" e, a seguir, conclama seus leitores a "entregar suas riquezas no altar {ou, de acordo com outra leitura, no cofre} de Deus a fim de que possam prover para si mesmos posses mais firmes que essas frágeis".[434]

Lactâncio, como outros autores, acredita que a generosidade faz reparação pelos pecados, a menos que a pessoa não se apoie nessa verdade para continuar pecando. O arrependimento ainda é necessário, e seria um grave erro achar que a mera generosidade sem arrependimento fará reparação pelos pecados. Ao contrário, se for verdade que alguém é justo, então essa pessoa tem de continuar a doar generosamente,

---

[433] JERÔNIMO. *De vir. ill.* em *ANF*, volume 7, p. 93.
[434] JERÔNIMO. *De vir. ill.*6. 12 em *ANF*, volume 7, p. 178. Compare com *Inst.* 6. 12 em *ANF*, volume 7, p. 175: "Aqueles que recusam um pequeno presente para o pobre, que desejam preservar a humanidade sem qualquer perda para si mesmos, desperdiçam sua propriedade, pois eles ou adquirem para si coisas frágeis e perecíveis ou ...". Essa passagem e várias outras no mesmo capítulo sugerem que aqueles que têm dinheiro podem investi-lo para a eternidade ao dar ao necessitado, e que usá-lo para outros propósitos representa desperdiçá-lo.

se não for para reparar pecados, então simplesmente por sua virtude.

> Tampouco, entretanto, porque as ofensas são removidas pela bondade {*peccata largitione tolluntur*}, não pense que recebeu uma licença para pecar. Pois elas são abolidas {*abolentur*} se você for bondoso para Deus por ter pecado; pois se pecar por confiar em sua bondade, as ofensas não são abolidas {*si fiducia largiendi pecces, non abolentur*}. Pois Deus deseja em especial que os homens sejam limpos de seus pecados e, portanto, o Senhor ordena que se arrependam. Arrepender-se, contudo, nada mais é que professar e afirmar que a pessoa não mais pecará. [...] Tampouco, entretanto, se alguém foi purificado da mancha do pecado, que não pense que pode se abster da bondade porque não tem faltas para abolir. Não, na verdade, essa pessoa fica ainda mais comprometida a exercitar a justiça quando se torna justa, de forma que o que fez antes para curar suas próprias feridas, que ela possa fazer depois para louvor e glória da virtude.[435]

Mesmo assim, os pecados não são apenas ações, mas também palavras e pensamentos. Embora seja possível abster-se das ações e palavras pecaminosas, é quase impossível abster-se de pensamentos pecaminosos, de tal forma que "se a condição da mortalidade não permitir que um homem fique puro de todas as manchas, as falhas da carne devem, portanto, ser abolidas por meio da contínua bondade".[436] Claramente, o que temos aqui é a absorção da prática de doação de esmolas no sistema emergente da penitência, o qual se tornaria muito importante no desenvolvimento da teologia ocidental.[437]

Tal generosidade, para ser virtuosa, tem de excluir qualquer desejo de ganho financeiro. É por essa razão que Lactâncio concorda com a proibição cristã tradicional de emprestar dinheiro com juros. Emprestar dinheiro com juros não é um ato de misericórdia. Ademais, é equivalente ao roubo, pois o

---

[435] JERÔNIMO. *De vir. ill.*6. 13 em *ANF,* volume 7, p. 178.
[436] JERÔNIMO. *De vir. ill.* em *ANF,* volume 7, p. 178-79.
[437] Veja *Christian Thought Revisited: Three Types of Theology.*

resultado é que a pessoa toma a propriedade alheia, e quem faz isso procura obter vantagem com a necessidade do outro.[438]

Lactâncio também tinha de enfrentar, como Cipriano antes dele, a objeção daqueles que diziam que, se fosse para ajudar todos os necessitados, eles logo fariam parte deste grupo.

> Talvez alguém diga: Se for para fazer todas essas coisas, não terei posses. E se um grande número de pessoas estiver passando necessidade, sentindo frio, sendo levado cativo, morrendo, visto que aquele que age assim tem de privar a si mesmo de sua propriedade em um único dia, devo jogar fora as posses que adquiri com o meu trabalho e com o de meus antepassados, de tal forma que depois disso eu mesmo tenha de viver dependendo da misericórdia dos outros?[439]

A resposta de Lactâncio a essa objeção é dupla. Primeiro, ele argumenta que assumir essa posição não passa de "medo covarde da pobreza". Nesse ponto, ele se fundamenta na tradição clássica consagrada de que a riqueza é uma fonte de ansiedade e infelicidade, e a pobreza, um valor a ser buscado. As riquezas não só são um fardo, mas também uma tentação para os outros, incluindo a família daquele que tem posses. Desse modo, "é parte de uma grande e sublime mente desprezar e espezinhar os assuntos mortais".[440] Por outro lado, Lactâncio tem consciência de que tal dedicação absoluta não é comum e, portanto, oferece outra alternativa. Os que já foram chamados a compartilhar o que têm e a ser como uma só pessoa são muitos. Se todos assumirem a responsabilidade pelo necessitado, o fardo de cada doador não será pesado. Assim, os leitores de Lactâncio, enquanto são

---

[438] JERÔNIMO. *De vir. ill.* 6. 18 em *ANF,* volume 7, p. 183: "Se ele {o verdadeiro adorador de Deus} tiver de emprestar algum dinheiro, não deve receber juros, que o benefício que socorre o necessitado fique intacto, e que ele possa se abster totalmente da propriedade de outro. Pois, nesse tipo de obrigação, ele deve ficar contente com aquilo que é seu; uma vez que é sua tarefa, em outros respeitos, não poupar sua propriedade a fim de fazer o bem; mas receber mais do que deu é injusto. E 'aquele que faz isso fica esperando que, de alguma outra forma, possa ganhar recompensa da necessidade do proprietário'."

[439] JERÔNIMO. *De vir. ill.* 6. 12 em *ANF,* volume 7, p. 177-78.

[440] JERÔNIMO. *De vir. ill.* 6. 12 em *ANF,* volume 7, p. 178.

exortados a destacar-se na doação, também são assegurados de que isso não diminuirá sua riqueza. Assim, no final, esse chamado ao grande sacrifício se reduz a um chamado à privação dos prazeres supérfluos e ao uso desses recursos para ajudar o necessitado:

> E não ache que é aconselhado a diminuir ou dar cabo de sua propriedade, mas faça melhor uso do que você gastaria com supérfluos. Devote-se ao resgate dos cativos com aquilo que compraria bestas; sustente o pobre com aquilo que usaria para alimentar as bestas selvagens. [...] Transfira as coisas que está prestes a jogar miseravelmente fora para um grande sacrifício, para que, em retorno por essas verdadeiras dádivas, você possa ter uma dádiva duradoura de Deus.[441]

Finalmente, um ponto em que Lactâncio continua e fortalece uma tradição anterior é a afirmação de que a pessoa é responsável pelo que acontece com aqueles que falha em ajudar — a ponto de ser culpada de homicídio: "Quem tem a possibilidade de socorrer alguém que está a ponto de morrer, se não fizer isso, mata-o".[442]

É no terceiro livro de Institutas divinas que Lactâncio oferece seu comentário mais interessante sobre o assunto da ordem econômica da sociedade. Esse terceiro livro é devotado à refutação dos erros dos filósofos, e é nesse contexto que Lactâncio escreve o que alguns intérpretes consideram uma das defesas cristãs mais claras da propriedade privada em oposição aos bens em comum.[443] Na proposta de bens comunitários de Platão, comenta ele, "isso é possível de ser aturado, uma vez que apenas parece falar de dinheiro". O que mais o deixa perturbado é a defesa de Platão do casamento em comum entre os cidadãos, o que lhe dá a oportunidade de declarar com algum sarcasmo que "se você fosse dar o domínio a esse homem de tal justiça e equidade que privou alguns de suas propriedades, dando a uns a propriedade de outros, ele prostituiria a modéstia das mulheres".[444]

---

[441] JERÔNIMO. *De vir. ill.* 6. 12 em *ANF*, volume 7, p. 178.
[442] JERÔNIMO. *De vir. ill.* 6. 11 em *ANF*, volume 7, p. 175.
[443] BARBERO, G., citado por SIERRA BRAVO, R. *Doctrina social*, p. 617.
[444] LACTÂNCIO. *Divinae Institutiones* 3. 21 em *ANF*, volume 7, p. 92.

Desse modo, em sua defesa da propriedade privada, Lactâncio emprega argumentos que têm a ver basicamente com a preservação da família, do casamento e da castidade. Também há outros argumentos que, de forma mais direta, dizem respeito à questão da propriedade privada em oposição aos bens em comum, e alguns deles têm um tom moderno. Lactâncio argumenta, por exemplo, que, se nada pertencesse a ninguém, então toda motivação para a frugalidade seria perdida — em outras palavras, a propriedade privada é a razão por que as pessoas cuidam das coisas, e em uma sociedade comunitária, esse incentivo desapareceria. É verdade, afirma ele, que a propriedade privada pode levar a muitos males; mas também pode favorecer o bem. E não é possível dizer o mesmo de um sistema em que não existe a propriedade privada: "A posse da propriedade contém a matéria tanto dos vícios quanto das virtudes, mas os bens em comum não contêm nada além dos vícios da licenciosidade".

O erro de Platão, de acordo com Lactâncio, foi que ele não compreendeu que o que importa é a vida interior, e não a exterior:

> Ele {Platão} não encontrou a harmonia que buscava, porque não percebeu de onde ela surgia. Pois a justiça não tem peso nas circunstâncias externas, nem no corpo, mas é totalmente empregada na mente do homem. Ele, portanto, que deseja pôr os homens em uma igualdade, não deve retirar o casamento e a riqueza, mas a arrogância, o orgulho e a presunção, para que os poderosos e os que foram elevados às alturas possam saber que estão no mesmo nível que os mais necessitados. Pois com a insolência e a injustiça sendo tiradas do rico, não fará a menor diferença se alguns são ricos e outros pobres, uma vez que serão iguais em espírito, e nada, exceto reverência a Deus, pode produzir esse resultado. Ele achou, portanto, que encontrou a justiça, ao passo que ele a removeu de todo, porque deve haver uma comunidade de mentes, e não de coisas perecíveis.[445]

O aspecto mais interessante de todo esse argumento é que Lactâncio extrapola o que o próprio Platão afirmou. Ignorando

---

[445] LACTÂNCIO. *Divinae Institutiones* 3. 22 em *ANF*, volume 7, p. 92-93.

todo o sistema filosófico de Platão e, até mesmo, a maneira como ele tornou sua proposta mais moderada em *As leis*, Lactâncio acusa Platão de estar muito preocupado com as coisas materiais, e não o suficiente com a vida íntima da alma. De qualquer modo, o que temos aqui é uma clara exposição de uma visão que, por fim, se tornaria comum nos círculos cristãos, a saber, que a riqueza ou pobreza não interessam muito, desde que a atitude da pessoa seja correta. Conforme vimos, entretanto, isso não é tudo que Lactâncio tem a dizer sobre o assunto, pois ele se preocupa muito com o uso apropriado da riqueza, a generosidade ao doar, a abstenção da usura, etc.

Ademais, há outra passagem em que Lactâncio discute a propriedade comum. Nesse caso, ele está lidando com a noção amplamente disseminada no mundo antigo de que houve uma "era de ouro" primal em que não havia guerras nem inimizade, e na qual todas as coisas eram comuns. Em geral, ele aceita essa noção;[446] mas a corrige ao indicar que o que existiu foi o espírito de generosidade no compartilhamento, e não a propriedade comum. A descrição da idade de ouro pelos poetas...

> [...] deve ser considerada desse modo, não como sugerindo a ideia de que os indivíduos naquela época não tinham propriedade privada, mas deve ser vista como uma figura de linguagem poética; a fim de que possamos compreender que os homens eram tão generosos que não protegiam os frutos da terra produzidos por eles, nem ficavam meditando sozinhos quanto às coisas armazenadas, mas admitiam o pobre para compartilhar os frutos de seu trabalho. [...] Tampouco a avareza detinha a dádiva divina, assim, não havia fome e sede em comum; mas todos, sem exceção, tinham abundância, uma vez que os que tinham doavam com generosidade e liberalidade aos que não tinham.[447]

---

[446] LACTÂNCIO. *Divinae Institutiones* 5. 6 em *ANF*, volume 7, p. 140-41: "[...] como Deus deu a terra em comum para todos, que eles possam passar sua vida em comum, sem que a insana e feroz avareza possa reivindicar todas as coisas para si, e para que o que foi produzido por todos possa não faltar a ninguém".

[447] LACTÂNCIO. *Divinae Institutiones* em *ANF*, volume 7, p. 141.

Para compreendermos a importância dessas palavras, temos de vê-las em seu contexto histórico apropriado. Fica claro que Lactâncio está rejeitando qualquer plano de reforma social fundamentado na legislação, como Platão e muitos outros propuseram. Ainda assim, ele não está apenas santificando e endossando a situação existente. O que ele está dizendo é, antes, que a humanidade foi criada para compartilhar, não por obrigação, mas por compaixão — o resultado de compartilharmos nossa natureza humana comum. Isto foi destruído, diz ele, pela queda, quando se perdeu a verdadeira adoração a Deus e, com isso, o conhecimento de bem e mal. A situação presente de cobiça e injustiça levando a fome e sofrimento não deve ser mantida. Todavia, como a situação original se fundamentava na adoração a Deus e no consequente amor ao próximo, então sua restauração também deve estar fundamentada na adoração e no amor.

É por essa razão que a passagem citada acima se assemelha muito ao que o livro de Atos dos Apóstolos nos fala sobre os bens em comum nos primórdios da comunidade cristã, e ao que vimos sobre a compreensão e prática da *koinonia* em um período posterior.

Lactâncio está argumentando que a justiça tem de ser restabelecida, e que isso só pode ser feito por intermédio da verdadeira adoração a Deus. Ele declara em outra passagem que "você anseia por justiça na terra enquanto a adoração a falsos deuses continua, o que definitivamente não pode acontecer".[448] A justiça tem duas facetas: a "piedade" e a "equidade". A primeira diz respeito a nosso conhecimento sobre Deus e o serviço ao Senhor. A última consiste em tornar a si mesmo igual aos outros. A última fundamenta-se na primeira, pois todos os seres humanos são criados segundo a imagem divina. "Os adoradores de deuses adoram imagens sem sentido e entregam a elas as coisas preciosas que têm". Muito mais deveriam os cristãos "reverenciar as imagens vivas de Deus" — isto é, outros seres humanos.[449] Ademais, uma vez que Deus é generosidade, essa generosidade tem de ser compartilhada igualmente com todos, pois "aos olhos do Senhor ninguém é escravo, ninguém é senhor; pois se todos têm o mesmo Pai, somos, por direitos iguais, todos filhos. Ninguém é pobre à vista de Deus, exceto o

---

[448] LACTÂNCIO. *Divinae Institutiones* 5. 9 em *ANF*, volume 7, p. 143.
[449] LACTÂNCIO. *Divinae Institutiones* 6. 13 em *ANF*, volume 7, p. 179.

que é desprovido de justiça; ninguém é rico, exceto o que tem muitas virtudes". Essa é a razão por que é impossível para os pagãos praticar a justiça.

Portanto, nem os romanos nem os gregos poderiam ter justiça, porque tinham homens que diferiam uns dos outros em vários aspectos, do pobre ao rico, do humilde ao poderoso, em suma, das pessoas individuais às mais altas autoridades de reis. Pois onde nem todos se igualam, não há equidade; e a iniquidade por si só exclui a justiça.[450]

Em contraste com isso, a comunidade cristã é o local onde a justiça pode ser feita, e a ordem primal de compartilhar, restaurada, porque nela existe tanto a adoração ao único Deus diante do qual todos nós somos iguais quanto a prática de tornar todos iguais.

> Alguns dirão: Não existem, em seu meio, pobres e ricos, servos e senhores? Não existem algumas diferenças entre os indivíduos? Não há nenhuma; tampouco existe qualquer outra causa por que mutuamente nos concedemos o nome de irmão, exceto que acreditamos que somos iguais. [...] Pois a justiça para um homem é pôr-se no mesmo nível que os outros das classes mais baixas.[451]

É impossível saber exatamente o que a afirmação "solidariedade com os oprimidos" queria dizer em termos concretos para Lactâncio e sua comunidade. Claramente, não significava que os ricos deram tudo o que tinham e se tornaram tão necessitados quanto os pobres. Por outro lado, como era algo de que Lactâncio sentiu que poderia se vangloriar para sinalizar um contraste entre cristãos e pagãos, deve ter significado muito mais que apenas mencionar o pobre como irmão. Muito provavelmente, queria dizer doação de generosas esmolas, do tipo defendido por Cipriano.

De qualquer modo, no capítulo seguinte, depois de criticar Platão, Lactâncio muda sua ênfase, atacando agora os filósofos que dizem que a riqueza deve ser desprezada e que "abandonam a propriedade entregue a eles por seus pais". Abrir mão

---

[450] LACTÂNCIO. *Divinae Institutiones* 5. 15 em *ANF*, volume 7, p. 151.
[451] LACTÂNCIO. *Divinae Institutiones* 5. 17 em *ANF*, volume 7, p. 151.

da propriedade, apenas porque a riqueza é perigosa, é semelhante a cometer suicídio a fim de evitar a morte. Nesse ponto, Lactâncio demonstra seu pleno romanismo — *romanitas* —, pois ele diz que essas pessoas "jogam fora os meios pelos quais poderiam ter adquirido a glória da generosidade sem perder a honra e a graça".[452] Um romano da era clássica também teria dito isso, pois, para eles, um dos usos da riqueza era adquirir glória por meio da distribuição generosa nas obras públicas e celebrações — a prática romana típica denominada evergetismo. Todavia, em outra seção de seu trabalho, Lactâncio censura a loucura daqueles "que, por construir obras públicas buscam uma memória duradoura para seu nome".[453] Conforme vimos, ele está convencido de que o uso mais sábio é investir na eternidade por meio da liberalidade em relação àqueles que passam necessidades.

Seu argumento contra os filósofos o leva para o tema da solidariedade ou misericórdia — *misericordia* ou, em outras passagens, *humanitas*. Nesse ponto, ele se volta contra os estoicos e sua afirmação de que a solidariedade deve ser evitada como uma fraqueza ou um vício, e contra-argumenta com uma ideia que repetirá em outras passagens: a Providência (ou Deus, em outro trecho) concedeu a cada animal seus próprios meios de proteção tanto contra os inimigos quanto contra o clima. Os seres humanos, em contrapartida, são fracos e não têm nenhuma outra proteção além do apoio mútuo. Esse apoio mútuo — e a solidariedade que o torna possível — é uma dádiva do Criador para a proteção dos seres humanos.

> Pois Deus, que não deu sabedoria a outros animais, os criou com mais segurança para se protegerem dos ataques, quando em perigo, por meio das defesas naturais. No entanto, porque o Senhor criou o homem nu e indefeso, para que o pudesse suprir com sabedoria, deu-lhe, entre outras coisas, esse sentimento de gentileza {*hunc pietatis affectum*}; de tal forma que o homem possa proteger, amar e valorizar o homem, tanto recebendo assistência contra os perigos quanto oferecendo-a.

---

[452] Lactâncio. *Divinae Institutiones* 3. 23 em *PL*, volume 6, p. 422.
[453] Lactâncio. *Divinae Institutiones* vi.11 em *ANF*, volume 7, p. 175.

> A gentileza {*humanitas*} é o maior vínculo da sociedade humana, e aquele que o quebrar deve ser considerado ímpio.[454]

Nossa humanidade comum brota de nossa ascendência comum, pois Lactâncio insiste que Deus criou um único ser humano de quem todos os outros descendem.[455] Como todos nós somos aparentados, devemos uns aos outros ajuda nas horas de aflição ou dificuldade. Ficar de lado e não fazer nada é descer ao patamar das bestas, incapazes de demonstrar gentileza — *humanitas*. Não perceber isso é o erro de toda a filosofia clássica, pois, de acordo com Lactâncio, os filósofos não tinham nada a dizer sobre a virtude, que não só é a base da existência social, mas também o próprio meio para a sobrevivência humana em um mundo hostil.

É nesse ponto que Lactâncio critica o objetivo estoico da *apatheia* [impassibilidade, apatia, indiferença]. Ao considerarem uma virtude o não sentir, os estoicos tornam uma virtude o não ser movido pela aflição dos outros e, portanto, transformam a inumanidade em virtude. "E embora eles, em geral, admitam que a mútua participação na sociedade humana deve ser preservada, separam-se totalmente dela por meio da aridez de sua virtude inumana".[456] Essa passagem é interessante e até mesmo irônica, pois Lactâncio está acusando os filósofos pagãos mais respeitados, aqueles cuja sabedoria mais influenciou os melhores entre os pagãos do império romano, de precisamente a mesma coisa que os cristãos foram acusados anteriormente: recusar-se a participar da vida plena da sociedade, mas insistir em obter seus benefícios. Agora, o argumento muda de direção ao centrar a atenção nas obras de misericórdia, e não nos sinais exteriores de civilidade, como as cerimônias cívicas. "Aquele que se esquiva de prestar assistência também deve necessariamente se esquivar de recebê-la".[457]

Quanto à natureza dessa assistência, ela deve ser determinada pela necessidade encontrada — embora Lactâncio esteja

---

[454] Lactâncio. *Divinae Institutiones* 6. 10 em *ANF,* volume 7, p. 172. Compare com 3. 23; 7. 4.
[455] Lactâncio. *Divinae Institutiones* 6. 10.
[456] Lactâncio. *Divinae Institutiones* em *ANF,* volume 7, p. 173.
[457] Lactâncio. *Divinae Institutiones* em *ANF,* volume 7, p. 174.

argumentando em favor da ajuda material para o necessitado. Pouquíssimas pessoas, se virem outra morrendo em um incêndio, sendo atacada por uma besta ou levada por um rio, e tendo os meios de salvar a pessoa em aflição, recusariam vir em sua ajuda. Todavia, há aqueles que veem os outros sofrendo fome, sede ou frio e ignoram essas necessidades. A razão é que tais pessoas estão prontas para ajudar apenas aqueles que podem retribuir. Alguém salvo de um incêndio tentará descobrir alguma forma de recompensar essa dívida de gratidão. No entanto, "no caso do necessitado, acham que o que quer que seja que entreguem para homens desse tipo é jogado fora".[458] Acham que existem algumas pessoas "adequadas" e outras "inadequadas" para receber ajuda — ou, como alguns diriam hoje em dia, é preciso distinguir entre "o pobre digno" e aqueles que não o são, e doar apenas para o primeiro grupo.

É em resposta a tais visões que Lactâncio desenvolve o argumento de que a pessoa deve doar ao mais necessitado e ao mais impossibilitado de pagar de volta aquilo que recebeu por meio da doação. Em uma frase cujo estilo paradoxal nos remete a Tertuliano, um dos modelos literários que o influenciou, ele declara: "Não devemos conceder nossa generosidade a objetos apropriados, mas o mais possível a objetos inapropriados". O que isso quer dizer é que os beneficiários denominados "apropriados" são aqueles capazes de retribuir de alguma forma ao doador, e, dessa perspectiva, "os que estão destruídos pela nudez, fome e sede" são os menos apropriados, pois há uma pequena possibilidade de que sejam capazes de retribuir aos doadores de alguma forma. Portanto, o conselho de Lactâncio é: "doe especialmente para aqueles de quem não espera nada em retorno". "Seja bondoso para com o cego, o impotente, o coxo, o destituído, pessoas que morrerão a menos que conceda a elas sua generosidade".[459]

Lactâncio é o último escritor cristão a discutir essas questões antes da época de Constantino. Conforme veremos, com Constantino e seus sucessores, haveria grandes mudanças na vida da igreja. Não há indícios de que os cristãos esperavam ou mesmo suspeitavam da surpreendente guinada nos eventos do século IV, com imperadores declarando-se cristãos, e a igreja

---

[458] Lactâncio. *Divinae Institutiones* 6. 11 em *ANF,* volume 7, p. 174.

[459] Lactâncio. *Divinae Institutiones* em *ANF,* volume 7, p. 175.

recebendo cada vez mais apoio do Estado. Lactâncio, como qualquer outro cristão antes dele, escrevia para uma comunidade de cristãos cientes de que estavam à margem da sociedade, sempre correndo o risco de perseguição, sem ter em suas fileiras a grande maioria dos poderosos.

Todavia, à medida que alguém lê as *Institutas divinas*, não pode deixar de sentir que testemunha um novo estágio no longo processo que vai dos primeiros pregadores do movimento de Jesus a Lucas e, depois, a Hermas, Clemente de Alexandria, Cipriano e agora Lactâncio. É um processo pelo qual a igreja continua a avançar nos escalões cada vez mais altos da sociedade e a chamá-los à obediência a Jesus Cristo. Lactâncio escreveu boa parte de *Institutas divinas* durante um período de perseguição. Como cristão, ele teve de abandonar seu posto de ensino em Nicomédia, a residência de verão do imperador, e viver longos anos no exílio e na obscuridade. Ainda assim, ele apreciava muitíssimo a cultura pagã e participou, em grande medida, dessa cultura. De modo bem apropriado, foi chamado de "o Cícero cristão", por seu estilo refinado e linguagem elegante. Na realidade, ele se sente tão à vontade dirigindo-se às melhores partes da sociedade pagã que, em sua principal obra, não fica muito claro a quem ele está se dirigindo. Em um dado momento, seu chamado para a generosidade se baseia naquilo que "seus filósofos" elogiam. Em outro, fundamenta-se na convicção cristã de que os seres humanos são criados à imagem de Deus.

Talvez a guinada mais relevante no diálogo entre cristãos e pagãos pouco antes da época de Constantino seja o argumento de Lactâncio de que os estoicos, enquanto buscam se abster dos sentimentos nos quais a sociedade se fundamenta, continuam a se beneficiar da vida em sociedade. Essa argumentação é muitíssimo similar àquela que os pagãos apresentaram anteriormente em relação aos cristãos: eles minam a sociedade ao abster-se de suas práticas e cerimônias constituintes e, portanto, não têm direito de reivindicar o benefício dessa sociedade. Agora, com Lactâncio, os cristãos estão afirmando que o amor que praticam — *humanitas* — representa o próprio cerne da existência social, e que os que se abstêm disso também devem se abster da sociedade. O cenário está pronto para Constantino.

OUTRAS CORRENTES

Este, entretanto, não era todo o cenário. Muito da antiga expectativa apocalíptica ainda existia, com a esperança de uma inversão cataclástica das fortunas. Um historiador da igreja de nossa época, comentando sobre esse período, afirma que "o cristianismo foi lento em causar um impacto nas populações rurais do Império. Quando começou a fazer isso, entretanto, foi a mensagem literal do Novo Testamento que as atraiu, combinada com as esperanças da inversão das fortunas entre rico e pobre sustentada pela literatura apocalíptica".[460] Dada a natureza dos materiais existentes, é impossível alcançar o quadro completo dos avanços do cristianismo nas áreas rurais mais pobres — ou, até mesmo, entre os pobres urbanos. É ainda mais difícil descobrir como esses convertidos das classes mais baixas viam o relacionamento entre a fé e a ordem econômica da sociedade. Por definição, o iletrado não escreve; e por força das circunstâncias, o que o pobre escreve raramente é preservado para a posteridade.

Sabemos, no entanto, que, por volta do final do século III, o cristianismo fez relevantes avanços nos vilarejos de várias províncias do Império. No Egito, à fuga dos pobres para não pagarem impostos e outras obrigações — a antiga *anachoresis* [partida, fuga], que por séculos representou o último recurso do pobre — acrescentou-se agora a fuga de cristãos evitando a perseguição ou apenas as tentações deste "mundo". Algumas vezes, era difícil distinguir os motivos desses dois tipos de fuga[461] e, por fim, o próprio termo "anacoreta" passou a significar um cristão solitário e recluso. No Norte da África, as listas cada vez maiores de bispos presentes a sínodos apontam para um acelerado avanço em áreas ainda mais remotas.

Enquanto é impossível descobrir o que esses convertidos dos pequenos vilarejos e de áreas rurais remotas achavam da ordem econômica e social, é possível supor, como o faz Frend, que eram atraídos pelas promessas apocalípticas da inversão das fortunas. Já falamos sobre como tais promessas foram mantidas acesas até mesmo entre escritores com boa educação formal,

---

[460] FREND, W. H. C. *The Rise of Christianity*. Philadelphia: Fortress, 1984, p. 421.

[461] Atanásio, louvando a vida no deserto na época de Antônio, declara que "não havia o malfeitor, nem vítimas do mal, nem acusações do coletor de impostos". *Vita S. Ant.* 42, em *NPNF*, 1ª série, volume 4, p. 208.

como Hipólito. Entre aqueles cuja teologia foi mais influenciada pela tradição platônica, havia um esforço de ignorar ou reinterpretar essas promessas escatológicas, que do ponto de vista desses estudiosos pareciam rudes ou materialistas.[462] Todavia, há indícios de que as perspectivas mais "materialistas" e radicais eram comuns entre os provenientes das classes mais baixas e sem muita educação formal.

Um desses indícios está na *Epistole Kanonike* [*Epístola canônica*] de Gregório, o fazedor de milagres. Na segunda metade do século III — cerca de cinco a seis anos depois da morte de Cipriano —, uma horda de bárbaros invadiu o Ponto, onde Gregório era bispo. Alguns dos residentes dessa região aproveitaram a oportunidade para enriquecer. Pelo menos alguns deles eram cristãos. Gregório protesta que "alguns {cristãos} devem ter sido audaciosos o suficiente para considerar a crise que trouxe destruição a todos o período mais oportuno para seu próprio engrandecimento".[463] "Esquecendo que eram do Ponto e cristãos, {eles} se tornaram totalmente bárbaros a ponto de até mesmo matar aqueles de sua própria raça."[464] De modo relevante, por meio dessas palavras, Gregório pressupõe que essas pessoas deveriam agir de outra forma, não só porque eram cristãs, mas também porque eram do Ponto — isto é, porque pertenciam ao império romano, invadido pelos bárbaros. O cristianismo e o romanismo deles deveriam tê-los levado a se opor aos bárbaros. Ao contrário, tornaram-se bárbaros para os outros a quem saquearam e para os cativos a quem sequestraram para receber o resgate. O crime deles — pelo qual a carta de Gregório os excomunga — é que não se comportaram como cristãos nem pessoas civilizadas. "Não é legítimo — argumenta Gregório com base em Deuteronômio — engrandecer à custa do outro, quer ele seja irmão quer seja inimigo."[465]

---

[462] Em *Christian Thought Revisited: Three Types of Theology*, tentei mostrar como as tradições às quais Hipólito pertencia — e nas quais também podemos incluir Ireneu e o livro de Apocalipse — diferem da tradição platônica de Orígenes e de seus seguidores, entre outras coisas, sobre esse ponto, e quais eram algumas das agendas sociais envolvidas nessa diferença. Gregório, o fazedor de milagres, um admirador e discípulo de Orígenes, pertencia a uma tradição diferente da de Hipólito.

[463] GREGÓRIO. *Ep. can.* 2 em *ANF*, volume 6, p. 18.

[464] GREGÓRIO. *Ep. can.* 7 em *ANF*, volume 6, p. 19.

[465] GREGÓRIO. *Ep. can.* 7 em *ANF*, volume 6, p. 19.

À medida que alguém lê essa carta, pergunta-se: seria meramente um caso de saques generalizados, aos quais alguns saqueadores inescrupulosos se juntaram? Ou, antes, seria o caso de uma reação de alguns cristãos, convencidos de que a incursão dos bárbaros era um sinal do fim dos tempos, quando a inversão das fortunas aconteceria? Frend sugere a última hipótese e considera os eventos do século III no Ponto um paralelo daquilo que aconteceria no Norte da África no século seguinte, com a rebelião dos circunceliões.[466]

Era assim que a igreja estava se preparando para os grandiosos eventos do século IV. Alguns de seus líderes intelectuais — pessoas como Lactâncio e Gregório, o fazedor de milagres — consideravam o cristianismo e o romanismo perfeitamente compatíveis. Para Lactâncio, a *humanitas* que estava no cerne da *koinonia* cristã era a única e sólida fundação para a sociedade. Ao mesmo tempo, a igreja se expandia entre os marginalizados, tanto na sociedade urbana quanto nas remotas áreas rurais, e veio a incluir importantes elementos para os quais havia uma vasta e irreconciliável diferença entre o Império em que viviam e o reino que esperavam. Todas essas forças estariam em jogo no curso do século IV.

---

[466] FREND, W. H. C. *The Rise of Christianity*, p. 422.

PARTE TRÊS:

Constantino e após seu período

VIII

A IGREJA SOB UMA NOVA ORDEM

A NOVA ORDEM

Lactâncio talvez estivesse dando os retoques finais no sexto livro de suas *Institutas divinas* quando ocorreram inesperados eventos — que mudariam tanto sua vida quanto a vida da igreja. Era final de outubro de 312. Constantino, à época em seu caminho para o poder, invadira a Itália e estava se preparando para batalhar com seu rival Magêncio, quando ordenou que seus soldados lutassem sob um símbolo estranho. Constantino ganhou o dia. Magêncio, por causa da pressão de suas tropas batendo em retirada, caiu no Tibre, afogando-se. Constantino entrou na cidade em triunfo, e o Senado o proclamou Augusto. Assim começou a revolução que, pelos séculos por vir, mudaria a face religiosa da Europa — e, por fim, de grande parte do mundo.

Constantino, desde o início, atribuiu seu sucesso a um protetor divino. Não ficou totalmente claro quem, de fato, era esse protetor. Seria o *Sol Invictus* — o Sol não conquistado? Seria Cristo, a quem os cristãos adoravam? Muito provavelmente, Constantino mesmo não sabia, e foi só com o passar dos anos que, de forma progressiva, ele esclareceu suas próprias crenças. Por fim, pouco antes de sua morte, foi batizado cristão — é provável que pelo ariano Eusébio de Nicomédia. Até hoje continuam os debates quanto às razões de sua conversão, quanto à sua sinceridade, sua compreensão da fé cristã e assim por diante.[467] Felizmente, nossa investigação não exige que entremos nesses debates.

O que é mais importante, de nosso ponto de vista, é o impacto da conversão de Constantino — independentemente do que isso significa — na vida social e econômica da igreja. Um ponto é óbvio: sob Constantino e seus sucessores, o cristianismo rapidamente passou da posição de "superstição" perseguida para a de religião oficial do Império. A mudança não foi imediata e, tampouco, ininterrupta. A reação pagã sob Juliano (361-363) e as tentativas bem-sucedidas de reconquistar o trono para o paganismo, como a de Eugênio (392-394),[468] faziam com que os cristãos tivessem em mente que a vitória ainda não estava completa. Todavia, em geral, é verdade que a igreja cristã desfrutou de favores e privilégios cada vez maiores ao longo de todo o século IV.

O próprio Constantino foi o primeiro a admitir tais privilégios. Em data tão remota quanto 313, e motivado por razões que não são muito claras, ele escreveu a seus oficiais no Norte da África ordenando-lhes que fizessem uma substancial contribuição para a igreja daquela região; e também escreveu para o bispo Ceciliano de Cartago, deixando-o saber o que ordenara a seus

---

[467] A bibliografia sobre o assunto da conversão de Constantino e sua relevância é enorme. Alguns dos livros mais importantes, e aqueles que podem levar o leitor a obter mais informações biográficas, são estes: ALFÖLDI, A. *The Conversion of Constantine and Pagan Rome*, 2ª. ed. Oxford: Clarendon, 1969; BAYNES, N. H. *Constantine the Great and the Christian Church*, 2ª. ed. Oxford: Oxford University Press, 1972; BURCKHARDT, J. *The Age of Constantine the Great*. London: Routledge & Kegan Paul, 1949; CALDERONE, S. *Costantino e il cattolicesismo*. Firenze: Le Monnier, 1962; DÖRRIES, H. *Das Selbszeugnis Kaiser Konstantins*. Göttingen: Vandonhoek & Ruprecht, 1954; JONES, A. H. M. *Constantine and the Conversion of Europe*. London: English Universities Press, 1949; KERESZTES, P. *Constantine: A Great Christian Monarch and Apostle*. Amsterdam: J. C. Gieben, 1981; PIGANIOL, A. *L'empereur Constantin*. Paris: Rieder, 1932; VOELKL, L. *Die Kirchenstiftungen des Kaiser Konstantine im Lichte des römischen Sakralrechts*. Köln: Westdeutscher Verlag, 1964. Provavelmente, a melhor introdução ao desenvolvimento das políticas religiosas de Constantino — breve, mas com mais qualidade – ainda é *The Conversion of Constantine and Pagan Rome*, de Alföldi.

[468] Embora Eugênio fosse, pelo menos nominalmente, cristão, Flávio Arbogasto, o poder por trás de sua rebelião, não era cristão. De qualquer modo, seu partido, em Roma, fez promessas e concessões ao partido aristocrático pagão e conquistou seu entusiástico apoio.

oficiais.[469] Por volta da mesma época, ele ordenou que o clero católico do Norte da África — ou seja, não os donatistas — ficasse isento dos impostos pessoais.[470] Mais tarde, estendeu esse privilégio ao clero católico por todo o Império.[471] Na cidade de Roma, ele doou o palácio Laterano ao bispo e construiu uma série de igrejas, incluindo a primeira basílica de São Pedro. Esses prédios receberam, com dinheiro do governo, a doação de ricos ornamentos, vasos, lustres, candelabros, etc. Mais particularmente, ele iniciou a construção de toda uma cidade, chamada Constantinopla em homenagem a seu próprio nome, onde restaurou e ampliou a Igreja de Santa Irene (Santa Paz) e construiu a magnífica Igreja dos Apóstolos, para servir como seu túmulo. Nesse ínterim, Helena, sua mãe, passou a se interessar pela Palestina, doando basílicas suntuosas para marcar o Santo Sepulcro em Jerusalém, o lugar da Natividade em Belém e os túmulos dos patriarcas em Hebrom. Embora esses casos sejam proeminentes, fazem parte de uma política geral, pois Eusébio preservou uma cópia de uma carta que, ao que parece, Constantino enviou a todos os bispos — ou, pelo menos, aos bispos das cidades metropolitanas:

> Portanto, com respeito às igrejas sobre as quais você preside, como também os bispos, presbíteros e diáconos de outras igrejas com quem você está familiarizado, admoeste todos eles a serem zelosos na atenção dedicada às construções das igrejas, e para reformarem ou aumentarem aquelas existentes no momento ou, quando necessário, erigirem novas.
>
> Também damos poder a você, e a outros por seu intermédio, para exigir tudo que for necessário para o trabalho tanto dos governadores provinciais quanto dos *praetorian praefect* [prefeitos do pretório]. Pois eles receberam instruções para serem mais diligentes na obediência às ordens de Sua Santidade. Deus preserve você, querido irmão.[472]

Enquanto essas políticas simplesmente garantiam benefícios

---
[469] EUSÉBIO DE CESAREIA. *História Eclesiástica* 10. 6.
[470] EUSÉBIO DE CESAREIA. *História Eclesiástica* 10. 7.
[471] *Código de Teodósio*, 16. 2. 2.
[472] EUSÉBIO DE CESAREIA. *Vita Const.* 2. 46 em *NPNF*, 2ª. série, volume 1, p. 511.

financeiros diretos à igreja e a seus líderes, Constantino também via a si mesmo como "bispo daqueles de fora" da igreja[473] e, portanto, decretou leis por meio das quais buscava aplicar princípios cristãos à organização da sociedade. Muitas delas tinham a ver com costumes sexuais e moralidade,[474] ou até mesmo com o guardar o domingo como um dia de descanso, pelo menos para algumas autoridades do império romano.[475] Outras, entretanto, pareciam ter uma motivação social mais profunda e demonstravam mais preocupação com os incapazes. Uma dessas leis punia os senhores que maltratassem seus escravos, e outra proibia dividir a família dos escravos com a venda de alguns de seus membros.[476] Outra lei simplificava o processo para a manumissão de escravos, que agora poderia ser feita por meio de uma simples declaração em uma igreja e com padres como testemunhas.[477] Ainda outras leis protegiam os prisioneiros contra a brutalidade da polícia,[478] os camponeses da expropriação dos animais necessários para seu trabalho, as crianças sem mãe cujo pai ignorava suas necessidades.[479] Por fim, em uma lei que é um reminiscente de ordens similares do Antigo Testamento, o Estado se torna o defensor das viúvas e dos órfãos.[480] Enquanto alguns historiadores apontam para essas leis como sinais das convicções cristãs de Constantino e do impacto delas em suas políticas públicas, outros podem alistar um número igual de leis prescrevendo a punição

---

[473] EUSÉBIO DE CESAREIA. *Vita Const.* 4. 24.

[474] *Código de Teodósio,* 3. 16. 1; 9. 7. 1, 8. 1, 9. 1, 24. 1. As antigas leis exigindo casamento também foram abolidas, talvez em deferência à alta consideração que os cristãos tinham pelo celibato: *Código de Teodósio,* 8. 16. 1.

[475] *Código de Teodósio,* 2. 8. 1. Compare com *Cod. Just.* 3. 12. 2.

[476] *Código de Teodósio,* 2. 25. 1; 9. 12. 1.

[477] *Const. Sirm.* 1. Veja FABBRINI, F. *La manumissio in ecclesia.* Roma: Istituto di Diritto Romano, 1965.

[478] *Código de Teodósio,* 9. 3. 1-2. Outra lei ordenava que a face dos criminosos não fosse desfigurada porque eles carregavam a imagem divina: *Código de Teodósio,* 9. 1. 1.

[479] *Código de Teodósio,* 9. 40. 2. Compare com 11.27.1-2, em que as crianças são protegidas do tratamento cruel por parte dos pais. Veja SARGENTI, M. *Il diritto privato nella legislatione di Costantino: Persone e famiglia.* Roma: Istituto di Diritto Romano, 1938.

[480] *Código de Teodósio,* 1. 22. 2. Para toda a questão da ordem econômica que Constantino buscava, e o resultado de sua legislação em relação a esse aspecto, veja DUPONT, C. *La réglementation économique dans les constitutions de Constantin.* Lille: Morel & Corduant, 1963.

cruel para criminosos, escravos fugitivos e outros. Portanto, enquanto algumas de suas leis podem refletir a influência de conselheiros cristãos, fica claro que as principais preocupações de Constantino eram a ordem e o bem-estar social do Estado.[481]

Constantino não publicou éditos contra a religião tradicional de Roma e afirmou claramente que ela poderia continuar a ser praticada com total liberdade.[482] Os éditos que publicou proibindo práticas como a divinação particular simplesmente continuaram as políticas de seus predecessores, buscando manter a pureza da antiga religião — e provavelmente tentando a interdição dos usos subversivos da divinação privada.[483] Ele mesmo, como também seus sucessores imediatos, continuou a usar o título de *pontifex maximus* [pontífice máximo] da religião tradicional. Entretanto, à medida que o tempo foi passando, com os breves intervalos de Juliano e — em uma parte do Império — de Eugênio, o paganismo continuou a existir sob crescentes pressões legais e políticas.

A maior dessas pressões foi o saque e destruição dos templos. Constantino estabeleceu o exemplo ao saquear as obras de arte de todo o Império a fim de embelezar Constantinopla. Os templos pagãos da Síria, do Egito, da Capadócia e de outras partes do Império — sob o comando de seus filhos e, em particular, de Constâncio — foram destruídos, em geral por multidões instigadas pelo clero cristão. Joviano (363-364) começou a prática de confiscar a propriedade de templos pagãos e usá-los para seus próprios fins. Valentiniano I (364-375) e Valens (364-378), ao que parece, seguiram uma política mais imparcial — exceto que Valens, como Constâncio antes dele, apoiou os arianos contra os católicos.

Foi sob o comando de Graciano (375-383) e Teodócio (379-395) que leis contra o paganismo começaram a ser decretadas. Até esse momento, tudo o que fora proibido, como na época de Constantino, era a divinização particular e sacrifícios secretos.

---

[481] Sobre o relacionamento e a interação entre a lei romana e o cristianismo — particularmente a lei canônica –, veja: VON HOHENLOHE, C. *Einfluss des Christentums auf das Corpus juris civilis: Eine rechtshistorische Studie zum Verständnisse der sozialen Frage*. Wien: Hölder-Pichler-Tempsky, 1937, e GAUDEMET, J., ed. *Droit romain et droit canonique en Occident aux IVe et Ve siècles*. Paris: Letouzey et Ainé, 1950.

[482] EUSÉBIO DE CESAREIA. *Vita Const*. 2. 48-60.

[483] Veja, por exemplo, *Código de Teodósio*,11. 16. 1-3, e 16. 10. 1.

Em 381, Teodócio publicou uma lei declarando que cristãos que se convertessem ao paganismo não tinham o direito de receber herança nem de dispor de sua propriedade de acordo com sua vontade.[484] Como esses eram direitos romanos nos quais a antiga lei romana se fundamentava, isso representou uma relevante restrição dos direitos civis dos apóstatas. Muito mais prejudicial, entretanto, foi o rompimento da tradicional conexão entre os antigos deuses de Roma e o Estado. Até Graciano, nenhum imperador rejeitara o título *pontifex maximus* [pontífice máximo]. E Graciano fez isso abertamente ao rejeitar as vestimentas sacerdotais quando estas lhe foram oferecidas em uma cerimônia tradicional. Em 382, ele publicou um édito privando o sacerdócio pagão das isenções de impostos e de outras obrigações públicas das quais tradicionalmente desfrutavam — privilégios esses agora do clero cristão. O mesmo édito também confiscava muito das doações para a adoração pagã, ordenando que os recursos do Estado que até aquele momento eram usados para tal adoração fossem destinados a outros fins.[485] Por volta da mesma época, ele ordenou que o altar de Vitória fosse removido da Casa do Senado.[486] Ele estivera tradicionalmente ali como símbolo de poder e orgulho do Senado e do povo de Roma. Antes, Constâncio já o removera. Juliano, como parte do reavivamento pagão, restaurou-o a seu lugar tradicional. Por essas razões, a presença desse altar na Casa do Senado se tornara um símbolo da tradicional e aristocrática religiosidade do Senado. Quando uma delegação de senadores pagãos (provavelmente a maioria dos senadores era formada por homens pagãos) buscou ter uma audiência com o imperador, a fim de requisitar a restauração do altar, essa audiência lhes foi negada — aparentemente por causa da interferência de Santo Ambrósio.[487] Portanto, depois de um longo tempo, o império romano, por fim, desvinculou-se de sua antiga religião.

A passagem do desvincular-se para o proibir foi rápida. Em 391, o imperador Teodósio publicou dois decretos, um cancelando todos os direitos civis e políticos dos cristãos que voltaram

---

[484] *Código de Teodósio*, 16. 7. 1-2. Sobre todo esse período, veja King, N. Q. *The Emperor Theodosius and the Establishment of Christianity*. London: SCM, 1961.

[485] Veja Ambrósio. *Epistle* 17. 5.

[486] Símaco. *Relat.* 3. 3-4.

[487] Símaco. *Relat.* 3. 1, 20. Compare com Ambrósio. *Epistle* 17. 10.

para o paganismo, e outro proibindo as práticas pagãs na cidade de Roma.[488] Esses decretos foram seguidos por outro édito estendendo essa proibição — e outras — para todo o Império.[489] A data foi 8 de novembro de 392. O paganismo foi oficialmente abolido.

O próprio nome "paganismo" é relevante. Originariamente, o termo *paganus* significava "rústico", "aldeão", "camponês". Também tinha o sentido de "civil". Tertuliano foi o primeiro a usá-lo para se referir àqueles que não eram cristãos, embora provavelmente no sentido de que não faziam parte da *militia Christi* [milícia cristã].[490] Foi só na segunda metade do século IV que o termo se tornou, em geral, associado com a tradicional religião de Roma.[491] Isso era tanto um termo pejorativo quanto uma afirmação do fato. Como termo pejorativo, deixava implícito que os verdadeiros herdeiros da antiga civilização não eram aqueles que continuavam adorando os deuses, mas os cristãos — observe o contraste entre "civilizado" ou "citadino" e "pagão" ou "rural". A razão, entretanto, por que tamanha proeza foi possível era que, de fato, alguns dos lugares mais remotos do interior serviam como o último refúgio para a adoração dos antigos deuses.[492]

Por outro lado, ao longo de grande parte do século IV, a alta aristocracia e a elite intelectual representaram o outro baluarte da religião tradicional. Pelo menos até meados da segunda metade do século, a maioria dos senadores romanos ainda abraçava o paganismo. O mesmo era verdade em relação a muitos professores de retórica — convencidos de que a beleza da linguagem e das expressões que buscavam estava indissoluvelmente conectada com a religião da qual brotaram. Portanto, muitos provenientes

---

[488] *Código de Teodósio*, 16. 10. 10.

[489] *Código de Teodósio*, 16. 10. 12. Outros decretos por Arcádio e Honório com o mesmo espírito: *Código de Teodósio*, 16. 10. 13-20.

[490] *De cor.* 11.

[491] ZEILLER, J. *Paganus: étude de terminologie historique*. Fribourg and Paris: Librairie de l'Université, 1917. ALTANER, B. "Paganus: Eine bedeutungsgeschichtliche Untersuchung", *ZKgesch*, 58, 1939, p. 130-41, argumenta que a origem do termo "pagão", como uma religião, não é encontrada em sua conotação rural, mas em seu sentido civil. Alguém não cristão, que não fosse membro do "exército de Cristo", era um "civil" ou "pagão".

[492] A legislação antipagã de Teodósio II, no século V, dá uma clara indicação de que esse era o caso. Compare com *Código de Teodósio*, 16. 10. 22-25.

das mais nobres famílias e os retóricos mais capazes do século IV continuaram com a religião de seus ancestrais.[493]

Em alguns pontos, o conservadorismo da classe camponesa e o da aristocracia buscavam apoio um no outro, como quando o famoso retórico Libânio, argumentando que o abandono das religiões tradicionais resultaria em desastre econômico, declarou que no campo e no interior, onde os templos não mais existiam, "a coragem dos trabalhadores desapareceria junto com sua esperança. Estavam convencidos de que trabalhavam em vão se fossem privados dos deuses que coroavam esse trabalho com a prosperidade".[494]

Quando Constantino chegou ao poder, o cristianismo era principalmente a religião das classes média e baixa entre a população urbana. Com exceção do Norte da África e do Egito, o cristianismo fizera pouco progresso no campo e no interior, e menos ainda na alta aristocracia. A fundação de Constantinopla e a criação de um novo Senado, sem as antigas raízes do Senado romano, começaram a desenvolver uma nova aristocracia sem ligações com a tradição das aristocracias mais antigas, e muitos de seus membros eram cristãos. Além disso, também foi uma prática dos imperadores do século IV elevar às mais altas posições no Império pessoas de origem humilde cujo serviço fora valioso. Isso causou consternação e até mesmo oposição entre a aristocracia mais antiga. Libânio, o famoso retórico de Antioquia que também foi professor de João Crisóstomo, reclamava de uma época em que meros estenógrafos podiam subir à posição de *praetorian praefect* [prefeito do pretório].[495]

Apesar de todas as posições estarem abertas aos pagãos até o final do século IV, e de haver um sem-número de pagãos ocupando posições de alto prestígio e responsabilidade, logo se tornou óbvio para alguns que professar a fé cristã não seria um obstáculo, podendo até ajudar na carreira e na promoção social.

---

[493] A obra clássica sobre a resistência intelectual ao cristianismo é DE LABRIOLLE, P. *La réaction païenne: Etude sur la polemique antichrétienne du Ier au IVe siècle*, 2ª. ed. Paris: L'Artisan du Livre, 1948. Veja também WILKEN, R. L. *The Christians as the Romans Saw Them*. New Haven: Yale University Press, 1984. Sobre a aristocracia que se recusou a ceder ao cristianismo, veja DILL, S. *Roman Society in the Last Century of the Western Empire*, reimpressão. New York: Meridian, 1958.

[494] LIBÂNIO. *Pro templis* 8.

[495] LIBÂNIO. *Orat.* 2. 46, 58, etc. Esse era o ressentimento favorito de Libânio, que o repetia sempre que tinha oportunidade. Em algumas ocasiões, ele até mesmo enumerava os nomes daqueles que, de acordo com sua opinião, eram provenientes dos baixos escalões da sociedade.

Eusébio de Cesareia, que poucas vezes viu algo negativo nas consequências da conversão de Constantino, deplorou "a hipocrisia escandalosa daqueles que se aproximaram da igreja, assumindo o nome e caráter cristãos", a fim de ganhar benefícios.[496] Há casos documentados de pessoas que mudaram sua aliança religiosa repetidamente, de acordo com o lado em que o vento soprava.[497] Todavia, não se deve concluir, com base nesse fato, que os grandes ganhos numéricos da igreja no século IV se deveram à hipocrisia consciente. Muito provavelmente, o que estava acontecendo era que o antigo paganismo, por uma série de razões, estava perdendo poder, e que o cristianismo que veio à luz de forma repentina e desfrutava do prestígio do favor imperial, foi capaz de preencher o vácuo deixado pela antiga religião.

O repentino influxo de riqueza e poder, como se poderia esperar, afetou a vida da igreja. Uma das consequências mais óbvias foi o enorme aumento de recursos agora disponíveis à igreja para o trabalho de caridade.

> Os cristãos receberam e redistribuíram enormes doações, algumas do próprio Constantino. Enquanto as doações em milho das cidades pagãs ficavam confinadas aos cidadãos, em geral aqueles que eram relativamente abastados, a caridade cristã afirmava ser para os mais necessitados. Acrescida pelos presentes do imperador, ela ajudava os doentes e os idosos, os enfermos e os destituídos. Por volta do final do século IV, isto levou à criação de grandes albergues e centros de caridade.[498]

Por outro lado, esse repentino influxo de riqueza e influência também ocasionou outras mudanças que não eram positivas. Uma vez que se juntar às fileiras do clero era uma das poucas maneiras de os curiais evitarem o pesado fardo de suas responsabilidades,[499] a ordenação tornou-se uma comodidade

---

[496] EUSÉBIO DE CESAREIA. *Vita Const.* 4. 54. Compare com LIBÂNIO. *Orat.* 2. 31; 30. 28-29.

[497] Por exemplo, o sofista Ecebolio. Veja BAUR, C. *John Chrysostom and His Time.* London: Sands & Co., 1959, volume 1, p. 47.

[498] FOX, Robin Lane. *Pagans and Christians*, p. 668.

[499] Essa era uma das razões por que as leis eram decretadas, tentando promover a prática. *Código de Teodósio*, 12. 1. 49. 1.

que alguns estavam dispostos a comprar — e outros, a vender. João Crisóstomo reclamou do fato de o sacerdócio ter sido posto à venda.[500] Paládio conta de um bispo de Éfeso que, aparentemente, vendia o bispado quase que por atacado. Quando ele e seus clientes foram descobertos e trazidos diante das autoridades, sua punição foi levíssima.[501] Basílio, o Grande, não considerou indigno sugerir que um protegido pagasse uma propina para conseguir um posto que o poderia isentar de algumas de suas obrigações referentes ao pagamento de impostos.[502] E Agostinho estava pronto para ser condescendente com os bispos que fingiam que sua propriedade particular pertencia à igreja, a fim de ganhar isenção de impostos.[503]

As novas condições também resultaram em um aumento no número de pessoas ricas na igreja. Algumas eram fabulosamente ricas, como Melânia, que libertou 8 mil escravos em um único dia.[504] E a pregação de João Crisóstomo é um claro indício de que em sua congregação havia aqueles que eram ricos o bastante para dormir em camas de marfim, prata e ouro.[505]

Apesar disso, seria errado supor que a configuração social da igreja cristã mudou radicalmente da noite para o dia. Está claro que em data bem avançada do século IV, e em muitos casos depois disso, a igreja, tanto no Ocidente quanto no Oriente, era particularmente forte entre as classes trabalhadoras urbanas;[506]

---

[500] Crisóstomo, João. *De virg.* 24.

[501] *Dial.* 48-51.

[502] Basílio. *Epistle* 190.

[503] Agostinho. *Epistle* 96. 2.

[504] Paládio. *The Lausiac* History, 61.

[505] Veja um resumo de alguns dos luxos que Crisóstomo mencionou, existentes entre os cristãos de Antioquia de sua época, em BAUR. *Chrysostom*, volume 1, p. 377.

[506] Sozomeno. *H. E.* 4. 15 menciona um incidente que é revelador. Durante o reinado de Juliano, a cidade de Cízico — ou seja, seus principais cidadãos — enviou uma embaixada para o imperador, pedindo a restauração dos templos pagãos. Juliano pediu isso e também expulsou o bispo. Ao descrever o incidente, Sozomeno diz que Juliano temia que pudesse haver uma sedição, pois entre os cristãos de Cízico, havia muitos que fabricavam lã e cunhavam moedas — ou seja, que trabalhavam na casa da moeda local. Portanto, os principais cidadãos queriam que os templos fossem restaurados, mas entre as classes trabalhadoras havia muitos cristãos, a ponto de o imperador temer alguma agitação.

era muito lenta em sua penetração na velha aristocracia, particularmente no Ocidente;[507] e — com exceção do Norte da África, do Egito e provavelmente de algumas áreas no Oriente — a maioria da população rural continuava a praticar a antiga religião, que, a essa altura, era chamada "pagã".[508] Na realidade, estima-se que, em época tão tardia quanto 400 d.C. — ou seja, perto do final do período que estamos estudando —, a maioria da população do Império continuava não cristã.[509]

    Outro ponto interessante nesse processo todo é que não há indícios de que a aristocracia, o exército ou a classe dos camponeses demonstrassem algum sinal de rebelião à medida que se decretavam leis contra sua religião tradicional. A aristocracia protestava, mas nunca se rebelou. O mais perto que chegaram de uma revolta aberta foi quando o usurpador Eugênio, nominalmente cristão, prometeu-lhes a restauração da sua antiga fé, e muitos da antiga aristocracia passaram a apoiá-lo. Todavia, a aristocracia nunca foi capaz de organizar qualquer resistência — e tampouco estava disposta a isso —, com exceção da resistência literária. O exército, acostumado como estava a obedecer ordens, e por ser principalmente composto de recrutas que foram desarraigados de suas antigas tradições, seguia, via de regra, a religião de seus superiores. Quanto aos camponeses, afora alguns poucos tumultos e o assassinato de um missionário cristão fanático, também continuavam tranquilos. Sem alardes, em alguns casos aparentemente por séculos, continuaram com suas antigas práticas religiosas, feitiçarias e sacrifícios a fim de garantir uma boa colheita. No entanto, eles não se rebelaram. Os únicos camponeses que ofereceram séria resistência à política imperial, quanto aos assuntos relacionados à religião, foram os cristãos que discordaram do tipo de cristianismo promovido pelo Império — os donatistas. Os camponeses pagãos aquiesceram sem alardes ou, quando se revoltaram,

---

[507] Veja os eventos narrados por PAULINO. *Vita Ambrosii* 31.

[508] A persistência do paganismo entre a população rural, mesmo naquelas áreas menos perturbadas pelas invasões germânicas, é facilmente documentada. Sobre a Gália do século IV, veja SEVERO, Sulpício. *Vita Mart.* 12-15. Sobre a área próxima de Constantinopla nessa mesma época: CRISÓSTOMO, João. *Hom. in Act.* 18. 4. Sobre a Sardenha no final do século VI, GREGÓRIO, o Grande. *Epistle* 4. 23-29.

[509] MACMULLEN, R. *Christianizing the Roman Empire (A.D. 100-400)*. New Haven: Yale, 1984, p. 83.

como no caso dos bagaudas da Gália e Espanha, não fizeram isso por razões outras que não a lealdade ao paganismo; os camponeses cristãos do Norte da África que discordavam das políticas religiosas do Império organizaram resistência e, por fim, pegaram em armas, uma rebelião às claras. É óbvio que os séculos de perseguição ensinaram aos cristãos que a autoridade do Império não era derradeira nem suprema.

Contudo, essa não era a posição da maioria dos líderes cristãos. A conversão e o apoio do imperador foram tão inesperados e representaram uma enorme reversão na situação anterior, a da época da grande perseguição sob Diocleciano, que a maioria dos bispos só tinha gratidão pelo homem que trouxera esse novo cenário à baila. Eusébio de Cesareia, um respeitado líder da igreja e notável estudioso cristão de sua época, escreveu as obras *Vida de Constantino* e *Panegírico de Constantino*, comprovação suficiente desse ponto. Em *Vida de Constantino*, afirma que "selecionaria, dentre os fatos dos quais tomou conhecimento, aqueles mais apropriados e dignos de ter um registro duradouro".[510] Isso claramente deixa implícito que ele tinha conhecimento de fatos "menos apropriados" e escolheu ignorá-los. O propósito era escrever sobre a vida de "um príncipe triplamente abençoado" que serviria de inspiração para outros, não um registro equilibrado de todas as suas ações. E, de fato, não é um relato equilibrado, pois Eusébio omite tudo o que poderia fazer com que Constantino aparecesse como nada menos que um santo e, até mesmo, apóstolo. Em *Panegírico de Constantino*, Eusébio extrapola nos elogios desmedidos:

> Deriva sua razão da grande fonte de toda razão: é sábio, e bom, e justo, por ter comunhão perfeita com a Sabedoria, Bondade e Justiça; virtuoso, por seguir o padrão perfeito de virtude; valoroso, por compartilhar da força celestial.[511]

Tais elogios são muito mais que mera adulação. São o resultado tanto da gratidão desmedida pelo fim da perseguição quanto da compreensão teológica de Eusébio sobre a natureza do Império

---

[510] Eusébio de Cesareia. *Vita Const.* 1. 10 em *NPNF*, 2ª série, volume 1, p. 484-85.
[511] Eusébio de Cesareia. *Paneg.* 5 em *NPNF*, 2ª série, volume 1, p. 585.

em sua melhor atuação.⁵¹² A perspectiva platônica desse estudioso o leva a considerar o reino terreno liderado pelo imperador como a imagem temporal do reino celestial.⁵¹³ O corolário é que o imperador reflete a própria imagem de Deus, e que Deus é muito parecido com o imperador.⁵¹⁴ Em tudo isso, todavia, Eusébio simplesmente expressa em termos mais sofisticados o que muitos sentiam e acreditavam. A relevância de Eusébio repousa não em sua singularidade ou originalidade, mas no fato de expressar as perspectivas sustentadas por muitos. Ele mesmo declara que "as qualidades divinas do caráter do imperador continuavam a ser tema de elogio universal", e que, em algumas ocasiões, tais elogios se tornaram tão extravagantes que o próprio imperador rechaçou aqueles que lhe ofereciam tais louvores.⁵¹⁵ No grande concílio de Niceia, o bispo Eustátio de Antioquia falou em nome da maioria dos bispos ali reunidos que "coroou a cabeça do imperador com flores de panegírico e elogiou a atenção diligente que este manifestou na regulação das questões eclesiásticas".⁵¹⁶ Essa atitude de elogio e respeito pela pessoa do imperador — algumas vezes visto como o representante de Deus aqui na terra — continuou a ser a opinião da maioria por muito tempo. No final do século

---

⁵¹² Veja FARINA, R. *L'impero e l'imperatore cristiano in Eusebio di Cesarea: La prima teologia politica del Cristianesimo*. Zürich: Pas Verlag, 1966; BERKHOF, H. *Die Theologie des Eusebius von Caesarea*. Amsterdam: Uitgeversmaatschappij Holland, 1939.

⁵¹³ EUSÉBIO DE CESAREIA. *Paneg*. 3 em *NPNF*, 2ª série, volume 1, p. 584: "Investido como ele {Constantino} está com o semblante soberano celestial, dirige seu olhar para o alto e enquadra seu governo de acordo com o padrão daquele Divino original, sentindo a força em sua conformidade à monarquia de Deus". EUSÉBIO DE CESAREIA. *Paneg*. 4 em *NPNF*, 2ª série, volume 1, p. 585: "E, por um indescritível poder, ele {Constantino} encheu o mundo em todas as partes com sua doutrina, expressando, por similitude de um reino terrestre, aquele celestial ao qual ele convida toda a humanidade, e apresentando esse reino aos homens como um objeto digno de sua esperança".

⁵¹⁴ Outro corolário, que não precisa nos deter aqui, é que a monarquia está para a democracia assim como o monoteísmo está para o politeísmo, e que, portanto, assim como a monarquia leva a outra ordem que reflete o reino de Deus, a democracia leva à anarquia e à desordem. EUSÉBIO DE CESAREIA. *Paneg*. 3.

⁵¹⁵ EUSÉBIO DE CESAREIA. *Vita Const*. 4. 44 em *NPNF*, 2ª série, volume 1, p. 552. Nesse caso, aquele a quem Constantino repreende era um bispo que declarou que o imperador era "abençoado, tendo sido considerado digno de ocupar o posto de governante absoluto e universal de um império nesta vida, e sendo destinado a compartilhar o império do Filho de Deus no mundo por vir".

⁵¹⁶ TEODORETO. *H. E*. 1. 6 em *NPNF*, 2ª série, volume 3, p. 43.

IV, Optato de Milevi, ao tentar refutar os donatistas, declarou que Donato estava errado ao agir como se estivesse acima do imperador. Apenas Deus está acima do imperador e, portanto, qualquer pessoa que afirma estar acima do imperador está reivindicando a natureza divina para si mesma.[517] Até mesmo o grande Atanásio — que, em período posterior, teria muitas coisas fortes a dizer sobre a intervenção do poder imperial em assuntos teológicos — compartilhou, de início, do entusiasmo de seus contemporâneos mais velhos pela nova ordem, na qual o Império protegia a igreja sem limitar a liberdade desta.[518]

A RESISTÊNCIA DONATISTA

O Norte da África era uma das áreas em que essa visão do poder imperial e de seu lugar na ordem de Deus não era compartilhada pela maioria dos cristãos. O cristianismo, desde o início do século III, foi caracterizado por seu rigor e sua forte posição contracultural. As perguntas de Tertuliano — "O que realmente Atenas tem a ver com Jerusalém? Que harmonia pode haver entre a Academia e a Igreja?"[519] — eram muito mais que apenas frases de efeito. Simbolizavam uma atitude de oposição não só à filosofia, mas também à sociedade em geral e à cultura — em suma, "ao mundo" —, atitude típica de muitos cristãos da região. Embora os mártires e confessores desfrutassem de grande respeito e até mesmo veneração em outras partes do Império, em nenhum lugar isso era tão marcante quanto no Norte da África. Enquanto a igreja em geral condenava a prática de oferecer-se espontaneamente para o martírio, essa prática era mais comum — e mais admirada — no Norte da África. Também foi ali que a fuga em tempos de perseguição — uma prática aceita e até mesmo recomendada em outras áreas — foi condenada de forma muitíssimo veemente desde a época de Tertuliano.[520] Em meados do século III, Cipriano viu sua autoridade como bispo ser minada porque fugiu em tempo de perseguição. O prestígio dos

---

[517] Optato de Milevi. *De schis. donat.* 3. 3.

[518] Setton, K. M. *Christian Attitude towards the Emperor in the Fourth Century, Especially as Shown in Addresses to the Emperor.* New York: Columbia University Press, 1941, p. 71-77.

[519] Tertuliano. *Praesc.* 7 em ANF, volume 3, p. 246.

[520] Um assunto ao qual Tertuliano devotou todo o seu tratado: *De fuga in persecutione.* Compare com Tertuliano. *Ad uxorem* 1. 3; *De pat.* 13.

confessores — aqueles que permaneceram e sofreram por causa de sua fé — era muito mais alto que o do bispo, e foi a eles que os que caíram durante o período de perseguição se voltaram para a restauração. Se, depois de Constantino, Cipriano e sua teologia desfrutaram de grande prestígio no Norte da África, foi só porque, em um período posterior, ele sofreu como mártir. Os mártires e confessores eram muitíssimo venerados, não só por seu valor e coragem, mas também pela firmeza de sua posição contra o poder do Estado e da sociedade. Isto, em geral, aparecia em forma de críticas abertas à ordem social e econômica do império romano. Minúcio Félix, aproximadamente na mesma época de Tertuliano, condenou tanto a hipocrisia quanto a ganância dos romanos:

> Portanto, o que quer que seja que os romanos possuam ou cultivem representa o espólio da audácia deles. Todos os seus templos são construídos com os espólios da violência, ou seja, as ruínas das cidades, os espólios dos deuses, o assassinato de sacerdotes. Isto representa insultar e zombar, capitular às religiões conquistadas, adorá-las quando cativas, depois de dominá-las. Pois adorar o que se tomou pela força é consagrar sacrilégios, não divindades. Portanto, com a mesma frequência com que os romanos triunfaram também foram contaminados; e tantos foram os troféus que ganharam das nações quantos os espólios que tiraram dos deuses. Os romanos, portanto, não eram tão grandes porque eram religiosos, mas porque eram sacrílegos com a impunidade.[521]

Também, durante o século anterior à conversão de Constantino, o cristianismo fez grandes ganhos entre a população rural no Norte da África. É impossível seguir esse processo em detalhe, pois não existem documentos contemporâneos que o descrevam, e a evidência arqueológica é fragmentada e desorganizada. No entanto, fica claro que o cristianismo, que de início fora uma fé urbana confinada a Cartago e outras importantes cidades próximas do litoral, avançou rapidamente para o interior durante o século III, de forma que, na época da conversão de Constantino, era forte não só na província mais romanizada

---
[521] Félix, Minúcio. *Octavius* 25 em *ANF*, volume 4, p. 188.

da África Proconsular, mas também no interior da Numídia e Mauritânia, as duas outras províncias da região.

Nesse processo, o cristianismo também passou para além das fronteiras da cultura greco-romana, chegando aos escalões mais baixos da sociedade, dos falantes de berbere e cartaginês. Em toda a região, os elementos mais antigos que falavam essas línguas foram, em geral, subjugados pelos de fala latina, que a colonizaram depois que Roma derrotou Cartago nas guerras púnicas (séculos III e II a.C.). Os elementos mais antigos, entretanto, não desapareceram, e o cartaginês era falado por muitos, até mesmo na cidade de Cartago. No interior, aparentemente havia muito ressentimento contra os conquistadores, sua cultura e a ordem que impuseram. É bem provável que tal ressentimento tenha contribuído para a aceitação generalizada do cristianismo por esses setores da população em uma época em que o cristianismo era perseguido pelo Império e se posicionava em franca contradição com o "mundo" e seus valores.

O crescimento do cristianismo nas áreas rurais do Norte da África aconteceu em uma época em que relevantes mudanças econômicas e sociais estavam acontecendo em toda a região. A crise do século III, com a guerra civil e a devastação econômica, foi profundamente sentida no Norte da África. As cidades dessa região nunca se recobraram, nem os proprietários de fazendas pequenas e médias, a espinha dorsal da economia. Ainda assim, as reformas de Diocleciano e, mais tarde, as de Constantino exigiam que a região pagasse impostos substanciais. A única opção era transferir o fardo dessas taxas para o único setor da sociedade que ainda era produtivo: as áreas rurais. Na África Proconsular, muito da terra estava nas mãos de proprietários ricos, que eram capazes de minimizar os impostos por muitos dos meios disponíveis para os poderosos. Ainda assim, os impostos tinham de ser recolhidos e, portanto, os camponeses do interior sofreram com o aumento das pressões e das práticas de extorsão.[522] Uma vez

---

[522] Algumas percepções sobre o drama dos residentes pobres da área rural podem ser obtidas com a taxa esperada de pagamentos para ações legais, publicada na Numídia por volta de 362 d.C. Naquela época, a taxa era de cinco alqueires de trigo, se nenhuma autoridade tivesse de viajar mais que uma milha [ou 1,6 quilômetros], com uma cobrança extra de dois alqueires por cada milha adicional. Não é preciso dizer que tal sistema fazia a balança da justiça social pender de forma desfavorável para os camponeses e habitantes rurais. Veja MacMullen, R. *Corruption and the Decline of Rome*, p. 154-55.

que a coleta de impostos era principalmente responsabilidade da baixa aristocracia urbana, os curiais, estes eram vistos pelas massas como os opressores, ao passo que eles mesmos se encontravam em uma posição cada vez mais insustentável, tendo de suprir com os próprios recursos quaisquer complementos necessários nos impostos que recolhiam. Desse modo, a tensão social era enorme, com as classes baixas — em especial das áreas rurais — considerando tanto os proprietários de terras ricos quanto os menos afortunados curiais como os opressores, e estes últimos presos em um torniquete do qual não tinham como escapar.

De qualquer modo, depois da época de Constantino, havia muitos na região que não aceitavam a nova organização. A principal questão teológica em disputa era se os sacramentos oferecidos por ministros indignos — especificamente, aqueles que tinham renunciado às Escrituras diante das autoridades do governo durante a recente perseguição — eram válidos. Havia, no entanto, outras questões sociais e econômicas subjacentes. Como Constantino e muitos de seus sucessores apoiaram o partido que mantinha comunhão com o restante da igreja — aos quais chamaremos de "católicos" por razões práticas, embora os dois partidos reivindicassem esse título —, o outro partido, conhecido por seus oponentes como "donatistas",[523] se tornou o ponto de convergência para muitos dos tumultos sociais e sentimentos contra o governo. Por fim, apareceu um partido — os circunceliões — que pegou em armas para defender o donatismo, mas também para se revoltar contra a opressão econômica da classe camponesa.

Este não é o espaço para acompanhar a controvérsia ou o movimento donatista através de seus vários estágios.[524] O que é importante de nosso ponto de vista é salientar a oposição do donatismo às decisões de Constantino e as implicações sociais e econômicas de seu programa. Infelizmente, restaram pouquíssimos escritos dos próprios donatistas — e praticamente nenhum dos circunceliões, apenas algumas inscrições e outras evidências arqueológicas. Isto torna impossível ter uma visão clara

---

[523] Um nome que os donatistas, por fim, adotaram. Veja Optato de Milevi. *De schis. Donat.* 3. 3.

[524] O melhor estudo sobre o assunto é o de Frend, W. H. C. *The Donatist Church: A Movement of Protest in Roman North Africa.* Oxford: Clarendon, 1952. Muito do material desta seção foi fundamentado nessa obra, um clássico em seu campo de estudo.

das perspectivas desse movimento ou dos passos que levaram à controvérsia. Para nossos propósitos, no entanto, os registros são bastante claros, e não há razão para duvidar dos principais argumentos que os católicos apresentaram sobre os donatistas, a saber, que tendiam a desconsiderar a autoridade imperial e que representavam um movimento de agitação e revolta social.

Quanto ao primeiro ponto, fica claro que, de início, os donatistas não viram nada de errado em apelar para o imperador. Quando Constantino ficou do lado dos católicos, bem no início da controvérsia, os donatistas lhe escreveram apresentando acusações contra os principais oponentes. Constantino, aparentemente contrário a interferir de forma direta no assunto, ordenou que os líderes dos dois partidos viajassem para Roma, para serem julgados ali por um grupo de bispos chefiado por Melquíades (também conhecido por Milcíades ou Melquíadas), o bispo de Roma. Quando a decisão lhes foi contrária, os donatistas apelaram uma vez mais para o imperador, resultando no Concílio de Arles, encarregado de decidir sobre a questão. Quando esse Concílio também se posicionou contra os donatistas, estes continuaram importunando Constantino com constantes apelos e petições — pelo menos é o que diz Agostinho, que pode ser considerado qualquer coisa, menos um repórter imparcial.[525] Por fim, por volta do ano 316, os donatistas parecem ter chegado à conclusão de que o imperador não lhes faria justiça, e foi nesse ponto que começaram a se apoiar de forma mais consistente na perspectiva prevalente no Norte da África de que a igreja era irreconciliável com o mundo e, portanto, com o Império.

Os donatistas, após essa época, insistiram na independência da igreja para decidir as próprias questões. Em frases reminiscentes de Tertuliano, afirma-se que Donato perguntou: "O que os cristãos têm a ver com os reis? O que os bispos têm a ver com os palácios?"[526] E também: "O que o imperador tem a ver com a igreja?"[527] Ainda, ficamos sabendo que durante o reinado de Juliano, quando o governo seguiu uma política imparcial em relação aos dois lados da disputa, os donatistas recobra-

---

[525] Agostinho. *Contra cresconium grammaticum donatistam libri quatuor* 3. 56. 67.
[526] Optato de Milevi. *De schis. Donat.* 1. 22 em *CSEL*, volume 26, p. 25: *quid christianis cum regibus? Aut quid episcopis cum palatio?*
[527] Optato de Milevi. *De schis. Donat.* 1. 22, 3. 3 em *CSEL*, volume 26, p. 73: *quid est imperatori cum ecclesia?*

ram muitas das propriedades da igreja ao apresentarem, para as autoridades imperiais, uma ação contra os católicos que os desapropriaram.[528] Em 372, quando Firmo, líder mauritano, se rebelou contra o Império e assumiu o título de rei, os donatistas o apoiaram, seguindo esse exemplo no final daquele mesmo século, quando Gildo, irmão de Firmo, liderou outra rebelião. Portanto, enquanto a teologia donatista apoiava a separação entre igreja e Estado, a ideia dessa separação foi ignorada — como acontece com muita frequência — quando o poder do Estado os favoreceu.

Quanto à organização social, os donatistas eram muito mais consistentes — pelo menos, é o que os seus oponentes nos dizem. Representaram, desde o início, as classes baixas rurais e camponesas da Numídia e Mauritânia, como também seus aliados de Cartago e outras importantes cidades. No auge de seu poder, aceitaram pessoas provenientes de todas as classes da população. Ainda assim, sua força era proveniente daqueles estratos da sociedade que mais sofriam com a ordem econômica existente. Os oponentes, reiteradas vezes, caçoavam deles tanto por suas origens sociais quanto pela postura revolucionária. Em Roma, os inimigos referiam-se ao pequeno contingente donatista na cidade como "povo das montanhas" e "habitantes das pedras".[529]

Os tempos eram difíceis no Norte da África, em particular para as classes baixas,[530] e a percepção das massas — provavelmente muito justificada — era a de que a igreja tinha mais do que necessitava, e de que o clero estava entre aqueles que os exploravam. Essa era a época em que Constantino e vários de seus sucessores estavam fazendo concessões para a igreja e o clero, às quais já nos referimos. Como a igreja oficial era aquela que estava em comunhão com os cristãos do restante do Império, todas as vantagens advindas com o apoio do Estado eram transferidas para os católicos do Norte da África, mas não para os donatistas. Portanto, em uma época em que os impostos pagos pelos pobres e classes médias cresciam de forma exorbitante, chegando a ser praticamente uma extorsão, o clero cató-

---

[528] Optato de Milevi. *De schis. Donat.* 1. 22.

[529] Optato de Milevi. *De schis. Donat.* 2. 4.

[530] Os relacionamentos e contrastes entre o rico e o pobre no Norte da África durante os séculos IV e V já foram pesquisados e resumidos com maestria, independentemente da questão do donatismo, por Chiappa, P. V. *Il tema della povertà nella predicazione di Sant'Agostine*. Milano: A. Giuffrè, 1975, p. 97-118.

lico recebia mais e maiores isenções. Um biógrafo de Agostinho afirma sem meias palavras que as terras que a igreja possuía representavam a razão por que muitos a odiavam.[531] O próprio Agostinho teve de lidar com a acusação de avareza, pois as propriedades que, como bispo, tinha de administrar eram enormes.[532] Tampouco os que o acusavam estavam totalmente fora de linha, pois há indícios de que outros clérigos permitiram que a avareza guiasse suas ações. Um concílio realizado em Cartago, provavelmente em 348, teve de tomar uma atitude contra os bispos que buscavam suplantar outros cujas igrejas tinham mais recursos financeiros.[533] Esse mesmo concílio também achou necessário decretar que o clero deveria se abster de emprestar dinheiro — uma prática particularmente ofensiva à luz de tudo o que vimos até aqui sobre a atitude da igreja em relação aos empréstimos com juros e, em especial, dadas as condições precárias em que, na época, viviam as massas na África.[534] Para piorar ainda mais a situação, os bispos católicos não faziam a menor ideia da aflição econômica que assolava as massas e acreditavam que, como não havia mais a ação dos circunceliões, tudo estava na santa paz e prosperava.[535]

Dadas essas circunstâncias, não é de surpreender que os donatistas aproveitassem a oportunidade para atacar seus rivais por sua ganância, cobiça e sucesso econômico. Um documento donatista declara que, como recompensa pelo pecado deles, o Demônio deu àqueles que esmoreceram durante a perseguição — ou seja, os católicos — a restauração de todas as suas honras, a amizade do imperador e as riquezas mundanas.[536] Aqueles que seguiram o caminho católico, assim declararam eles, estavam apenas preferindo as riquezas à alma.[537] Em contraste com essa ideia, um donatista mais radical insistiu sobre o valor da

---

[531] Possídio. *Vita Augustini* 23.

[532] Agostinho. *Epistle* 126. 8.

[533] Cânone 10 do concílio presidido por Grato.

[534] Cânone 13.

[535] Veja, por exemplo, de Vita, Victor. *History of the Vandal Persecution* 1. 1. 3. Quanto a isso, ele e outros parecem ilustrar o que Salviano declarou em relação à atitude do clero em muitas das províncias do Império, ou seja, de que muitos do clero ou não diziam nada a respeito do assunto ou proferiam palavras ineficazes. *De gub. Dei* 5. 5. 20.

[536] *Passio Donati* em *PG*, volume 8, p. 754.

[537] Agostinho. *Contra litteras petiliani donatistae libri tres* 2. 99. 225.

pobreza, e aparentemente muitos a praticavam, ou abandonando a riqueza (em geral, muito escassa) ou doando-a ao pobre.

Não temos descrições sobre as atividades revolucionárias dos donatistas, exceto pela pena de seus inimigos. Estes, com frequência, acusavam todos os donatistas pelos atos dos radicais circunceliões, apesar de a atitude dos líderes donatistas em relação a esse ramo da igreja ser sempre ambivalente. De qualquer modo, o quadro desenhado pelos oponentes católicos é aquele em que os donatistas são reformadores sociais, em geral, por meios violentos; e os católicos, defensores da lei e da ordem.

A reação católica típica aos donatistas e circunceliões pode ser encontrada nas seguintes palavras de Agostinho:

> Evita-se a unidade, e os camponeses são encorajados a se levantarem contra os proprietários da terra; os escravos fugitivos, desafiando a disciplina apostólica, são encorajados a abandonar seus senhores, mas também a ameaçá-los, e não só a ameaçá-los, mas a saqueá-los com violentas incursões. Fazem tudo isso conforme a sugestão e incitação — e com a autorização para cometer crimes — daqueles confessores ganhadores de prêmios de vocês, que engrandecem as fileiras de vocês "para a glória de Deus" e derramam o sangue de outros "para a glória de Deus".[538]

E em outra epístola:

> E entre eles {os donatistas}, bandos de homens sem controle atrapalham a paz do inocente em vários casos. Qual senhor não seria forçado a ficar apreensivo por seu próprio escravo, que fugiu, se buscasse refúgio em sua proteção? Quem ousaria ameaçar um servo destrutivo ou seu instigador? Quem poderia dispensar um encarregado pródigo ou qualquer devedor, se este buscasse sua ajuda e proteção? Sob o temor de clavas e incêndios e morte instantânea, os registros de escravos indignos foram rasgados para que pudessem ficar livres. Recibos extorquidos de devedores foram devolvidos. [...]

---

[538] AGOSTINHO. *Epistle* 108. 18 em *FOTC*, volume 18, p. 234-35.

> Alguns proprietários de terras de nobre nascimento e de educação refinada foram arrastados meio-mortos depois de açoitados ou amarrados a uma pedra de moinho e forçados, por meio de duros golpes, a virá-la como se fossem bestas de carga. [539]

Não há indicação de que Agostinho estivesse exagerando nessa descrição dos eventos, embora esteja claramente descrevendo os incidentes mais extremos. O que é certo é que a inquietação social no Norte da África era tal que, por um período, os donatistas eram a maioria.[540] Quando Agostinho estava escrevendo, apesar das décadas de opressão e perseguição, eles ainda eram numerosos, em especial nas províncias da Numídia e Mauritânia. Essa região foi invadida reiteradas vezes — primeiro, pelos vândalos; depois, pelos bizantinos; e, por fim, pelos muçulmanos —, fazendo-os desaparecer, junto com o restante da igreja. Não restou praticamente nada dos ensinamentos sociais e econômicos dos donatistas, pois foram citados pelos oponentes apenas para serem mostrados da forma mais desfavorável possível. Ainda assim, conforme as duas passagens de Agostinho citadas, e como veremos em outra parte deste livro, o legado mais importante deles para a história da igreja cristã foi a reação que provocaram, fazendo com que a igreja se alinhasse cada vez mais com a poderosa sociedade.

A FUGA PARA O DESERTO

Pouco antes da época de Constantino, o cristianismo fizera relevantes avanços entre a população nativa do Egito. Conforme já vimos, essa era uma terra que apresentava contrastes sociais e econômicos profundos e estáveis entre os romanos e os gregos, de um lado, e a população de egípcios ou coptas, de outro. Também era no deserto egípcio que muitos dos coptas mais pobres, incapazes de pagar seus impostos ou apenas desgostosos com a ordem existente, buscavam refúgio — uma prática que há muito recebera o nome de *anachoresis* [partida, fuga]. Era uma terra de tranquila e amarga resistência à ordem estabelecida. Durante o século III, à medida que a perseguição

---

[539] Agostinho. *Epistle* 185. 15 em *FOTC*, volume 30, p. 156.
[540] Optato de Milevi. *De schis. Donat.* 7. 1 afirma que, por volta do final do século IV, havia poucos católicos no Norte da África.

aos cristãos aumentava, o número de cristãos entre os coptas também crescia — aparentemente, pelo menos em parte, porque muitos coptas se sentiam mais à vontade nessa religião que naquela oficialmente esposada pelo Estado. Ao mesmo tempo, as condições econômicas tornaram-se intoleráveis. Muitos que fugiram para o deserto se organizaram em bandos de salteadores que aterrorizavam o interior.

Já no século II, em 152 d.C. e novamente em 172 e 173 d.C., houve tumultos que, por fim, vieram a se tornar revoltas em larga escala. Os exércitos de camponeses egípcios, aparentemente movidos tanto pelas injustiças econômicas quanto pelo zelo nacionalista, derrotaram os exércitos romanos, e foi necessário chamar tropas da Síria a fim de debelar a rebelião.

Essas revoltas, entretanto, perdem a importância em comparação com aquela que aconteceu no final do século III. A inflação desigual significava que os camponeses tinham de pagar muito mais por suas compras e recebiam muito menos por seus produtos. Em março de 295, o édito de Diocleciano sobre a reforma dos impostos foi promulgado no Egito. Muitos dentre os privilegiados gregos viram que isso significava a perda de alguns de seus privilégios. Os camponeses, no entanto, sabiam apenas que haveria um novo sistema de taxação, e a experiência passada os convenceu de que isso só poderia representar impostos mais altos. Em uma aparente coalizão entre a liderança grega nas cidades e os coptas no interior, todo o Egito se rebelou. Um imperador rival foi proclamado. O próprio Diocleciano marchou para o Egito e, em uma campanha que durou quase três anos, os rebeldes, por fim, foram subjugados. A revanche de Diocleciano foi aterradora.[541] O édito sobre os impostos foi posto em vigor. A fim de se certificar de que não haveria outras revoltas, as guarnições foram aumentadas, e soldados também foram posicionados no interior. É possível supor que o tradicional ressentimento dos egípcios nativos contra as forças de ocupação romanas tenha crescido ainda mais.

---

[541] Afirma-se que, em Alexandria, ele declarou que a matança dos rebeldes capturados deveria continuar até que o sangue deles chegasse aos joelhos de seu cavalo. Quando seu cavalo escorregou e caiu sobre os joelhos, Diocleciano considerou isso um presságio e ordenou que a matança parasse. Em consequência dessa atitude, os alexandrinos construíram uma estátua para o cavalo do imperador. Referências em WILLIAMS, Stephen. *Diocletian and the Roman Recovery*, p. 246, n. 10.

À medida que Diocleciano passou a fazer uma perseguição sistemática aos cristãos, era natural que o cristianismo, na mente de muitos egípcios, fosse associado com a oposição ao Império e, portanto, também com o nacionalismo copta. É relevante observar que, desse ponto de vista, sempre que havia alguma disputa religiosa, as massas egípcias tendiam a apoiar aqueles que elas consideravam sofrer oposição das estruturas de poder. Ficamos sabendo que quando perceberam Ário como vítima do poderoso bispo Alexandre, as multidões tomaram as ruas cantando as palavras-tema de Ário. Será que essa multidão era composta apenas de gregos relativamente sofisticados, ou havia também ali coptas que aproveitaram a oportunidade para protestar contra as autoridades estabelecidas? É importante notar que o arianismo começou a perder seu poder no Egito quando conquistou a supremacia política em Constantinopla, depois de 328 d.C. Atanásio, seu maior oponente, provavelmente era copta,[542] e sua principal fonte de apoio era o povaréu do Egito e os monges do deserto — muitos dos quais também eram coptas. No século V, quando a igreja oficial do Império rejeitou o monofisismo, os coptas o abraçaram — e o mantiveram, pelo menos nominalmente, até hoje.

Essa foi a matriz na qual se formou o monasticismo. Antônio, em geral considerado seu "fundador" — embora seja questionável que um movimento espontâneo por natureza como esse tenha um "fundador" no sentido usual —, fugiu para o deserto assim que a revolta contra Diocleciano estava prestes a estourar. E Pacômio, o suposto fundador do sistema de vida em comum entre os monges do deserto, abandonou a carreira militar e tornou-se monge no auge da perseguição de Diocleciano.

---

[542] Seus inimigos se referem a ele como "o anão negro", zombando tanto da baixa estatura quanto de sua origem humilde, provavelmente copta. Aparentemente, ele mesmo falava copta, e pode muito bem ter nascido nos pequenos vilarejos coptas ao longo do Nilo. Alguns estudiosos duvidam do fato de que Atanásio conhecia a língua copta, fundamentando-se numa passagem encontrada em *A vida de Pacômio* na qual se afirma que as cartas de Atanásio foram traduzidas para o copta nos monastérios pacomianos. Atanásio podia muito bem conhecer o copta e, ainda assim, ter escrito suas cartas festivas, direcionadas a uma audiência maior, em grego.

Esses dois homens são importantes como representantes das duas formas básicas assumidas pelo monasticismo no Egito — e, mais tarde, em outras partes do Império.[543]

Antônio, o suposto fundador do monasticismo egípcio, não era proveniente das classes mais pobres. Embora fosse copta, era filho e herdeiro de um pequeno fazendeiro no vilarejo de Coma, à margem esquerda do Nilo. Contudo, em relação a esse detalhe, ele era exceção, pois era das massas coptas empobrecidas que o movimento monástico primitivo recebia seus recrutas.[544] Poucos deles conheciam o grego, e muitos eram iletrados, quer em grego quer em copta. É relevante o fato de essas pessoas receberem o título de "anacoretas", ou seja, praticantes da *anachoresis*, atitude que, por muito tempo, fora o único recurso dos pobres no Egito. *Anachoresis*, na Antiguidade, também passou a significar o equivalente à greve da atualidade, quando as pessoas fugiam da ação da justiça como um meio de protesto ou simplesmente porque a situação se tornara insustentável. Entre os que representavam a ordem existente, a *anachoresis* era considerada crime, e aqueles que recorriam a isso não eram considerados melhores que bandidos — os quais, com frequência, abraçavam esse estilo de vida

---

[543] Enquanto as linhas gerais do livro *A vida de santo Antão*, por Atanásio, são provavelmente acuradas do ponto de vista histórico, não resta a menor dúvida de que essa *vida* foi escrita com planos que a afetam sobremaneira. Veja GREGG, R. C. e GROH, D. E. *Early Arianism: A View of Salvation*. Philadelphia: Fortress, 1981, p. 131-59. Muito antes, e lançando a pedra fundamental sobre este assunto: DÖRRIES, H. *Die Vita Antonii als Geschichtsquelle*. Göttingen: Vandenhoeck und Ruprecht, 1949. Também: BOUYER, L. *La vie de Saint Antoine: Essai sur la spiritualité du monachisme primitive*. Paris: Editions de Fontanelle, 1950; e STEIDLE, B. *Antonius Magnus Eremita: Studia ad antiquum monachismum spectantia*. Roma: Orbis Catholicus, 1956. Sobre Pacômio, veja LEFORT, L. Th. *Les vies coptes de saint Pachôme et ses premiers successeurs*. Louvain: Bureaux du Muséon, 1943.

[544] As ocupações anteriores da maioria dos anacoretas do deserto não são conhecidas. Também, deve-se esperar que aqueles cujas ocupações se tornaram conhecidas representem a exceção, e não a regra, e que aqueles cujas ocupações não são mencionadas representem os baixos escalões da sociedade. Ainda assim, até mesmo as ocupações alistadas não são, de forma alguma, eminentes. Macário de Alexandria era um pequeno comerciante — talvez um vendedor ambulante; Macário, o Grande, era condutor de camelo; Moisés fora servo e ladrão; Alexandra, uma serva. E vários outros, conforme nos informam, eram camponeses. Aqueles que pertenciam às classes mais altas eram poucos e não eram coptas. Veja COLOMBAS, G. M. *El monacato primitive*. Madrid: Biblioteca de Autores Cristianos, 1974-1975, volume I, p. 65, em que esses indivíduos e ocupações são enumerados e discutidos.

por força das circunstâncias. Portanto, os primeiros monásticos egípcios representavam a continuação do antigo movimento nascido pelo desespero e protesto social. Essa é uma das razões por que as origens do monasticismo cristão repousam escondidas pela neblina da história: ele remonta à época pré-cristã e não é encontrado apenas nas práticas religiosas ascéticas.

Pacômio tem um histórico similar ao de Antônio, embora seu vilarejo, Esna, ficasse mais acima no Nilo. Enquanto se credita a ele a fundação do monasticismo "cenobita" ou comunitário, é mais provável que ele apenas tenha organizado e dado alguma estabilidade e ordem para um estilo de vida que se desenvolveu naturalmente a partir das formas anteriores de *anachoresis* — assim como, muito mais tarde, no hemisfério ocidental, os escravos que fugiam individualmente para a floresta, por fim, criaram suas próprias comunidades.

De qualquer modo, a questão da riqueza e de seu uso, desde o princípio, foi um assunto importante entre os monásticos do Egito. Alguns de seus líderes e fundadores abriram mão da riqueza para seguir a vida monástica — como nos é dito tanto de Antônio quanto de Pacômio. Outros, a maioria, jamais tiveram riquezas, e a fuga deles para o deserto representou a rejeição de uma sociedade mais ampla, em que a riqueza foi usada para os oprimir e explorar.

Consequentemente, a visão de riqueza dos monásticos tinha duas facetas que, se levadas ao extremo, eram mutuamente contraditórias, mas que, em geral, eram mantidas em tensão. Por um lado, havia um menosprezo pela riqueza e todas as posses materiais. Por outro, havia o ideal da propriedade comunitária, de tal forma que todas as coisas pertencessem a todos da comunidade.

Havia um forte componente ascético nos primórdios da piedade monástica. Muitos dos heróis do início do monasticismo eram aqueles que poderiam sobreviver com alguns feijões — os quais eles contavam — e não tinham mais que três ou quatro horas de sono. O jejum excessivo e a falta de sono eram um problema tão grande que a maioria dos professores do monasticismo teve de recomendar a moderação. Da mesma forma, o ideal monástico, para muitos, era a pobreza absoluta,[545] em geral referida como "nudez". O monástico tinha de ir para o deserto simbolicamente despido — algumas vezes essa nudez era literal —, levando consigo nada além do absolutamente necessário. Isso incluía pouco mais que um tapete, uma túnica e uma jarra ou vasilhame para água e comida. Aqueles que sabiam ler às vezes tinham Bíblia ou partes dela; mas havia outros que combinaram o ascetismo com a profunda desconfiança pela leitura e pelo aprendizado e que, portanto, declaravam que até mesmo um livro representava muitas posses. Os monásticos, conforme um deles declarou, não tinham nada que pudessem deixar para trás quando morressem.[546] Dessa perspectiva, a pobreza em si, até o ponto de privação, era uma virtude.

É essa atitude em relação à riqueza, embora com alguma moderação, que encontramos em Antônio, pelo menos na forma como é descrito por Atanásio. Antônio considerava a renúncia à riqueza como uma boa troca, uma vez que o céu é muito mais valioso que todas as posses terrenas e, de qualquer forma, ninguém pode levar essas posses através da passagem da morte:

> Não olhemos tampouco para trás, para o mundo, crendo que renunciamos a grandes coisas, pois também o mundo é muito trivial comparado com o céu. E ainda que fôssemos donos de toda a terra e renunciássemos a toda ela, nada seria isto comparado com o reino dos céus. Assim como uma pessoa desprezaria uma moeda de cobre para ganhar cem moedas de ouro, assim o que é dono de toda a terra e a ela renuncia dá realmente pouco e recebe cem vezes mais. Se, pois, nem sequer toda a terra equivale ao céu, certamente o que entrega uma porção de terra não se deve jactar ou penalizar: o que abandona é praticamente nada, ainda que seja um lar ou uma soma considerável de dinheiro aquilo de que se separa. Devemos, além disso, ter em conta que se não deixamos estas coisas por amor à virtude,

---

[545] Sobre o antigo ideal monástico de pobreza, veja RESCH, P. *La doctrine ascétique des premiers maîtres egyptiens du quatrième siècle*. Paris: Gabriel Beauchesne, 1931; STEIDLE, B. "Die Armut in der frühen Kirche und im alten Mönchtum", *EuA*, 41, 1965, p. 460-81.

[546] MORIN, G. "Un curieux inédit du IVᵉ-Vᵉ siècle", *RevBened*, 47, 1935, p. 103.

teremos depois de abandoná-las de qualquer modo e a miúdo também, como nos recorda o Eclesiastes, a pessoas às quais não teríamos querido deixá-las. Então, por que não fazer da necessidade virtude e entregá-las de modo a podermos herdar um reino por acréscimo? [547]

Por outro lado, havia a noção de que o que se devia evitar não eram as coisas em si, mas a propriedade privada. Esse foi o fundamento do monasticismo cenobita, pelo menos conforme entendido pelos biógrafos de Pacômio. Eles nos dizem que, de início, um grupo de anacoretas reuniu-se em torno de Pacômio, e que este lhes disse que cada um deveria buscar ser autossuficiente e contribuir para as necessidades de todos. Insatisfeito com tal arranjo, Pacômio decidiu seguir um caminho mais rígido de propriedade comunitária, estabelecendo uma "parceria perfeita", como aquela descrita no livro de Atos dos Apóstolos. Esse experimento falhou, mas Pacômio insistiu na "parceria perfeita" e começou uma nova comunidade.[548] Quando, por fim, ele desenvolveu as regras para suas comunidades, a posse comum de todos os bens representava uma parte essencial de sua organização. Essa vida comunitária foi muito além daquela que encontramos no livro de Atos e na literatura cristã dos três primeiros séculos. Todas as coisas eram comuns, não só no sentido de que deveriam estar à disposição dos necessitados na comunidade, mas ainda mais no sentido de que ninguém poderia dispor desses bens. Os monges, como não podiam ter nada, não poderiam se envolver em nenhuma das atividades, em geral, associadas com as posses: pedir empréstimos, emprestar dinheiro, praticar trocas, fazer doações, receber doações, etc. Tudo era propriedade comum da comunidade, e apenas essa comunidade — ou o abade agindo em seu nome — poderia dispor dessa propriedade em comum. A razão para isso não era tanto o ascetismo da pobreza quanto a alta consideração pela vida comunitária — na realidade, o termo "cenobita", usado para descrever essa forma de monasticismo, significa "vida em comum" ou "vida em *koinonia*". Por essa razão, nessa comunidade em que ninguém

---

[547] ATANÁSIO. *Vida de Santo Antão* 17, p. 33 [Fonte: Mosteiro da Virgem, Petrópolis/RJ, em http://gloria.tv/?media=245193].
[548] A ênfase de Pacômio na parceria perfeita pode ser vista em LEFORT, L. Th. *Les vies coptes de saint Pachôme et ses premiers successeurs*, p. 3.

possuía nada, as únicas coisas que se poderia oferecer ao outro eram serviço e obediência — dois outros pilares do cenobitismo pacomiano. Pouco tempo mais tarde, Teodoro, o terceiro sucessor de Pacômio, declararia que a importância da comunidade era tal que qualquer coisa que pudesse pertencer a ela, na verdade, não pertencia aos monges, mas ao próprio Jesus.[549]

O monasticismo, desde os primórdios e ao longo de toda sua história, teve de lidar com a tensão entre essas duas atitudes referentes à riqueza material. Ficamos sabendo que esse era um problema em época tão remota quanto a de Teodoro, que ficou profundamente entristecido ao ver as comunidades monásticas enriquecerem.[550]

É difícil para nós hoje imaginar a atração que o monasticismo representava nessa época remota. Depois da conversão de Constantino, os números daqueles que fugiram para o deserto para seguir a vida monástica cresceram dramaticamente — em especial entre os coptas.[551] Os motivos das pessoas para se juntarem a esse movimento, como sempre, eram mistos. Lemos, por exemplo, que muitos que não eram nem mesmo cristãos chegavam às portas dos monastérios pacomianos buscando admissão, e que era necessário catequizá-los e batizá-los. Isso não é de surpreender se nos lembrarmos que, nos primórdios do movimento, não havia uma clara linha separando os cristãos e os que recorriam à tradicional *anachoresis* — entre os que se tornaram fugitivos do mundo em busca de Cristo e os que se tornaram fugitivos dos credores, dos coletores de impostos e outros.

O camponês fugitivo que se juntava à comunidade monástica provavelmente desfrutava de maior segurança econômica que em uma pequena propriedade de terra constantemente ameaçada pelas extorsões dos poderosos. Acima de tudo, o monastério concedia a dignidade humana para muitos que eram tratados como burros de carga e até mesmo exemplificava a inversão das fortunas apocalíptica, que, com muita frequência, é

---

[549] Citado em RESCH, P. *La doctrine ascétique des premiers maîtres egyptiens du quatrième siècle*, p. 74.

[550] LEFORT, L. Th. *Les vies coptes de saint Pachôme et ses premiers successeurs*, p. 21.

[551] De acordo com Paládio, em Oxirrinco havia 20 mil mulheres e 10 mil homens seguindo a vida monástica (*The Lausiac* History 5), e, na região de Antinoé, havia doze residências monásticas para mulheres (*The Lausiac* History 58). Em Nítria, havia 5 mil monges, alguns morando sozinhos, e outros em comunidades (*The Lausiac* History 7).

a única esperança do oprimido — há um sem-número de histórias sobre os anacoretas e os monastérios, que recebiam o pobre e o fugitivo de braços abertos, mas fechavam as portas para os ricos e poderosos ou os tratavam com muita severidade.[552] Não é de surpreender, portanto, que muitos escravos tenham decidido fugir da casa de seu senhor para o monastério.

Não demorou muito para que os monastérios perdessem essa característica radical. A maneira como eles e a igreja lidavam com os escravos fugitivos é um claro indício desse processo. Nos primórdios do monasticismo, não existem registros de líderes monásticos se recusando a aceitar prosélitos apenas porque eram escravos fugitivos. Ao contrário, ficamos sabendo que boa parte dos primeiros monásticos era formada por "servos", sem qualquer outra indicação quanto à forma como foram liberados de suas funções, ou se isso realmente aconteceu. Ainda no tempo de Teodoro, ficamos sabendo — como algo que deveria causar respeito e admiração — que ele tinha o poder de amarrar os escravos com elos misteriosos, de forma que não pudessem fugir. E também foi dito que, depois de sua morte, um senhor procurando um escravo fugitivo tinha apenas de dormir sobre o sepulcro de Teodoro, e o local de esconderijo do escravo era revelado. Eustátio de Sebaste e seus discípulos, por volta da mesma época, foram acusados de incitar os escravos a fugir para a vida monástica.[553] Assim, Eustátio e seus seguidores foram condenados pelo Concílio de Gangra, na Ásia Menor.[554] As histórias

---

[552] Por exemplo, a história de Arsênio, o tutor dos filhos do imperador Teodósio. Sabemos que Arsênio recebeu ordens de João, o Anão, um monge egípcio, para comer pão no chão, como uma besta.

[553] Alguns estudiosos duvidam de que a pessoa condenada em Gangra era o mesmo Eustátio de Sebaste que foi amigo de Basílio, o Grande, e que figurou de forma proeminente nas controvérsias teológicas do século IV. As autoridades da Antiguidade identificam os dois, e argumentos modernos que se opõem a essa perspectiva não são convincentes. Para uma lista de autoridades da Antiguidade, veja HEFELE, C. J. *A History of the Councils of the Church*, vol. 2. Edinburgh: T. & T. Clark, 1876, p. 336-37.

[554] O terceiro cânone declara: "Se alguém ensinar um escravo, sob o pretexto de piedade, a desprezar seu mestre, a ignorar seu serviço ou a não o servir com boa vontade e total respeito, que ele seja anátema". (HEFELE, C. J. *A History of the Councils of the Church*, p. 328). O contexto e a carta sinodal do concílio indicam que havia o "pretexto de piedade" para se juntar à comunidade monástica. Quanto ao Concílio de Gangra, há muito debate sobre ele. Uma data provável é 345 d.C. ou por volta disso.

sobre Teodoro parecem ter sido planejadas para apoiar a visão de que não se pode evitar a escravidão assumindo o estilo de vida monástico. Ao mesmo tempo, leis estavam sendo decretadas proibindo os monastérios de dar asilo a escravos fugitivos.

À medida que o movimento monástico foi progressivamente reintroduzido na vida da sociedade mais ampla e da igreja institucional, muitas de suas características originais radicais e fronteiras nítidas foram ou modificadas ou abandonadas. O resultado foi que os bens em comum agora se tornaram uma opção, junto com a opção mais "normal" daqueles que desejavam "permanecer no mundo", retendo suas posses e limitando o compartilhar dos bens à doação de esmolas. Teologicamente, isso se desenvolveu na distinção entre as prescrições e os mandamentos de Jesus, que todos têm de obedecer, e "os conselhos da perfeição", para aqueles que desejam seguir a vida monástica. Um desses conselhos da perfeição era vender todas as propriedades e doar a arrecadação para os pobres. Havia agora duas formas de ser cristão: uma, a forma mais radical dos monásticos, que incluía a comunhão dos bens e a pobreza voluntária; e a outra, a forma comum da maioria dos cristãos, para quem a conexão entre fé e riqueza passava a ficar no pano de fundo. Ainda assim, ao longo da Idade Média, a comunidade monástica, com sua tentativa de obediência radical a tudo o que se referia aos assuntos econômicos, representava um constante desafio para toda a igreja, lembrando-a de seu chamado primitivo e vocação suprema para a *koinonia*. Portanto, quando a Reforma Protestante aboliu o monasticismo, rejeitando o que representava ser uma tentativa de ganhar o céu por intermédio das obras, também aboliu o que o monasticismo fora por um longo tempo — uma lembrança para toda a igreja quanto à necessidade de obediência nas questões econômicas. Entretanto, tais desenvolvimentos, por mais importantes que sejam, ficam além do escopo deste livro.

A DESILUSÃO DE ATANÁSIO

O primeiro dos grandes líderes da igreja na geração imediatamente depois de Constantino foi Atanásio. Ainda menino na época em que as perseguições cessaram, Atanásio não teve a oportunidade de experimentar o lado positivo do contraste entre as épocas antes e depois da conversão de Constantino. Talvez por essa razão, ele se sentia mais livre do que um homem mais velho, como Eusébio de Cesareia, para ver os perigos na nova situação. Ainda assim, por quase meio século após o édito de Milão, Atanásio continuou a considerar Constantino e seus sucessores com uma reverência similar à de Eusébio. E, como Eusébio — embora com um viés teológico distinto, conforme veremos mais tarde —, continuou a comparar Deus com o imperador.[555]

O relacionamento de Atanásio com a autoridade imperial de modo algum foi fácil ou totalmente feliz. Logo depois que o primeiro rompante de entusiasmo quanto ao Concílio de Niceia passou, ele foi acusado de ameaçar cortar o suprimento de grãos provenientes do Egito, e teve de fugir para o primeiro de seus muitos exílios. Mais tarde, sob o governo dos três filhos de Constantino, foi forçado a se exilar novamente. Por volta de 353 d.C., ficou claro que Constâncio, que se tornara o único imperador, estava pronto para usar todo o poder imperial para apoiar a causa de Ário. Em 356 d.C., Atanásio exilou-se pela terceira vez e, nessa ocasião, escondeu-se entre os monges do deserto egípcio. Foi nessa época que compôs *Discursos contra os arianos* — *Orationes contra Arianos* —, mencionado acima como ainda usando a imagem de similaridade entre Deus e o imperador. Pouco tempo depois disso, escreveu um apelo a Constâncio — *Apologia ad Constantium Imperatorem* — mais respeitoso tanto com a pessoa quanto com a função de Constâncio.[556]

Um ano mais tarde, entretanto, ainda em seu esconderijo entre os monges, Atanásio escreveu e publicou anonimamente um ataque violento contra Constâncio, *História dos arianos* — *Historia Arianorum*. Ali, chama Constâncio de "patrono da impiedade e imperador da heresia", "esse Acabe; esse segundo Belsazar", o "inimigo de Cristo, líder da impiedade e, por assim dizer, o próprio anticristo".[557] Assim, movido pelas circunstâncias, Atanásio foi levado a questionar o papel que o imperador desempenhara na vida da igreja, pelo menos desde que Constantino convocara o Concílio de Niceia:

---

[555] Veja, por exemplo, *Contra gentes* 21, 38, 43; *De inc. Verbi* 9, 10, 13, 55; *Orat. alt. contra Arr.* 79; *Orat. tert. contra Arr.* 5.

[556] SETTON, K. M. *Christian Attitude towards the Emperor in the Fourth Century, Especially as Shown in Addresses to the Emperor*, p. 73-75. Muito desta seção sobre a atitude de Atanásio em relação ao imperador foi retirado da obra de Setton.

[557] Citado em SETTON, K. M. *Christian Attitude towards the Emperor in the Fourth Century, Especially as Shown in Addresses to the Emperor*, p. 78-79.

> Quando se ouviu tal coisa antes e desde o começo do mundo? Quando um julgamento da igreja recebeu sua validade do imperador? Ou, melhor, quando seu decreto foi alguma vez reconhecido pela igreja? Existiram muitos concílios antes; e muitos julgamentos passados pela igreja; mas os pais nunca buscaram o consentimento do imperador para isso; nem o imperador se ocupava com assuntos da igreja.[558]

Por essa razão, Setton conclui que "Atanásio parece que foi o primeiro a perceber o novo perigo que ameaçava a igreja, e o contraste entre as atitudes anteriores e posteriores em relação ao imperador revela claramente a extensão dessa reação".[559] Isto é verdade se deixarmos de lado os donatistas e, provavelmente, alguns dos primeiros monásticos. De qualquer forma, o que é relevante é que Atanásio foi o primeiro dentre os grandes líderes da igreja no século IV a chamar a atenção para a necessidade de a igreja manter sua independência da autoridade imperial — uma necessidade que se tornaria clara quando Juliano tentou restaurar o paganismo, e ainda mais por Valens e outros continuarem a dar seu apoio ao arianismo.

Esses assuntos não estavam totalmente desconectados das questões econômicas que estamos acompanhando. Na realidade, Atanásio afirmou que uma das coisas mais deploráveis que os arianos fizeram foi se juntar ao rico em seu desprezo pelo pobre, pelas viúvas e pelos órfãos. Ele conta a história, ocorrida em Alexandria, a respeito da colaboração entre Duke Sebastião, um maniqueísta, e os arianos. Entre outros incidentes, ele declara que quando Duke entregou a igreja aos arianos, estes expulsaram os pobres e as viúvas que costumavam receber sustento da igreja. O clero ortodoxo responsável por esses serviços determinou os lugares onde as pessoas necessitadas poderiam se encontrar a fim de receber essa ministração. Os arianos retaliaram, batendo nas viúvas e acusando seus benfeitores diante das autoridades. Atanásio comenta:

> Aqui, portanto, havia um novo motivo para reclamações; e um novo tipo de tribunal inventado

---

[558] *Hist. Arianorum* 52 em *NPNF*, 2ª série, volume 4, p. 289.

[559] SETTON, K. M. *Christian Attitude towards the Emperor in the Fourth Century, Especially as Shown in Addresses to the Emperor*, p. 80.

primeiramente pelos arianos. As pessoas foram trazidas para o julgamento por atos de gentileza que realizaram; aquele que demonstrou misericórdia foi acusado, e aquele que recebeu benefício foi surrado; e eles desejam mais que um homem pobre sofra com a fome do que aquele que está disposto a demonstrar misericórdia lhe dê algo para saciar sua fome.[560]

O próprio Atanásio, pelo menos nas obras que chegaram até nós, não tinha tanto a dizer sobre a justiça econômica e o cuidado com o pobre quanto outros anteriores ou posteriores a ele. Sua principal preocupação era a controvérsia ariana, e esse é o assunto com que se ocupa em suas obras sobreviventes. Afora sua raiva contra os arianos por seu tratamento perverso em relação aos pobres e viúvas, e as palavras concernentes à pobreza e ao cuidado com os necessitados que ele põe na boca de Antônio, as principais referências de Atanásio a essas questões aparecem em suas cartas, em que reiteradas vezes lembra seus leitores sobre a necessidade de cuidar do pobre.[561] Portanto, a relevância de Atanásio para nossa investigação não é o que ele diz sobre as questões que nos interessam, mas, antes, o fato de representar o primeiro exemplo de uma atitude crítica em relação ao Império e à sociedade em geral, que será característica da geração seguinte de líderes cristãos e que lhes abrirá as portas para assumir uma posição mais radical diante da ordem econômica de seu tempo. E, agora, direcionamos nossa atenção para essas novas gerações.

---

[560] *Hist. Arianorum* 61 em *NPNF*, 2ª série, volume 4, p. 292. Conforme Atanásio comenta, o propósito de tudo isso era intimidar a oposição: "Achavam que, pela traição, deslealdade e terror, podiam forçar algumas pessoas a abraçar suas heresias". (*Hist. Arianorum*, 62). Compare com *Hist. Arianorum* 72; *Epistle* 47.

[561] *Ep. fest.* 1. 11; 5. 3; *Epistle* 45.

IX

Os capadócios

A região da Capadócia, em meio às montanhas de Anatólia, sempre foi uma terra inóspita. Desde a Antiguidade, era conhecida por sua geografia majestosa e extrema e por seu povo rústico, famoso pelos cavalos que criava — na realidade, o próprio nome Capadócia origina-se do termo persa *Katpatuka*, ou "terra dos excelentes cavalos". Além dos cavalos, o planalto da Capadócia tem muitos rebanhos de bodes, carneiros e camelos, enquanto as oliveiras cobrem as encostas, e o trigo e o vinho ficam com a melhor terra para a agricultura. Sob o domínio romano e, em especial, depois da fundação de Constantinopla, o acesso mais fácil para os grandes mercados aumentou o valor monetário da terra, cuja tendência era estar concentrada em poucas mãos.[562] Por volta do século V, praticamente toda a terra estava em poder ou do Império ou de ricos magnatas.[563] Durante o século IV, esse processo já era bastante perceptível. Os impostos em algumas propriedades dedicadas à agricultura eram tão onerosos que as terras eram simplesmente abandonadas, acrescentando, dessa forma, os antigos proprietários às massas de pobres e reduzindo a produção total da agricultura dessa região já sujeita a carências.[564] Tais impostos, bem como a pressão e competição dos proprietários ricos, significavam que os fazendeiros anteriormente independentes, com frequência, perdiam as terras e eram

---

[562] Há um excelente estudo sobre as condições sociais e econômicas na Capadócia durante o período que estamos considerando: TEJA, R. *Organización económica y social de Capadocia en el siglo IV, según los Padres Capadocios*. Salamanca: Universidad de Salamanca, 1974. Teja discute tanto a produção agrícola quanto a distribuição da terra nas páginas 23-43.

[563] Veja a descrição das condições na época de Justiniano em BURY, J. B. *History of the Later Roman Empire (395-565)*, reimpressão. New York: Dover, 1958, volume 2, p. 341-42.

[564] A epístola 83 de Basílio trata precisamente desse caso.

forçados a trabalhar para os novos proprietários ou a se juntar às fileiras dos pobres urbanos.

Para tornar a situação ainda pior, havia períodos de seca e fome. Isto foi particularmente verdade no ano 368, quando ficamos sabendo que a terra seca rachou, de forma que o sol queimou seu cerne, e que rios antes majestosos podiam ser facilmente atravessados por crianças.[565] Como acontece com frequência, os tempos ruins dão oportunidade para os poderosos aumentarem seu poder. Os fazendeiros, cujas sementes secaram no solo, tiveram de vender as terras ou pedir dinheiro emprestado — o que, no fim, representava o mesmo, uma vez que as taxas de juros eram tão altas que a maioria dos devedores perdia a terra que penhorava nessa transação econômica.

Dadas essas condições, não é de admirar que, entre os escritores cristãos do século IV, poucos se igualam à preocupação com os assuntos econômicos em seus escritos quanto os chamados padres capadócios — Basílio de Cesareia, seu irmão, Gregório de Nissa, e o amigo deles, Gregório de Nazianzo. Desses três, Basílio, bispo da cidade capital, Cesareia, era o que falava mais sem rodeios sobre os males da época. Não era particularmente original em sua compreensão dos assuntos econômicos. Muito do que ele disse já fora dito ou por cristãos, como Clemente de Alexandria, Tertuliano e Cipriano, ou pelos filósofos estoicos e cínicos.[566] A relevância de seus escritos, portanto, não se deve à originalidade, mas, antes, ao testemunho de uma tradição contínua de ensinar sobre esses assuntos — e também à verve e veemência das exortações de Basílio. Enquanto concordavam uns com os outros sobre os pontos essenciais, cada um dos três apresentou uma ênfase distinta no assunto do qual tratamos aqui. Basílio era um homem de ação que organizou um sólido auxílio institucional para o pobre. Gregório de Nissa fez uma importante contribuição para o desenvolvimento do pensamento social e cristão ao relacioná-lo à doutrina da criação. Gregório de Nazianzo

---

[565] Basílio de Cesareia. *Hom. in temp. famis* 2 em *PG*, volume 31, p. 305.

[566] Isto foi demonstrado algum tempo atrás por Dirking, A. S. *Basili Magni de divitiis et paupertate sententiae quam habeant rationem cum veterum philosophorum doctrina*. Guestfalus: Aschendorf, 1911. Dirking centrou sua atenção em três homilíadas contra o rico de Basílio, e apresentou um número surpreendente de paralelismos em autores anteriores. Veja o gráfico que apresenta nas páginas 35, 41, 45, 46, 48, 49 e 50.

fundamentou sua perspectiva em nossa natureza comum e nas implicações disso para a solidariedade humana. Também é relevante que, por essa época, em parte como resultado do movimento monástico, Basílio e outros fundaram instituições que buscavam pôr em prática aqueles ensinos tradicionais. Retomaremos este ponto mais adiante.

As condições de pobreza na Capadócia do século IV são descritas de forma eloquente por Basílio e seus colegas. Em 382, muito depois de a seca terminar, mas quando as revoltas sociais criaram resultados semelhantes, Gregório de Nissa descreveu a vida do pobre:

> Estes dias produziram verdadeiramente uma multidão de pessoas sem ter o que vestir nem onde morar. [...] Não nos faltam hóspedes e exilados, e mãos, provenientes de todos os lugares, são estendidas para nós. O abrigo dessas pessoas é o céu aberto. Os tetos são os pórticos e esquinas e cantos abandonados nas praças. Encontram refúgio em grutas nas rochas, como se fossem corujas ou morcegos. Usam farrapos para se vestir; e sua única colheita é a bondade daqueles que lhes dão esmolas; o alimento dessas pessoas é o que quer que seja que caia das mesas de outras; a bebida, as fontes, como acontece com os animais; as mãos são os copos; o armário, uma dobradura na veste, se esta não estiver rota de forma que tudo que é posto ali se perca; os joelhos são a mesa; o solo, a única cama que têm.[567]

Há inúmeras passagens nos escritos dos capadócios que descrevem o efeito da fome em detalhes chocantes e dolorosos.[568] Entretanto, a descrição mais dramática do pobre no século IV

---

[567] GREGÓRIO DE NISSA. *De paup. amandi* 1 em *PG*, volume 46, p. 457.

[568] BASÍLIO DE CESAREIA. *Hom. in temp. famis* 7 em *PG*, volume 31, p. 321: "A morte mais horrorosa de todas é a causada pela fome, a doença daquele que passa fome, a pior miséria humana. A ponta da espada mata rapidamente; o fogo consumidor põe um fim à vida. [...] Mas a fome é uma doença vagarosa. [...] A carne se apega aos ossos como uma teia de aranha. Ela perde a cor, que desaparece à medida que o sangue fica ralo. Tampouco é branca, pois fica preta quando seca. [...] Os joelhos não mais sustentam o corpo, mas o arrastam consigo. Os olhos são fracos e inúteis em sua órbita, como uma noz seca em sua casca [...]."

é a que encontramos em um sermão de Basílio, em que relata o horror de um pai que tem de vender o filho para a escravidão.

> O que ele pode fazer? Olha para os filhos e sabe que não existe outra alternativa, exceto levá-los ao mercado e vendê-los. Imagine a luta travada entre o amor paterno e a tirania da fome. A fome ameaça com a pior morte possível; a natureza o chama a morrer com os filhos. Ele, repetidas vezes, saiu para fazer o que tinha de fazer e, repetidas vezes, voltou atrás, mas, por fim, foi subjugado pela inescapável necessidade e violência.
>
> Que pensamentos devem ter assolado sua mente! A quem devo vender primeiro? O mais velho? Seus direitos me impedem de fazer isso. O mais jovem? Lastimo por sua inocência, pois não conhece nada sobre as tristezas da vida. Esse aqui é a imagem dos pais. Aquele ali tem um dom especial para as letras. Ai de mim! O que será de mim? Como posso deixar de lado meu amor natural? Se ficar com todos eles, destruirei todos. Se abrir mão de apenas um, como poderei ousar olhar para o restante deles?[569]

Alguns leitores modernos talvez achem difícil acreditar em uma situação como essa. Todavia, um pai vender um ou mais de seus filhos para alimentar sua família não era uma atitude desconhecida na época de Basílio. Na realidade, as palavras citadas acima foram retiradas de uma homilia em que ele tenta levar seus leitores a demonstrar compaixão e generosidade em relação ao pobre. Um exemplo tirado de uma situação não crível ou infrequente destruiria seus propósitos.

Entretanto, muito antes de atingir tais necessidades desesperadoras, aqueles a caminho da pobreza em geral buscavam auxílio pedindo dinheiro emprestado. Em razão das práticas dos que emprestavam dinheiro, essa atitude raramente passava de um alívio temporário levando a uma pobreza ainda maior. A lei limitava as taxas de juros a 12%; mas havia agiotas que

---

[569] *Hom. in illud Luc. "Destruam..."* 4 em *PG*, volume 31, p. 268-69. Vender o filho como escravo foi, por fim, proibido. *Código de Teodósio*, 3. 3. 1.

emprestavam dinheiro com taxas exorbitantes.[570] Na realidade, o principal negócio dos agiotas não era tanto ganhar juros sobre seu capital, mas expropriar as terras e outras propriedades oferecidas como garantia de empréstimos que não poderiam ser pagos. É por essa razão que os capadócios, como muitos de seus contemporâneos, atacavam a usura como uma das causas da pobreza.

Gregório de Nissa, em um sermão contra a usura, descreve a situação típica: o pobre espera à porta daquele que empresta dinheiro exatamente porque ele é pobre e espera que a riqueza do outro lhe seja de alguma ajuda. O que empresta dinheiro a quem o pobre procura como a um amigo é, na verdade, um inimigo. Ele encontra seu suposto amigo ferido e o fere ainda mais; cheio de ansiedade e acrescenta mais ansiedade em seu fardo.[571]

Basílio, como sempre, é mais contundente.[572] O sermão *Sobre a usura* é basicamente dirigido aos pobres, tentando persuadi-los de que pedir dinheiro emprestado não é a solução para o seu problema. Entretanto, intercalada em sua exposição, há uma série de breves comentários mordazes sobre o rico que empresta dinheiro a juros. É quase desumano, diz Basílio, que quando alguém precisa de outra pessoa, esta tire vantagem da situação para ganhar dinheiro, "aumentando sua opulência à custa do sofrimento do pobre".[573] Basílio, com seu irmão Gregório, apresenta o retrato de um homem que pede um empréstimo a outro. O outro diz que sente muito, que não tem dinheiro e que ele mesmo é pobre. Depois, o que pede o empréstimo menciona as palavras mágicas "juros", "garantia" e "penhora", e a pessoa se lembra, repentinamente, de que tem uma quantia que lhe foi confiada por um amigo anônimo para ser emprestada, mas com uma taxa de juros exorbitante. Como o homem necessitado é seu amigo, afirma, ele lhe dará um abatimento nessa taxa de juros. O resultado é que o necessitado, que veio em busca de um amigo, confiou a si mesmo a um inimigo; veio em busca de remédio, mas recebeu veneno.

---

[570] João Crisóstomo (*In Matt. hom.* 51) fala das taxas anuais altíssimas, chegando a 50%.

[571] *Orat. contra usurarios* em *PG*, volume 46, p. 436.

[572] Para essa perspectiva sobre a usura, veja: Giet, S. "De s. Basile à s. Ambroise: La condamnation du prêt à intérêt au ive s.", *RScRel*, 32, 1944, p. 95-128; Lozza, G. "Plutarco, s. Basilio e gli usurari", *Koinonia*, 4, 1980, p. 139-60.

[573] Basílio de Cesareia. *Hom. ii in Ps. xiv* 1 em *PG*, volume 29, p. 265.

Basílio, em tal situação, diz ao que empresta dinheiro: "Você sabia que aumenta seus pecados mais do que aumenta seu dinheiro por meio da usura?" E ao que pede empréstimo: "Se tem o dinheiro para pagar, por que não soluciona o problema presente usando essa quantia? E se você não tem essa quantia, apenas está amontoando males sobre males. [...] Agora você é pobre, mas livre. Se pedir empréstimo, não se tornará rico e perderá sua liberdade".[574]

Jogando com o sentido duplo da palavra *tókos*, que significa "juros" e também "descendência" ou "nascimento", Basílio declara que o juro recebe esse nome por causa do mal e da dor que gera. A seguir, compara o dinheiro do agiota com as plantações e os animais:

> Quando o tempo deles chega, as sementes germinam, e os animais crescem; os juros começam a reproduzir no momento em que são gerados. Os animais logo se tornam férteis, mas cessam de reproduzir também precocemente. O capital, por outro lado, imediatamente produz juros, e estes continuam a se multiplicar infinitamente. Tudo que cresce para de crescer quando alcança seu tamanho normal. Mas o dinheiro do ganancioso jamais para de crescer.[575]

Cobrar juros de um empréstimo é ser como o fazendeiro que não só recolhe a colheita, mas também escava debaixo da raiz para tentar recuperar a semente. Por outro lado, dar dinheiro ao pobre, quer como um empréstimo sem juros quer como um simples presente, é emprestar a Deus. O Senhor é a garantia do dinheiro dado ao pobre, de forma que pode ser dito de forma apropriada que aquele que dá ao pobre empresta a Deus (Pv 19.17) — não no sentido de que Deus recompensará aquele que doou dinheiro com mais riqueza material, mas no sentido de que essa atitude será levada em consideração no dia do julgamento. Assim, a suprema infidelidade é confiar em uma pessoa rica como o avalista de um empréstimo, e não confiar em Deus por meio da prática da generosidade em relação ao pobre.[576]

---

[574] Basílio de Cesareia. *Hom. ii in Ps. xiv* 1-2 em *PG*, volume 29, p. 268-69.
[575] Basílio de Cesareia. *Hom. ii in Ps. xiv* 3 em *PG*, volume 29, p. 276.
[576] Basílio de Cesareia. *Hom. ii in Ps. xiv* 5 em *PG*, volume 29, p. 277-80.

É impossível saber como esse sermão de Basílio em particular foi recebido. Sabemos que ele e alguns seus colegas conseguiram persuadir as pessoas a demonstrar bastante generosidade, pelo menos um bom número de seus paroquianos — um assunto ao qual retornaremos.

Gregório de Nissa, por outro lado, estava bastante consciente de que alguns dentre seus ouvintes não gostariam de suas ideias sobre a usura. Objetariam que, de fato, estavam provendo um serviço necessário para o pobre, e que, se Gregório insistisse, simplesmente parariam de emprestar dinheiro. A tais objeções, Gregório lhes diz que essas são respostas típicas daqueles que ficam cegos pela riqueza, de forma que não serão capazes de entender o que lhes é dito:

> Ameaçam não emprestar ao pobre e fechar as portas para o necessitado. O que lhes digo, antes de qualquer coisa, é para doar e, só depois disso, posso chamá-los para emprestar. O empréstimo é uma outra forma de doar, mas apenas quando feito sem usura ou sem juros. [...] Pois a mesma punição espera aquele que não empresta e o que empresta com usura.[577]

A usura, no entanto, não é a causa derradeira da pobreza. A causa derradeira da pobreza é a cobiça. Basílio culpa a cobiça até mesmo pela seca e pela fome de 382. Deus está punindo os habitantes da região, diz ele, porque foram gananciosos. Em tempos anteriores, os rebanhos produziram muitos cordeiros, mas os pobres eram ainda mais numerosos que os cordeiros. Os celeiros estavam lotados de grãos, e os proprietários não demonstraram misericórdia por aqueles que não tinham nada. "Quem alimentou o órfão, para que agora Deus nos dê pão como se o desse aos órfãos? [...] Quem cuidou da viúva, sobrecarregada pelas necessidades da vida, de forma que agora suas próprias necessidades sejam levadas em consideração? [...] Destrua o contrato com pesados juros {tókoi} de forma que a terra possa apresentar {téke} seu produto".[578] Foi o rico, com sua não disponibilidade para compartilhar, que trouxe essa calamidade para toda a região, assim como o pecado de Acabe trouxe a destruição para todos

---

[577] GREGÓRIO DE NISSA. *Orat. contra usurarios* em *PG*, volume 46, p. 452.
[578] BASÍLIO DE CESAREIA. *Hom. in temp. famis* 4 em *PG*, volume 31, p. 313.

os campos. Na verdade, o rico tem tudo, exceto a habilidade de alimentar a si mesmo, pois toda a sua riqueza não é suficiente para produzir uma única nuvem ou algumas gotas de chuva.[579]

Gregório de Nazianzo concordava com essa ideia, detalhando os pecados que ocasionaram tamanhas calamidades naturais como a falta de chuva:

> Um de nós oprimiu o pobre, pegando suas terras e expandindo as fronteiras, [...] como se fosse só para ele habitar a terra. Outro poluiu a terra com juros e aluguéis, colhendo onde não plantou, [...] sem lavrar o solo, mas explorando os sofrimentos dos necessitados. [...] Outro não demonstrou misericórdia pela viúva e pelo órfão, e não alimentou o faminto. [...] É por essas razões que a ira de Deus é derramada sobre os filhos da incredulidade, e os céus ou ficam fechados ou se abrem apenas para nos ferir.[580]

Em suma, a principal causa da fome e da carência no mundo é a obstinação do rico em não compartilhar com aqueles que passam necessidades. Essa obstinação cria a miséria, primeiro, ao provocar a ira de Deus sobre a sociedade, conforme já vimos; e segundo, ao acumular bens nas mãos dos ricos, enquanto os pobres não têm nem mesmo o necessário para viver. O Diabo usa suas artimanhas para convencer os ricos de que eles precisam de todos os tipos de coisas que, na verdade, não são necessárias, criando coisas inúteis para serem desejadas.[581]

Os ricos precisam perceber, antes de qualquer coisa, que o que têm não é de fato deles, mas de Deus. Eles não podem levar seus bens consigo quando morrem. De fato, a única riqueza que sobrevive à morte é a que se adquire por intermédio do amor ao próximo e da correta administração dos dons de Deus. Essa administração apropriada exige uma clara distinção entre o necessário e o supérfluo. Tudo o que não é necessário é supérfluo

---

[579] Basílio de Cesareia. *Hom. in temp. famis* 4 em *PG*, volume 31, p. 313.

[580] Gregório de Nazianzo. *Oratio xvi* 18 em *PG*, volume 35, p. 957-60.

[581] Basílio de Cesareia. *Hom. in divites* 2 em *PG*, volume 31, p. 284-85; Gregório de Nissa. *De paup. amandi* 1 em *PG*, volume 46, p. 468. Nesse ponto, não é possível deixar de refletir a respeito do comentário de Basílio sobre a "criação de tantas coisas inúteis" e a estrutura de nossa economia, sustentada por um processo que constantemente cria novas necessidades.

e, portanto, não pode ser retido quando outros não têm o necessário para viver. Agir de outra forma, afirmar que alguém tem direito exclusivo a algo de que o outro necessita, equivale a roubar e, até mesmo, matar. Essas são perspectivas que os três padres capadócios compartilham. Examinemos algumas das passagens em que essas perspectivas são expressas.

Basílio declara que "o supérfluo tem de ser distribuído entre os necessitados"[582] e, a seguir, compara o rico com um homem que chega ao teatro antes dos outros espectadores e, fundamentado nisso, reivindica todo o recinto, não permitindo que outros entrem ali. Um homem como esse acha que, apenas porque chegou ali primeiro, pode reivindicar a propriedade exclusiva do que era para ser de uso comum. Se, em vez disso, "cada um pegasse apenas o que precisa, deixasse o resto para o necessitado, ninguém seria rico; mas também ninguém seria pobre".[583]

Em razão disso, Basílio pode acusar o rico impenitente com duras palavras:

> Quem é avarento? Aquele que não está contente com o que é indispensável. Quem é ladrão? Aquele que pega aquilo que pertence a outros. Por que você não considera a si mesmo avarento e ladrão quando reivindica como seu o que recebeu em confiança? Se aquele que pega a roupa de outro é chamado de ladrão, por que dar qualquer outro nome àquele que pode vestir o pobre, mas se recusa a fazer isso? O pão que você retém pertence ao pobre; o manto que esconde em seu peito pertence àquele que está nu; os sapatos velhos em sua casa pertencem àqueles que têm de andar descalços.[584]

---

[582] Basílio de Cesareia. *Hom. in illud Luc.*: "*Destruam...*" 1 em *PG*, volume 31, p. 264.

[583] Basílio de Cesareia. *Hom. in illud Luc.* 7 em *PG*, volume 31, p. 276. Sobre a prática de reservar assentos para os ricos e poderosos no teatro e em outros lugares públicos, veja MacMullen, R. *Corruption and the Decline of Rome*, p. 65.

[584] Basílio de Cesareia. *Hom. in illud Luc.*: "*Destruam...*" 1 em *PG*, volume 31, p. 264. Em outra passagem (Basílio de Cesareia. *Hom. in temp. famis* 7 em *PG*, volume 31, p. 321), ele acusa de homicidas aqueles que não alimentam os famintos: "Aquele que pode remediar esse mal e, por ganância, se recusa a fazê-lo pode com justiça ser considerado um assassino".

Obviamente, o rico nunca acha que tem muito. Encontra desculpas para justificar sua cobiça. Se deseja a casa do vizinho, diz que ela lança sombra, ou é barulhenta, ou ainda que atrai pessoas de má reputação. "Até mesmo o mar não transborda de suas fronteiras, nem a noite vai além do tempo designado para ela; mas o ganancioso não conhece limites". E a razão para isso não é meramente psicológica. Há também razões econômicas e políticas, pois existem aqueles que conseguem escravizar alguns e, depois, usar o poder para cometer mais maldades e escravizar outros mais. Portanto, o poder dos opressores, como o dinheiro dos agiotas, continua aumentando, aparentemente sem limites. "Nada resiste ao violento poder da riqueza; tudo se rende a sua tirania". E se alguém ousa protestar, é espancado, indiciado, condenado à servidão e enviado para a prisão.[585]

Está claro que Basílio não tinha ilusões quanto à ordem social em que vivia, nem quanto ao tão elogiado sistema e senso de justiça romano. Conforme veremos, em algumas ocasiões ele apelava para esse senso. Todavia, repetidas vezes lembrava a seu rebanho que, mesmo quando esse sistema falha, e o rico opressor escapa da justiça humana, haverá outro tribunal cujo juiz não será dominado pelo poder e prestígio do rico.

> O que você dirá ao Juiz, você que reveste as paredes de sua casa e deixa seres humanos nus? Você que cuida e adorna seus cavalos e não vê seu irmão nu? Você cujo trigo apodrece e, ainda assim, não alimenta o faminto?[586]

Gregório de Nazianzo, seguindo a mesma tendência, confessa que desejaria que o amor aos outros [*philanthropía*] fosse opcional, não uma exigência.[587] Mas, precisamente porque é um mandamento do Senhor,

> não posso ser rico enquanto eles mendigam, nem desfrutar de boa saúde sem tentar curar a ferida deles, nem ter alimentos em abundância, boas roupas e um teto sob o qual posso descansar, a menos que ofereça

---

[585] Basílio de Cesareia. *Hom. in divites* 5 em *PG*, volume 31, p. 293-96.
[586] Basílio de Cesareia. *Hom. in divites* 4 em *PG*, volume 31, p. 288.
[587] Gregório de Nazianzo. *Orat. xiv, De paup. amore* 39 em *PG*, volume 35, p. 909.

a eles um pedaço de pão e lhes dê, conforme minhas possibilidades, parte de minhas roupas e abrigo sob meu teto.[588]

Da mesma forma, Gregório de Nissa afirma que, se vivêssemos de acordo com a vontade de Deus, compartilhando uns com os outros, "a pobreza não mais afligiria a humanidade, a escravidão não mais a aviltaria, a vergonha não mais a atormentaria, pois todas as coisas seriam comuns para todos".[589] No entanto, o oposto é o que de fato acontece, pois as pessoas veem as outras sem pão e não lhes dão nada. A riqueza de um único núcleo familiar poderia aliviar a miséria de muitos, assim como a água de uma única fonte pode irrigar vastos campos; mas, com muita frequência, mesmo nesses núcleos familiares em que existe mais do que pode ser usado, um espírito mesquinho interrompe esse fluxo.[590]

Como Clemente e muitos outros antes deles, os capadócios também estão preocupados com a salvação do rico. O que o rico deve fazer com sua riqueza é compartilhá-la. É para compartilhar que tal riqueza veio para eles. Basílio interpreta as palavras de Jesus para o jovem rico no sentido de que ele não estava realmente obedecendo aos mandamentos. Se obedecesse, não seria rico, pois "qualquer pessoa que ama seu próximo como a si mesma não terá mais que seu próximo".[591] De fato, os que são chamados de ricos são realmente pobres, pois não têm nada que possam chamar de seu. Todavia, porque são ricos em relação à riqueza passageira do mundo, estão em uma estranha posição de serem capazes de emprestar a Deus, que é verdadeiramente rico, ao doarem a riqueza ao pobre.

Os capadócios, entretanto, não consideram o pobre apenas como um meio para a salvação do rico. Há, nos escritos deles, uma genuína preocupação com os pobres. Essa é a razão por que Basílio, em contraste com Clemente, declara que aquele que doa tem de se certificar de que a doação vá realmente para o

---

[588] GREGÓRIO DE NAZIANZO. *Orat. xiv, De paup. amore* 19 em *PG*, volume 35, p. 881.

[589] GREGÓRIO DE NISSA. *De Beat. orat.* 5 em *PG*, volume 44, p. 1253.

[590] GREGÓRIO DE NISSA. *De paup. amandi* 1 em *PG*, volume 46, p. 464.

[591] BASÍLIO DE CESAREIA. *Hom. in divites* 1 em *PG*, volume 31, p. 281.

necessitado. Se o propósito da doação é primariamente o bem da alma do doador, então não faz muita diferença quem a recebe, desde que o doador seja sincero e generoso. Se, por outro lado, o propósito também é suprir as necessidades daqueles que sofrem, então é importante determinar essas necessidades e fazer o melhor uso possível dos recursos disponíveis. Basílio, portanto, citando a passagem de Atos que relata que os cristãos depositavam o valor do que vendiam *aos pés dos apóstolos* (At 4.35), recomenda cuidadosa distribuição do que está disponível para o necessitado.[592] Em vez de todos darem a quem desejam, deve haver pessoas específicas chamadas para administrar esses recursos disponíveis, e os doadores individuais devem fazer a doação por intermédio delas.[593] Conforme veremos, Basílio põe em prática essa teoria.

Gregório de Nazianzo estrutura seu chamado para compartilhar sobre a noção de nossa humanidade comum. O discurso sobre o amor pelo pobre começa com a afirmação de que somos todos parceiros na pobreza, porque todos nós dependemos da graça de Deus.[594] Independentemente de quão forte somos, todos compartilhamos a fraqueza comum da humanidade, pois todos somos um. Portanto, não há nenhuma razão para se alegrar ou mesmo se sentir aliviado porque essa fraqueza derrubou outros diante de nós. Não interessa a razão por que perderam seus bens — e aqui Gregório enumera perda dos pais, exílio, crueldade e tirania dos poderosos, desumanidade dos coletores de impostos, bandidos, confiscos, etc. —,[595] o drama dessas pessoas apenas serve para nos mostrar nossa herança comum. A fim de mostrar a abrangência dessa natureza humana comum, Gregório descreve o grupo de leprosos. São os mais desprezados dentre os pobres. Essas são pessoas a quem os outros evitam. E, ainda assim, são exatamente como nós. Todos nós compartilhamos uma humanidade comum. Essa é a razão para compartilharmos a nós mesmos com eles. De certa

---

[592] Veja Busquet, A. M. "S. Basilio predicador de la limosna", *Paraula cristiana*, 19, 1934, p. 16-31.

[593] Basílio de Cesareia. *Hom. i in Ps. xiv* 5 em *PG*, volume 29, p. 261.

[594] Gregório de Nazianzo. *Orat. xiv, De paup. amore* 1 em *PG*, volume 35, p. 857-60.

[595] Gregório de Nazianzo. *Orat. xiv, De paup. amore* 6 em *PG*, volume 35, p. 864-65.

forma, já somos participantes de uma realidade comum com eles. O compartilhar dos bens materiais — e, nesse caso dos leprosos, usando nosso corpo saudável para aliviar a dor deles — é apenas a expressão de uma realidade comum que não podemos obliterar. Portanto, enquanto Gregório acredita, com toda a tradição cristã anterior a ele, que o rico só pode ser salvo ao disponibilizar sua riqueza para o pobre, seu chamado para tal compartilhamento se fundamenta em uma base muito mais ampla que a preocupação com a salvação do rico.

O mesmo é verdade, talvez em maior grau, em relação a Gregório de Nissa. Como já vimos, ele também condena os ricos por reterem o que não é deles, enquanto outros sofrem carência. Porém, esse pensamento filantrópico é fundamentado na dignidade da criatura humana, e não na salvação do rico ou na necessidade do pobre. A razão por que Deus fez a criatura humana por último é que toda a criação foi concebida como um palácio para seus governantes humanos. Todas as coisas que Deus fez antes são chamadas de "riquezas", e o propósito delas é o deleite de toda criatura humana. Aqui, Gregório salienta que todas as outras coisas foram criadas por um simples comando — por exemplo, *Haja luz* — ,enquanto a criatura humana foi o resultado da autodeliberação divina: *Façamos o homem* [...].[596]

A imagem de Deus à qual essa autodeliberação se refere é a habilidade de comandar: "Vocês são, ó homens", declara Gregório, "um animal com poder de comando".[597] O ser humano, a coroa da criação, tem uma dignidade que tem de ser respeitada. Essa é a razão por que Gregório escreveu algumas das palavras mais duras na igreja da Antiguidade contra a escravidão. Apenas as criaturas irracionais estão sujeitas à servidão, e é uma suprema loucura achar que alguém pode comprar outro ser humano, a própria imagem de Deus, por algumas moedas, quando, de fato,

---

[596] GREGÓRIO DE NISSA. *De hom. opificio* 2 em *PG*, volume 44, p. 132-33.
[597] GREGÓRIO DE NISSA. *In verba, "faciamus hom."* 1 em *PG*, volume 44, p. 264.

essa imagem é de tal dignidade que toda a criação não seria suficiente para pagar por ela.[598]

Na criação original, não havia morte, nem doença, nem "seu e meu"; tudo isso é resultado do pecado. Ao contrário, havia compartilhamento aberto e espontâneo.[599] Neste mundo caído, por contraste, a Serpente abre seu caminho tentando-nos para ultrapassarmos as fronteiras do necessário. Movemo-nos vagarosamente para além do pão diário para desejar mais e melhores alimentos, e eventualmente chegamos à conclusão de que precisamos de melhores móveis e copos, e camas de prata e cobertas finas, e cortinas com fios de ouro, e antes mesmo de nos darmos conta já somos escravos da cobiça.[600] Escravizamos a imagem de Deus em nós ao poder da Serpente. Em suma, ao oprimir ou ignorar o pobre, estamos desprezando não só a imagem de Deus existente nele, mas também essa mesma imagem em nós.

Em vez disso, o que devemos fazer é não só preservar essa imagem, mas também cultivar em nós a semelhança de Deus. A imagem divina é nossa racionalidade. A semelhança é cultivada ao agirmos de formas que reflitam a bondade de Deus. "Pois, à medida que pratica a bondade, está revestido em Cristo, e à medida que se torna semelhante a Cristo, também se torna semelhante a Deus".[601] Portanto, a razão para compartilhar com

---

[598] GREGÓRIO DE NISSA. *In Eccl. hom. iv* em *PG*, volume 44, p. 665. A atitude de Basílio em relação à escravidão deixa muito a desejar, pois tinha pouco a dizer contra a instituição em si e até mesmo ordenou que os escravos fugitivos buscando refúgio nos monastérios fossem devolvidos a seus senhores (*Reg. fus. tract.* 11; em *PG*, volume 31, p. 948). Sobre esse assunto, como também sobre como as atitudes de Basílio em relação ao pobre podem ser conciliadas com suas perspectivas conservadoras a respeito da escravidão, veja TEJA, R. "San Basilio y la esclavitud: Teoría y praxis", em FEDWICK, P. J., ed. *Basil of Caesarea: Christian, Humanist, Ascetic*. Toronto: Pontifical Institute of Medieval Studies, 1981, volume 2, p. 393-403. Veja também KARAYANNOPOULOS, I. "St. Basil's Social Activity: Principles and Praxis", em FEDWICK, P. J., ed. *Basil of Caesarea: Christian, Humanist, Ascetic*, volume 2, p. 375-91. Por outro lado, enquanto Basílio contrasta com Gregório quanto à preocupação com a escravidão, ele concorda com seu irmão mais moço sobre salientar a dignidade do necessitado. Comentando sobre Salmos, repetidas vezes ele encoraja o pobre a manter a cabeça erguida diante do rico, a não o temer nem a se encolher diante dos poderosos (*In Ps. xlviii* 1, 10).

[599] GREGÓRIO DE NISSA. *In Eccl. hom.* vi 4 em *PG*, volume 44, p. 708.

[600] GREGÓRIO DE NISSA. *De orat. dominica* 4 em *PG*, volume 44, p. 1169. Compare com GREGÓRIO DE NISSA. *De paup. amandi* 1 em *PG*, volume 46, p. 468.

[601] GREGÓRIO DE NISSA. *In verba "faciamus hom."* 1 em *PG*, volume 44, p. 273.

o necessitado é que, fazendo isso, a semelhança de Deus em nós se torna mais clara.

Isto nos leva de volta ao que já vimos em Gregório de Nazianzo, que a razão principal para compartilharmos o que não precisamos com outros que precisam é nossa humanidade comum. Em última análise, os necessitados são um com aqueles que têm mais do que precisam. Há apenas uma humanidade, e todos nós somos participantes dela.

> Temos de nos lembrar o que somos e sobre quem estamos falando. Somos seres humanos falando sobre seres humanos. Temos uma natureza comum, e não há nada para nos separar disso. Todos nós viemos à vida pela mesma rota; todos nós temos necessidade de alimento e água para viver; nosso corpo é estruturado da mesma forma, e a função dele é a mesma; e, no fim da vida, o corpo de todos nós é igualmente decomposto.[602]

Os capadócios, e muitos outros de sua época, buscaram formas de pôr em prática toda essa teoria. Neste sentido, é o trabalho de Basílio que tem sido estudado em maiores detalhes.[603] Salientou-se que Basílio não tentou desfazer as desigualdades econômicas e sociais de sua época por intermédio da ação disciplinar eclesiástica ou da intervenção governamental.[604] Tal afirmação só é verdadeira se for propriamente compreendida. Basílio não invocou o poder da igreja excomungando o rico que se recusasse a doar ao pobre; mas, como o seu texto citado acima demonstra de forma cabal, ele usou o poder do púlpito para se

---

[602] Gregório de Nazianzo. *De paup. amandi* 2 em *PG*, volume 46, p. 481.

[603] Courtonne, Y. *Un témoin du ive siècle oriental: Saint Basile et son temps d'après sa correspondence*. Paris: Les Belles Lettres, 1973; Bernardi, J. *La prédication des Pères Cappadociens: Le prédicateur et son auditoire*. Paris: Presses Universitaires de France, 1968; Fox, M. M. *The Life and Times of St. Basil the Great as Revealed in His Works*. Washington, D.C.: Catholic University of America, 1939; Gain, B. *L'église de Cappadoce au ive siècle d'après la correspondance de Basile de Césarée (330-379)*. Roma: Pontificium Institutum Orientale, 1985; Giet, S. *Les idées et l'action sociale de saint Basile*. Paris: J. Gabalda, 1941; Treucker, B. *Politische und sozialgeschichtliche Studien zu den Basilius-Briefen*. München: Kommission für Alte Geschichte und Epigraphik, 1961.

[604] Vischer, L. *Basilius der Grosse: Untersuchungen zu einem Kirchenvater des vierten Jahrhunderdts*. Basel: F. Reinhardt, 1953, p. 165.

dirigir ao rico de forma severa. O princípio de que a doação tem de ser voluntária, algo claramente enunciado desde os primórdios da vida da igreja, ainda era seguido. Basílio e outros padres capadócios deixaram muito claro que aqueles que acumulam o desnecessário enquanto outros são pobres e passam fome fazem isso por sua própria conta e risco. Também têm de pagar um pesado preço pela zombaria e pelo desprezo, pois Basílio e outros os fazem parecer tanto insensíveis quanto ridículos. Portanto, enquanto é verdade que não havia sentenças de excomunhão contra o rico, também é verdade que não havia a menor inclinação para aliviar as palavras duras das Escrituras a fim de beneficiar o rico, mas acontecia exatamente o contrário.Neste sentido, é importante lembrar que, quando os capadócios falam de doar ao pobre, não querem dizer separar uma pequena porção da riqueza para esse propósito. Falam de abrir mão de tudo que não é estritamente necessário. Quando o irmão de Gregório de Nazianzo, Cesário, morreu, os herdeiros não fizeram objeção a seu desejo de que toda sua herança fosse doada aos pobres. E há um sem-número de testemunhos de pessoas que fizeram exatamente como Basílio e seus amigos aconselharam, retendo para si apenas o que era estritamente necessário.

    A questão da intervenção do governo é um tanto distinta. Os capadócios — e Basílio em particular —várias vezes fizeram uso do poder do Estado para tentar corrigir as injustiças e melhorar a vida dos necessitados. Não tinham uma visão ou teoria abrangente sobre a maneira como as políticas governamentais enriqueciam alguns e empobreciam outros, e, portanto, não encontramos em seus escritos grandes esquemas de reforma social conforme seria comum em tempos mais recentes. Contudo, eles repetidamente viram o impacto de algumas ações do governo sobre indivíduos e até mesmo cidades inteiras e tentaram corrigir as injustiças que percebiam. Basílio falou abertamente sobre o que ele considerava autoridades governamentais corruptas e tirânicas.[605] Em sua lista de razões pelas quais as pessoas ficam pobres, Gregório de Nazianzo enumera, junto com as depredações dos ladrões e bandidos, outros atos como a crueldade dos governantes, a desumanidade das autoridades governamentais e as políticas de confisco de bens.[606] Várias das

---

[605] Basílio de Cesareia. *Epistle* 85, 237, 247.

[606] Gregório de Nazianzo. *Orat. xiv de paup. amore* 6 em *PG*, volume 35, p. 864-65.

cartas de Basílio são dirigidas às autoridades oficiais, pedindo-lhes que voltem atrás em relação a algumas políticas ou decisões específicas que acarretaram sofrimento sobre o pobre.[607] Quando os mineiros de Taurus foram taxados com impostos maiores do que podiam pagar, quando animais utilizados para o trabalho foram requisitados pelo Estado e quando novas avaliações ameaçavam arruinar os pequenos proprietários de terra, Basílio intervinha. Portanto, não é verdade que, enquanto pregava de forma veemente em favor do pobre, ele não fazia nada em seu nome ao nível das políticas governamentais. O que é verdade é que ele considerava o Estado e as estruturas sociais e políticas como realidades dadas, que não procurava mudar. Por fim, uma palavra tem de ser dita sobre a maneira como Basílio e outros que o rodeavam organizaram o trabalho da igreja em favor do pobre. Houve distribuição de alimentos para os pobres durante a fome de 369, antes de Basílio se tornar bispo,[608] e, mais tarde, ele continuou com essa prática, especialmente em épocas de fome. Gregório de Nazianzo, seu amigo, descreveu seu trabalho:

> Ele, de fato, não podia fazer chover pão do céu por meio da oração, nem alimentar as pessoas que fugiam para o deserto, nem suprir fontes de alimentos sem qualquer custo do interior de vasilhas que ficam cheias assim que são esvaziadas. [...] No entanto, ele arquitetou e executou com a mesma fé {que operou esses milagres no Antigo Testamento} coisas que correspondiam a essas e seguiam na mesma direção. Por meio de sua palavra e conselho, ele abriu as lojas daqueles que as tinham e, desse modo, de acordo com as Escrituras, distribuiu alimentos para os pobres e supriu pão para eles. [...] Reuniu as vítimas da fome com aqueles que estavam se recuperando levemente dela, [...] e obteve contribuições de todo tipo de alimentos que podem aliviar a fome, pondo diante deles caldeirões de sopa e carne, aquilo que estava armazenado em nosso meio.[609]

---

[607] BASÍLIO DE CESAREIA. *Epistle* 85, 88, 110, 303, 308, 310, 312.
[608] BASÍLIO DE CESAREIA. *Epistle* 31.
[609] GREGÓRIO DE NAZIANZO. *Oratio xliii* 35 em *NPNF*, 2ª série, volume 7, p. 407.

De forma mais permanente, Basílio fundou nos arredores de Cesareia um centro que mais tarde veio a ser conhecido por "Abrigo de Basílio".[610] Centros semelhantes foram estabelecidos em outros locais por outras pessoas.[611] A importância do Abrigo de Basílio repousa tanto em sua influência para a criação de outros programas semelhantes quanto no conhecimento relativamente detalhado de seu funcionamento que chegou até nós, dando-nos um vislumbre da organização da caridade cristã no século IV. Gregório de Nazianzo descreve o estabelecimento de Basílio da seguinte forma:

> Saia um pouco da cidade e observe a nova cidade, os armazéns da piedade, o tesouro comum da riqueza, em que o supérfluo da riqueza deles, isso mesmo, e até mesmo o que lhes é necessário, é armazenado, em consequência de suas {de Basílio} exortações, libertos do poder da boca, não mais agradando aos olhos do ladrão [...], onde a doença é considerada uma luz religiosa; e o desastre, uma bênção, e a solidariedade, posta à prova.[612]

Aparentemente, quando Gregório fala de uma "nova cidade", ele não exagera, pois o retrato que se extrai da própria correspondência de Basílio é de um grande complexo de prédios que fornece abrigo para os viajantes, cuidado médico para os doentes — em especial aqueles que, como os leprosos, são desprezados pela sociedade —, alimento para os famintos e ocupação para muitos que, de outra forma, ficariam desempregados. Como Basílio exortou seu clero a recolher roupas para os pobres, é possível concluir que essas roupas também estavam disponíveis no "Abrigo de Basílio".[613] Além disso, ele fala sobre a

---

[610] Bem estudado por GAIN, B. *L'église de Cappadoce au ive siècle d'après la correspondance de Basile de Césarée (330-379)*, p. 277-289.

[611] Tais como o de Eustátio de Sebaste (veja EPIFÂNIO. *Haer.*, 75) e o do patriarca armênio Narses (de acordo com Fausto de Bizâncio, citado por LANGLOIS, V. *Collection des historiens anciens et modernes de l'Arménie*, vol. 2. Paris: Firmin Didot, 1869, p. 239). Narses estivera na Cesareia antes que Basílio fosse bispo, e o relacionamento entre a sua visão e a de Basílio não fica claro. Aparentemente, também havia instituições similares em Constantinopla sob Constâncio II, mais de dez anos antes de Basílio lançar seu projeto.

[612] GREGÓRIO DE NAZIANZO. Oratio xliii 63 em *PG*, volume 36, p. 577.

[613] BASÍLIO DE CESAREIA. *Epistle* 286.

necessidade de construir oportunidades para pessoas com diferentes ocupações.[614] Essa pode ter sido uma maneira de prover trabalho a alguns dos pobres que buscavam refúgio na instituição. Também foi uma clara tentativa de trazer o abrigo para o mais próximo da autossuficiência, embora Basílio continuamente buscasse contribuições dos ricos para sustentá-lo.[615]

Essa instituição e várias outras menores às quais são feitas referências nas epístolas de Basílio representaram sua forma de pôr em prática sua teoria de que a administração e distribuição das doações aos pobres deveriam ser postas nas mãos de especialistas. Houve oposição, aparentemente porque alguns dentre os ricos queriam receber crédito público por sua generosidade, e isto não poderia ser feito se as doações fossem distribuídas por intermédio da igreja.[616] Mas houve também muita emulação, e o abrigo de Basílio se tornou um modelo, depois do qual centenas de instituições foram fundadas.

Há muitas discussões sobre a classe social dos capadócios, e como ela pode ter afetado tanto suas perspectivas em relação aos assuntos econômicos quanto sua habilidade de influenciar as autoridades através de sua intervenção. Não resta a menor dúvida de que as famílias de Gregório de Nazianzo e de Basílio e seu irmão, Gregório de Nissa, eram de ricos proprietários de terras. Gregório de Nazianzo repetidas vezes se refere às terras de sua família[617] e, quando se aposentou, conseguiu viver de forma bastante confortável com sua herança. Há muita evidência de que a família de Basílio era proprietária de terras.[618] Há também

---

[614] BASÍLIO DE CESAREIA. *Epistle* 94.

[615] Ele até ousou pedir terra para esse propósito ao imperador Valens, que o considerava um inimigo. Veja TEODORETO. *Church Hist.* volume iv, p. 16.

[616] Compare com BASÍLIO DE CESAREIA. *Epistle* 94.

[617] BASÍLIO DE CESAREIA. *Epistle* 7; *Oratio xviii* 20; *Carm.* 2. 1. 1, 3, 11.

[618] A maior parte dessa evidência é proveniente de seu irmão, Gregório de Nissa. *V. Macr.* Em uma passagem (na edição de Jaeger, 8, volume 1, p. 380), Gregório parece deixar implícito que uma das propriedades da família era tão extensa que levava três dias para atravessá-la. A passagem, no entanto, também poderia ser interpretada de uma maneira distinta. De qualquer modo, a família de fato tinha propriedades — embora seja impossível determinar a extensão das terras — em três províncias vizinhas. Compare com *V. Macr.* (Jaeger, 8, volume 1, p. 376, 393). Sobre as propriedades dos grandes capadócios e de seus amigos e correspondentes, veja TEJA, R. *Organización económica y social de Capadocia en el siglo IV, según los Padres Capadocios*, p. 35-37. A lista é impressionante.

extenso debate entre os estudiosos quanto à posição social exata dessa família em particular. Alguns afirmam que eram provenientes da antiga aristocracia iraniana que se fixara na região séculos antes; outros acreditam que eram da classe senatorial. É muito provável que pertencessem aos altos escalões da classe dos curiais, responsáveis pelo governo municipal durante todo o Império. Se esse for o caso, eles eram excepcionalmente ricos para essa classe, em particular em uma época em que estava em declínio na maioria das regiões do Império.[619]

Como os capadócios administravam sua riqueza? Infelizmente, não temos números exatos. Gregório de Nazianzo guardou o suficiente para uma confortável aposentadoria. Ficamos sabendo que Basílio vendeu sua propriedade e doou aos pobres; não há, no entanto, nenhum indício de que viveu na pobreza. Portanto, quando circunstâncias particulares, como a fome, assim exigiam, ele conseguia fazer contribuições adicionais para as obras de caridade.

É relevante que, embora os capadócios retivessem parte de sua riqueza, e apesar de terem inimigos ferrenhos que buscavam toda e qualquer oportunidade de atacá-los, não existe nenhum registro de que tais inimigos os criticassem por não praticar o que pregavam em relação aos assuntos econômicos. Tampouco há indícios de que os ricos, a quem puniam em suas pregações — e que encontravam outras razões para criticá-los —, respondiam apontando para a riqueza que esses pregadores ainda tinham. A conclusão inevitável é que, embora os críticos modernos possam encontrar alguma inconsistência entre a pregação dos capadócios e a sua prática em relação a esse ponto, tal suposta inconsistência não existia na mente de seus contemporâneos. Como é possível explicar esse fato?

A resposta óbvia é que o compartilhar da riqueza que os capadócios pregavam não representava uma venda dogmática e legalista de todas as posses para doar ao pobre. Eles não exaltavam a pobreza voluntária como um objetivo em si mesmo. O principal propósito de seus ensinamentos sobre as questões econômicas era o alívio do sofrimento, e não a salvação ou a paz de espírito do rico. Naturalmente, o rico não poderia ter paz de

---

[619] Para os resumos sobre a controvérsia quanto à classe social à qual Basílio e Gregório pertenciam, veja KOPECEK, T. A. "The Social Class of the Cappadocian Fathers", *HC*, 42 (1973), 453-66.

espírito nem ser salvo se não respondesse às necessidades dos pobres. Todavia, o que o rico deveria fazer não era simplesmente procurar ficar de consciência limpa ao doar tudo indiscriminadamente. Essa atitude seria admirada e o faria se sentir bem; mas não seria necessariamente a melhor maneira de administrar sua riqueza em nome dos verdadeiros proprietários, os pobres. O objetivo deveria ser ajudar o pobre o máximo possível — e aqui devemos nos lembrar do conselho de Basílio, de que o que quer que seja disponibilizado para o pobre deve ser administrado de forma cuidadosa por especialistas. Esse objetivo pode ser melhor alcançado não pelo ato magnânimo de doar tudo, mas pela prática mais difícil de disponibilizar tudo para responder a quaisquer necessidades que possam surgir.

X
Ambrósio e Jerônimo

AMBRÓSIO

No século IV, a figura dominante na teologia ocidental até a época de Agostinho é Ambrósio, o bispo de Milão de 373 até 397, ano de sua morte. Aristocrata de nascimento, alta autoridade no governo até sua eleição como bispo, foi notável tanto como pregador quanto como defensor ferrenho da ortodoxia. Como pregador, foi um instrumento para a conversão de Agostinho. Como defensor da ortodoxia, resistiu às tentativas da imperatriz Justina e de outros para conquistar uma posição segura para o arianismo em Milão.

Como teólogo, no entanto, Ambrósio não é conhecido por sua originalidade. Na verdade, provavelmente sua principal contribuição foi deixar o Ocidente em condições de igualdade com os desenvolvimentos teológicos do Oriente. Seu tratado *Sobre o Espírito Santo*, muito apreciado pelos leitores latinos, é uma adaptação — algumas partes apenas traduções — de trabalhos sobre o mesmo assunto realizados por Dídimo, o Cego, e Basílio, o Grande.[620] Seus seis livros sobre os seis dias da criação, o *Hexaemeron*, também se fundamentam muitíssimo na obra de Basílio. Em *Sobre os sacramentos*, ele se apoia em grande medida nas orações catequéticas de Cirilo de Jerusalém. E todo o livro *Comentário sobre São Lucas* foi retirado da obra de Eusébio de Cesareia. Algumas vezes, é possível perceber em seus sermões e epístolas passagens copiadas palavra por palavra de Basílio, o Grande.

---

[620] Jerônimo, que não gostava de Ambrósio, traduziu a obra de Dídimo e declarou, no prefácio de sua tradução, que preferiu traduzir a obra a imitar "algumas pessoas e adornar a mim mesmo, como um horrendo galo, com penas emprestadas".

Sendo essa a natureza de relevante parte da produção literária de Ambrósio, não é de surpreender que muitos de seus ensinamentos sobre assuntos econômicos não passem de meras repetições do que já fora dito. Encontraremos muitos exemplos disso. O que é de surpreender, ao contrário, é que ele tenha deixado a própria marca em muito do que tinha a dizer sobre o assunto.

Ambrósio extrai noções — as quais vimos reiteradas vezes nas páginas anteriores — tanto da tradição cristã quanto da estoica e cínica, afirmando que aqueles a quem chamamos de ricos não o são de fato. Ao contrário, quanto mais o rico tem, mais ele quer, e esse desejo por mais é um sinal de pobreza.[621] "O que é o rico, senão um saco sem fundo para a riqueza, uma fome e sede insaciável pelo ouro."[622] Há aqueles que são ricos, embora tenham poucas posses, e há aqueles que são pobres, embora cheios de riquezas, e, portanto, é correto falar de "um homem da riqueza", pois é o homem que pertence à riqueza, e não a riqueza ao homem.[623]

> O tolo, no entanto, não é dono nem daquilo que acha que é seu. Ele possui a riqueza, assim você acha, mas fica se remoendo dia e noite sobre a riqueza e é atormentado pelas preocupações dos pobres miseráveis: ele, na realidade, passa necessidade; embora, na opinião dos outros, pareça rico, é pobre quando está sozinho. Não usa o que tem, mas, enquanto segura algo, anseia por outra coisa. Que deleite há com as riquezas quando alguém não tem limites para seus anseios? Ninguém é rico se não puder levar desta vida o que tem, porque o que é deixado para trás não é nosso, mas de outro.[624]

---

[621] AMBRÓSIO. *De Nabuthe Jez.* 4 em *PL*, volume 14, p. 768: "Ó vocês, ricos! Não sabem quanto são pobres nem quanto se tornam pobres ao considerar a si mesmos ricos! Quanto mais têm, mais querem. E, independentemente do quanto adquiram, ainda serão pobres. O lucro não sacia a avareza, mas, antes, a inflama."

[622] AMBRÓSIO. *De Nabuthe Jez.* 28 em *PL*, volume 14, p. 774.

[623] AMBRÓSIO. *De Nabuthe Jez.* 63.

[624] AMBRÓSIO. *Epistle* 38. 6 em *FOTC*, volume 26, p. 305.

Outro tema comum que Ambrósio traz à baila é que as riquezas em si não são maléficas. O que é maléfico é a cobiça. A cobiça turva tanto os sentidos que as pessoas passam a confundir lucro com piedade e são convencidas de que o dinheiro vem a elas como recompensa pela sabedoria.[625] "A riqueza não comete crime; a vontade sim."[626] Na realidade, para Ambrósio, a avareza é um pecado tão central que, em algumas ocasiões, ele fala do pecado original como "a cobiça original".[627] Conforme veremos, foi a cobiça que destruiu e continua destruindo a original comunhão dos bens. A cobiça também é a principal motivação da vida do rico, e é por essa razão que muitos malefícios podem ser atribuídos à riqueza — embora devamos nos lembrar de que o mal não repousa na riqueza em si, mas na riqueza controlada pela avareza. É isto que transforma a avareza em um veneno sem nenhum outro antídoto exceto a doação de esmolas.[628] Essa é a razão por que a riqueza remove a semelhança de Deus dos seres humanos e põe no seu lugar a semelhança com o demônio.[629] Mas, acima de tudo, a cobiça é a razão para muita injustiça e exploração, e Ambrósio, portanto, condena aqueles que especulam com os alimentos do pobre:

> Você ganha muito com a carência de trigo, com a pequena oferta de alimento. Você resmunga com as ricas colheitas do solo; lamenta o fato de haver em geral o suficiente e deplora os silos cheios de milho; fica à espera para ver quando a plantação não é bem-sucedida; e a colheita, um fracasso. Você se regozija quando uma maldição sorri para seus desejos, de forma que ninguém tenha o que produziu. Nesse momento, alegra-se por sua colheita ter sido boa. Assim, colhe a riqueza na miséria de todos, e chama a isso de trabalho e empenho, quando não passa de esperteza astuta e um truque hábil do comércio. [...] Seu ganho representa a perda pública.[630]

---

[625] AMBRÓSIO. *Epistle* 2. 15.

[626] AMBRÓSIO. *In Luc.* 5. 69 em *PL*, volume 15, p. 1654.

[627] Veja LOVEJOY, A. O. *Essays on the History of Ideas*, reimpressão. New York: G. P. Putnam's Sons, 1948, p. 296.

[628] AMBRÓSIO. *De Elia* 76.

[629] AMBRÓSIO. *De officiis* 1. 244.

[630] AMBRÓSIO. *De officiis* 3. 6 em *NPNF*, 2ª série, volume 10, p. 74.

A cobiça, no entanto, funciona em todos os níveis. A pessoa muito rica é como um tubarão que come muitos peixes, tanto grandes quanto pequenos. No estômago de um tubarão encontra-se uma grande quantidade de peixes, alguns dos quais devoraram outros menores do que eles. Na propriedade do rico, da mesma forma, é possível encontrar posses pequenas e grandes, e o rico devorou todas elas, expropriando o pobre e outros que não são tão ricos quanto ele.

Em geral, Ambrósio parece acreditar que quase todos os métodos de adquirir riqueza são injustos. Isso é certamente verdade no comércio, atividade que ele considera com a aversão de um aristocrata romano educado com os valores tradicionais. O comércio fundamenta-se na mentira e na astúcia, pois o vendedor tenta tornar a mercadoria mais valiosa do que de fato é, e o comprador faz exatamente o oposto.[631] Ele chega ao ponto de declarar que usar o mar para o comércio é desvirtuar seu propósito, pois o mar nos foi dado para produzir peixes, e não para ser navegado.[632] Conforme veremos, em relação a esses dois aspectos — o comércio e o propósito do mar —, seu ponto de vista estava em nítido contraste com o de João Crisóstomo, que percebia neles um valor positivo. Para Ambrósio, viagens de longa distância e visitas a terras distantes para procurar o que não está disponível localmente são uma consequência da cobiça, de não estar satisfeito com aquilo que está à mão.

A única fonte de riqueza que Ambrósio ocasionalmente aprova é a agricultura. Quanto a esse ponto, como um verdadeiro aristocrata romano, ele segue a tradição de Columela e Cato. Pode muito bem compreender e aprovar a relutância de Nabote em abrir mão de sua herança.[633] A agricultura é também recomendável por produzir riqueza sem tirá-la de outros — o que é mais do que se pode dizer sobre outros meios de adquirir riqueza.[634]

A avareza, de todo modo, leva o rico a desviar a riqueza de seu propósito, o compartilhar. A riqueza só é valiosa quando

---

[631] AMBRÓSIO. *De officiis* 3. 37, 57, 65-66, 71-72.

[632] AMBRÓSIO. *De officiis* 3. 19.

[633] AMBRÓSIO. *De Nabuthe Jez.* 13.

[634] AMBRÓSIO. *De officiis* 3. 40 em *NPNF*, 2ª série, volume 10, p. 74: "A agricultura é de fato boa, pois supre frutas para todos e, por um labor simples, acrescenta às riquezas da terra sem enganos nem fraudes."

se move para o benefício dos outros. A água, que é muito útil e necessária, se ficar estagnada, torna-se putrefata e abrigo de vermes. Um poço do qual a água nunca é retirada perde sua qualidade. A riqueza armazenada, da mesma forma, é inútil e não passa de uma pilha de sujeira; mas, se for usada, pode se tornar preciosa.[635] *Porque onde estiver teu tesouro, aí estará também teu coração*, aqueles que enterram esse tesouro também enterram o coração.[636] O dinheiro escondido é indigno e maléfico, mas o dinheiro que a fé impele para ser distribuído é valioso.[637] Isso é verdade não só em relação à riqueza particular, mas também quanto à riqueza da igreja, como o próprio Ambrósio argumentou em defesa de suas ações para usar os tesouros da igreja em Milão para redimir cativos:

> Assim, certa vez fiz com que sentissem ódio de mim, porque quebrei os vasilhames sagrados para redimir cativos. [...] {Pois} era muito melhor preservar as almas que o ouro do Senhor. Porque aquele que enviou os apóstolos sem ouro também reuniu as igrejas sem ouro. A igreja tem ouro não para armazenar, mas para distribuir e gastar com os necessitados. Qual a necessidade de guardar o que não tem utilidade? [...] Não é muito melhor que os sacerdotes derretam esse ouro para sustentar o pobre, se outros suprimentos faltarem, que um inimigo sacrílego o leve embora e o macule? O Senhor mesmo não diria: "Por que permitem que tantos morram de fome? De fato vocês têm ouro? [...] Seria melhor preservar recipientes vivos que os de ouro".[638]

Armazenar e acumular riqueza, usando-a para o luxo e os prazeres, são a causa de muito sofrimento. Ambrósio conecta os dois e descreve o drama do pobre e sua conexão com a avareza e a vida luxuosa do rico em termos que são reminiscentes de Basílio:

---

[635] AMBRÓSIO. *De Nabuthe Jez.* 52.
[636] AMBRÓSIO. *De Nabuthe Jez.* 58.
[637] AMBRÓSIO. *In Psalm.* 37. 24.
[638] AMBRÓSIO. *De officiis* 2. 136-37 em *NPNF*, 2ª série, volume 10, p. 64.

Você despe as pessoas e veste suas paredes. O pobre nu chora diante de sua porta, e você nem mesmo olha para ele. É um ser humano nu que lhe pede algo, e você está considerando que tipo de mármore usar no chão. O pobre lhe pede dinheiro e não consegue nada. Há um ser humano pedindo pão, e seus cavalos mastigam ouro no freio. Você se regozija com os preciosos adornos, enquanto outros não têm nada para comer. Um julgamento duro espera por você, ó rico! As pessoas estão com fome, e você fecha seus celeiros. As pessoas choram, e você exibe suas joias. Ai daquele que poderia salvar muitas vidas da morte e não o faz! [639]

Em outras passagens em que ele cita Basílio quase palavra por palavra, descreve a angústia de um pai que tem de vender um filho a fim de salvar o restante da família,[640] e também a astúcia do agiota que parece ser amigo daqueles que passam necessidades.[641]

No entanto, nem tudo nas obras de Ambrósio é derivado ou extraído de autores anteriores. Um ponto em que suas palavras são mais claras que as da maioria de seus predecessores é quando discorre sobre a injustiça de uma ordem social em que o pobre produz riqueza, mas jamais desfruta dela. "Os pobres encontram o ouro, e este lhes é negado. Trabalham buscando, trabalham para encontrar o que jamais possuirão."[642] Aqueles que empregam outros devem pagar salários justos, pois também são trabalhadores assalariados na vinha de Cristo e gostariam de receber os salários no céu. E não pagar ao trabalhador os salários necessários para sustentar a vida é equivalente a cometer homicídio.[643] Esse comentário é o mais próximo que Ambrósio — ou qualquer um dos antigos escritores cristãos — chega de determinar o que é um salário justo. Observe que a medida de

---

[639] Ambrósio. *De Nabuthe Jez.* 56 em *PL*, volume 14, p. 784.

[640] Ambrósio. *De Nabuthe Jez.* 21-25.

[641] Ambrósio. *De Tobia* 9-11.

[642] Ambrósio. *De Nabuthe Jez.* 54 em *PL*, volume 14, p. 784. Observe o contraste irônico entre o rico, em quem não há mérito por causa de seu ouro, e as minas, onde o mérito está, mas onde as pessoas são punidas, em vez de recompensadas.

[643] Ambrósio. *De Nabuthe Jez.* 92. Compare com Ambrósio. *Epistle* 19. 3.

um salário justo não está na produtividade do trabalhador, nem na habilidade exigida para desempenhar a tarefa, mas no que é necessário para sustentar a vida.

As palavras mais radicais de Ambrósio são proferidas para definir sua compreensão da propriedade. A tradição que enaltece a propriedade comum e, em geral, condena a propriedade privada encontra nele seu grande expoente. Os textos mais importantes sobre o assunto — embora existam muitos outros — são os seguintes:

> No princípio, as pessoas praticavam a política natural, seguindo o exemplo dos pássaros, de forma que tanto o trabalho quanto as honras eram comuns, e as pessoas sabiam como dividir entre elas as obrigações como também as recompensas do poder, de forma que ninguém ficava sem recompensa nem livre do trabalho. Esse era o mais belo estado das coisas. [...] Depois, a cobiça pelo poder começou a existir, e as pessoas começaram a reivindicar poderes indevidos, sem abrir mão daqueles que já detinham.[644]

> Por que vocês {os ricos} expulsam de sua herança pessoas cuja natureza é a mesma que a sua, reivindicando só para si mesmos a posse de todas as terras? A terra foi feita para ser comum a todos, tanto para o pobre quanto para o rico. Por que vocês, ó ricos, reivindicam só para si mesmos o direito à terra?[645]

> O mundo foi feito para todos, e alguns poucos ricos tentam pegá-lo só para si. Pois não só a propriedade da terra, mas até mesmo o céu, o ar e o mar, algumas pessoas ricas reivindicam para si mesmas. [...] Será que os anjos dividem o espaço no céu como vocês, quando demarcam um lote de terra?[646]

---

[644] Ambrósio. *In Haxaem.* 5. 15. 52 em *PL*, volume 14, p. 242.
[645] Ambrósio. *De Nabuthe Jez.* 2 em *PL*, volume 14, p. 767.
[646] Ambrósio. *De Nabuthe Jez.* 11 em *PL*, volume 14, p. 769.

Quando dá ao pobre, não dá daquilo que é seu, mas apenas devolve o que é dele, pois usurpou o que é comum e foi dado para o uso comum de todos. A terra pertence a todos, não ao rico; e, todavia, aqueles que são privados de seu uso são em número muito maior que os que desfrutam dela.[647]

Deus, nosso Senhor, desejou que essa terra fosse posse comum a todos e desse seus frutos para todos. A cobiça, no entanto, distribuiu o direito de posse. Portanto, se reivindicar como sua propriedade privada o que foi concedido em comum para todos os seres humanos e todos os animais, é justo que você compartilhe parte disso com o pobre, de forma que não negue alimento para aqueles que também compartilham de seu direito {por meio do qual tomou posse dessa terra}.[648]

A cobiça é a causa de nossa carestia. Os pássaros têm alimentos naturais em abundância porque receberam em comum o que é necessário para seu alimento e não sabem como reivindicar a propriedade particular. Ao reivindicarmos a propriedade privada, nós {os seres humanos} perdemos o comum.[649]

Por que você considera as coisas existentes no mundo como posses {*proprium*} suas, quando o mundo é comum? Por que você considera os frutos da terra seus, quando a terra é comum? [...] Aos pássaros, que não são donos de nada, nada falta.[650]

Nada agracia mais a alma dos cristãos que a misericórdia; misericórdia demonstrada principalmente em relação aos pobres, para que você possa tratá-los como participantes, em comum com

---

[647] Ambrósio. *De Nabuthe Jez.* 53 em *PL*, volume 14, p. 783.
[648] Ambrósio. *In Psalm.* 118. 8. 22 em *PL*, volume 15, p. 1303-4.
[649] Ambrósio. *In Luc.* 7. 124 em *PL*, volume 15, p. 1731.
[650] Ambrósio. *De viduis* 5 em *PL*, volume 16, p. 236.

você, dos produtos da natureza, que produz o fruto da terra para uso de todos.[651]

Isso, no entanto, não está de acordo nem mesmo com a natureza, pois a natureza produz coisas para o uso comum de todos os homens. Deus ordenou que todas as coisas fossem produzidas para que houvesse alimentos em comum para todos, e que a terra fosse posse comum de todos. A natureza, portanto, produz um direito comum a todos, mas a cobiça o transforma em um direito de poucos.[652]

Muito já foi escrito sobre essas passagens, alguns estudos tentando mostrar que Ambrósio é um precursor das modernas perspectivas socialistas, e outros, que ele apoia a propriedade privada.[653] Na verdade, Ambrósio é de fato mais bem compreendido como parte da tradição à qual pertencia e à qual dá voz.

Claramente, a rejeição da propriedade privada não é um princípio dogmático que ele aplica em toda situação. Ao tratar do episódio da vinha de Nabote, não apresenta nenhum indício de que Nabote não tinha direito a essa terra. Ao contrário, o que o perturba é que Acabe está violando esse direito. Também, conforme já vimos, Ambrósio acreditava que a produção agropecuária em um lote de terra herdado era uma forma aceitável de obter riqueza. Além disso, nas repetidas conclamações para o rico compartilhar sua riqueza, ele pressupõe que este tem poder sobre sua riqueza, e que a doação deve ser voluntária. Alguns intérpretes, com base nisso, afirmam que as passagens de Ambrósio defendendo os bens em comum não passam de lembretes da antiga tradição de uma era de ouro da propriedade comum, não tendo realmente a intenção de promover qualquer

---

[651] Ambrósio. *De officiis* 1. 11. 38 em *NPNF*, 2ª série, volume 10, p. 7.

[652] Ambrósio. *De officiis* 1. 18. 132 em *NPNF*, 2ª série, volume 10, p. 23.

[653] Veja, por exemplo, Schilling, O. "Der Kollektivismus der Kirchenvater", *TheolQuar*, 114, 1933, p. 481-92; Franses, D. *Radicalisme in de eersten eeuwen der Kerk*. Hertogenbosch: Teulings, 1936; Squitieri, G. *Il preteso communismo di S. Ambrogio*. Sarno: Tip. M. Gallo, 1946; Calafato, S. *La proprietà privata in S. Ambrogio*. Torino: Marietti, 1958; Swift, L. J. "Iustitia and Ius privatum: Ambrose on Private Property", *AmJPhil*, 100 (1979), p. 176-87.

aplicação disso na sociedade contemporânea.[654] A principal dificuldade com tal interpretação é que, na maioria dos textos citados acima, Ambrósio fala sobre a primal propriedade comum como fundamento para a ação concreta hoje. Portanto, por exemplo, o rico é chamado a compartilhar com o pobre o produto de sua terra precisamente porque, em algum sentido, o pobre tem direito à terra. Ambrósio fala não só sobre uma utopia passada, mas também sobre uma obrigação presente.

Interpretar Ambrósio como se estivesse apenas falando de uma época passada em que a propriedade era comum, e não de seu próprio tempo, é ignorar o impacto real de sua doutrina. Essa doutrina contrasta de forma nítida com a compreensão legal da propriedade pelos romanos. A noção de que algumas coisas podem ser propriedades *privadas*, como se o proprietário não tivesse obrigação em relação a ninguém mais, e de que podem ser propriedades *absolutas*, como se o proprietário tivesse liberdade de fazer qualquer coisa com elas, é o que ele mais rejeita, e de forma veemente. Seus ataques não são uma série de golpes a esmo na cobiça, apoiados por uma referência ocasional à propriedade comum primitiva. Ao contrário, ele está em desacordo com o próprio fundamento da lei romana — a qual ele praticava e conhecia muito bem — e oferece um fundamento distinto — que, entretanto, ainda traz as marcas de sua criação romana.

A crítica de Ambrósio à noção romana de propriedade fundamenta-se em sua compreensão da justiça — outro conceito romano fundamental. Ele concorda com a perspectiva antiga de que a justiça é uma questão social, e não privada.[655]

> A justiça, portanto, tem a ver com a sociedade da raça humana e a comunidade em geral. Pois há duas facetas que mantêm a sociedade unida — justiça e boa vontade, também denominadas generosidade e gentileza.[656]

A visão cristã de justiça, no entanto, é diferente da perspectiva pagã, pois "essa própria coisa, a que os filósofos chamam de prática da justiça, é eliminada conosco", a saber, não fazer o mal

---

[654] Também SCHILLING, O. *Reichtum und Eigentum in der altkirchlichen Literatur.* St. Louis: Herder, 1908, p. 146.
[655] AMBRÓSIO. *De officiis* 1. 1. 7.
[656] AMBRÓSIO. *De officiis* 1. 28. 130 em *NPNF*, 2ª série, volume 10, p. 22.

"exceto quando levado a isso pelos males recebidos". Então — e o aspecto mais importante para nosso argumento — Ambrósio também discorda do segundo item na definição tradicional de justiça, de "que se deve considerar de acordo com o senso comum, ou seja, a propriedade pública como pública e a privada como privada". É isso que Ambrósio rejeita, pois conhece os excessos que podem existir com essa noção de justiça acoplada com os direitos absolutos da propriedade privada. Portanto, ele continua: "Isso, no entanto, não está de acordo nem mesmo com a natureza, pois a natureza produz coisas para o uso comum de todos os homens".[657] É relevante observar que ele fundamenta essa compreensão na própria "natureza". Ele sabe que os estoicos têm um ponto de vista similar e está pronto a afirmar que eles se fundamentaram em Moisés. Mas também está disposto a argumentar que o próprio mundo está organizado de tal forma que a propriedade comum, e não a privada, deve ser a regra.

À noção pagã de justiça de que se deve ferir apenas aqueles que merecem e distinguir entre propriedade pública e privada, Ambrósio opõe uma visão mais nobre e mais ampla de justiça. A justiça é um dos dois elementos que mantêm a sociedade unida; o outro é a generosidade ou gentileza. A justiça, por ter uma função social, não pode servir a si própria. "Ela, cuja existência é para o bem dos outros, e não para si mesma, é uma ajuda para a criação dos laços de união e comunhão {*communitas*, a tradução latina do termo grego *koinonia*} entre nós".[658] A justiça também não pode existir à parte do outro pilar da sociedade, a generosidade ou gentileza. É por isso que a justiça como vingança não é justiça real. É por isso também que a justiça não é exercida quando as pessoas tratam algumas coisas como comuns e outras como privadas. "Pois, enquanto queremos aumentar nossas posses e acumular dinheiro, acrescentando novas terras às nossas posses, e ser o mais rico de todos, deixamos de lado a forma de justiça. [...] Como pode ser justo aquele que tenta pegar de outro o que quer

---

[657] AMBRÓSIO. *De officiis* 131-32 em *NPNF*, 2ª série, volume 10, p. 22-23.
[658] AMBRÓSIO. *De officiis* 136 em *NPNF*, 2ª série, volume 10, p. 23. Em *De officiis* 2. 49, ele fala da justiça como "a boa guardiã dos direitos dos outros e protetora dos seus próprios". Mas deixa claro que está falando da forma como a justiça é tradicional e popularmente conhecida. Também em *De Nabuthe Jez.* 40, quando argumenta que ninguém deve julgar os méritos dos necessitados, mas apenas responder à necessidade deles, usa o termo "justiça" em um sentido mais tradicional: "Não inquira sobre a justiça".

para si?"[659] "Nenhuma virtude é mais proveitosa que a equidade ou justiça, pois ela beneficia os outros, e não a si mesma, pondo os interesses comuns antes dos seus".[660] Conforme um aluno de Ambrósio afirmou: "A justiça estoica {e também tradicionalmente a romana}, com seu bom equilíbrio do que é devido a si e aos outros, é levada para fora do tribunal, e, em vez disso, é substituída por abnegação ou altruísmo sem limites".[661]

Portanto, a justiça e a comunhão de bens original são peças que se encaixam, pois a verdadeira justiça busca o bem comum por intermédio do compartilhar das posses, e a comunhão original define o propósito de Deus, que o justo deve refletir. Essa é a razão por que Ambrósio condena o rico que usa a "justiça" civil para despojar o pobre. "O que você está fazendo com o livro {da lei}, e as cartas, e os documentos notariais e as notas promissórias e os títulos da lei? Você não escutou? *Soltes as cordas da maldade*".[662] Independentemente do que a justiça civil e os documentos possam dizer, tudo que alguém tem pertence a Deus. E, como a intenção de Deus é a comunhão dos bens, o que o rico tem e não precisa pertence ao pobre.

JERÔNIMO

Jerônimo, sem sombra de dúvida, é o autor cristão mais fascinante — e o mais mordaz — do século IV, cujas cartas e outros escritos foram amplamente lidos durante sua vida, e que, portanto, influenciou sobremaneira a estruturação da mente cristã. A sua tradução da Bíblia, a *Vulgata*, acabaria por se tornar a versão mais comumente usada na igreja ocidental por muitos séculos.

Contudo, no que diz respeito ao assunto aqui discutido, Jerônimo é bastante desapontador, tanto por sua falta de originalidade quanto porque sua perspectiva sobre a riqueza e seu uso não parece ter o fundamento teológico abrangente que encontramos em Ambrósio e que encontraremos, em particular, em Crisóstomo e Agostinho. A maioria de seus comentários sobre a riqueza e seu uso é o que se esperaria encontrar em um asceta

---

[659] AMBRÓSIO. *De officiis* em *NPNF*, 2ª série, volume 10, p. 137.

[660] AMBRÓSIO. *De parad.* 18 em *PL*, volume 16, p. 298.

[661] DUDDEN, F. H. *The Life and Times of St. Ambrose*. Oxford: Clarendon, 1935, volume 2, p. 552.

[662] AMBRÓSIO. *De Nabuthe Jez.* 45 em *PL*, volume 14, p. 780.

profundamente influenciado pelo estoicismo. Ainda assim, o próprio fato de que muito do que vimos até agora também aparece em Jerônimo, muitas vezes com pouco ou nenhum fundamento teológico, é um indício do grau em que essas perspectivas eram parte do ensino cristão geral.

Jerônimo concorda com a posição cristã tradicional, existente desde os primórdios da igreja, de que o que temos não é propriamente nosso. "Apenas são verdadeiramente nossas as coisas que os ladrões não podem levar, e que os tiranos não podem arrancar de nós, e que nos acompanham depois da morte".[663] Para Eustóquio, sua amiga e discípula, ele escreve:

> "Você tem de fugir da cobiça, não meramente ao não cobiçar o que pertence a outro, como a lei do Estado proíbe, mas também ao não reter sua própria propriedade, a qual na verdade não é sua".[664]

E:

> "Cuidado para não aumentar a riqueza estrangeira enquanto seu Senhor mendiga."[665]

> Podemos, de fato, considerar as riquezas próprias de um homem como aquelas que não são provenientes de outra pessoa ou da pilhagem [...]. Mas o melhor sentido é se compreendermos as "riquezas próprias" de um homem como aqueles tesouros escondidos que nenhum ladrão pode furtar nem lhe tirar à força.[666]

---

[663] *Com. in Eccl.* 3 em *PL*, volume 23, p. 1096.

[664] JERÔNIMO. *Epistle* 22. 31 em *BAC*, volume 219, p. 193. *NPNF*, 2ª série, volume 6, p. 36 aparentemente considera que isso quer dizer que a riqueza de Eustóquio já não mais pertencia a ela, uma vez que ingressara para a vida monástica, e, portanto, traduz: "não mantendo sua própria propriedade, pois esta já não mais pertence a você". O latim não parece corroborar essa tradução: *sed quo tua quae sunt aliena non serves*.

[665] JERÔNIMO. *Epistle* 54. 12 em *BAC*, volume 219, p. 460. Mais uma vez, a tradução de *NPNF*, volume 6, p. 106 transmite um sentido diferente: "Certifique-se de que, quando o Senhor seu Deus pedir uma esmola dada por você, não aumenta as riquezas que não dizem respeito a ele". O latim afirma: *Cave ne mendicante Domino tuo alienas divitas augeas*.

[666] JERÔNIMO. *Epistle* 71. 4 em *NPNF*, 2ª série, volume 6, p. 153.

A diferença entre essas passagens, entretanto, e o que encontramos em escritores como Basílio e Ambrósio é que a razão principal por que as coisas são estrangeiras a nós é a morte, não a justiça ou os direitos do pobre. Em cada um dos textos citados fica claro, senão pelo texto em si, pelo contexto, que o que Jerônimo quer dizer ao falar que toda riqueza material é estrangeira para nós é que a morte estabelece um limite para nossa propriedade — ou seja, conforme diríamos hoje em dia: "Não vai levar com você". Os únicos tesouros que vale a pena guardar — ou que podem realmente ser guardados — são os que duram até depois da morte. Enquanto esse tema também aparece em Basílio e Ambrósio, a negação deles do conceito absoluto de propriedade também se fundamenta na propriedade suprema de Deus e na preocupação do Senhor com os necessitados. Esse tema aparece ocasionalmente nos escritos de Jerônimo. Por exemplo, ele escreve para Hebidia que "se você tem mais do que é necessário para comer e vestir, doe o excedente, reconheça a si mesma como devedora nesse respeito".[667] Jerônimo não explica a natureza dessa dívida ou a quem ela deve; mas como esse é um tema comum nos primeiros ensinamentos cristãos, ele parece estar dizendo que Hebidia deve tudo o de que ela mesma não necessita ou ao Senhor ou ao pobre. Também, pelo menos em uma ocasião, Jerônimo declara que é uma iniquidade "não doar aos irmãos para que usem o que Deus criou para todos".[668]

Outro elemento que deve ser levado em consideração é que Jerônimo, mais que seus predecessores, insiste na distinção entre os mandamentos e os conselhos da perfeição. Essa distinção aparece em outros escritores cristãos da Antiguidade, mas não desempenha o papel fundamental nesses escritos que desempenha em Jerônimo. Quando Basílio e Ambrósio falam da maneira como os cristãos têm de lidar com a riqueza, em geral falam e escrevem como pastores e dirigem-se a toda a comunidade cristã. Contudo, a perspectiva primeira de Jerônimo é a de um monge. Muitos de seus conselhos, tanto para outros monásticos quanto para várias pessoas com quem se correspondia, têm a ver com a vida monástica e com a possibilidade de adotá-la. Uma pergunta que seus correspondentes fazem com frequência é como alguém pode ser cristão sem doar tudo o que tem, conforme

---

[667] JERÔNIMO. *Epistle* 120. 10 em *BAC* 220, p. 450.
[668] JERÔNIMO. *Epistle* 121. 6 em *BAC* 220, p. 508.

Jesus ordenou ao jovem rico. Portanto, para ele, a distinção entre os mandamentos e os conselhos da perfeição é crucial, pois um desses conselhos é *vai, vende tudo o que tens e dá-o aos pobres*.

A distinção entre mandamentos e conselhos significa que, quando Jerônimo fala sobre a maneira como alguém deve lidar com a riqueza, sua resposta depende se a pessoa está apenas tentando obedecer aos mandamentos de Cristo ou também aos conselhos da perfeição — em outras palavras, se a pessoa abraçou a vida monástica ou não. Jerônimo insiste que as palavras de Jesus ao homem rico não impõem uma obrigação, mas apenas representam um convite para uma maior perfeição.[669] Há outros graus de perfeição, como aquele em que a pessoa deixa tudo, mas para os filhos e parentes.

> E se você deseja ser perfeito, o Senhor não põe sobre você o jugo de uma obrigação, mas deixa o assunto para sua livre decisão. Você quer ser perfeito e estar no cume mais alto da virtude? Faça como os apóstolos, venda tudo que tem, doe ao pobre e siga o Salvador. Siga só e sem nada, busque apenas a virtude, a virtude nua e crua. Você não deseja ser perfeito, mas alcançar o segundo grau da virtude? Despoje-se de tudo que tem, dê para seus filhos e seus parentes. Ninguém o desprezará se escolher um grau menor, desde que reconheça que a primeira opção é mais perfeita.[670]

Portanto, havendo graus de perfeição, haverá também vários graus de entrega da riqueza pelos cristãos. Duas coisas, no entanto, são absolutamente necessárias: a primeira, que a pessoa não se torne escrava da riqueza por intermédio da cobiça;[671] a segunda, que a pessoa busque suprir as necessidades dos outros.[672] Uma vez que já nos deparamos com esses assuntos repetidas vezes em outros escritores, não há necessidade de nos alongarmos aqui em relação a esse tópico.

---

[669] JERÔNIMO. *Epistle* 130. 14 em *NPNF*, 2ª série, volume 6, p. 268: "As palavras de Cristo são: *Se queres ser perfeito*. Não o obrigo, é o que parece dizer, mas apresento a palma diante de você, mostro-lhe o prêmio; você é quem tem de escolher se entrará na arena e ganhará a coroa".

[670] JERÔNIMO. *Epistle* 120. 1 em *BAC*, volume 220, p. 449.

[671] JERÔNIMO. *Com. in Mat.* 1. 6. 24 em *PL*, volume 26, p. 46.

[672] JERÔNIMO. *Com. in Eph.* 2. 4 em *PL*, volume 26, p. 544.

Por fim, há inúmeros outros itens que merecem pelo menos uma breve atenção. Primeiro, a questão sobre quem são aqueles "outros" a quem o cristão deve socorrer. Em capítulos anteriores, vimos que alguns declararam que devemos ajudar todos os necessitados, sem fazer perguntas sobre sua condição ou seu mérito; outros disseram exatamente o oposto, que devemos ser cuidadosos com quem escolhemos e com os meios de doar esmolas. Jerônimo mesmo oscila quanto a este assunto. Em alguns momentos, aconselha que a doação de esmolas deve dar preferência aos santos, e não aos pecadores.[673] Chega até mesmo a declarar que Jesus, quando disse *a um destes meus irmãos, ainda que dos mais pequeninos*, não queria dizer qualquer pessoa necessitada, mas os *pobres em espírito* — e, com isso, Jerônimo parece se referir àqueles que abraçaram a pobreza de livre e espontânea vontade, os monásticos.[674] Em outros momentos, ele também salienta que os que se recusam a dar às pessoas que parecem indignas arriscam não dar às dignas.[675]

Outro item que vale a pena ser mencionado, se não por qualquer outra razão, pelo menos por sua relevância contemporânea, é o que Jerônimo aconselha uma amiga a fazer com seu dinheiro:

> Outras pessoas podem construir igrejas, adornar as paredes de sua própria casa quando construídas com mármore, providenciar colunas majestosas, decorar os inconscientes capitéis com ouro e ornamentos preciosos, revestir as portas da igreja com prata e adornar o altar com ouro e pedras preciosas. Não culpo os que fazem essas coisas; não os repudio. Todo mundo deve seguir seu próprio julgamento. E é melhor gastar o dinheiro assim que acumulá-lo e afagá-lo. Seu dever, contudo, é de um tipo distinto. É seu o dever de vestir Cristo nos pobres, de visitá-lo nos doentes, de alimentá-lo nos famintos e de abrigá-lo nos sem-teto.[676]

Por fim, é importante mencionar que, embora não desenvolva uma perspectiva teológica sobre as riquezas e seu uso

---

[673] JERÔNIMO. *Epistle* 120. 1.
[674] JERÔNIMO. *Com. in Mat.* 4. 25. 40-41.
[675] JERÔNIMO. *Com. in Eccl.* 11.
[676] JERÔNIMO. *Epistle* 130. 14 em *NPNF*, 2ª série, volume 6, p. 268-69.

— como o fizeram Basílio, Ambrósio e muitos outros —, Jerônimo demonstra, em algumas ocasiões, uma profunda desconfiança em relação à riqueza e ao rico. Isso parece surgir da combinação de suas inclinações monásticas e seu conhecimento em primeira mão da vida da aristocracia em Roma. De qualquer modo, suas declarações sobre o assunto são tais que é impossível reuni-las em um todo coerente. Ele declara, por exemplo, que é verdade que Abraão, Isaque e Jacó eram ricos, mas que estavam incapacitados de entrar no reino enquanto eram ricos.[677] A passagem, embora interessante, é um tanto obscura. Será que Jerônimo quis dizer que, de alguma forma, eles abriram mão da riqueza? Nada no texto parece garantir tal interpretação. Será que quis dizer que só entraram no reino depois de morrer, ou depois do advento de Jesus, e que à época já não eram mais ricos? Nesse caso, Jerônimo dificilmente está afirmando algo de grande relevância, além do senso comum de que o rico não pode levar suas riquezas para o céu.

Outra passagem tantalizante, embora desalentadora, aparece na mesma carta para Hebidia, já citada. Comentando sobre a expressão *riquezas injustas*, de Lucas 16.11, Jerônimo declara: "Ele, justamente, as chamou de injustas, pois toda riqueza é proveniente da iniquidade, e ninguém a pode encontrar a menos que outro a perca. Por essa razão, concordo com o dito popular que afirma: para ser rica, a pessoa tem de ser injusta ou herdeira de alguém injusto".[678] Essa é uma passagem que pode estar repleta de sentido sugestivo, com a condenação da maioria das atividades econômicas, ou não passar de um exagero retórico isolado. Mais uma vez, Jerônimo, brilhante no uso das palavras, nos desaponta quando nos perguntamos sobre o sentido preciso dessas palavras e o lugar que ocupam em toda sua perspectiva.

OUTROS TEÓLOGOS OCIDENTAIS

Enquanto Ambrósio e Jerônimo eclipsam outros teólogos ocidentais até o advento de Agostinho, há alguns poucos cujas perspectivas devem ser registradas. Hilário, bispo em sua cidade natal de Poitiers até sua morte, em cerca de 367 d.C., é

---

[677] JERÔNIMO. *Com. in Mat.* 3. 19. 23.
[678] JERÔNIMO. *Epistle* 120. 1 em *BAC*, volume 220, p. 447-48.

mais conhecido por seus tratados em conexão com a controvérsia ariana. Ainda assim, encontramos também passagens sobre o uso da riqueza, as quais sustentam perspectivas e posições que já vimos em outros escritores cristãos. Como seus predecessores, ele condena a usura — com o que, como os outros, quer dizer empréstimo com juros — que tira vantagem das necessidades do pobre a fim de aumentar sua opressão. Se aqueles que têm recursos dos quais não precisam não estão dispostos a ser generosos com esses recursos excedentes, dando a quem precisa, deveriam pelo menos estar dispostos a emprestar sem esperar lucrar com esse gesto.[679]

De acordo com Hilário, não há nada errado com a posse da riqueza, pois sem ela seria impossível compartilhar com os outros[680] — um argumento que encontramos em época tão remota quanto o século II. É possível ter posses apropriadamente, usando-as para o bem dos outros e, desse modo, ganhando a eternidade.[681] Ainda assim, é verdade que os cristãos não devem buscar ficar ricos, pois não existe uma maneira de fazer isso sem compartilhar dos males deste mundo.[682]

Hilário, no entanto, também tem seu lugar na questão dos bens em comum, rejeitando a noção puramente legal de propriedade:

> Que ninguém considere qualquer coisa como sua ou propriedade privada. Ao contrário, foram dados para todos nós, como dádivas do mesmo Pai, não apenas o mesmo início na vida, mas também as coisas, a fim de que possamos usá-las. Temos de imitar a bondade de Deus derramada sobre nós, seguindo o excelente exemplo do Senhor, que nos deu todas essas coisas. Portanto, a fim de fazer o bem, temos de considerar todas essas coisas comuns a todos, não permitindo que sejamos corrompidos pelo orgulho do luxo deste mundo, nem pela cobiça da riqueza, nem pela busca de vanglória. Ao contrário, temos de nos submeter a Deus e

---

[679] HILÁRIO. *In Psalm.* 14. 15 em *PL*, volume 9, p. 307.
[680] HILÁRIO. *Comm. in Mat.* 19. 9 em *PL*, volume 9, p. 1026.
[681] HILÁRIO. *Comm. in Mat.*; In Psal. 51. 21; 143. 23.
[682] HILÁRIO. *Com. in Mat.* 19. 9.

permanecer no amor de toda a vida em comum, vivendo em comunhão.[683]

Em Zeno, bispo de Verona aproximadamente na mesma época em que Ambrósio era bispo de Milão, encontramos uma crítica à justiça civil similar àquela que discutimos em Ambrósio, embora os textos sobreviventes sejam mais breves.[684] Os cristãos que acham que a justiça consiste em guardar o que é seu e não pegar o que é do outro — a grande maioria, de acordo com Zeno — se esquecem do mais sublime mandamento de Cristo: vender tudo, dar ao pobre e segui-lo. Ademais, erram ao pensar que podem verdadeiramente dizer que algumas coisas são suas. "Diga-me, quais coisas são suas, quando lemos que, entre os que temem a Deus, todas as coisas são em comum." De qualquer modo, não é possível confiar na justiça civil, pois o confisco legal da propriedade "transformou-se em uma indústria", de forma que o impotente é legalmente roubado de tudo que tem — o que, conforme Zeno afirma, é pior do que se tudo lhe fosse tirado pela violência sem rodeios.[685]

Ambrosiastro — nome pelo qual um autor anônimo é conhecido, provavelmente contemporâneo de Ambrósio — também tenta redefinir a justiça, descrevendo-a como "doar generosamente aquilo que lhe pertence ao pobre".[686] "Como Deus nos dá tudo, os seres humanos devem distribuir entre os que não têm: isto é justiça."[687] Nesse ponto, Ambrosiastro também declara que aqueles que doam generosamente receberão mais, visto que Deus proverá para que doem ainda mais. De qualquer modo, a justiça para esse escritor anônimo, como para Ambrósio, está intimamente relacionada com a misericórdia e com os bens em comum:

---

[683] HILÁRIO. *Com. in Mat.* 4. 2 em *PL*, volume 9, p. 931. As últimas palavras da citação são: *communione vivendi in omnis communis vitae caritate teneamus.*

[684] Sobre os ensinamentos de Zeno a respeito deste assunto (e sobre aqueles de Gaudêncio de Brescia, Cromácio de Aquileia e Máximo de Turim), veja PADOVESE, L. *L'originalità cristiana: Il pensiero etico-sociale di alcuni vescovi norditaliani del IV secolo.* Roma: Editrice Laurentianum, 1983.

[685] ZENO. *Tract.* 3. 5-6 em *PL*, volume 11, p. 286-87.

[686] AMBROSIASTRO. *Com. in i Cor.* 15. 34 em *PL*, volume 17, p. 281.

[687] AMBROSIASTRO *Com. in i Cor.* 10-11 em *PL*, volume 17, p. 331.

A misericórdia também é chamada de justiça. Aquele que doa sabe que Deus dá todas as coisas em comum, uma vez que o sol brilha para todos, e a chuva cai sobre todos, e Deus dá a terra para todos. Assim, a pessoa compartilha a riqueza da terra com aqueles que não têm, para que não fiquem privados dos benefícios provenientes de Deus. A pessoa justa, portanto, é aquela que não guarda só para si o que alguém deu para todos.[688]

---

[688] AMBROSIASTRO. *Com. in i Cor.* 9 em *PL*, volume 17, p. 331.

XI

João Crisóstomo

Nenhum pregador em toda a história da igreja foi tão aclamado quanto João Crisóstomo. Na verdade, o próprio nome pelo qual ele é conhecido pela posteridade não é seu nome, mas o que lhe foi dado mais de cem anos após sua morte, graças a sua eloquência: Crisóstomo, "boca de ouro". Todos os que conhecem seu nome sabem que ele era um grande pregador, ainda assim poucos têm consciência do lugar que as questões econômicas ocupam em seus sermões. A preocupação de Crisóstomo com esse aspecto da vida cristã era tal que foi dito, sem qualquer exagero, que "dificilmente, nas centenas de homilias escritas por ele, encontramos uma que não defenda o direito do necessitado de receber ajuda e socorro."[689]

Embora Crisóstomo jamais tenha escrito um tratado sistemático sobre fé e riqueza, como o fez Clemente de Alexandria, a abundância de materiais sobre o assunto em seus sermões e escritos é tal, e sua perspectiva tão abrangente, que é possível afirmar que ele representou o ápice do ensinamento patrístico antigo sobre essas questões. Infelizmente, a falta de um tratado sistemático próprio sobre o assunto significa que temos de tentar reunir e organizar um todo coerente de algumas das milhares de declarações que aparecem em seus escritos.

Entretanto, antes de fazermos isso, talvez seja bom apresentar uma perspectiva geral do homem e de sua obra. João Crisóstomo nasceu na Antioquia, em uma família abastada, em meados do século IV. Seu pai morreu logo depois de seu nascimento, e ele foi educado pela mãe, Antusa, que lhe providenciou tanto a melhor educação disponível quanto a correta instrução na fé cristã. Foi batizado quando tinha cerca de 23 anos e logo declarou que desejaria seguir a vida monástica. Após atrasar sua

---

[689] SIERRA BRAVO, R. *Doctrina social y económica de los padres de la Iglesia*, p. 306.

partida em deferência à mãe, tentou a vida monástica por seis anos. Convencido pela saúde frágil de que esse não era seu chamado, voltou para Antioquia, onde foi ordenado diácono em 381 e presbítero em 386. O bispo Flaviano, consciente de seus dons únicos, o designou para pregar na principal igreja da cidade, o que fez por doze anos.

João estava feliz em sua função de pastor e pregador quando foi levado à força, por ordens imperiais, para ser bispo de Constantinopla. Ele não queria essa posição e acabou sofrendo muito com tal mudança. Constantinopla, à época, era tanto a cidade do luxo quanto a cidade da miséria. Todos os bens do mundo fluíam para essa cidade, como acontecera antes com Roma. A maioria dos membros da corte era formada por ricos proprietários de terras que traziam para a cidade boa parte da renda produzida em suas fazendas, embora não vivessem nessas propriedades. O próprio imperador era o maior proprietário de terras. Os ricos, por não saberem como usar bem tais recursos, gastavam prodigamente em luxo, festas extravagantes e residências suntuosas. Enquanto isso, a grande maioria da população vivia em cortiços miseráveis, muitas vezes de vários andares e apoiando-se uns nos outros. Eram camponeses que foram desarraigados pela grilagem gananciosa dos poderosos; trabalhadores que vieram para a cidade em uma época em que havia muitas construções, e agora condenados às condições mais aviltantes de trabalho —quando havia trabalho; marinheiros e andarilhos atraídos pelo falso fascínio da cidade grande; e mulheres que não tinham outra forma de sobrevivência além da prostituição.

Crisóstomo fez o mesmo que fizera em Antioquia. Seus rendimentos como bispo da capital imperial eram altos, e ele dedicava essa quantia para ajudar os pobres e para construir prédios para o cuidado dos doentes e necessitados. Como também fizera em Antioquia, ele pregou em favor destes. A diferença foi que, em Constantinopla, muito mais que em Antioquia, muitas pessoas dentre os ricos se ressentiram dessas pregações. A primeira delas foi a imperatriz Eudóxia, que decidiu que tudo o que o eloquente pregador dizia a respeito do luxo e de sua conexão com a crueldade para com o pobre era direcionado a ela. Por fim, após muitas vicissitudes, Crisóstomo foi exilado, primeiro em Cucusus, no interior da Armênia, e depois para Pitsunda, na Abecácia, na costa oriental do mar Negro. Estava a caminho desse lugar de exílio quando morreu — mártir por causa da pregação em favor dos pobres.

O ensino de Crisóstomo sobre as questões sociais e econômicas, como o de Gregório de Nissa e Gregório de Nazianzo, fundamenta-se na compreensão da natureza do homem. Ser humano e humanitário são facetas que estão de tal forma conectadas que aquele que não demonstra misericórdia não é mais humano.[690] Os seres humanos têm a capacidade de se tornar desumanos, negando e destruindo sua própria natureza. Nesses casos, a alma está morta, e já não somos mais seres humanos.

> Pois quando fica claro que temos uma alma? Não é por intermédio de sua atuação? Quando, portanto, não desempenha as coisas apropriadas a ela, não está morta? Quando, por exemplo, você não dedica a menor atenção à virtude, mas é voraz e transgride a lei, como podemos dizer que tem uma alma? Por que caminha? Isso, no entanto, é uma faceta que compartilhamos com as criaturas irracionais. Por que bebe e come? Isso, todavia, também é uma característica das bestas selvagens. Bem, então por que fica de pé sobre os dois pés? Isso só me convence de que é uma besta com forma humana. [...] Então, como posso saber que você tem a alma de um homem, quando coiceia como um asno, quando demonstra a malícia de um camelo, quando morde como um urso, quando é voraz como um lobo, quando rouba como uma raposa, quando é astuto como uma serpente, quando é desavergonhado como um cão? Então, como posso saber que tem a alma de um homem?[691]

Ser inclemente, portanto, é negar a própria essência do que significa ser humano. E o que é verdade para todos os seres humanos é ainda mais verdade para os que se denominam cristãos. A

---

[690] Crisóstomo, João. *Hom. in Matt.* 52. 5 em *NPNF*, 1ª Série, volume 10, p. 325: "[...] a menos que alguém tenha isso, deixa de ser um homem". Crisóstomo, João. *Hom. in ii Cor.* 16. 5 em *NPNF*, 1ª Série, volume 12, p. 358: "pois esse tal {o que pratica a misericórdia} é, no mais sublime sentido, um homem".

[691] Crisóstomo, João. *Hom. in ii Cor.* 6. 3 em *NPNF*, 1ª Série, volume 12, p. 308.

essência do cristianismo está em cuidar dos outros e, portanto, falhar em fazer isso é contradizer a própria natureza cristã.

> Não me digam que não podem cuidar dos outros. Se vocês são cristãos, é impossível, isto sim, que vocês não cuidem deles. Assim como há na natureza coisas que não podem ser negadas, o mesmo acontece neste caso, pois isto diz respeito à natureza mesma de ser cristão. Não insultem a Deus, como se estivessem dizendo que o Sol não pode brilhar. Se afirmarem que um cristão não é capaz de servir o próximo, insultam a Deus e o chamam de mentiroso.[692]

A teologia de Crisóstomo estrutura-se na pressuposição de uma maior continuidade entre a criação e a redenção do que a teologia muito posterior — especialmente ocidental. Portanto, a misericórdia e o serviço mútuo são tanto a marca de ser humano quanto a marca de ser cristão. A ordem criada foi organizada por Deus de tal forma que ela move toda a criação em direção ao objetivo pretendido. A solidariedade humana nasce tanto de nossa semelhança criada quanto de nossas diferenças criadas, pois ambas têm o objetivo de nos unir.

> Primeiro, aprendemos sobre o amor graças à própria maneira como fomos criados, pois Deus, tendo criado um só ser humano, decretou que todos nós deveríamos nascer dele, de forma que todos possamos nos ver como um e procuremos manter os laços de amor entre nós. Segundo, Deus, sabiamente, promoveu o amor mútuo por intermédio de nossos comércios e transações. Observe que Deus encheu a terra com bens, mas deu a cada região seus produtos peculiares, de forma que, movidos pela necessidade, tivéssemos de nos comunicar uns com os outros e compartilhar entre nós, dando o que temos em abundância e recebendo o que não temos.

> O mesmo é verdade de cada um de nós individualmente, pois Deus não concedeu todo o conhecimento para todos, mas, antes, a medicina

---

[692] Crisóstomo, João. *Hom. in Act. Apost.* 20. 4 em *PG*, volume 60, p. 162.

para um, a construção para outro, a arte para um terceiro, de forma que amássemos uns aos outros porque necessitamos uns dos outros.[693]

Assim Crisóstomo, como Lactâncio, argumenta que o fundamento para a sociedade é nossa necessidade mútua. Há, porém, uma diferença de ênfase; enquanto Lactâncio argumenta que a solidariedade é a defesa que Deus nos deu — como a galhada para o cervo —, Crisóstomo vê o objetivo não na defesa ou na sobrevivência, mas na própria solidariedade. Somos fracos, e Deus teve a intenção de que assim fosse precisamente para que pudéssemos nos unir. O propósito de todo comércio, como também de todo contrato, é a comunicação, e não vice-versa. Da perspectiva do plano de Deus, não nos comunicamos para fazer transações comerciais, mas fazemos essas transações para nos comunicarmos. Nesse ponto, a perspectiva de Crisóstomo contrasta com a de Ambrósio, pois este acreditava que o comércio com terras distantes resultava de um indevido anseio por coisas que a natureza não tornou disponíveis em uma determinada região, e que as pessoas deviam se contentar com os produtos regionais.

Em consequência, as riquezas em si não são maléficas, mas também existem para a comunicação — para o compartilhar. As riquezas são úteis apenas quando usadas.[694] Quando acumuladas, não são nem mesmo a verdadeira riqueza. "A riqueza trancada e enterrada é mais feroz que um leão e causa muito pavor. Mas se trazida para fora e distribuída entre os pobres, a besta feroz transforma-se em ovelha."[695] A riqueza não é ruim se usada de forma apropriada. O que é maléfico é a cobiça e o amor pelo

---

[693] Crisóstomo, João. *Hom. de perfecta caritate* 1 em *PG*, volume 56, p. 279. Compare com Crisóstomo, João. *Hom. in i Cor. xxxiv* 7 em *NPNF*, 1ª Série, volume 12, p. 204: "Ele {Deus}, do mesmo modo, nos fez para que tivéssemos necessidade uns dos outros, para que, desse modo, pudéssemos nos unir, porque as necessidades acima de todos criam as amizades. Pois, por nenhuma outra razão, nem ele desejou que todas as coisas fossem produzidas em todos os lugares, para que assim pudesse nos obrigar a misturar uns com os outros. [...] E, pelo mesmo critério, para que possamos manter com facilidade o relacionamento com países distantes, ele estende o nível do mar entre nós e dá--nos a rapidez dos ventos, facilitando, por esse meio, as viagens."

[694] Crisóstomo, João. *Hom. in Act. Apost.* 1. 2 em *PG*, volume 51, p. 69.

[695] Crisóstomo, João. *Hom. de Sat. et Aur.* 2 em *PG*, volume 52, p. 416.

dinheiro.⁶⁹⁶ Dada a natureza da riqueza como algo que tem de ser compartilhado a fim de ser real, Crisóstomo afirma que "não dar parte do que alguém tem é, em si mesmo, um roubo".⁶⁹⁷

Crisóstomo, nesse contexto, pode repetir as declarações comuns sobre a natureza da verdadeira riqueza. "Rico não é aquele que tem muito, mas aquele que muito doa."⁶⁹⁸ Verdadeiramente rico não é aquele que tem todo tipo de coisas, mas aquele que não tem grandes necessidades.⁶⁹⁹ Os outros, os que buscam constantemente acumular grandes riquezas, não são nem ricos nem afortunados. São como alguém que está sempre com sede e, portanto, tem de beber muito. Assim como essa pessoa nunca fica saciada, mas sempre tem sede, também o rico está sempre querendo, sempre pobre.⁷⁰⁰ Ou eles são como bandidos que atacam as pessoas nas estradas e nos campos e, depois, escondem o que ganharam de forma ilícita nas cavernas. Esses ladrões podem ter todo tipo de itens de luxo e, por algum tempo, podem desfrutar de suas festas; mas as pessoas não os invejam, pois a punição que os espera é muito maior que os prazeres presentes. O rico e o ganancioso, da mesma forma, são como bandidos que pegam a riqueza de outros e a escondem nas cavernas. E eles também, como os bandidos, devem ser dignos de dó, em vez de invejados, pois é grande a punição que os espera.⁷⁰¹ Ou, ainda em outra imagem, aqueles que aparecem para o mundo como ricos não passam de atores usando uma máscara no palco. Os que o mundo considera ricos são, na realidade, pobres. Tudo que alguém tem de fazer é remover a máscara e entrar na consciência dessas pessoas, e assim descobre que são pobres em virtude. Além disso, mesmo que ninguém remova sua máscara nesta vida, a morte porá um fim a esse disfarce, e sua verdadeira natureza será revelada.⁷⁰²

Todo o pensamento de Crisóstomo sobre a riqueza e seu uso tem de ser compreendido da perspectiva de sua noção

---

⁶⁹⁶ Crisóstomo, João. *Hom. ad pop. Antioch.* 1. 5.

⁶⁹⁷ Crisóstomo, João. *De Lazaro* 11. 4 em *PG*, volume 48, p. 988.

⁶⁹⁸ Crisóstomo, João. *Hom. ad pop. Antioch.* 2. 5 em *PG*, volume 49, p. 41.

⁶⁹⁹ Crisóstomo, João. *De Lazaro* 2. 1.

⁷⁰⁰ Crisóstomo, João. *De Lazaro* 2. 1. Um tema encontrado anteriormente em Plutarco, de quem Crisóstomo pode muito bem ter extraído essa ideia.

⁷⁰¹ Crisóstomo, João. *De Lazaro* 1. 12.

⁷⁰² Crisóstomo, João. *De Lazaro* 2. 3.

fundamental de que a verdadeira riqueza, por natureza, é direcionada para o exterior. A riqueza só é de fato riqueza quando se move para fora. É possível dizer que a riqueza, por natureza, é "expansiva", mas, em nosso mundo moderno, isso seria compreendido no sentido de que a riqueza tende a acumular e expandir seu poder, exatamente o oposto do que Crisóstomo tem em mente. A riqueza, como a luz, tem valor apenas quando sai e gasta a si mesma. "A luz que, em vez de banir a escuridão, a aumenta não seria chamada de 'luz'. Da mesma forma, não chamaria de 'rico' alguém que, em vez de banir a pobreza, acaba por fazê-la aumentar."[703] É difícil reter a riqueza, pois, por mais que alguém busque retê-la, mais ela lhe escapa pelos vãos dos dedos — ou melhor, mais se transforma em alguma outra coisa. É como a semente que, quando armazenada, se deteriora e acaba por se perder, ao passo que, quando espalhada nos campos, ela se multiplica e faz com que apareçam outras do seu tipo.[704] Como alguém pode espalhar essa semente? Ao usá-la para destruir a pobreza, exatamente como alguém espalha a luz para destruir a escuridão. Assim como a semente é mais bem empregada no ventre da terra, também a riqueza é mais bem empregada no ventre do faminto.[705]

Essa natureza "expansiva" da verdadeira riqueza é o fundamento para o que Crisóstomo tem a dizer sobre a questão da propriedade privada em oposição à propriedade comum, e sobre a necessidade de o rico compartilhar com o pobre. Examinemos esses dois aspectos nessa ordem.

---

[703] Crisóstomo, João. *Hom. in i Cor.* 13. 5 em *PG*, volume 61, p. 113.

[704] Crisóstomo, João. *In Psalm.* 48. 2. 3.

[705] Crisóstomo, João. *In Psalm.* 48. 2. 3. Essa também é a razão por que Crisóstomo deplora o fato de a igreja receber doações para o cuidado do pobre. Tais doações tanto forçam os líderes da igreja a se envolver nos negócios de maneiras não apropriadas como acabam por apresentar uma boa desculpa para as gerações posteriores quanto à necessidade de doar. A única razão por que a igreja tem de manter essas doações é a dureza de coração da presente geração. Crisóstomo, João. *Hom. in Matt.* 85. 3 em *NPNF*, 1ª Série, volume 10, p. 509: "[...] mas agora existem campos, e casas, e aluguéis de hospedagens, e carruagens, e muleteiros, e mulas, e um grande grupo desse tipo de coisas na igreja por sua causa, por causa da dureza de seu coração. Pois essa loja da igreja deveria estar com vocês, e sua prontidão de mente deveria ser uma receita para ela; mas, agora, duas coisas erradas acontecem — tanto vocês continuam sem dar frutos quanto os sacerdotes de Deus não praticam as tarefas que lhes são apropriadas."

Toda a conclamação de Crisóstomo para compartilhar a riqueza claramente pressupõe a propriedade privada, pelo menos em alguma medida. Repetidas vezes ele utiliza Jó e Abraão como exemplos de pessoas que eram tanto ricas quanto justas; e jamais questiona se tinham o direito à propriedade ou não. Ao atacar a usura, ele declara que existem meios justos de ganhar dinheiro, como a agricultura, a criação de gado e ovelhas e também o trabalho manual.[706] Algumas vezes, até mesmo parece deixar implícito que a divisão da sociedade entre ricos e pobres é semelhante à divisão de trabalho, de forma que cada um, o rico e o pobre, tem funções específicas a desempenhar.[707] Contudo, o ponto principal de sua obra pende para a direção oposta ao argumentar que a intenção de Deus para a criação era a propriedade comum dos bens.

> Diga-me, então, por que você é rico? [...] A raiz e a origem de sua riqueza devem ter sido uma injustiça. Por quê? Porque Deus, no princípio, não fez um homem rico e o outro pobre. Tampouco, depois, pegou um deles e lhe mostrou os tesouros de ouro, negando a outro o direito de procurar o ouro existente: mas deixou a terra livre para todos da mesma forma. Por que, portanto, se a terra é comum, você tem tantos acres de terra, ao passo que seu próximo não tem nem mesmo uma porção dela?[708]

Essa passagem aponta em duas direções distintas que temos de seguir. Primeiro, a comunhão dos bens, e não a propriedade privada, é a ordem da criação. Segundo, a propriedade privada, especialmente quando chega a ser considerada riqueza, está, de alguma forma, conectada com a injustiça. Com frequência Crisóstomo une esses dois assuntos, ou alude separadamente a um ou a outro. Citar alguns das centenas de textos sobre o assunto deve ser o suficiente para mostrar a tendência geral de suas perspectivas:

> Mas não é um mal só você ser dono da propriedade do Senhor, e só você desfrutar do que é comum? Não

---

[706] CRISÓSTOMO, João. *Hom. in Matt.* 56. 6.

[707] CRISÓSTOMO, João. *Hom. in ii Cor.* 17. 2.

[708] CRISÓSTOMO, João. *Hom. in i Tim.* 12 em *NPNF*, 1ª Série, volume 13, p. 447.

foi dito que *do Senhor é a terra e a sua plenitude*? Se, portanto, suas posses pertencem ao único Deus de todos, também pertencem a seus servos semelhantes a você. As posses do único Senhor são todas em comum. [...] Preste atenção à sábia dispensação de Deus. Pois o Senhor pode envergonhar a humanidade, pois ele fez certas coisas em comum, como o sol, o ar, a terra, a água, o céu, o mar, a luz, as estrelas; cujos benefícios são distribuídos igualmente a todos os irmãos. [...] E observe que, no que diz respeito às coisas em comum, não existem contendas, mas tudo é pacífico. Mas quando alguém tenta tomar posse de alguma coisa, para torná-la sua, então temos a contenda, como se a própria natureza ficasse indignada, de que quando Deus nos reúne das mais variadas formas, temos a avidez de nos separar ao nos apropriarmos das coisas e ao usarmos aquelas gélidas palavras: "meu e seu".[709]

O rico tem aquilo que pertence ao pobre, embora possa ter herdado tudo, mas não interessa de onde vem o dinheiro.[710]

As palavras insípidas "meu e seu" foram banidas daquela igreja {nos primeiros capítulos de Atos}. [...] Nem o pobre invejava o rico, nem havia ricos. Tudo era comum. Ninguém dizia que era proprietário de algo. Não era como é agora. [...] O rico que preparava para si alimentos e nutrição convidava o pobre, e a mesa era comum para todos, um banquete comum, uma festa comum na própria igreja.[711]

Não nos tornemos mais bestiais que as bestas. Para elas, todas as coisas são comuns: a terra, os riachos, as pastagens, as montanhas, os vales. Nenhuma delas tem mais que a outra. Você, no entanto, que

---

[709] CRISÓSTOMO, João. *Hom. in i Tim.* 12 em *NPNF*, 1ª Série, volume 13, p. 448.

[710] CRISÓSTOMO, João. *De Lazaro* 2. 4 em *PG*, volume 48, p. 988.

[711] CRISÓSTOMO, João. *In dict. Pauli, "Oportet..."* 2. 3 em *PG*, volume 51, p. 255-56. Compare com CRISÓSTOMO, João. *Hom. in Act. Apost.* 7. 2.

se considera um ser humano, o mais doméstico dos animais, se torna mais feroz que as bestas ao trancar em uma única casa o alimento para milhares de pobres. E, mesmo assim, não é só nossa natureza que é comum a todos, mas também muitas outras coisas: o céu, e o sol, e a lua, e o coro de estrelas, e o ar, e o mar, e o fogo, e a água, e a terra, e a vida, e a morte, e o crescimento, e a senilidade, e a doença, e a necessidade de comer e de beber e de se vestir. Também comum a todos nós é o espiritual, a mesa sagrada e o corpo do Senhor e seu precioso sangue, e a promessa do reino. [...] Então, não é absurdo que nós, que temos tantas coisas grandiosas em comum [...], sejamos tão gananciosos quando se trata da riqueza e que, em vez de proteger o que temos em comum, nos tornemos mais ferozes que as bestas selvagens?[712]

Então, de onde surge tamanha desigualdade? Surge da ganância e da arrogância do rico. Peço, todavia, que ajam de forma distinta no futuro: intimamente unidos nas coisas que são comuns e mais necessárias, não permitamos ser separados por coisas mundanas e baixas, como a riqueza e a pobreza.[713]

Em suma, parece haver uma contradição — ou pelo menos uma tensão — nos ensinamentos de Crisóstomo. Por um lado, ele sustenta que o propósito de Deus são os bens em comum; e, por outro, pressupõe que haverá ricos que devem compartilhar sua riqueza com os pobres.

Essa aparente contradição se torna menos marcante quando percebemos que, sob ela, repousam a rejeição da noção romana tradicional de propriedade e uma tentativa de substituí-la por uma perspectiva distinta. Conforme já vimos, no cerne do sistema legal romano estava o direito à propriedade, concebido em termos absolutos, incluindo não só o uso da propriedade, mas também o abuso do proprietário em relação ao que lhe pertence.

---

[712] Crisóstomo, João. *In Psalm.* 48. 4 em *PG*, volume 55, p. 517.
[713] Crisóstomo, João. *Hom. in Joh.* 15. 3 em *PG*, volume 59, p. 100.

O que, de fato, Crisóstomo propõe é uma perspectiva distinta de propriedade, uma visão limitada ao uso e direcionada para a comunicação — o objetivo da criação. Crisóstomo, em várias passagens, usa a conexão etimológica entre *chrémata* — riqueza — e *chrésis* — uso —, a fim de argumentar que nosso poder sobre a riqueza não é de domínio ou posse verdadeira, mas apenas de uso. Um texto como este deve bastar para mostrar a natureza desse argumento:

> A riqueza não é a posse nem a propriedade, mas sim um empréstimo para o uso {*chrésis*}. Pois quando você morrer, quer goste quer não, tudo o que tem irá para as mãos de outros, e estes, mais uma vez, passam para outros, e estes, novamente para outros. [...] Os bens {*chrémata*} são nomeados de acordo com o uso {*kechrésthai*, termo derivado de *chrésis*}, e não com o senhorio, e não são nossos, e as posses não são propriedade, mas um empréstimo. Pois quantos donos cada uma das propriedades já teve, e quantos mais terá![714]

O que, de fato, os ricos têm nada mais é que um depósito ou custódia — uma razão a mais por que devem ser cuidadosos, para que o empréstimo confiado a eles não os torne culpados de má administração.[715] Tudo, na verdade, pertence ao Senhor, que confiou esses bens aos ricos para que os distribuam entre os necessitados. Os ricos, portanto, são meros coletores de recursos para serem usados para remediar o sofrimento do pobre; assim, se empregarem esses bens consigo mesmos mais que com os necessitados, terão de prestar contas por terem desviado fraudulentamente o que não era deles.[716] Essa é a razão por que Crisóstomo, ao comentar sobre o rico e Lázaro, chega à conclusão de que "não dar ao pobre o que se tem significa roubá-lo e atentar contra a vida dos necessitados, pois precisamos nos lembrar de que o que estamos retendo não é nosso, mas deles".[717]

O fato de que o que temos não é verdadeira propriedade, mas apenas uso, também nos leva ao segundo ponto básico

---

[714] CRISÓSTOMO, João. *Hom. in i Tim.* 11 em *NPNF*, 1ª Série, volume 13, p. 443.

[715] CRISÓSTOMO, João. *De Lazaro* 6. 8.

[716] CRISÓSTOMO, João. *De Lazaro* 2. 4.

[717] CRISÓSTOMO, João. *De Lazaro* 6 em *PG*, volume 48, p. 992.

apresentado por Crisóstomo em relação à propriedade, a saber, de que deve ser direcionada ao compartilhamento e à comunicação. De certa forma, assim como os artesãos devem saber como praticar seu ofício, há uma prática apropriada para o "ofício" do rico, e isso depende precisamente da natureza da riqueza:

> As riquezas são assim chamadas {*chrémata*} para que não as enterremos, mas as usemos de forma apropriada. Todo artesão conhece bem seu ofício. E os ricos? Os ricos não sabem como trabalhar com o ferro, nem como construir um navio, nem tecer, nem edificar, nem nada dessas coisas. Que os ricos, portanto, aprendam seu ofício apropriadamente, ou seja, aplicar da forma correta a riqueza e dar esmolas aos necessitados, e passarão a conhecer um ofício que é melhor que qualquer outro.[718]

A discordância de Crisóstomo com as leis romanas em relação a esses assuntos pode ser observada no comentário de que ele ri de testamentos em que alguém deixa a propriedade de uma casa ou de um campo para seu herdeiro, mas o uso do mesmo para outro. O fato é que, conforme argumenta Crisóstomo, jamais temos mais do que aquilo que usamos, pois, embora possamos afirmar ser proprietários, a morte, por fim, acabará por nos desapropriar — uma ironia particularmente pungente quando a pessoa que fala sobre ter a posse como domínio pleno escreve um testamento e, portanto, considera a possibilidade da morte.[719]

A principal objeção de Crisóstomo à noção tradicional de propriedade, portanto, é que a suposta natureza absoluta precisa ser limitada. Não existe a propriedade absoluta — que os antigos romanos chamariam de *quiritarian*, propriedade civil. A propriedade não é realmente posse, mas um empréstimo; e um empréstimo feito com um determinado propósito. Quando esse propósito é ignorado, o empréstimo é usado inapropriadamente. Isso, por sua vez, nos leva à segunda objeção de Crisóstomo em relação à noção tradicional de propriedade. Não só a propriedade é limitada, considerando-se que tudo o que realmente temos é seu usufruto; mas também é limitada porque esse usufruto precisa ser administrado de acordo com seu próprio objetivo. Esse

---

[718] CRISÓSTOMO, João. *Hom. in Matt.* 49. 4 em *BAC*, volume 146, p. 62.

[719] CRISÓSTOMO, João. *Hom. ad pop. Antioch.* 2. 6.

objetivo, conforme já salientado, é a comunicação, a solidariedade, a unidade e a harmonia de toda a humanidade. Tanto a propriedade comum quanto a propriedade privada — conforme permitida — foram estabelecidas por Deus com esse propósito.

Em uma passagem que aborda tanto a propriedade privada quanto a propriedade comum, Crisóstomo explicita esse ponto. Começa afirmando que Deus nos deu abundantemente todas as coisas que nos são mais necessárias: água, ar, fogo, etc. Os ricos e os pobres desfrutam da mesma luz solar e do mesmo ar, e ninguém tem mais desses elementos que os demais. Por outro lado, outras coisas — não tão importantes quanto a luz, a água e o ar — estão sujeitas à propriedade privada.

> Por que é que Deus tornou comuns as coisas mais importantes e necessárias para o sustento da vida, e, no entanto, o dinheiro, que tem menor importância e valor, não é comum? E, mais uma vez, pergunto: por quê? A fim de proteger tanto a vida quanto a virtude. Se as coisas que são absolutamente necessárias não fossem comuns, os ricos, gananciosos como são, provavelmente sufocariam os pobres até que estes morressem sem ar. Pois, da forma como se comportam com seu dinheiro, a conduta deles seria até mesmo pior se também tivessem poder para administrar essas coisas. Todavia, se o dinheiro também fosse propriedade comum e igualmente acessível a todos, não haveria oportunidade para a doação de esmolas nem motivação para a caridade. [720]

À medida que lemos essas linhas, fica fácil, de nossa perspectiva do século XXI, ver as deficiências desse argumento. É óbvio que a fome existe em nossa sociedade, como também existia na época de Crisóstomo, porque o alimento e a terra, claramente necessidades de primeira ordem, não estão igualmente disponíveis para todos. Ainda assim, isso não deve obscurecer o ponto apresentado por Crisóstomo, de que tanto a comunhão dos bens quanto a propriedade privada existem para uma finalidade específica. Enquanto, conforme já vimos nos vários textos citados, os bens em comum servem melhor a esse fim, a propriedade privada de algumas coisas também é justificada

---
[720] CRISÓSTOMO, João. *Hom. ad pop. Antioch.* 2. 6 em *PG*, volume 49, p. 43.

— e só pode ser justificada — se servir a esta finalidade: a solidariedade, ou conforme Crisóstomo diria, a comunicação.

Isto significa que o pior uso possível da propriedade privada é para a busca da independência. Como vimos repetidas vezes, Crisóstomo insiste em que a verdadeira riqueza é tal que não a compartilhar representa uma contradição de sua própria natureza. Além disso, a dependência uns dos outros é parte da condição humana, conforme designada por Deus, e é inútil buscar evitá-la. Em uma passagem que diz muito sobre nossa busca moderna por "segurança", Crisóstomo afirma:

> Por que você treme diante da pobreza? E por que busca a riqueza? "Temo", disse um, "que tenha de bater à porta dos outros homens e pedir emprestado de meu vizinho". E ouço constantemente muitos também orando e dizendo: "Não permita que, em algum momento, fique dependente de homens". E sorrio em demasia quando ouço essas orações, pois esse temor é realmente infantil. Pois todos os dias e em todas as coisas, por assim dizer, somos dependentes uns dos outros. Portanto, essas são palavras de um espírito irracional e empoado, que não discerne claramente a natureza das coisas. [...] Se você é rico, tem necessidade de mais; sim, de mais e mais mesquinhez. Pois você, exatamente na proporção de sua riqueza, se sujeita a essa maldição. [...] Pois se deseja ser excessivamente independente de todas as pessoas, ore pela pobreza; e, daí, se for dependente de alguém, será apenas pelo pão e vestuário. [721]

De acordo com Crisóstomo, os ricos enganam a si mesmos quando acham que é só o pobre que precisa deles, e não vice-versa. Para ilustrar este ponto, ele sugere que os ouvintes e leitores imaginem duas cidades — e, com esse termo, quer dizer duas sociedades —, uma em que há apenas ricos, e outra em que há apenas pobres. Ponha-os, de início, em pé de igualdade e observe qual dos dois grupos é mais capaz de sustentar a si mesmo. Na cidade dos ricos, não haverá ninguém para fazer os trabalhos tradicionalmente realizados pelos pobres: nem trabalhadores

---

[721] Crisóstomo, João. *Hom. in ii Cor.* 17. 3 em *NPNF*, 1ª Série, volume 12, p. 361-62.

do campo, nem carpinteiros, nem construtores, nem padeiros, nem ferreiros, etc. Na cidade dos pobres, não haverá nenhuma das coisas tradicionalmente associadas à riqueza: nem ouro, nem prata, nem joias, nem seda, etc. Qual das duas cidades se sairá melhor? Quando chegar a hora de levantar o alimento para suprir a todos, qual cidade será capaz de fazer isso? Quando chegar o momento de assar, construir ou tecer, qual cidade será mais capaz de suprir essas necessidades? Evidentemente, a dos pobres. E Crisóstomo conclui: "Quando a cidade dos pobres precisará da cidade dos ricos? Claro, quando chegar o momento de ser destruída", pois os ricos trarão com eles a busca por luxo, prazeres e facilidades, coisas que destruirão a cidade.[722] A conclusão óbvia é o que Crisóstomo salientou reiteradas vezes, a saber, que quando se trata de independência e autossuficiência, os pobres estão muito mais perto disso que os ricos. Em um dado momento, Crisóstomo chega até a perguntar: "O que os ricos são para o mundo, considerando-se que são inúteis?" Sua resposta é que aqueles que apenas acumulam riqueza são de fato inúteis, mas os que a usam de forma justa, compartilhando-a, realmente têm uma função — mais precisamente, compartilhar e distribuir a riqueza, ajudando os necessitados. Essa interdependência de toda a humanidade está por trás das duras palavras de Crisóstomo para os ricos. Há inúmeros indícios em seus sermões — e muitos outros em relatos de vários incidentes em sua vida — de que os ricos frequentemente o acusavam de se opor a eles.[723] Crisóstomo negava essas acusações. Em certa ocasião, criticou tanto os pobres quanto os ricos, declarando que em todas as esferas da sociedade há avareza e cobiça.

> Portanto, cessemos, tanto ricos quanto pobres, de tomar a propriedade dos outros. Pois meu presente discurso não é só para os ricos, mas também para os pobres. Pois estes também roubam aqueles que são mais pobres que eles. E artesãos que têm uma vida melhor e são mais poderosos vendem a preços mais elevados para os pobres e mais destituídos, comerciantes vendem a preços mais elevados para

---

[722] Crisóstomo, João. *Hom. in i Cor.* 34. 5.

[723] Em suas homilias, encontram-se várias referências ao rico que faz reclamações deste tipo: "Por quanto tempo usará sua língua contra nós?" Crisóstomo, João. *Hom. de Sat. at Aur.* 2.

outros comerciantes, e assim fazem todos que estão envolvidos nas atividades do mercado da cidade. De forma que quero, de todos os lados, eliminar a injustiça. Pois a injúria consiste no propósito daquele que rouba, e não na quantidade das coisas saqueadas.[724]

A razão por que fala tanto sobre as obrigações do rico, diz Crisóstomo, é que o pobre não tem tantas nem tão boas oportunidades de praticar o mal quanto o rico.[725] Tanto os pobres quanto os ricos são seus filhos, e ele ama a todos. Todavia, quando o rico oprime o pobre, Crisóstomo o ataca, tanto em benefício do pobre, que sofre danos físicos, quanto em benefício do rico, que sofre danos espirituais ainda maiores.[726] Ele declara para aqueles que o acusam de ser contra os ricos: "Enquanto não pararem de devorar e destruir os pobres, não deixarei de acusá-los de praticar essas injustiças. [...] Deixem minhas ovelhas em paz. Não interfiram com meu rebanho. Não o destruam; e se assim fizerem, não reclamem de acusá-los". As armas de Crisóstomo, como pastor espiritual de seu rebanho, são as palavras, e não pedras; e com essas palavras ele ataca os ricos opressores. Ou melhor, ele os chama para que se juntem a seu rebanho, pois os ama.

> Não sou contra os ricos, mas a favor deles. Embora possam não achar isso, ao falar como falo, realmente falo em seu favor. Como? Porque liberto vocês do pecado, liberto-os da vida de pilhagem, transformo-os em amigos de todos e amados por todos.[727]

Assim, vemos o contexto mais amplo das frequentes palavras duras de Crisóstomo contra os ricos. Elas têm de ser entendidas em toda essa estrutura teológica que começa com o propósito de Deus tanto na criação quanto na redenção, a saber, a solidariedade humana e a comunicação. Disto, se segue que a visão romana tradicional da propriedade como domínio absoluto tem de ser rejeitada, em favor tanto da propriedade comum quanto de uma propriedade privada claramente limitada e

---

[724] Crisóstomo, João. *Hom. in i Thes.* 10 em *NPNF*, 1ª Série, volume 13, p. 370.
[725] Crisóstomo, João. *Hom. in i Cor.* 13. 4.
[726] Crisóstomo, João. *De Eutrop.* 2. 3.
[727] Crisóstomo, João. *In Psalm.* 48. 4 em *PG*, volume 55, p. 504.

estritamente definida. Tal propriedade privada não é de fato particular, mas, um usufruto ou empréstimo dado aos proprietários como administradores para o objetivo da solidariedade humana. Isto não só limita os direitos dos proprietários, mas também põe enorme responsabilidade sobre seus ombros, pois o mau uso da riqueza equivale a lesar a Deus — e aos pobres, a quem a riqueza, assim se supõe, deve ajudar. Assim, tanto o bem-estar físico dos pobres quanto a salvação dos ricos estão em jogo, e Crisóstomo pode afirmar que ataca os ricos precisamente porque os ama, porque fazem parte de seu rebanho, porque é seu pastor.

Isso, no entanto, não torna as demandas menos exigentes. Ao contrário, ele declara que os ricos não têm direito de usar para si nada além do que é necessário. Quanto ao supérfluo, eles apenas o guardam em custódia, e usá-lo consigo mesmos é uma violação dessa custódia. O principal chamado dos ricos não é a prática ascética da renúncia, mas a boa administração.

> Pois tampouco estou levando você para o alto cume da total pobreza, mas, por ora, exijo que corte os supérfluos e que deseje apenas a suficiência. Bem, o limite da suficiência é usar as coisas sem as quais é impossível viver. Ninguém o priva dessas coisas; nem proíbe a você seu pão de cada dia. Digo alimento, não banquete; vestuário, não ornamento. [...] E permita que aquele que pode ser satisfeito com grãos de leguminosas e ter boa saúde não busque nada além disso. Se alguém for mais fraco e precisar de vegetais, não fique sem isso. No entanto, se alguém for ainda mais fraco e necessitar do apoio da carne em moderação, também não o privaremos disso. Pois não achamos que essas coisas matam ou ferem os homens, mas apenas devem cortar o supérfluo; e supérfluo é tudo que excede aquilo de que precisamos. Pois se somos capazes de viver com saúde e respeitabilidade sem alguma coisa, a adição dessa coisa é superfluidade. [728]

Essa distinção entre o necessário e o supérfluo aparece repetidas vezes nos sermões de Crisóstomo como a principal

---

[728] CRISÓSTOMO, João. *Hom. in ii Cor.* 19. 3 em *NPNF*, 1ª Série, volume 12, p. 370.

diretriz para o uso apropriado da riqueza.⁷²⁹ Doar esmolas não é suficiente, pois deve haver uma proporção entre os recursos de alguém e sua doação, e essa proporção é determinada precisamente pela distinção entre o necessário e o supérfluo.⁷³⁰ Os ricos não devem achar que podem esbanjar em seus desejos e afirmar que estão apenas gastando seu próprio dinheiro. O que eles gastam de modo desnecessário é parte da herança comum que Deus deu para todos.⁷³¹ Assim como os sapatos muito largos dificultam o andar, uma casa muito grande obstrui o caminho para o céu.⁷³²

Nesse esquema, as palavras ásperas de Crisóstomo, presentes ao longo de seus sermões, são, na verdade, um chamado sincero para o arrependimento. Duas citações devem bastar para transmitir o espírito por trás da repreensão:

> Digam-me, por favor, não é assassinato, pior que assassinato, entregar o pobre homem à fome, e lançá-lo na prisão, e expô-lo não só à fome, mas também a torturas e a inúmeros atos de insolência? Pois mesmo que não façam tais coisas vocês mesmos, ao permitirem a possibilidade de que sejam feitas, acabam, portanto, por praticar essas coisas mais que as autoridades que as executam. O assassino enfia a espada no homem de uma vez, infligindo dor por curto espaço de tempo; não leva a tortura adiante. Mas vocês, que por meio das calúnias, dos assédios, das conspirações, transformam a luz em trevas para ele, fazendo com que deseje mil vezes mais morrer, não consideram quantas mortes têm sobre os ombros de vocês, em vez dessa única? E o que é pior de tudo, vocês saqueiam e sequestram, não impelidos pela pobreza, não com a fome os instigando a agir assim, mas para que o freio de seu cavalo possa ser coberto com bastante ouro, ou quem sabe o forro de sua casa, ou ainda os capitéis dos pilares. E que inferno há que essa conduta não mereça, quando é

---

[729] CRISÓSTOMO, João. *Hom. in Gen.* 37. 5; 55. 4.
[730] CRISÓSTOMO, João. *Hom. in Matt.* 52. 3.
[731] CRISÓSTOMO, João. *Hom. in i Cor.* 10. 4.
[732] CRISÓSTOMO, João. *Hom. ad pop. Antioch.* 2. 5.

um irmão, e aquele que compartilhou com vocês as bênçãos inefáveis e foi tão sublimemente honrado pelo Senhor, a quem vocês — para enfeitar as pedras, e os assoalhos, e os corpos dos animais sem qualquer motivo ou percepção desses ornamentos — lançam em inúmeras calamidades? E seu cão é bem servido também, enquanto o homem, ou melhor, Cristo, pelo benefício do cão de caça e de todas essas coisas que nomeei, é molestado pela fome extremada. O que pode ser pior do que tal confusão? O que pode ser mais lamentável que uma ilegalidade como essa? Que labaredas de fogo serão suficientes para tal alma? Ele, que foi feito à imagem de Deus, enfrenta esse descabido drama por causa de sua iniquidade; mas a cabeça das mulas que carregam sua esposa brilha com muito ouro.[733]

Não, isto mesmo pesará ainda mais sobre você, pois, de fato, habita em uma casa de três andares enquanto o Senhor não tem nem mesmo um abrigo decente; e você se [deita] sobre camas e sofás macios enquanto o Senhor não tem nem mesmo um travesseiro. "Mas", diz alguém, "eu doei". Mas não deveria desistir de fazer isso. Pois, assim, só tem uma desculpa: quando não tiver o que [doar], quando não tiver nada, mas enquanto tiver (embora tenha dado para dez mil), e houver outros com fome, não há desculpas cabíveis para você. Mas quando guarda o milho e aumenta o preço, e arquiteta outras trapaças incomuns na comercialização; que esperança de salvação você deve ter daí em diante? A você foi ordenado doar livremente para o faminto, mas nem mesmo vende a um preço razoável. O Senhor esvaziou-se de tamanha glória para beneficiar você, mas não acha que o Senhor merece pelo menos uma fatia de pão; mas seu cão é alimentado com fartura, enquanto Cristo é corroído pela fome. [734]

---

[733] CRISÓSTOMO, João. *Hom. in Rom.* 11. 5 em *NPNF*, 1ª Série, volume 11, p. 414.
[734] CRISÓSTOMO, João. *Hom. in ii Cor.* 17. 3 em *NPNF*, 1ª Série, volume 12, p. 362.

Enquanto Crisóstomo chama o rico à obediência radical em relação aos assuntos econômicos, ele também responde a uma das objeções que o rico pode fazer, de que o pobre nem sempre é digno. Conforme já vimos, ele não isenta os pobres das obrigações de compartilhar com aqueles que são até menos afortunados que eles. Ele está disposto a admitir que, assim como a maior tentação do rico é o orgulho, também a mentira é a maior tentação do pobre.[735] O rico, todavia, não tem o direito de usar isso como uma desculpa para não doar.

> "Mas toda essa tremedeira e fraqueza é fingimento", você me diz. E, ao dizer isso, não teme que um raio caindo do céu o atinja? Desculpe-me, mas tais palavras me fazem explodir de raiva. Você, que engorda a si mesmo e desfruta das facilidades da vida, que bebe até altas horas da noite e, depois, se cobre com cobertas suaves, [...] ousa exigir um relato preciso do necessitado, que não é mais que um cadáver ambulante, e não teme o relato que terá de apresentar diante do tribunal de Cristo, terrível e atemorizante? Se o pobre finge, é por necessidade que finge, pois é sua desumanidade inclemente e sua crueldade que o forçam a fazer isso.[736]

Tampouco o próspero tem o direito de acusar o pobre de indolente ou de se recusar a ajudá-lo com base na afirmação de Paulo de que aqueles que não trabalham não deveriam comer.

> As regras de Paulo não são só para os pobres, mas também para nós mesmos. Direi algo que é duro e os deixará com raiva; no entanto, digo isso não para ferir, mas para corrigir. Apontamos nosso dedo para a indolência do pobre e, ainda assim, nós mesmos trabalhamos em coisas que com frequência são piores que a indolência. [...] Vocês que, em geral, passam o dia nos teatros e nas diversões, que fofocam sobre todo mundo, acreditam que não são indolentes. E, depois, olham para alguém que passa

---

[735] CRISÓSTOMO, João. *Hom. in ii Cor.* 13. 4.
[736] CRISÓSTOMO, João. *Hom. in i Cor.* 21. 6 em *PG*, volume 61, p. 176.

o dia todo pedindo e esmolando, às lágrimas, e sofrendo, e ousam pedir-lhe um relato!⁷³⁷

Por fim, aparentemente também na época de Crisóstomo, alguns diziam que preferiam reter a doação até saber quais entre os pobres eram dignos. Para essas desculpas, Crisóstomo responde, primeiro, que é melhor dar a alguém que pode ser indigno, e não deixar escapar o digno, que tentar dar apenas para os dignos e arriscar perdê-los. E, segundo, que "as esmolas devem ser dadas não ao estilo de vida, mas ao ser humano; temos de ter compaixão, não porque os pobres são virtuosos, mas porque são necessitados".⁷³⁸

Com Crisóstomo, alcançamos o desenvolvimento mais coeso e completo da doutrina cristã sobre a riqueza e a responsabilidade econômica no período que estamos estudando. Em uma série de assuntos, como a usura, ele repete em essência o que seus predecessores já haviam dito e, por essa razão, não nos alongamos nesses assuntos. Naturalmente, uma vez que as perspectivas de Crisóstomo são expressas em centenas de sermões, e não apenas em um único tratado sistemático, existem alguns pontos que não são totalmente coerentes. Por exemplo, em algumas ocasiões, Crisóstomo se baseia no tema de que dar esmolas é como emprestar a Deus.⁷³⁹ Esse tema, já encontrado em escritores cristãos anteriores e que se fundamenta em Provérbios 19.17 — *Quem se compadece do pobre empresta ao Senhor* —, claramente contradiz o que ele afirma em muitos outros sermões, ou seja, de que tudo o que temos é um empréstimo do Senhor, ou algo que Deus deixou sob nossa custódia. Essas pequenas inconsistências, no entanto, não devem aviltar a total coerência e o fundamento teológico dos ensinamentos econômicos de Crisóstomo.

---

⁷³⁷ Crisóstomo, João. *De eleem.* 6 em *PG*, volume 51, p. 269. Compare com *Hom. in Matt.* 35. 3-4; *Hom. in i Cor.* 11. 6.

⁷³⁸ Crisóstomo, João. *De Lazaro* 2. 6 em *PG*, volume 48, p. 990.

⁷³⁹ Crisóstomo, João. *Hom. de poen.* 7. 6.

XII

AGOSTINHO

Nenhum teólogo, exceto talvez Paulo, foi mais influente na igreja ocidental que Agostinho. Ele reuniu muitas linhas distintas de pensamento e teceu-as em um sistema que dominou totalmente a teologia cristã pelo menos até o século XIII, e continua a ser influente até hoje. Agostinho é o grande mestre do Ocidente, através de cujos olhos muito da teologia ocidental, quer católica quer protestante, leu o Novo Testamento.

Em assuntos relacionados com a ordem social e econômica, ele tanto concorda quanto discorda do que foi dito por cristãos anteriores a ele — e do que foi dito em sua época por Crisóstomo e outros. Ainda assim, no caos que se seguiu a sua morte, as perspectivas desse teólogo se tornaram tão dominantes que muito do que foi dito antes foi esquecido. Portanto, a fim de compreender o curso posterior das perspectivas cristãs em questões relacionadas à fé e à riqueza, temos de ver sua fonte em Agostinho. E, a fim de compreender Agostinho, temos de ter em mente o escopo abrangente de sua teologia e visão de mundo.[740]

A avaliação do mundo e das criaturas de Agostinho foi muitíssimo influenciada pela estrutura neoplatônica, que o levou a ver o mundo como uma hierarquia de seres, dos mais baixos escalões da materialidade aos mais altos níveis da racionalidade e espiritualidade. Essa é a ordem natural estabelecida por Deus, a qual existe não apenas na criação em geral, mas também em nosso íntimo.

> E a lei eterna é a ordem divina ou vontade de
> Deus, que exige a preservação da ordem natural e

---
[740] Este não é o lugar para tentar discutir a teologia de Agostinho, mesmo que de forma esquemática. Busquei fazer isso em GONZÁLEZ, J. *Uma história do pensamento cristão*, 2, p.15-55.

proíbe a violação da mesma. Mas o que é essa ordem natural no homem? O homem, conforme sabemos, consiste de alma e corpo; mas os animais também têm essas duas facetas. Mais uma vez, fica claro que, na ordem da natureza, a alma é superior ao corpo. Ademais, na alma do homem temos a razão, o que não encontramos nos animais. Portanto, como a alma é superior ao corpo, também, na própria alma, a razão, pela lei da natureza, é superior às outras partes que também encontramos nos animais; e na razão em si mesma, em parte contemplação e em parte ação, a contemplação inquestionavelmente é a parte superior.[741]

E, nessa hierarquia, tudo é bom. Nada em si mesmo é maléfico. O mal não é uma substância, mas, antes, a corrupção ou o uso equivocado do que, por natureza, é bom. No contexto de nosso interesse aqui, essa perspectiva permite que Agostinho repita o que já encontramos em escritores anteriores, ou seja, que o mal da riqueza não repousa na riqueza em si, mas na avareza que, com frequência, a acompanha. "Avareza não é uma falha inerente no ouro, mas no homem, que inerentemente ama o ouro em detrimento da justiça, a qual deveria ser, de forma incomparável, considerada mais sublime que o ouro".[742] Entretanto, embora o ouro e a prata e as posses sejam bons em si, não transformam o seu dono em um ser bom.[743] É possível que a pessoa faça o bem com eles; mas apenas tê-los não a torna melhor que qualquer outra pessoa que não os tenha. Quando o homem mau tem ouro, os necessitados são oprimidos; os juízes, subornados; as leis, subvertidas; mas quando o homem bom o tem, os pobres são alimentados; os nus, vestidos; os oprimidos, libertados, etc.[744] A diferença não está no ouro em si, mas nas atitudes daqueles que o têm e o usam.

---

[741] Agostinho. *Contra Faustum Manichaeum libri triginta tres* 22. 26, em *NPNF*, 1ª Série, volume 4, p. 283.

[742] Agostinho. *De Civitate Dei contra Paganos libri viginti duo* 12. 8 em *NPNF*, 1ª Série, volume 2, p. 230. Compare com Agostinho. *Sermones* 61. 10; Agostinho. *In Psalm.* 59. 9.

[743] Agostinho. *Sermones* 48. 8.

[744] Agostinho. *Sermones* 340. 9.

Nesse ponto, uma importante distinção entra em jogo. Todas as coisas são boas; mas alguns bens existem para ser usados, e outros, para ser desfrutados.[745] Quando invertemos essa ordem e tentamos usar o que deve ser desfrutado ou desfrutar do que deve ser usado, o mal emerge.

> Há algumas coisas, portanto, que têm de ser desfrutadas; e outras, usadas. [...] As coisas que são objetos de deleite nos tornam felizes. As que são objetos de uso ajudam e (por assim dizer) sustentam-nos em nossos esforços para buscar a felicidade, de forma que possamos alcançar as coisas que nos deixam felizes e descansar nelas. Mais uma vez, nós mesmos, os que desfrutamos e usamos essas coisas, sendo colocados entre esses dois tipos de objetos, se nos dispusermos a desfrutar das coisas que devem ser usadas, ficamos obstruídos em nosso curso e, algumas vezes, somos até levados para longe dele; de forma que, ao ficarmos embaraçados no amor pelas gratificações menores, ficamos defasados ou, até mesmo, retrocedemos na busca dos reais e apropriados objetos de fruição.[746]

Naturalmente, o que Agostinho quer dizer aqui por fruição — *fruitio* — é muito mais que prazer. É descobrir a felicidade verdadeira e final em uma coisa. Só o que é digno de fruição pode produzir a verdadeira alegria e satisfação. Todo o resto tem de ser usado a fim de se obter aquilo que pode realmente ser desfrutado. "Desfrutar de alguma coisa é descansar nela com satisfação por ela mesma. Usar, contudo, é empregar os meios que se tem à disposição para obter o que se deseja".[747]

---

[745] As consequências dessa distinção para a ética social são exploradas por CANNING, R. "The Augustinian 'uti/frui' Distinction in the Relation between Love for Neighbour and Love for God", *Aug.* 33, 1983, p. 165-231.

[746] AGOSTINHO. *De Doctrina Christiana libri quatuor* 1. 3 em *NPNF*, 1ª Série, volume 2, p. 523. Compare com AGOSTINHO. *De civ. Dei* 11. 25 em *NPNF*, 1ª Série, volume 2, p. 219: "E esta parece ser a diferença entre eles, que nos é dito para *desfrutar* daquilo que, em si mesmo, e independente de outras finalidades, nos deleita; e *usar* aquilo que buscamos visando a algum objetivo além."

[747] AGOSTINHO. *De Doctrina Christiana libri quatuor* 1. 3, em *NPNF*, 1ª Série, volume 2, p. 523.

Essa distinção é crucial, pois "toda maldade ou vício humano consiste em buscar desfrutar das coisas que devem ser usadas, e usar as coisas que estão aí para serem desfrutadas".[748] Apenas os seres racionais são capazes de fazer essa distinção, pois os animais não têm noção da instrumentalidade. Comem a fim de comer, não porque buscam um objetivo ulterior. Os seres humanos, no entanto, têm a capacidade de distinguir entre o instrumento e o objetivo para o qual foi feito e, portanto, também têm a capacidade de perverter seu relacionamento com o instrumento, de forma que se torne um fim em si mesmo — ou, conforme diria Agostinho, de fruição, em vez de uso.

A rigor, Deus deve ser desfrutado, e todas as criaturas devem ser usadas para a fruição de Deus. O vício fundamental da humanidade consiste precisamente em tentar desfrutar das coisas e usar Deus a fim de obter essas coisas. Esse é o mal "daquelas criaturas perversas que ficam contentes em desfrutar do dinheiro e usar Deus, não gastando o dinheiro por causa de Deus, mas adorando a Deus por causa do dinheiro".[749] É nessa confusão que repousa o mal da avareza. O ganancioso busca desfrutar de suas posses e, algumas vezes, até mesmo usar Deus a fim de aumentar sua riqueza. Ao fazer isso, cai em crassa idolatria, pois apenas Deus deve ser desfrutado, e todas as coisas têm de ser usadas para alcançar essa fruição.

Há, portanto, outra perversão em nosso relacionamento com as coisas. Além de tentar desfrutar das coisas, também se pode usá-las de forma equivocada. Embora as coisas existam para serem usadas, nem todo uso é apropriado. Agostinho chama isso de "abuso".[750] Uso tem a ver com utilidade, e utilidade requer uso apropriado. Portanto, aqueles que abusam, ou não usam bem, de fato não usam.[751] E, como a posse é para o uso, o abuso ou uso inapropriado invalida a posse. Nesse ponto, Agostinho está claramente em desacordo com a compreensão romana legal de propriedade, que, de forma bastante literal, inclui o direito de abuso.

---

[748] Agostinho. *De lxxxiii quaest.* 30 em *PL*, volume 40, p. 19.

[749] Agostinho. *De Civitate Dei contra Paganos libri viginti duo* 11. 25 em *NPNF*, 1ª Série, volume 2, p. 219.

[750] Agostinho. *De Doctrina Christiana libri quatuor* 1. 4.

[751] Agostinho. *De lxxxiii quaest.* 30.

> O ouro e a prata, portanto, pertencem àquele que sabe como usá-los, pois, conforme se costuma dizer, a pessoa é digna de ter alguma coisa quando a usa bem. Por outro lado, quem quer que seja que não a use de forma justa não a possui legitimamente, e se quem não possui legitimamente reivindicar a posse, então essa reivindicação não será a de um proprietário justo, mas a mentira de um usurpador desavergonhado.[752]

Como o uso apropriado das coisas é para desfrutar de Deus, e a posse apropriada exige o uso apropriado, só podemos possuir verdadeira e justamente o que usamos a fim de desfrutar de Deus. Nesse ponto, é relevante notar que Agostinho lidou com os três direitos básicos que a lei romana equacionava para a propriedade privada: o direito de usar, o direito de desfrutar e o direito de abusar. O terceiro é totalmente rejeitado, pois o abuso ou uso impróprio, conforme a concepção de Agostinho, representa uma violação da verdadeira natureza da propriedade. O segundo também é rejeitado para qualquer coisa da qual a pessoa possa ser "proprietária" no sentido legal. As coisas, quer privadas quer não, não existem para serem desfrutadas; são instrumentos para alcançar a verdadeira fruição de Deus. Por fim, o único remanescente desses três direitos relacionados à propriedade, o direito de uso, também é radicalmente redefinido, pois não é mais o direito de uso para o fim que o proprietário determina, mas apenas o direito de usar as coisas para a finalidade delas — a fruição de Deus.

Quando se trata de bens materiais, o uso apropriado exige uma clara distinção entre o necessário e o supérfluo. Há poucas coisas que são realmente necessárias no que diz respeito às coisas materiais: alimento, vestuário e habitação. Agostinho está disposto a admitir que algumas pessoas, por estarem acostumadas a alimentos delicados e alguns confortos, podem verdadeiramente precisar deles. Mesmo assim, há muitas coisas que os ricos têm que são supérfluas. Se algo é supérfluo, se não pode ser usado de forma direta para sustentar a vida a fim de fruir de Deus, reter essa posse representa usá-la de forma equivocada. Esse é ainda mais o caso quando o supérfluo é necessário para o

---

[752] AGOSTINHO. *Sermones* 50. 4 em *PL*, volume 38, p. 328.

pobre.[753] O cristão, portanto, sabe que "não dar ao necessitado o que é supérfluo é o mesmo que fraudar".[754] E Agostinho afirma: "De todas as coisas que Deus lhe deu, pegue o que necessita, mas o restante, o que para você é supérfluo, é necessário para outros. Os bens supérfluos do rico são necessários para o pobre, quando você possui o supérfluo possui o que não é seu".[755] De qualquer modo, como tudo pertence a Deus, quando alguém doa o que é supérfluo, isto não deve ser chamado de generosidade, pois não passa de um mero ato de restituição.[756]

O uso apropriado de tudo o que não se precisa, como muitos já declararam antes de Agostinho, é compartilhar com o pobre. Aqui, mais uma vez, encontramos os temas de empréstimo a Deus, expiação do pecado e transferência de riqueza da terra para o céu, que já vimos em outros escritores cristãos.

Sobre o assunto do empréstimo, tanto para Deus quanto para os homens, Agostinho tem pouco a dizer. Emprestar dinheiro a juros é perverso. A pessoa, antes, deveria doar liberalmente; e se não puder dar, então deve emprestar sem esperar qualquer lucro de volta. Ademais, não se deve importunar o devedor para que pague.[757] Entretanto, embora se tenha proscrito o empréstimo com juros, ordena-se o empréstimo a Deus por meio da doação aos pobres, o que nos leva a ganhar o caminho para o céu. Desse modo, conforme afirma Agostinho, devemos "dar o temporal e receber o eterno; dar o terreno e receber o celestial".[758] "Como Deus paga generosamente ao misericordioso, qualquer pessoa

---

[753] AGOSTINHO. *Sermones* 61. 12. Compare com AGOSTINHO. *Sermones* 39. 6. Sobre o tema da pobreza nos sermões de Agostinho, veja CHIAPPA, P. Vismara. *Il tema della povertà nella predicazione di Sant' Agostino*. Milano: A. Giuffrè, 1975.

[754] AGOSTINHO. *Sermones* 206. 2 em *PL*, volume 38, p. 1041.

[755] AGOSTINHO. *In Psalm.* 147. 12 em *PL*, volume 37, p. 1922. Compare com AGOSTINHO. *Sermones* 107. 4: Aqueles que estão preocupados em amealhar o suficiente para viver devem "considerar em sua mente o que, de fato, precisam para viver e pensar a respeito de quem deveria ficar com o resto, para que não colham a própria morte tentando economizar para viver".

[756] AGOSTINHO. *In Psalm.* 95. 15.

[757] AGOSTINHO. *Sermones* 239. 5 em *PL*, volume 38, p. 1128. É interessante observar, entretanto, que Agostinho, nesse texto, não se refere ao destituído que deve dinheiro, mas a alguém que tem uma casa e outras posses. A pessoa que empresta não deve forçar a que lhe deve a vender a casa ou outras posses para saldar sua dívida.

[758] AGOSTINHO. *In Psalm.* 36. 3. 6 em *PL*, volume 36, p. 386.

que praticar um ato de misericórdia faz um empréstimo para Deus".[759]

Na época de Agostinho, havia uma perspectiva bastante comum de que a doação de esmolas era uma forma de expiar o pecado. Ele afirma que a doação de esmolas, junto com a oração e o jejum, é uma maneira de expurgar os pecados menores que todos nós cometemos todos os dias.[760] Aparentemente, essa prática se tornou tão comum que Agostinho sentiu que havia o perigo de que algumas pessoas continuassem pecando — até mesmo pegando e roubando o que não lhes pertencia — e, depois, tentassem expiar esses pecados por meio da doação de esmolas. Nem é preciso dizer que Agostinho tem palavras ásperas para esses pontos de vista e práticas.[761]

Quanto ao assunto de transferir a riqueza de alguém para o céu, muito do que Agostinho tem a dizer são alguns comentários e ilustrações imaginativas sobre as palavras de Jesus quanto ao fato de que se deve procurar armazenar os tesouros no céu, e não na terra. Suponha que estivesse vivendo em uma casa e visse as paredes se esfacelando. Você se apressaria para tirar suas posses antes de a casa cair? Os cristãos que olham o mundo e veem sua ruína se aproximando e os sinais do fim dos tempos, da mesma forma, têm de se apressar para transferir suas posses para fora deste mundo que desmorona, pondo-as no céu eterno.[762] E as crianças que guardam seu dinheiro em cofrinhos, onde não o veem, mas que continuam acrescentando a seus tesouros, devem ser um exemplo de fé para os cristãos, que devem continuar a pôr seus tesouros no céu, embora não possam vê-los.[763] Naturalmente, isso deve ser feito por intermédio de atos de misericórdia, especialmente ao doar para o pobre — embora Agostinho fale mais que a maioria de seus predecessores sobre a doação de dinheiro para a construção de igrejas. Ao dar ao pobre, a pessoa usa a riqueza perecível para construir um tesouro imperecível no céu.

Essa concentração na vida eterna e na fruição de Deus significa que, às vezes, esses temas são desenvolvidos de tal forma

---

[759] AGOSTINHO. *De Sermone Domini in monte libri duo* 1. 20. 68 em *PL*, volume 34, p. 1264.

[760] AGOSTINHO. *Sermones* 9. 17; 43. 1.

[761] AGOSTINHO. *De Civitate Dei contra Paganos libri viginti duo* 21. 27. 2.

[762] AGOSTINHO. *Epistle* 122. 2.

[763] AGOSTINHO. *In Psalm.* 48. 5. 12.

que o pobre parece ser apenas um degrau — empregando as categorias de Agostinho, um instrumento a ser usado — para se obter o objetivo da salvação. "O que são os pobres para quem doamos, senão portadores que carregam nossa riqueza para o céu? Doe, portanto, para seu portador, que transporta sua dádiva para o céu."[764]

Esta última citação aponta para uma das grandes imperfeições na perspectiva teológica de Agostinho. Até este ponto, o que encontramos em Agostinho é muito similar ao que encontramos em Basílio, Ambrósio e Crisóstomo, exceto que aqui o fundamento é a visão neoplatônica de hierarquia, e, portanto, enfatiza-se a necessidade de usar a riqueza material para ganhar a bênção espiritual. A perspectiva neoplatônica de Agostinho, entretanto, o leva ainda mais longe. Em essência, as questões referentes à pobreza e à riqueza não são importantes em si mesmas, pois têm a ver com o material, e nosso objetivo é muito maior que isso. Todas as criaturas, incluindo os pobres, têm de ser vistas como instrumentos a serem usados para se obter a fruição de Deus. Quanto a esta interpretação, é possível fazer a objeção de que Agostinho, de forma explícita, diz que não deveríamos desejar que houvesse necessitados para termos a oportunidade de fazer obras de misericórdia.[765] Esse texto, no entanto, é único em meio a muitos outros em que Agostinho fala que a função do pobre é dar aos outros a oportunidade de praticar a caridade e o serviço; e, em qualquer um dos casos, até mesmo nesse texto, a principal preocupação desse teólogo não é com os pobres em si, mas com a atitude daquele que doa, que deve ser de amor, sem paternalismo.[766]

Não fica exatamente claro o que Agostinho quer dizer com o termo "pobre". Ele exorta o pobre, tentado a roubar por causa de suas necessidades, a não roubar, mas a confiar em Deus — o que parece indicar que fala daqueles totalmente destituídos.[767] De qualquer modo, a disparidade entre rico e pobre, e o sofrimento deste último resultante dessa realidade, não representam uma tragédia, nem um mal em si, mas algo que Deus criou a fim

---

[764] AGOSTINHO. *Sermones* 60. 8 em *PL*, volume 38, p. 406.
[765] AGOSTINHO. Tract. in Ep. Jo. ad Part. 31. 5.
[766] AGOSTINHO. Tract. in Ep. Jo. ad Part. 8.
[767] AGOSTINHO. *In Psalm.* 61. 16. Compare com AGOSTINHO. *Sermones* 32. 15; 85. 6-7.

de levar adiante o plano da salvação. "Deus fez o pobre para testar nele a faceta humana; e fez o rico para testá-lo por intermédio do pobre. Deus fez tudo de forma apropriada [...], e devemos acreditar que isso é bom, embora não compreendamos a razão por que foi feito dessa forma."[768] "Foi Cristo, Deus dos profetas, quem criou não só o rico ao lhe dar graciosamente os bens, mas também o pobre ao impedir, de forma muito justa, que tivesse bens ou tirando-os dele."[769] "Quem fez os dois? O Senhor fez o rico de forma que pudesse ajudar o pobre, e o pobre para testar o rico."[770]

Tanto os ricos quanto os pobres, tanto a riqueza quanto a pobreza, têm um lugar no plano de Deus. Enquanto isso resulta na teoria de que Deus, de alguma forma, desejava que o pobre existisse, um resultado positivo disso é que os pobres não são vistos só como objetos da caridade, mas também como sujeitos que têm algo a contribuir com os outros. Agostinho não descreve o pobre como alguém que apenas espera receber dos ricos, mas como alguém que tem algo a dar, tanto para os ricos quanto para outros que também são pobres. Para os ricos, podem contribuir ao receber. A riqueza do rico é um fardo que impede seu progresso para o céu. A pobreza do pobre também é um fardo. Quando o rico dá ao pobre, esses dois fardos são compartilhados, de forma que o pobre, em certo sentido, também doa para o rico.[771] Mas o pobre também pode contribuir com outros que passam necessidades. Um pode oferecer olhos para o cego; outro, pernas para o coxo; e um terceiro, funeral para o morto.[772]

Tudo isso é altamente teórico, e Agostinho, ao que parece, tem consciência de que, apesar de tudo o que tem a dizer sobre o supérfluo, poucos seguirão seu conselho. O que, em termos concretos, ele sugere que seu rebanho faça com sua riqueza? Ele lhes diz para separar pelo menos um décimo de tudo o que têm, de tudo o que recebem, para dar ao pobre. Afinal, declara ele, os fariseus faziam isso, e a justiça dos cristãos deve ser maior que a

---

[768] Agostinho. *In Psalm.* 124. 2 em *PL*, volume 37, p. 1649.

[769] Agostinho. *Contra Adversarium Legis et Prophetarum libri duo* 2. 9. 37 em *PL*, volume 42, p. 662.

[770] Agostinho. *Sermones* 39. 6 em *PL*, volume 38, p. 243.

[771] Agostinho. *Sermones* 61. 12; 164. 9; *De disc. Christ.* 7. 8.

[772] Agostinho. *Sermones* 91. 9; Agostinho. *In Psalm.* 36. 2. 13.

dos fariseus![773] Naturalmente, isso não deve ser entendido como uma contradição ao que ele disse sobre abrir mão de tudo o que não é necessário, mas, antes, como uma concessão ao rebanho que ainda não está pronto para tomar essas medidas drásticas que seu pastor lhes recomenda como a melhor atitude.

 Contudo, há também a distinção entre os mandamentos e os conselhos da perfeição, a qual permite que Agostinho diga que Cristo não ordena a todos vender tudo o que têm e dar aos pobres, mas apenas àqueles que desejam ser perfeitos.[774] Agostinho, como todos os seus contemporâneos ortodoxos, rejeitou a noção de que a renúncia total ou a vida comunitária eram uma exigência para todos os cristãos.[775] Ao mesmo tempo, acreditava que a ordem mais alta da vida na terra era precisamente aquela dos que abriram mão da riqueza e escolheram viver em uma comunidade monástica. Assim que as pessoas decidem viver em tal comunidade, não devem continuar a dizer que as coisas são suas, mas que têm tudo em comum.[776] Nesse contexto, ele usa o exemplo da antiga República Romana, cujos cidadãos continuavam pobres na privacidade a fim de enriquecer a cidade, e declara que os cristãos que assim fazem a fim de desfrutar da companhia dos anjos não têm nada do que se vangloriar, uma vez que os antigos romanos fizeram algo semelhante por uma recompensa muitíssimo menor.[777] A vida monástica permite que os cristãos se despojem de tudo que é supérfluo, sendo, dessa maneira, verdadeiros proprietários do que têm — tanto os bens materiais limitados aqui na terra quanto os tesouros no céu. Também é nesse contexto que devemos ler as passagens em que Agostinho exalta a prática da propriedade comum. Ele diz, por exemplo, que "qualquer pessoa que deseja servir ao Senhor não deve se alegrar com o privado, mas com o comum. Os primeiros cristãos transformaram seus bens privados em bens comuns. Será que perderam o que era deles? [...] é por causa de nossas posses privadas que há discordâncias, inimizades, dissensões, guerras [...]."[778] Ainda assim, na época de Agostinho, esse não era

---

[773] Agostinho. *Sermones* 85. 5; Agostinho. *In Psalm.* 146. 17.

[774] Agostinho. *Epistle* 157. 25, 30.

[775] Agostinho. *Epistle* 23.

[776] Agostinho. *Regula ad servos Dei* 1.

[777] Agostinho. *De Civitate Dei contra Paganos libri viginti duo* 5. 18. 2.

[778] Agostinho. *In Psalm.* 131. 5 em *PL*, volume 31, p. 1718.

um chamado para todos os cristãos compartilharem suas posses, mas, antes, um argumento a favor da vida monástica — a qual, por sua vez, era um constante lembrete para o restante da igreja de que as posses materiais não são o objetivo derradeiro na vida.

Houve, no entanto, outro ponto no qual Agostinho teve de lidar mais concretamente com as questões de propriedade e direitos de propriedade. Essa questão estava no cerne da controvérsia donatista, o que forçou Agostinho a lidar com o relacionamento entre a autoridade eclesiástica e a civil em várias esferas da vida social. Uma dessas questões dizia respeito aos direitos de propriedade, e como eles se relacionavam com a lei natural e com a lei civil. As igrejas e outras propriedades dos donatistas foram confiscadas como parte da tentativa do Império de suprimi-los, e os donatistas acusavam os católicos de tê-los roubado — e acusavam Agostinho, em particular, de ter se apropriado de propriedades que, de fato, pertenciam à igreja donatista. Agostinho defende-se longamente e, ao fazer isso, apresenta sua perspectiva de que Deus concedeu às autoridades civis o poder de regular e determinar os direitos de propriedade.

> Falhando em todos os outros assuntos, o que alegam agora contra nós, não tendo o que dizer? "Tiraram nossas casas e terras." [...] Prestem atenção, essas propriedades existem; mas com que direito afirmam seu direito sobre elas? Pelo direito divino ou pelo humano? Deixe-os responder: o direito divino temos nas Escrituras, os direitos humanos, nas leis dos reis. Por qual direito cada homem possui o que possui? Não é pelo direito humano? Pois, pelo direito divino, *do Senhor é a terra e a sua plenitude.* Deus fez do mesmo barro o pobre e o rico; a mesma terra sustenta tanto ricos quanto pobres. Pelo direito humano, entretanto, afirma-se: "Esta terra é minha; esta casa é minha; este escravo é meu". O direito humano, portanto, é, por direito, o dos imperadores. Por quê? Porque Deus já distribuiu para a humanidade esses mesmos direitos humanos por intermédio de imperadores e reis deste mundo. Vocês desejam que sigamos as leis dos imperadores e ajamos em relação às propriedades de terra de acordo com essas leis? Se temos a posse pelo direito humano, devemos seguir

as leis dos imperadores; vejamos se permitirão que os heréticos tenham posse de alguma coisa. "Mas o que o imperador representa para mim?", dizem vocês. É pelo direito dele que têm posse das terras. Ou tirem os direitos criados pelos imperadores e, daí, será que ousarão dizer: "Aquela terra é minha; aquele escravo é meu; ou esta casa é minha"? [...] Pois devem ser lidas leis muito conhecidas em que os imperadores determinaram que aqueles que estão fora da comunhão da Igreja Católica, usurpando para si o nome de cristãos e sem qualquer disposição para adorar em paz o Autor da paz, não podem ousar ter nada no nome da igreja. [...] Não digam, portanto, que as posses são suas; porque é àqueles mesmos direitos humanos, por meio dos quais os homens desfrutam de suas posses, que vocês recorrem. [779]

Fica claro, a partir desse texto de Agostinho, não só que Deus fez alguns pobres e outros ricos, mas também que Deus fez isso por intermédio da ordem civil. O resultado é que não há autoridade moral à qual os donatistas podem apelar, pois a autoridade do imperador lhe é concedida por Deus, e as coisas pertencem a quem essas leis as atribuem. O argumento de Agostinho não é totalmente sem fundamento. O que ele diz é que não existe nenhuma outra autoridade por meio da qual os direitos de propriedade podem ser atribuídos, exceto a do imperador. Os donatistas podem se recusar a aceitar a autoridade do imperador, mas, neste caso, não existe nenhuma outra autoridade a quem podem apelar a fim de reivindicar seus direitos. E, se de fato aceitam a autoridade do imperador, têm de abandonar essas reivindicações, pois o imperador deliberou contra eles.

Em outro texto,[780] escrevendo a um conhecido de sua juventude que, agora, se juntara a um grupo bastante moderado de donatistas, Agostinho argumenta que as coisas podem ser possuídas de acordo com o direito divino ou o direito humano. De acordo com o direito divino, todas as coisas pertencem ao justo. De acordo com a lei humana, pertencem àqueles a quem os reis da terra as designam. Fica claro que, de acordo com as leis

---

[779] AGOSTINHO. *In Evangelium Ioannis tractatus centum viginti quatuor* 7. 25-26 em *NPNF*, 1ª. Série, volume 7, p. 47-48.

[780] AGOSTINHO. *Epistle* 93. 12. 50.

humanas, essas propriedades não pertencem aos donatistas, pois o imperador decidiu que não seria assim. E quanto à lei divina, os donatistas, sendo injustos, não têm direito a elas. "Mas trabalhamos a fim de adquirir esses bens", podem dizer os donatistas. A isto, Agostinho responde com a citação de Provérbios 13.22: [...] *mas a riqueza do pecador reserva-se para o justo.*[781] Ele não apoia aqueles que tomaram a condenação dos donatistas como uma oportunidade de confiscar suas propriedades para si mesmos, pois se apropriam do que de fato pertence ao pobre e à igreja; mas argumenta que a igreja católica, por ser a verdadeira igreja de Cristo, recebe justificadamente todas essas propriedades para administrar.

O que tudo isso quer dizer é que as questões referentes aos direitos de propriedade têm de ser determinadas pelo Estado. Obviamente, a alegação de Agostinho de que "pelo direito divino" todas as coisas pertencem ao justo não desempenha um papel importante nesse argumento, exceto para privar os donatistas de qualquer reivindicação a uma autoridade superior à do imperador. Uma vez que — conforme a definição de Agostinho — os donatistas não são justos, essa possibilidade de apelo não lhes está aberta. Presumivelmente, se as decisões imperiais tivessem seguido na direção oposta, Agostinho e seu partido poderiam reivindicar que a lei divina ainda estava do lado deles.

A questão principal, no entanto, é que, apesar de tudo o que Agostinho tinha a dizer sobre as questões econômicas enquanto eram exortações a indivíduos, quando se tratou da aplicação desses princípios à ordem social, ele recorreu a sua educação legal romana. Sua mãe provavelmente era de origem berbere, e foi a fé dela que ele, por fim, abraçou. Seu pai, no entanto, era um oficial romano, e foi a perspectiva dele quanto à ordem social que Agostinho compartilhou na resposta aos donatistas — e aos circunceliões, em particular. Ele podia pregar e ensinar que aqueles que emprestavam dinheiro não deveriam exigir pagamento nem cobrar juros, mas, quando os pobres se rebelavam e destruíam as extorsivas cartas de crédito por meio das quais os ricos os mantinham em escravidão, ele considerava essa atitude um grande crime. Podia afirmar que, afora a aparência exterior da riqueza, os pobres e ricos são iguais; todavia, quando "proprietários de terras de nascimento honrável e educação refinada"

---

[781] NVI: *a riqueza do pecador é armazenada para os justos.*

eram tratados de forma cruel, ele pedia o apoio do Estado para restaurar uma ordem na qual os pobres eram tratados com igual crueldade.[782]

Todas as coisas, pela lei divina, pertencem aos justos, diria Agostinho. E acrescentaria que aqueles que utilizam equivocadamente ou abusam das coisas não são seus verdadeiros proprietários. No entanto, pela lei humana, uma extensão da lei divina, todas as coisas pertencem àqueles a quem a ordem existente as confere. Se o resultado é que alguns são pobres e outros ricos, isto é obra de Deus, e não cabe a nós questioná-la.

---

[782] Veja AGOSTINHO. *Epistle* 185. 15, citado anteriormente.

Retrospecto

XIII

Retrospecto

Ao olharmos em retrospectiva para a história que acabamos de examinar, ficamos impressionados tanto com a continuidade de certos temas quanto com a vasta diferença entre o mundo de Agostinho e o dos pregadores cristãos que o antecederam. Primeiro, examinemos os temas em que há continuidade, algumas vezes quase ao ponto da unanimidade, e, depois, alguns dos mais importantes desenvolvimentos durante os quatro séculos que estivemos estudando.

PERSPECTIVAS COMUNS

O primeiro ponto de concordância é óbvio, mas, ainda assim, merece menção. Todos os autores que investigamos concordam que as questões da fé e da riqueza estão intimamente relacionadas. Não há uma voz sequer — e estudamos praticamente todos os principais líderes da igreja durante um período de quatro séculos — em favor do argumento, ouvido com muita frequência nos tempos modernos, de que essas questões devem ser tratadas separadamente, e de que os pregadores e mestres religiosos devem deixá-las para a deliberação de outros. Presumivelmente, alguns ouvintes ricos de Crisóstomo que protestaram contra o conteúdo de seus sermões poderiam ter dado voz a esse tipo de ponto de vista. Provavelmente, a imperatriz Eudóxia teria feito isso. Não temos como saber. O que fica claro é que nenhum dos principais líderes cristãos sustentou a perspectiva de que fé e riqueza eram questões que deveriam ser tratadas separadamente.

Quando se trata da verdadeira relação entre fé e riqueza, há também notável unanimidade, a ponto de alguns temas aparecerem vez após vez, quase como se um autor estivesse copiando textos de outro. Isto é verdade tanto em relação aos temas retirados das Escrituras quanto àqueles originados da sabedoria clássica da Grécia e de Roma. A usura — termo que, em geral, quer dizer qualquer empréstimo com juros — é universalmente condenada na igreja primitiva. A única possível exceção é Clemente de Alexandria, que pode ter sustentado que a proscrição de empréstimos com juros se aplica apenas a empréstimos para outros cristãos — mas, mesmo assim, essa possibilidade se fundamenta em uma interpretação de um único texto, passível de ser contestada. Comprova-se o fato de que pelo menos alguns do clero fizeram empréstimos cobrando juros — e, até mesmo, cobrando taxas ilegais e inconcebíveis — por meio do sétimo cânon do Concílio de Niceia, que proíbe tais práticas.[783] Ainda assim, os escritores cristãos ao longo de quatro séculos são praticamente unânimes em sua rejeição à usura como também a qualquer empréstimo com juros e, para isso, baseiam-se tanto na lei do Antigo Testamento quanto na tradição greco-romana, pois ambas desprezam a usura — embora, de acordo com a lei civil, uma taxa moderada de juros fosse legal.

A reinterpretação de "ricos" e "pobres", de forma que aqueles aparentemente ricos são pobres em virtude e alegria, é outro tema no qual a igreja primitiva se fundamentou muitíssimo nos escritores pagãos. Imagens extraídas dos autores clássicos — como aquela de que a pessoa que busca riquezas é similar a alguém sempre sedento — aparecem repetidas vezes nos escritores e pregadores cristãos primitivos. O mesmo acontece com o tema de que a riqueza excessiva não traz nada, exceto preocupações, e de que a pobreza moderada leva a uma vida mais feliz.

Mais exclusivamente cristã é a noção de que, ao dar ao pobre, a pessoa empresta a Deus — uma noção derivada do livro de Provérbios, mas logo desenvolvida em todo um raciocínio em favor da doação de esmolas. Não é de surpreender que a ideia de que o rico está em desvantagem quando se trata de entrar no reino de Deus, provavelmente extraída das próprias palavras de

---

[783] Em *NPNF*, 2ª Série, volume 14, p. 36: "Visto que muitos que se inscreveram no clero, seguindo a avareza e cobiça do ganho, esqueceram-se da Escritura divina que afirma que não se deve emprestar [...] *seu dinheiro exigindo juros*, e, ao emprestar, pedem cem vezes a soma [como juros mensais], o grande e santo sínodo acha que é justo que, se depois deste decreto, qualquer um for pego recebendo usura, ou juros, [...] deve ser deposto do clero, e seu nome, riscado da lista."

Jesus, seja um lugar-comum nos primórdios da literatura cristã. Também o é o tema de que a pessoa que pode ajudar outra e não o faz é considerada culpada do que vem a acontecer a essa outra pessoa — incluindo homicídio.

Apesar da unânime atitude negativa em relação ao acúmulo de riqueza, há uma atitude positiva igualmente unânime em relação às coisas que, em si mesmas, constituem a riqueza. Como a "riqueza" pode representar tanto as coisas quanto o acúmulo delas, alguns autores — como Clemente de Alexandria — parecem, às vezes, entrar em contradição. Ainda assim, no meio de uma igreja sitiada pelas noções gnósticas de que as coisas criadas são em si mesmas más, era importante insistir que todas as coisas, incluindo aquelas que, em geral, são contadas como riquezas, são boas. Ao mesmo tempo, entretanto, os mesmos autores que defendiam o valor das coisas — e até da "riqueza" — em oposição aos gnósticos também insistiam na ideia de que acumular tais coisas era algo maléfico. O mal, conforme afirmavam os que se opunham ao gnosticismo, não está nas coisas em si, mas na pessoa que as acumula e as ama desmedidamente. Deveremos retornar a este ponto, pois levou a desenvolvimentos relevantes na atitude dos cristãos em relação à riqueza e aos ricos.

De forma ainda mais notável, há um surpreendente nível de concordância sobre se a propriedade deveria ser comum ou privada. O tipo de compartilhamento descrito nos primeiros capítulos de Atos dos Apóstolos não foi abandonado de forma tão rápida nem tão fácil quanto algumas vezes podemos pressupor. Ao contrário, essa ideia continuou viva até boa parte do século II e provavelmente, em algumas formas atenuadas, ao longo de quase todo o século III. Ao mesmo tempo, a igreja cresceu em número, e como passou a incluir uma maior variedade de níveis econômicos entre seus membros, a natureza voluntária de tal compartilhamento foi enfatizada; em algumas ocasiões, a ênfase passou dos bens em comum — *koinonia* — para a doação de esmolas.

Por doação de esmolas, entretanto, os escritores dos quatro primeiros séculos da história da igreja não tinham em mente a prática de dar trocados aos pedintes. Ao contrário, o critério que se encontra com mais frequência é o de que alguém deve guardar para si apenas o necessário e doar o supérfluo aos necessitados.

Agostinho resumiu este princípio ao declarar que o que é supérfluo para alguns é necessário para o pobre. Ao mesmo tempo, aqueles que propuseram esse princípio estavam dispostos a conceder, como o fizeram Crisóstomo e Agostinho, que, por causa do costume ou da fraqueza, alguns poderiam achar certas coisas necessárias, ao passo que outros, mais pobres, as considerariam supérfluas. Nesses casos, os mestres e pastores que estudamos aqui são flexíveis o bastante para não estabelecer regras muito estritas, mas para deixar os cristãos determinarem o que, em cada caso particular, é necessário e o que é supérfluo — embora alguns aconselhem os cristãos a não tomarem essa decisão sozinhos, mas buscarem a orientação de um mentor espiritual. Agostinho também sugere o dízimo como a medida mínima.

De volta ao assunto da propriedade comum, uma noção bastante frequente entre os teólogos que estudamos é a de que Deus, na criação, tinha a intenção de que todas as coisas fossem comuns, e de que a existência da propriedade privada faz parte de nossa condição caída. Tais visões, em geral, combinam as histórias do jardim do Éden com os mitos da Antiguidade a respeito da existência de uma idade de ouro. O pecado é o que fica entre nós e o Éden, e daí a noção frequente da conexão entre a propriedade privada e o pecado. A propriedade privada, por meio da qual é possível impedir o acesso de outros ao produto da terra, é, conforme diria Ambrósio, o resultado da "usurpação" — palavras que se aproximam muitíssimo da máxima socialista de que a propriedade privada é roubo.

Ao mesmo tempo, todos os nossos autores pressupõem a existência da propriedade privada. Clemente de Alexandria é o primeiro a argumentar que, se ninguém tivesse nada, seria impossível obedecer aos mandamentos de Jesus para doar aos pobres. Ninguém pode doar o que não tem, este é seu argumento — e também é o argumento mais comum que encontramos na defesa da propriedade privada. Mesmo quando não afirmado explicitamente, fica claro que os escritores cristãos dos primeiros quatro séculos, ao conclamar os cristãos a doar, partem do pressuposto da existência e continuidade da propriedade privada.

Há, entretanto, limitações drásticas em tal propriedade privada. Essas limitações são mais prontamente percebidas em contraste com a visão prevalente na lei romana, que considerava os direitos de propriedade como absolutos — ao ponto de, na mais antiga lei romana, a propriedade privada não estar sujeita ao pagamento de impostos. Os mestres cristãos rejeitaram consistentemente tal compreensão dos direitos de propriedade. Da perspectiva deles, havia sempre o sentido de que toda propriedade é "estrangeira". Com isso, eles queriam dizer duas coisas, às quais uma terceira é acrescentada. Primeiro, e a mais consistente entre os primeiros autores cristãos, toda propriedade é estrangeira a seu dono porque, em última análise, pertence a Deus. Isso tem importantes implicações para a questão do uso adequado da propriedade, ao qual nos voltaremos no próximo parágrafo. Segundo, a propriedade é "estrangeira" porque só podemos reivindicá-la como nossa temporariamente, pois a morte, com certeza, porá um fim a nossa posse. Seguindo essa linha de argumentação, alguns de nossos autores comentam sobre o número de proprietários que uma propriedade teve antes do atual, e quantos mais ela terá no futuro. Terceiro, alguns dos autores que estudamos aqui — como Ireneu e Jerônimo, dentre outros — afirmam que a propriedade é "estrangeira" porque é o resultado da injustiça.

Uma limitação a mais nos direitos de propriedade tem a ver com o uso apropriado da riqueza. De acordo com a antiga tradição romana, o proprietário tinha o direito de determinar tal uso. Os mestres cristãos, de forma unânime, declaram que isso não é bem assim. Precisamente porque toda propriedade é estrangeira, nem todo uso é legítimo. O tema do uso adequado da propriedade é bastante constante em nosso período de estudo, embora vários autores difiram quanto ao critério por meio do qual determinariam tal uso apropriado. O critério usado com mais frequência é o da suficiência. O que se quer dizer com isso é que os proprietários de terras ou riquezas devem usar para si aquilo que é suficiente para suprir suas necessidades. O que passar dessa medida de suficiência é supérfluo e deve ser compartilhado com outros cujas necessidades básicas não estão sendo supridas. Clemente e outros falam de utilidade. Com isso querem dizer que um critério para o uso da riqueza deve ser não a empregar em coisas que são inúteis, ou que poderiam ser mais úteis com menos ostentação. Assim, Clemente lembra a seus leitores que uma faca de ferro corta melhor que uma feita de ouro ou prata; e Crisóstomo e outros zombam daqueles cujos cavalos usam freios de ouro. Agostinho apresenta o contraste entre o uso e a fruição, declarando que todas as posses têm de ser usadas para seu propósito mais sublime — a fruição de Deus. Em uma sugestão mais prática, ele afirma que o dízimo deve ser considerado a medida mínima do que deve ser compartilhado com os outros.

Apesar dessas diferenças, todos concordam que o critério fundamental é que a riqueza tem de ser compartilhada. Esse princípio também funciona em mais de uma esfera, pois é tanto o fundamento da vida econômica quanto a razão por que aqueles que têm mais do que precisam devem dividir com os necessitados. Com respeito à primeira função desse princípio, Ambrósio fica praticamente sozinho em sua condenação do comércio — como, por exemplo, quando declara que Deus fez o mar para a pesca, e não para a navegação de longas distâncias em busca daquilo que a região não produz. Deixando Ambrósio de lado, entretanto, há praticamente unanimidade de que o intercâmbio humano, quer nos bens quer em outros relacionamentos, é parte da ordem criada e da intenção de Deus. Crisóstomo, em contraste com Ambrósio, louva a Deus por criar o mar de forma que as pessoas possam viajar longas distâncias e suprir as necessidades materiais umas das outras por meio do comércio. Lactâncio declara que, assim como Deus deu galhada para o cervo se defender, os homens receberam uns aos outros para que, por intermédio da vida social, do apoio mútuo e do comércio, pudessem defender uns aos outros.

O princípio de que a riqueza é criada para ser compartilhada, entretanto, é usado com muito mais frequência e insistência a fim de trazer à lembrança dos cristãos a necessidade de compartilhar com os menos afortunados. Acumular riquezas é perverter sua razão de ser, não só porque a verdadeira riqueza tem de estar sempre em movimento e atividade, mas também porque o propósito da riqueza é suprir as necessidades humanas. Portanto, aqueles que acumulam riqueza como se ela fosse um fim em si mesma, ou que acumulam a fim de viver com conforto e ostentação, estão usando a riqueza de forma equivocada. E é nesses termos que vários de nossos autores declaram que os que acumulam riqueza não são mais os proprietários por direito, ou que aqueles que guardam para si o que os pobres necessitam não passam de ladrões. É também essa linha de argumentação que, repetidas vezes, leva nossos autores ao pretendido uso comum da riqueza. Dada essa intenção, a propriedade privada é justificável apenas se usada para compartilhar, ou seja, para promover a igualdade que a ordem presente não fomenta.

Também é neste ponto que é preciso salientar os fundamentos teológicos para a propriedade comum nos escritores que estamos estudando. É interessante notar que, com frequência, o argumento em favor dos bens em comum aponta para o passado, para a era de ouro primitiva, e não tanto para o futuro, isto é, o escatológico reino de Deus.[784] Talvez, mais precisamente, quando a maioria de nossos autores busca um modelo de ordem social que os leitores podem imitar, essa ordem está no passado, e não no futuro. Em contraste com isso, o argumento escatológico, com exceção das primeiras proclamações, tende a ser mais individualista. O fim dos tempos, de fato, é oferecido como a razão para compartilhar a riqueza. Todavia, não porque se espera um reino em que haverá igualdade, mas, antes, porque apenas aqueles que compartilham a riqueza aqui na terra serão admitidos no céu.

DESENVOLVIMENTO RELEVANTE

A tendência em direção à escatologia individual aparece muito cedo na proclamação da igreja e se torna mais acentuada à medida que o tempo passa — desde a preocupação de Clemente sobre como o rico pode ser salvo até a perspectiva de Agostinho de que todas as criaturas, incluindo o pobre, têm de ser usadas para atingir a fruição de Deus.

Isto tem paralelos em uma tendência similar em direção à interiorização. A condenação da riqueza excessiva nos primeiros documentos que estudamos fala principalmente da própria posse da riqueza como um obstáculo na vida cristã. Muito pouco é dito sobre a distinção entre riqueza e avareza ou a busca frenética pelos bens, atitude que, em geral, acompanha a riqueza. Em Hermas, por exemplo, o obstáculo à obediência cristã repousa na riqueza em si. O rico tem de abrir mão da riqueza antes que esteja preparado para a torre que os anjos estão construindo. Na época de Clemente de Alexandria, a ênfase é posta na avareza, e não na riqueza em si, como um

---

[784] Este é um ponto que foi observado com referência à ética sexual e às questões de emprego e participação na vida da sociedade por COCHRAN, D. R. "The Relation between Ethics and Eschatology in the Ante-Nicene Fathers", *AngTheolRev* 22, 1940, p. 309-25.

obstáculo à salvação. Ainda assim, Clemente afirma de forma muito clara que, em uma situação em que tantos são necessitados, é só pelo amor indevido à riqueza que o rico pode se recusar a compartilhar suas posses. Portanto, enquanto o mal está na vontade, e não nas coisas em si, o acúmulo de coisas é necessariamente acompanhado de um desejo maléfico. Essa é a perspectiva mais comumente sustentada durante todo o período que estamos estudando. Autores como Basílio de Cesareia e Crisóstomo, embora concordem que o mal da riqueza repousa na corrupção da vontade, que resulta na cobiça, não permitem que isso se transforme em uma saída fácil para os ricos. Estes não podem afirmar que, embora tenham um vasto acúmulo de riquezas, não se ligam a elas, não são avarentos e, portanto, não são culpados. Os ricos que guardam para si seus recursos sem dividi-los com os pobres, diriam eles, usam de forma equivocada suas posses e são considerados culpados de roubo e, em alguns casos, até de homicídio.

Em Agostinho, no entanto, essa ênfase muda ainda mais. O que é importante é a atitude da alma, que deve ser de separação das coisas. Embora Agostinho dê continuidade à tradição cristã anterior ao declarar que o que é supérfluo deve ser compartilhado com o necessitado, sua ênfase está na atitude interna da vontade. As coisas são para serem usadas, não desfrutadas. Isto quer dizer que a excessiva preocupação com as coisas tem de ser evitada. O resultado real disso é que o fardo tende a ser tirado daqueles que, precisamente porque estão em circunstâncias confortáveis, não têm de se preocupar muito com as coisas materiais; e é, desse modo, colocado cada vez mais sobre aqueles cujas necessidades materiais são tão prementes que a preocupação com elas é praticamente inevitável. As consequências práticas disso podem ser vistas no próprio Agostinho e em sua reação à ameaça donatista — e, mais particularmente, aos tumultos sociais causados pelos circunceliões. Senhores refinados sendo forçados a fazer trabalho manual, ou cartas de dívidas sendo destruídas são considerados um grande crime, uma demonstração de uma preocupação indevida com as coisas materiais. Ainda assim, parece não ter tanta importância o fato de que esses mesmos senhores refinados oprimem o pobre, e de que as cartas de dívidas manifestam a preocupação dos ricos com os bens materiais.

QUESTÕES ADICIONAIS

Quando olhamos em retrospectiva para todos esses desenvolvimentos, percebemos algumas questões óbvias para as quais devemos oferecer pelo menos respostas preliminares. A primeira delas é por que essas perspectivas dos escritores cristãos da Antiguidade, em geral, são ignoradas em livros-texto e cursos sobre a história da igreja e a história do pensamento cristão. Esta pergunta não é feita à toa e se torna ainda mais relevante quando se percebe que a maioria dos textos citados nos capítulos anteriores não foi retirada de autores obscuros nem, tampouco, de textos obscuros de autores bem conhecidos de outra forma. Ao contrário, foram retirados de escritores a quem a tradição cristã apelidou de "pais" da igreja, ou seja, daqueles cujos escritos são constantemente submetidos a escrutínio a fim de se descobrir a natureza do ensino cristão nos primórdios da era da igreja.

Uma resposta óbvia é que assuntos como a origem, a natureza e o uso da riqueza não são considerados questões teológicas e, portanto, quando historiadores da doutrina leram esses textos no passado, não estavam examinando essas questões. Por mais verdade que isto seja, esse fato nos leva a outra pergunta: por que tais assuntos não foram considerados assuntos teológicos propriamente ditos, quando fica claro que os escritores da Antiguidade os consideravam de grande relevância teológica? A conclusão inevitável é que não foram considerados assuntos teológicos porque a igreja, de modo geral, evitou essas questões. Isto não quer dizer que as questões da riqueza e de seu relacionamento com a fé não foram um importante ponto de reflexão ao longo da história da igreja. Apenas quer dizer que essa reflexão foi convenientemente marginal, considerada apenas como a preocupação principal dos monásticos e de outros que buscavam levar uma vida cristã em um plano mais alto de compromisso que o restante da igreja. Em tempos mais recentes, ao definir essas questões como "ética social" e, portanto, matéria de uma disciplina distinta, os estudiosos passaram a abraçar a tendência de considerá-las como questões não teológicas.

Está claro que esse processo ganhou força no século IV, quando o crescimento do movimento monástico coincidiu com números cada vez maiores dos que se juntavam à igreja. O monasticismo encontrou justificação teológica na distinção entre mandamentos — que devem ser obedecidos — e conselhos da perfeição — que são para os que desejam seguir a vida monástica. Por meio dessa distinção, foi possível conceber a igreja como composta por dois tipos de cristãos. Obedecer apenas aos mandamentos é bom. Seguir também os conselhos da perfeição é melhor. Ao se tratar das questões de fé e riqueza, isso resultou em uma divisão conveniente de trabalho, por meio da qual os monásticos sustentavam as tradições antigas da riqueza limitada e compartilhada, ao passo que os outros estavam livres para acumular riqueza e, depois, usar parte dela para sustentar os monásticos e parte para a doação de esmolas, que cada vez mais passou a ser compreendida como dar alimentos e trocados para os empobrecidos.

Se continuássemos nossa investigação na Idade Média, encontraríamos afirmações sobre os limites da propriedade e sobre os direitos dos pobres tão radicais quanto as que encontramos no século I. Essas declarações, no entanto, são provenientes quase exclusivamente do meio monástico. Portanto, os monásticos estavam cumprindo sua função de manter as antigas tradições vivas, enquanto tanto os cristãos individuais quanto a igreja de modo geral — quer os laicos quer a maioria de sua hierarquia — estavam livres para buscar a riqueza das mais variadas maneiras e em tal quantidade que os primeiros cristãos achariam escandaloso. Ainda assim, a própria existência do movimento monástico e seu papel de servir de lembrete de uma forma mais radical de ser cristão realizaram essa função, lembrando constantemente a igreja em geral da incompatibilidade entre a obediência cristã radical e a busca por lucro econômico.

Por razões teológicas, a Reforma abriu mão do movimento monástico. O monasticismo, conforme sustentavam os reformadores, minou tanto a santidade da vida em comum da laicidade quanto a própria noção de justificação pela fé, o pilar de sustentação da Reforma. Contudo, houve também questões econômicas pelas quais o monasticismo foi abolido. A mais óbvia foi o desejo de confiscar as terras e as propriedades das ordens monásticas. Esse foi muito claramente o caso quando Henrique VIII aboliu o monasticismo. Houve, entretanto, uma razão mais profunda por que o monasticismo perdeu terreno na história da igreja. O estilo de vida monástico, para uma era de rápida expansão da propriedade privada por meio do comércio e do desenvolvimento industrial, era um doloroso lembrete dos valores e das tradições que não mais eram apreciados. O acúmulo de riqueza — "capital", como denominado atualmente — tornou-se o principal objetivo de sociedades inteiras que também se consideravam cristãs. Essa íntima colaboração entre cristianismo e capitalismo passou a ser mais fácil nas sociedades e igrejas em que o movimento monástico já não mais estava presente para servir de lembrete — embora, às vezes, fosse um lembrete um tanto imperfeito — das perspectivas cristãs referentes ao relacionamento entre fé e riqueza nos primórdios da era da igreja.

Assim, se os assuntos da riqueza e de seu uso apropriado são em geral ignorados em livros-texto e cursos sobre a história da igreja e a história do pensamento cristão, isso se deve aos historiadores e teólogos, que, condicionados por sua época e também influenciados pelos ensinamentos recebidos, não consideraram tais assuntos como temas teológicos característicos.

Por fim, há ainda mais uma questão que só pode ser mencionada e explorada de forma muito incipiente nestas páginas, a saber, qual o relacionamento entre os itens discutidos nos capítulos anteriores e outras questões teológicas sendo debatidas à época? Ou, em outras palavras, deveríamos restaurar as questões sobre fé e riqueza ao seu devido lugar, no cerne da compreensão que a igreja primitiva tinha de si mesma, e como isso afetaria nossa leitura da história do pensamento cristão?

Fica claro que há conexões entre as questões que estamos discutindo e as principais questões debatidas entre os cristãos durante os primeiros quatro séculos da era cristã. Embora tais conexões precisem ser pesquisadas em maiores detalhes e com matizes mais cuidadosos, é possível arriscar, a título de exemplo, dois pontos em que pesquisas e reflexões futuras provavelmente podem afetar toda a nossa compreensão da história do pensamento cristão.

O primeiro deles é a ameaça do gnosticismo e a resposta da igreja a ele. Os historiadores passaram de uma compreensão do gnosticismo como uma série de complexas cosmogonias e especulações para uma perspectiva que o vê como uma forma de salvação. Talvez seja tempo de acrescentar outra dimensão à nossa compreensão do gnosticismo e da oposição da igreja a ele. Ignácio estava preocupado com os heréticos em Antioquia não só por apresentarem doutrinas estranhas, mas também porque não cuidavam das viúvas, dos órfãos e dos oprimidos. Clemente de Alexandria e outros insistiam sobre a bondade positiva das coisas que constituem a riqueza porque os gnósticos a negavam. Portanto, na Antiguidade, a doutrina cristã da criação foi estruturada em meio a um debate sobre o valor e o uso das coisas, e foi também — pelo menos em parte — uma tentativa de oferecer orientação no uso e administração dessas coisas. Significativamente, à medida que nos movemos para os séculos posteriores, a doutrina da criação continuou a ser um dos pilares no qual a maioria dos autores que estudamos estruturou seus argumentos sobre o uso apropriado da riqueza. Portanto, fica claro que a doutrina da criação e seu desenvolvimento não devem ser estudados à parte de sua conexão com questões referentes à administração apropriada das coisas criadas — em outras palavras, com as questões referentes à fé e à riqueza.

O segundo e mais tentador campo de investigação seria a conexão entre as questões de fé e riqueza e a controvérsia ariana. Em relação a este ponto, duas coisas ficam claras. A primeira, enquanto os dois lados nessa controvérsia — e, até mesmo, alguns que nem participaram ativamente dela, como Eusébio de Cesareia — empregaram a imagem do imperador para falar de Deus, Atanásio e o partido niceno fizeram isso de uma forma muito particular. Atanásio enfatiza não só a majestade imperial de Deus, mas também que esse imperador universal condescendeu em se tornar um de nós — ou, conforme ele diria, em morar em nossa cidade. A visão de Deus dos arianos é a de majestade absolutamente transcendente. A visão de Deus de Atanásio é a de solidariedade para com a humanidade oprimida.

A segunda, algumas das declarações mais radicais do século IV sobre os direitos do pobre, os bens em comum e a injustiça excessiva da riqueza foram feitas por autores citados repetidas vezes como os mais ferrenhos opositores do arianismo — Basílio, o Grande, Gregório de Nazianzo, Gregório de Nissa, Ambrósio. Esses teólogos foram criticados pelos historiadores — em especial os ocidentais — por terem falado do relacionamento entre as três pessoas da Trindade em termos similares aos do relacionamento entre três seres humanos. Gregório de Nissa, por exemplo, fala do relacionamento entre Pedro, Tiago e João como uma forma adequada de perceber as distinções na Trindade. Sem levar em conta a inadequação de tal imagem, seria possível afirmar que parte do que está em jogo aqui é o relacionamento entre seres humanos, e não só entre as três pessoas da Divindade? Será que, ao rejeitar o subordinacionismo como uma maneira apropriada de compreender os relacionamentos na Trindade, os capadócios também apontam para uma forma distinta de compreender os relacionamentos humanos na sociedade? Não pesquisei este assunto — nem mesmo tenho certeza de que os materiais existentes podem me levar a mais do que apenas conclusões muito preliminares; todavia, a questão pode ser feita: será que o conflito entre o arianismo e a fé nicena foi também um conflito entre duas formas distintas de compreender a ordem apropriada da sociedade?

Todas essas questões podem interessar os historiadores e devem ser examinadas. Por fim, entretanto, não podem obscurecer nem adiar as questões mais fundamentais e urgentes que o cristianismo enfrenta hoje em dia; nem o que o testemunho dos cristãos da Antiguidade tem a dizer sobre esses assuntos. Eles viveram em um mundo em que os contrastes entre ricos e pobres eram descomunais; vivemos em um mundo em que poucas pessoas têm milhões, e milhões não têm nada. Para eles, essas questões estavam conectadas de forma indissolúvel com o sentido de salvação. Será que o mundo mudou tanto que o que eles tinham a dizer já não é mais relevante? Não acredito nessa possibilidade. Será que nosso compromisso minguou de tal forma que já não levamos a sério as questões que eles fazem quanto ao nosso uso dos recursos do mundo? Espero que não.

Sua opinião é importante para nós. Por gentileza, envie seus comentários pelo e-mail editorial@hagnos.com.br.

Visite nosso *site*: www.hagnos.com.br

Esta obra foi composta nas fontes Book Antiqua, corpo 10, 11, 12 e Segoe UI 13, 25, e impressa na Imprensa da Fé. São Paulo, Brasil, verão de 2015.